中华传世藏书

【图文珍藏版】

中国大百科

马博◎主编

线装书局

中国大百科全书

目 录

生活百科

健康百科

中国大百科

生活百科

马博⊙主编

导　读

　　生活中充满了波澜，平淡中充满了乐趣。过日子不难，开门就过，但要把日子过得滋润从容，却也不易。能否将每天的生活都调理得合乎口味，则各凭各的手艺，各有各的窍门。灯红酒绿、红红火火的生活，青菜豆腐、平平淡淡的日子，您都得一招一式地应付。

　　如今，只要我们稍加留意，我们就不难发现家中装饰、身上衣服的面料功能渐多，如防静电、透气、吸汗、防皱、阻燃、抗紫外线、防菌等，这是纺织品行业进行产品功能创新、性能创新、时尚创新的综合开发，加强科技原创能力的结果。

　　家庭主妇们菜篮子的内容越来越丰富，很方便地采购反季节新鲜蔬菜水果，这不能不归功于农业科技工作者不断推出错季节栽培技术、引进培育丰富的瓜菜优质新品种。餐桌上还少不了瘦肉型猪肉、优质牛奶、美味大米……自然，这又是科技魅力在生活中的展现。

　　在很多家庭漂亮的客厅里，电视机在短短十几年间更换了几代，由小屏幕黑白电视机到普通彩电、平面直角彩电，再到大屏幕的超平、纯平彩电，以至高清晰度的背投式彩电、等离子彩电、液晶显示彩电。不少人家还安装了电脑，上网查询信息、接发邮件已成为生活的一部分，从另一方面显示了科技的威力。衣、食、用、住、行，"开门七件事"，哪一件不因为科技的进步而进步？不仅生活上方方面面渗透科技因素，学习、工作上也因先进科技而变得方便快捷。如不少中学生正在使用时尚的各类掌上电子字典，不仅具有专业辞典、电子图书、动画游戏等功能，还可进行全方位个人资讯管理。我国科学家预言：不久的将来，风光无限的自动化技术将逐渐代替人类的复杂劳动，智能机器人将深入千家万户的每个角落；太阳能的开发利用可能将人类带出"燃火时代"——迅猛发展的高科技正在日益改变我们的生存状态与生活方式。

　　生活有哲学，生活有智慧，蓦然回首，我们发现科学就在身边，生活原来并不简单。其实生活处处有科学。科学，是我们生活的指南针。

　　生活本身就是一部大百科全书，包罗万象；生活是一把六弦琴，弹奏出多重美妙的旋律；生活是一座飞马牌大钟，上紧发条，便会使人获得浓缩的生命。生活是一幅多维的画布，《生活百科》就是一支绚烂的七彩画笔；生活是一曲激昂的交响乐，《生活百科》就是美妙乐章中跳跃的音符。

日用百物

选购常识

轻薄型笔记本电脑选购 6 条经验

1.运行速度要快

衡量一部超薄笔记本电脑优劣的一个很直观的标准就是它的运行速度。现代人都喜欢快节奏的生活,都希望自己使用的产品能满足现代人快节奏的需求,没有谁会愿意买一台速度慢的电脑。

2.品牌服务要好

对不太熟悉电脑操作的消费者来说,为了确保良好的售后服务和技术支持,最好应该去选购具有良好品牌服务的超薄笔记本电脑。

轻薄型笔记本电脑

3.电池容量要大

由于超薄笔记本电脑对耗电量相当敏感,电池容量及使用寿命也是衡量笔记本电脑好坏的重要指标之一。通常超薄笔记本电脑采用锂电池、镍氢电池或碱性电池作为主电池。

4.存储器容量要大

在信息量呈爆炸式增长的今天,容量小的存储器已经没有生存的空间了。有的厂商往往通过广告夸大其产品的配置。所以,在选购超薄笔记本电脑之前,最好先了解一下有关超薄笔记本电脑存储器的知识。

5.功能预留空间要"宽裕"

功能的预留空间直接决定着产品的服务寿命。无法升级产品功能的超薄笔记本电脑在某一时段内可能功能够用,但随着技术的更新,这种无法升级的产品也就成了永远的"落伍者"。

6.支持上网的功能要较强

在如今因特网迅速发展的时代,衡量电脑优劣的另一个重要指标就是对上网功能的支持程度,如果不具备基本的上网功能,那就谈不上是一款合格的移动办公系统。超薄笔记本电脑最好能内置 Modem,这将大大突出超薄笔记本电脑的便携性。因为平常在外,若想上网浏览资料,收发 E-mail 等,总不可能还要揣个"猫"吧。因此,我们在选购超薄笔记本电脑时,一定要看看超薄笔记本电脑是否自身带有上网的网络设备,而且网络设备的性能是否完好等。

大屏幕彩电选购法

1.按居室面积大小进行选购:一般来讲,电视的最佳收看距离为电视屏幕对角线长度的 4~5 倍,例如 29 英寸(74 厘米)彩电的收视距离应为 3~3.7 米,34 英寸(86 厘米)彩电的收视距离应 3.4~4.3 米。

2.检查色彩是否鲜艳纯正:如观看画面中人物的肤色,其越接近人的自然肤色,则说明该彩电的色彩越纯正。另外,画面中的汉字,尤其是白色的字,其边缘如无彩色"镶边"现象,则说明机器色彩质量很好。

3.观察噪音程度:在选择大屏幕彩电时,不妨音量开得大些,此时噪音越小说明机器的声音质量越好。

电冰箱选购法

1.外观检查:外表应美观大方,色彩均匀一致,无损伤现象。另外还要注意箱门开关是否灵活,门封是否严密,箱门开启力应不小于 1.5 千克的拉力。

2.选择型号:电冰箱有多种型号,一般家用电冰箱选择电机压缩式为宜。因它具有效率高、寿命长、噪音小等优点。可根据经济情况选择单门有霜式或双门无霜式。

3.确定容量:根据家里人口数量而定,三口之家选购 150 升左右的容积为宜,人口较多的选择 180 升左右为宜。

4.通电检查:将温控器拧到关(OFF)状态,接通电源,照明灯应亮,关门灯熄。用电笔检查机壳应不带电。压缩机应工作,断电后也应立即停止。如果你对此还有担忧的话,可过 4~5 分钟再通电后看其是否能立即启动。另外压缩机在运行时,1 米以外不应听到明显的噪声和振动声。

空调质量鉴别法

挑选空调,可通过看、听、摸等办法初步检查其质量。一般来说,按照下列方法行事即可选中令您满意的空调。

1.外观检查

目测空调器各部件,应加工精细,塑料件表面平整光滑、色泽均匀。电镀件表面应光滑,不得有露底、划伤等缺陷。喷涂件表面不应有气泡、漏涂。底漆层不应有外露、凹凸不平等。各部件的安装应牢固可靠,管路与部件之间不能互相摩擦、碰撞。

2.垂直、水平导风板检查

手动的垂直、水平导风板应能上下或左右拨动，不能太紧，更不能太松，应拨在任何位置都能定位，不应自动移位。

3.过滤网检查

过滤网是经常拆装的零部件，应检查拆装是否方便，是否破损等。

4.各功能键、旋钮的检查

空调器面板上的旋钮应转动灵活、不松脱、不滑动。电脑控制的空调器、遥控器、线控器上的各功能选择按钮应转动灵活，绝不能有卡键等现象。

5.通电检查

对整体式空调器，可通电检查下列各项。

制冷：夏季购买空调器可试制冷功能，调低温度控制值，通电数分钟，应有冷风吹出。

制热：冬季或气温较低时购买空调器，可试制热风功能。

风速：调节风速选择钮，应有不同的风量吹出。

空调

6.噪声和振动检查

空调器在制冷运动时，不能有异常的撞击声等噪声，振动也不能过大。

7.电气性能检查

检查电源线。电源插头是否符合规范，用力拉电源线不应松动或拉出。有条件的话，可测量空调器的冷态绝缘电阻。

8.附件、技术文件检查

应检查说明书、合格证、保修卡、装箱单等技术文件是否齐全，按装箱单检查附件是否齐全。

变频空调的选购、安装及使用

由于变频空调器是采用由电脑控制的变频器与变频压缩机组成的高技术产品，用户在选购、安装和使用时应注意以下几点：

1.在选购时，根据房间面积来确定所选变频空调器匹数的大小（一般一匹变频空调器可用于14平方米左右的房间），尽量避免在超面积情况下使用。

2.在安装、维修过程中，当需添加制冷剂时，应先将空调器设定在试行方式下运行或通过调节设定温度的方式使变频压缩机工作于50赫兹状态下，然后按量加入制冷剂。

3.变频空调的室外机有微电脑控制的变频器，其电路板在高温及潮湿的环境中较易损坏，因此其室外机应安装在干燥通风处，避免日光暴晒和雨淋。如发生开机后室外机自动停机现象，应立即停机进行修理以免故障扩大。

4.在日常使用中不要将温度设置得过低，以避免空调器长期处于高速运行状态。最好设置在自动运行方式，这样既能快速制冷又能节电。

二手空调选购法

1.检查外观是否完好整齐。要查看机壳是否破裂、变形,冷凝器肋片是否排列整齐,间隙是否均匀。间隙过大会影响制冷量,而过小易积灰尘。还要看肋片是否紧接在铜管上,否则一松动,就会影响换热效率、降低使用效果。

2.窗机、柜机、分体机都应是成套机组,室内室外机甚至连接铜管也应是原配的。一般来说原配件焊点光滑、均匀。

3.听室内机声音是否轻稳、均匀,若有杂音,说明室内风机平衡有问题,这时手摸机壳会有抖动感觉。

4.看实际制冷效果。制冷运转 10 分钟,用温度计放在出风口测试,温度一般在 18℃~20℃,温度越低制冷效果越好。有些商场销售二手空调是买卖双方先谈好价格,运抵用户家,安装、试机,用户觉得满意了再付钱。这种方法不妨一试。

普通洗衣机的选用

1.选择洗衣桶的材料:
搪瓷钢板洗衣桶耐酸、耐磨,抗冲击性能差,易脱瓷开裂而生锈。
铝合金板洗衣桶光洁美观,抗冲击性能好,但耐酸性差。
不锈钢板洗衣桶耐腐蚀,耐热性、抗冲击性好。
塑料洗衣桶尺寸精密度高,光洁度好,不耐热,容易老化。
2.表面漆膜光滑、平整,没有明显的裂痕、划伤和漆膜脱落现象。
3.定时器应能运转自如,操作灵活,走动均匀有力。
4.通电运转时,震动小,噪音低,各机件的螺丝不松动,功能正常。

全自动洗衣机质量鉴定法

1.电源接上时,把程控器顺时针拨到洗涤或漂洗程序上,接通电源开关,应能听到进水电磁阀工作发出轻微的"嗡嗡"声。用手摸进水口接头,有震动的感觉。

2.若无以上感觉,则把程控器关闭,顺时针转到排水程序上,然后启动程控器,如听到排水电磁阀发出大的"嘭嘭"声,说明洗衣机电源输入通路及电磁阀完好。

3.接上水、电源,把程控器指针拨到洗涤或漂洗程序上,水位选择器放在低水位档,启动程控器,自来水应流进桶内,在水位升到 20 厘米左右时,波轮应转动,可关闭进水阀断水。

4.如以上程序正常,程控器自控运行到排水程序时,波轮会停止转动,开启排水电磁阀排水。

5.当程控器运行到漂洗程序时,应关闭排水阀,当听到较大的"嘭嘭"声,此时进水电磁阀开始进水,如上程序重复一次。

电风扇选购法

电风扇主要有 3 种类型:台扇、落地扇和吊扇。家中的台扇、落地扇一般可选择 12 英寸(指扇叶的直径尺寸)、14 英寸、16 英寸 3 种。家用吊扇视居住条件而定,15 平方米以下的居室,可选 36 英寸的吊扇;15~20 平方米选 42~48 英寸的为宜;20 平方米以上的房间,则应选择 56 英寸的吊扇。

吸尘器的选购

选用吸尘器要根据居住面积确定功率,一般家庭以 500~700 瓦为宜,容量有 2~3 升即可。有自动收卷电源线装置的吸尘器使用完毕后,及时收好电线很是方便。通电后,吸尘器不应有明显的震动和噪音。用手挡住进风口,应感觉到较大吸力,能轻松地从地面吸起纸屑和硬币,各密封部位不应有漏气现象。最后检查各附件是否齐全,重心低的较稳重,下部有活络脚轮的更好。

电风扇

日光灯管标记识别

在日光灯管上的标记中,拼音字母代表色光的颜色,RG 为日光色,LB 为冷白色,NB 为暖白色;数字代表灯管的功率,单位为瓦(W)。

日光灯管质量鉴定法:

1.灯管两端,不可有黄圈、黄块、黄眉毛和黑圈、黑块、黑斑现象。

2.灯头、灯脚不可松动,4 只灯脚应平行对称。

3.通电测试。把电压调至 180 伏左右,灯管应能很快点亮,再调至 250 伏左右,灯管应能一直亮着。且灯管两端应无上述"三黄三黑"现象。

家用摄像机选购法

1.看外观:外壳平滑光亮,无划伤,无毛刺;商标及各种功能标志应清晰、牢固。

2.查结构:镜头盖拆装方便;各按键、旋钮安装牢固,操作灵活;所有接插件插接时应牢固,接触良好,插座、插头不能有晃动。

3.查内在质量:打开开关后,图像应稳定、清晰,各种功能应能清晰显示,如日期、时间、摄录速度、快门速度、照明方式、电池电量等。装

家用摄像机

带、出带要顺利,不应有受阻现象。各种摄录功能反应应灵敏。所录图像色彩鲜艳,画面稳定,伴音良好,无失真现象或杂音。

如何选购 MP3 随身听

想要选购一台 MP3 随身听,你需要注意几个要点:

1.内建内存:有无内建内存、内存大小都会影响价格。

2.扩充内存:能否扩充内存、扩充极限多大也需考虑。

3.支持播放的数字音乐格式:有的机种只支持 MP3 格式,有的可以支持多种格式,也有的可以通过升级来支持新格式。

如何选购 MP4

MP4 最基本的要求就是能够直接兼容市场上流行的多种主流媒体格式,如 MP3、WMV 等。无须文件格式转换即可播放这些格式。因此,只能播放一种特定格式的 MP4 就是假的。假 MP4 往往做工粗糙,屏幕小于 2 英寸,容量很小,且画面质量极差,眼睛看一会儿就会感到不适。

另一个评判标准就是高清。按照国际通行指标来看,MP4 的播放效果就应该达到高清,如果无法实现高清,就可归为假 MP4。

选购 MP4 的关键,要看自己需要的容量以及支持格式,支持格式多的 MP4,将在使用上省去不少麻烦。屏幕大小也是一个主要因素。另外,其他一些功能的选择要看具体情况而定,如有的 MP4 能够支持视频录制,有的还能帮助学英文。

游戏机选购

1.认定品牌。不要贪图便宜去购买那些无商标、无生产厂家、无地址的三无游戏机,因这些产品大都是用劣质元件组装而成的。

2.看图像,听声音。电视图像要清晰,无重叠,声音开大后不失真,清楚洪亮。

3.买遥控游戏机,应选择具有远红外遥控手柄的品种。选购连枪卡的套机时,特别要注意枪的质量,以及枪卡的节目内容是否重复。

手机电池板真假鉴别法

假冒手机电池板对手机损害很大。那么如何才能鉴别出手机电池板的真假呢?方法是:

1.看标志:真电池板上的标志印刷非常清晰,而假冒产品系翻拍制版印刷,字迹模糊不清。

2.看工艺:真的电池板采用超声波熔焊,前后盖不可分离,无明显的裂痕。而假冒的电池板多为手工制作,用胶水黏合,稍用力就会掰成两半。

3.看安全性能:正规的手机电池板为了保护电芯和手机,均装有温控开关,若充电时间过长、电压过高、温度急剧上升、电池板发烫时会及时切断电源,以防止电池漏液或爆炸。而伪劣电池板均无此装置,只是用电烙铁焊接,甚至将不可充电的相机专用小电池串联起来,仿冒锂电池,如强行充电,可能会引起爆炸。

手机

电饭锅质量鉴定法

1.内外锅间隙应均匀,内锅底部光滑,无外伤,配件齐全,外壳光洁。

2.接通电源后,外壳不应带电,手指碰触无发麻感。按下煮饭开关5分钟后,内煲底部温度约为103℃,此时,限温器触点应自动断开,煮饭开关弹起,转入60℃保温状态。

如何选购电烤箱

选购电烤箱时主要应注意以下几点。

1.升温要快:最好选购850瓦以上的产品,因为功率大,热损失小,升温快,省电。

2.功能齐全:如带有自动调温装置,自动定时装置,以及有两组发热装置的电烤箱。

3.安全卫生:要选择有安全接地保护装置的电烤箱。因电烤箱是易受污染的炊具,内腔应平滑光亮,最好能灵活拆卸,以便清洁。

煤气灶具选购法

1.应结合厨房整体设计及使用要求来选择不同形式的煤气灶具,如台式、嵌入式、超薄型及带有烤箱或消毒型的煤气灶具。

2.注意所选购的商品是否具有准销证标签。没有此标签的灶具,买回后使用时容易造成危险。

3.尽可能选择带有安全保护装置的煤气灶具,它会在煤气火焰意外熄灭时,自动切断燃气的通路,从而起到防止煤气外泄的作用。

菜刀的选购

家用菜刀一般可选购夹钢菜刀,切菜、切肉比较适用。那么如何选一把好刀呢?

选刀时,应看刀的刃口是否平直,刃口平直的,磨、切都方便。未开刃的菜刀可用锉锉刃口,如感觉发滑,证明菜刀有钢,也有硬度。也可用刃口削铁来试硬度,如果把铁削出硬伤,说明有钢也有硬度。注意,不可用两把菜刀刃对刃碰撞来试硬度。

选购洗碗机小知识

要选购一台物美价廉、经济实惠的洗碗机,应从以下四个方面着手。

1.要选择一种较好的类型:洗碗机的种类比较多,按其开门装置区分,可分为前开式和顶开式两种。前开式的门打开后,可以像书桌一样拉出每个格架,放取餐具非常方便,且由于其顶部不开,还给用户提供更多的使用空间。顶开式与之相比,则放取餐具不太方便,顶部也无法充分利用。按洗涤方式分,洗碗机又可分为叶轮式、喷射式、淋洗式和超声波式等4种。目前较为常用的为叶轮式和喷射式,这两种洗涤方式的洗碗机具有结构简单、效果较好、售价低和维修容易等优点。消费者可根据家庭情况和个人爱好选择。

洗碗机

2.要挑选合适的规格:洗碗机的规格通常以其耗电功率的大小来表示,也有以机内存放碗碟的有效容积来表示。没有设干燥装置的洗碗机,其耗电功率只不过几十瓦;而带干燥功能的洗碗机,其功率有 600~1 200 瓦不等。至于选择多大规格的洗碗机,一般来讲,三四口之家,可选购 700~900 瓦的洗碗机。

3.要选择实用的功能:目前的洗碗机发展日新月异,一些高新技术得到了大量应用,如微电脑控制、气泡脉动水流、双旋转喷臂、传感器检测等,令人在选购时眼花缭乱。其实,普通家庭在功能的选择上,只要具备洗、涮、干燥 3 种功能及自动程序控制就可以了。在一些新功能中,快速洗涤、冲刷、旋转喷刷等也是较实用的。

4.要选择良好的外观:洗碗机外壳的烤漆应该均匀、光亮、平滑,四周及把手无锋边利角。碗格架拉出要方便、灵活,无卡滞现象。各功能键、按钮要开关灵活,通断良好。通电后,洗碗机的水泵和电动机要运转自如,且振动要小,噪音要低。操作完毕后,洗碗机应能自动切断电源。

碗碟质量鉴别法

1.看:就是先看碗碟口彩绘的边线粗细是否整齐,图案是否清晰,内外壁有无釉泡、黑斑、裂纹。

2.敲:用小木棒轻轻敲击碗边、碟壁,声音清脆响亮的为上品,声音浑浊的次之,声音沙哑、有颤丝音的是有裂痕或砂眼的。

3.扣:将盘碗扣在玻璃台上,或是两只碗碟对扣,其边缘没有空隙,说明是均圆的,否则是偏的或是扭边的。

排油烟机的选购

1.看外观:造型美观、经济实用的机器可作为工薪阶层的首选对象。

2.听噪声:无论什么牌子的机器,噪声一定要小。

3.试风量:因风量大小直接影响使用效果,一定要仔细测试。

另外,双眼型的机器还要试一下倒灌风。方法是:关上一个风机,用手试一试,已经关上的这个眼里倒灌风较大,说明机器质量有问题。

砧板的选购

砧板多为原木横截而成,常见的有松木、楠木、桦木、檀木、枫木、榕树等,以枫木和榕树为佳,因其木质坚硬,且有股特殊气味。挑选时应注意:

1.看整个砧板是否厚薄一致,有没有开裂。

2.看年轮。一般是以年轮圆正,纹路清晰而细密的为好。

3.如果有木节,则要看木节是否与木质紧密相连。如果木节与木质有明显接痕或裂缝(俗称死节),则不宜选购,因这种死节容易脱落而使砧板留下一个坑。

塑料砧板是近几年出现的新产品,它是用无毒塑料制成的,除不怕水外,还有耐磨、耐用的特点,使用方便。

怎样识别不粘锅

消费者在购买不粘锅产品时,应从以下方面检查:

1.应当检查涂层的表面质量,涂层表面应当颜色均匀一致,有光泽,没有裸露的基体。

2.要看看涂层是不是连续的,即有没有泥状裂纹存在。

3.用指甲轻轻剥离锅的边缘涂层,如果没有块状涂层脱落,则说明涂层与基体结合力好。

4.用指甲轻轻刻画涂层表面,涂层表面如果没有留下深的沟痕,则说明涂层表面硬度较好。

5.用几滴水倒在不粘锅内,如果水滴能像在荷叶上一样呈珠状流动,并且水滴流过之后不留水迹,则说明是真正的不粘锅,否则就是用其他材料制作的假不粘锅。

正确选用电热淋浴器

一看有无漏电保护器和安全压力网。一旦发生微量漏电或温控失灵等情况,这两种装置会自动启动,保障用户安全。

二看有无合格证、保修卡和品牌标志,以了解产品型号、功率、电压、防水等级等等。为防止私自拆卸机器,不少产品在机器连接部位都装有封条,您在选购时应检查这些关键部位的封条是否破损。

三看外观质量,合格的产品应无划伤、凹凸不平和锈斑。电热淋浴器的安装万万不能马虎,因此,安装前必须详细阅读使用说明书和安装图,尤其对有警告标志的关键部位,必须严格按说明书要求去做.绝不能凭一知半解,想当然地去安装。

电热水瓶选用法

1.看性能:注满水后,烧沸一瓶水应在 18~25 分钟之间,然后自动进入保温状态。

2.看外形:重心低,底座稳,表面光洁,美观大方。

3.看标记:水位指示线或瓶口内壁满水标记清晰易辨;加热指示灯、保温指示灯自动及时转换,无闪烁现象。

4.听噪音:出水流畅,噪音要小。如果噪音大,出水细小或断断续续,则说明装置有缺陷。

饮水机选购法

1.饮水机的喷塑件、塑料件表面应光滑平整、色泽均匀、涂层牢固,不应有裂痕、划伤、起泡、漏喷、变形等缺陷,各接缝处连接应匀称,铭牌应牢固、无翘曲,标志应清晰、内容完整。

2.饮水机放上满桶水,能承受冲击力和压力而不变形。龙头不打开,水桶水位不应下降,龙头不滴水。

3.打开龙头后,应出水流畅,桶内应有气泡上升。水斗应拆卸方便。

4.各开关控制按钮应按动灵敏,正确可靠。接通电源后,各指示器应正常显示,在制冷、加热显示器分别熄灭后,放出的冷水温度应为 5℃~10℃,热水应为 85℃ 以上,放出的水量越多,证明其性能越佳。

5.是否具备和配备了防二次污染的技术和措施,好的品牌饮水机都有防二次污染的装置。

巧选凉席

凉席分为马兰草席、竹席、咸草席、蒲草席、普通草席等几种。马兰草席和咸草席柔韧性较好,适合软床铺用,其他几种席均有不能折叠的弱点,最好铺用在硬板床上。

选购竹席要看:席面是否光滑;色泽是否一致;有无红黑篾;编织是否紧密(可以把席打开,对着光线看,以不透光的为好);宽窄是否一致;边沿是否整齐;席面是否有接头露头。

质量好的草席,色泽均匀一致,无断草和穿错草,不透光,宽窄一致,边沿整齐无松边。

凉席

如何挑选牙膏

1.看:膏体比较细腻光滑的,通常是用高档硅作摩擦剂,可以放心使用。

2.尝:刷牙时若感觉膏体粗糙,有像沙子一样的颗粒滞留在嘴里,需要漱口多次的,大多是含粗糙摩擦剂的牙膏,建议立即停用。

此外,应该根据防蛀功效来选择牙膏。也就是说要选择含氟牙膏。建议广大消费者应该特别注意选择含氟防蛀又确保不磨损牙齿的优质牙膏。

如何选购太阳眼镜

一副好的太阳眼镜不仅能保护眼睛,更能增添其魅力。劣质的太阳眼镜不仅不能阻挡紫外线,更会让眼睛受到伤害。想要保护好你的眼睛,就要选对真正能保护眼睛的眼镜。

选购太阳眼镜必须要考虑几点:

1.可以真正滤除紫外线,还是只是徒有其表。

2.玻璃镜片较重但不易磨损;树脂胶片较轻但易磨损;压克力片质量最劣应避免使用。

3.在色彩上,以灰色最佳。

手表选购秘诀

想要选一只适合自己的手表,你可以从下面几点考虑:

1.防水:一般来说50M的防水程度即可。

2.防震:是否有防震耐压的功能,也需要考虑。

3.外形、材质:外形是否符合自己的喜好,材质是否容易变质、褪色等。

4.冷光:在黑暗中冷光可以让你看清楚时间,并检查冷光时间是否够久,以免来不及看清楚,冷光就消失了。

5.售后服务:选择有良好售后服务的商店购买,一般会有一年的保修期。

挑选雨伞妙法

选购雨伞时应检查:

1.开启是否灵活,能否一开到顶而不受阻、不下落。

2.缩折伞的伞杆、套管应伸缩活络;自开伞不按键钮不得自开。

3.关伞时要轻便,收落时轻巧自如,拉力不应过大。

4.伞架光滑无锈,伞柄坚韧牢固,不宜左右晃动太甚。伞形应饱满,不能呈深碗状。伞面布应是专用纬布,尼龙面应是涂层尼龙布,不漏水,无跳纱。

装饰字画的选购

1.选购装饰字画要考虑室内光线。一般地说,居室阳光比较充足,若又是有一定高度和面积的房间,适宜选购冷色调的装饰画,如绿、青白、淡蓝、淡紫等色调;而当房间光照稍差时,则宜选购暖色调的,如米黄、粉红、牙黄、橘红、浅棕色等。

2.装饰字画的风格需与居室内的家具风格相吻合,如居室内的家具是传统式的,就不宜选购图案抽象,色彩太"艳丽"的现代装饰画,应多采用中国传统的国画、书法、对联等进行装饰。若是西方传统式装修,应多选用油画、版画、雕塑等进行装饰。若是现代风格的装修,则应选用比较抽象的或装饰风格较强的装饰画、壁挂等进行装饰。

3.不同的空间应选择不同的字画。

如卧室、休息处,选择的挂画色彩宜淡雅,内容平和、恬静,画幅不宜太大。如色彩热烈,画面内容激昂振奋,或字迹犹如龙腾虎跃,如狂草书法,则会强烈刺激人的大脑皮层,引起兴奋,不利于休息。

在餐桌上方,可挂一幅五彩缤纷、硕果累累的写生画,有助于增加食欲。

客厅里应以花鸟山水画为主,这样会使环境显得更为开朗清新。

书房中挂些书法作品能显出文雅之气。

儿童房间里最好挂上卡通画或孩子自己作的画,以激发孩子的自信心和成才欲。

玩具安全鉴定法

给孩子购买的玩具,安全与否是所有家长最关心的问题,下面介绍几种玩具的安全鉴定法:

1.钢木玩具:表面是否粗糙,边缘是否锐利,孔缝会否夹手指。

2.电动玩具:严格检查开关系统是否绝缘安全。

3.戏水玩具:严格检查接缝是否紧密,采用的塑胶原料厚度是否合适。

4.弹射玩具:着重检查弓、箭或枪等抛射性物体是否附有保护性销子。

5.音乐玩具:检查其音响是否音阶准确,悦耳动听,尖锐刺耳的声音会损害儿童的听力。

选购家具 10 要素

1.家具式样是越"摩登"越容易过时,相反,传统家具所隐含的文化感染力经久不衰,且具有保值性。

2.淡颜色的家具适用于小房间或者采光条件较差的朝北房间等,照明较好的房间可选择深颜色的家具,可显出古朴、典雅的气氛。

3.年老者不要赶"时髦"购买高大的组合柜,虽然高柜节约了空间,但爬高取物颇不方便。

4.新婚青年购买家具不但要式样新颖,还要考虑到将来小宝宝出世后的生活。比如,装在矮柜上的玻璃门很可能成为小孩的攻击目标,因此最好选择木门。

5.要注意环境特点,如果附近有工厂烟囱,灰尘较多,家具式样要选择简洁明快的,否则清洁工作会花费你大量宝贵的时间。又如,在较潮湿的房间里不宜用包角家具。

6.要留有余地。家具在室内的占地面积以45%为宜,还要留一部分地方放置家用电器及衣帽架等生活用具。

7.家具的平、立面尺度要和房间面积、高度相吻合,以免所购家具放不进去,或破坏已构思好的平面布局。

8.除了衣柜、书柜外,还要配置餐桌、餐椅、沙发、茶几等家具。所以,事先要考虑好配置单件家具的颜色、式样和规格,免得日后难以配套。

9.买好的家具能否顺利地搬进房门,关键是家具的最长空间对角线不能大于通道或楼梯转角处的最大对角线。当然,设计家具时一般已参考建房的建筑尺寸。但是一些老式房子的住户应考虑到此因素。

10.要注重家具的实用性,切不可华而不实,只重样式,不看使用效果。购进家具时要充分考虑自己的实际生活需要。

如何选择好床垫

睡眠质量的优劣足以影响你一天的表现及心情。因此选择床垫时要考虑到以下几点:

1.透气、防霉度

材质以天然成分加上化学物质制造的为佳,透气的材质不会造成潮湿、发霉。另外抗菌的功能也很重要,因其可防止病菌衍生。

2.支撑力是否平均

弹簧分布均匀与否是造成支撑力是否平均的原因,支撑力不均让脊椎容易凹陷其中,造成严重的伤害。

3.床面张力

床面张力紧绷,让身体肌肉重量平均分摊,自然舒服得多。

如何选择普通窗帘

窗帘在室内装修中,起着保护隐私、利用光线、装饰墙面、吸音隔噪的作用。依据其作用,窗帘的选择又有很多不同的组合方案。总之,窗帘的选择是相当关键的。无论是业主,还是室内设计师,都应予以高度重视。

1.根据要求选购窗帘

设计风格:我们知道窗帘有很多种款式,而这些款式又与室内设计风格有着密切的关系。所以,在窗帘的选择方面,设计风格是第一要求。也就是说,窗帘的一切因素,首先要与室内的风格相配套。在这一点上,您需要更多地咨询您的室内设计师,以免出现不协调的现象。

功能需要:根据不同的功能要求,在设计风格一致的基础上,需要对窗帘的厚薄做出选择。一般来说,对于卧室有两种方法:采用一种较厚的布料;或者用一种较薄的布料,同时里面再做一层薄纱帘。

选择布料:窗帘的布料有很多种选择,下面简单介绍一下有关布料。

轻、薄透明或半透明的布料,如棉、聚酯棉混纺布、玻璃纱、精细网织品、蕾丝和巴里纱等。

中等厚度的不透光布料,如花式组织棉布、尼龙及其混纺布、稀松网眼布;滑面布料,如擦光印花棉布、磨光棉布、仿古缎子、真丝和波纹绸等。

2.根据设计风格选择花色

即使同一种布料,花色也五花八门。不同花色的选择,对于设计的风格有着很大的影响。

窗帘的主色调应与室内主色调相适应。补色或者近色都是允许的,但是极端的冷暖对比却是一个大忌。

现代设计风格,可选择素色窗帘;优雅的设计风格,可选择浅纹的窗帘;田园设计风格,可选择小纹的窗帘;而豪华的设计风格,则可以选用素色或者大花的窗帘。

选择条纹的窗帘,其走向应与室内风格的走向相配合。

选沙发的 5 个方法

1.看舒适性:忙碌了一天,回到家里就要享受一下,沙发的座位应以舒适为主,其坐面与靠背均应以适合人体生理结构的曲面为好。如果居室面积较小,兼备坐、卧功能的沙发床是一个不错的选择。

2.因人而异:对老年人来说,沙发坐面的高度要适中,若太低了,坐下、起来都不方便;对新婚夫妇来说,买沙发时还要考虑到将来孩子出生后的安全性与耐用性,沙发不宜有尖硬的棱角,其颜色也应鲜亮活泼一些。

3.按房间大小、结构选购:小房间宜用体积较小的实木沙发,或小巧的布艺沙发,使房间剩余空间更大;大客厅放较大沙发并配备茶几,才更方便舒适;房间小可选择沙发坐板下面有储物空间的,取放物品方便,一物多用。

4.按房间的结构考虑沙发的可变性:由 5~7 个单独的沙发组合成的"拐角沙发"具有可移动、变更性,可根据需要变换其布局,给人新鲜感。若购买布艺沙发,可多做一件沙发套,在不同季节变换使用。

5.与客厅的装饰风格及其他家具相协调:沙发的面料、图案、颜色往往对居室风格起主宰作用,所以先选购沙发,再购买其他客厅家具不失为一个明智之举。

地毯选购法

1.根据居室朝向选择地毯:向东南或朝南的住房,最好选用冷色调;向西北或朝北的住房,则应选用暖色调。

2.根据房间的特点选择地毯:卧室内宜选择花型小、色泽较明亮的地毯,给人以舒适感;会客室宜选择色彩较暗、花纹图案较大的地毯,给人以大方庄重感。

3.根据居室环境和经济状况选择地毯:羊毛地毯色泽光亮,柔软耐磨,弹性好,但价格较贵。丝织地毯色泽鲜艳,富丽典雅,但不耐磨。麻织地毯耐磨,使用寿命长,但质地较硬。棉织地毯价格低廉,但缺乏弹性。化纤地毯色彩多样,坚牢耐磨,不霉不蛀,但弹性较差。

4.根据房间的功能和色彩基调选择地毯:卧室宜选用驼色、米色或蓝色、绿色等中、冷色调,以营造幽静淡雅的氛围;客厅选用紫红或金黄色,会显得华丽而充满活力。

5.根据室内空间构图选择地毯:面积较小的厅室可以满地铺,以保持地面平整,又使整间居室色彩统一;而宽大的厅室里选用方、圆或椭圆形的地毯局部铺,则可更好地衬托室内陈设的重点,给人以协调、和谐的美感。

家居护理蜡选购要诀

房间大了,家具多了,家务事也更加繁琐了。家居护理蜡进入生活以后,为家具的清洁护理带来了很大的方便,购买时要注意选择有特色的产品。

1.选择蜡质细腻柔滑的产品:家居护理蜡在生产过程中要经过乳化工艺,使之"水乳交融"。有一种简单的办法可以检测乳化的程度:将家具护理蜡喷在玻璃或冰箱等平滑的表面,若有水状溶剂滴落或喷蜡黏稠呈粒团状,则说明乳化不是很好;若成规则的雾团状,擦拭时像护肤品一样,细腻润滑,则乳化较理想。长期使用这样的产品能使家具表面致密光滑,深入滋养,充分发挥清洁护理的功能。

2.选择有抗菌功能的产品:沙发坐垫、冰箱拉手、房门推手等处是人们接触最多的地方,也是容易传播疾病的地方,选择有抗菌功能的产品能够杀灭和抑制有害细菌,全面保护家人身体健康。

百物巧用

家用电脑节电 4 法

对多数家用电脑来说,包括主机、彩色显示器在内,最大功率一般在 150 瓦左右,要想节电,可从以下几个方面人手:

1.根据具体工作情况调整运行速度。比较新型的电脑都具有绿色节电功能,你可以在 CMOS 中设置休眠等待时间(一般设在 15~30 分钟之间),这样,当电脑在等待时间内没有接到键盘或鼠标的输入信号时,就会进入"休眠"状态,自动降低机器的运行速度(CPU 降低运行的钟频率,能耗到 30%,硬盘停转),直到被外来信号"唤醒"(播放 VCD 时,节能设置仍有可能生效,影响播放速度)。

2.短时间使用电脑或者只用其听音乐时,可以将显示器亮度调到最暗或干脆关闭。打印机在使用时再打开,用完及时关闭。

3.尽量使用硬盘。一方面硬盘速度快,不易磨损,另一方面开机后硬盘就保持高速旋转,不用也一样耗能。另外,3 寸软驱比 5 寸软驱省电且可靠。

4.对机器经常保养,注意防潮、防尘。机器积尘过多,将影响散热,显示器屏幕积尘会影响亮度。保持环境清洁,定期清除机内灰尘,擦拭屏幕,既可节电又能延长电脑的使用寿命。

电视机节电法

1.控制亮度:一般彩色电视机最亮与最暗时的功耗能相差 30~50 瓦,室内开一盏低瓦数的日光灯,把电视亮度调小一点儿,收看效果好且不易使眼疲劳。

2.控制音量:音量大,功耗高。每增加 1 瓦的音频功率要增加 3~4 瓦的功耗。

3.加防尘罩:加防尘罩可防止电视机吸进灰尘,灰尘多了就可能漏电,增加电耗,还会影响图像和伴音质量。

4.看完电视后应及时关机或拔下电源插头,因为有些电视机在关闭后,显像管仍有灯丝预热,遥控电视机关机后仍处在整机待用状态,还在用电。

电冰箱节电法

1.有的电冰箱冷冻室前上方有一根铝嵌条,可用此嵌条压装一块无毒塑料薄膜,宽度和长度分别比冷冻室门多出 15 厘米,以后只要掀开塑料薄膜的一角,便可取放食物,能使电冰箱内保持低温。

2.在冷藏室的每层网格前装夹一层比该格稍大的无毒透明塑料薄膜,可减少冷气损失。

3.当电冰箱内所放物品不多时,在 1~2 格冷藏室内填满泡沫塑料块,它几乎不吸收冷气。这样,冰箱原来的体积相对"缩小",可使制冷机工作时间缩短,达到节电的目的。

4.夏季一般应将温控器调到 4 或最高处,以免冰箱频繁启动,增加耗电。

5.严禁将热食品放入冰箱内,以免降低冰箱内温度,增加耗电量。

6.蔬菜、水果等水分较多的食物应洗净沥干后再放入冰箱,以减少水分蒸发而加厚霜层,影响冷藏效果。

吸尘器节电法

1.使用吸尘器应及时清除过滤袋上的灰尘。

2.必须定期给吸尘器转轴添加机油,并更换与原来牌号相同的电刷。

3.应经常检查吸尘器风道、吸嘴、软管及进风口有无异物堵塞。根据不同的需要选择吸嘴,可提高吸尘效果,又可省电。

4.家用吸尘器不能在潮湿的地方使用。

电风扇节电法

1.电风扇启动时所需电流比正常运转时大 4~8 倍,所以应用最快档启动既省电,又保护电机。

2.电风扇的耗电量与扇叶转速成正比,如 400 毫米电扇用快档耗电量为 60 瓦,用慢档只有 40 瓦。因此,在满足使用要求的情况下,应尽可能用电扇的中、慢档。

空调节电法

空调省电主要取决于"开机率",即启动时最耗电。

首先,要依据住房面积确定选购的型号。住房一般按每平方米 200 千卡/时计算,制冷量大了造成浪费,小了又达不到使用效果。

其次,房间应具有最基本的隔热性能。墙面应进行涂刷装饰,以增强灰质墙的隔热性,即可省电。

再次,空调安装位置宜高不宜低。有些家庭把空调安在窗台上,这不利于降低开机率。由于"冷气往下,热气往上"的原理,室内下层空气是冷热混合型空气,室内的上层是温度较高的空气,若把空调装在窗台上,抽出的空气温度低,相对来说空调在做无功损耗,上层的热气并没得到有效制冷。最后,空调温度不宜定位太低。一般控制在 24℃ ~ 28℃或再高一点,只要人不感到热就行了。另外,空调千万别加装稳压器,因为后者是日夜接通线路的,空调不用时也相当耗电。

洗衣机节电法

1.先用清水浸泡衣物 20 分钟,把脏的衣领、袖口打上肥皂用手搓洗干净。洗涤用水温度控制在 40℃ 左右,选用高效低泡洗衣粉,洗衣粉的重量取水的 2‰。

2.洗涤合成纤维和毛丝品,2~4 分钟;洗涤棉麻织物,6~8 分钟;洗涤极脏的衣物,10~12 分钟。

3.丝绸、柔姿纱、毛料等较高档的衣物,选择弱洗;棉布、化纤、混纺、涤纶等衣料,选择中洗;厚绒毯、沙发布和帆布等用强洗。

4.洗衣时,采用集中洗涤法,一桶洗涤剂可连续洗几批衣物,洗涤剂可经常添加,全部洗完后再逐一漂洗。

5.用洗衣机清洗,应将衣服捞出脱水后,再放入换好水的洗衣桶里,漂洗 2~3 次即可。

6.洗衣机皮带打滑、松动,电流并不减少,而洗衣效果会降低,因此经常调紧洗衣机皮带,使其恢复原来的效率,既省电,又能延长洗衣机的工作寿命。

洗衣机

电饭锅节电法

1.将淘好的米先放在水中浸泡一段时间,然后再通电煮饭,这样做出的饭不仅好吃还可节约用电。

2.在电饭锅通电后用毛巾或特制的棉布套盖住锅盖,不让其热量散发掉,在米饭开锅将要溢出时关闭。大约过 5~10 分钟后再接通电源,直到自动关闭。然后继续让饭在锅内焖 10 分钟左右再揭盖。这样做不仅省电,还可以避免米汤溢出,弄脏锅体。

3.用热水做饭比用冷水做饭经济。

4.电热盘表面与锅底如有污渍,应擦拭干净或用细砂纸轻轻打磨干净,以免影响传感效率,浪费电能。

5.要充分利用电饭锅的余热,如用电饭锅煮饭时,可在沸腾后断电 7~8 分钟。再重新通电。一般情况下,开始吃饭就可以拔下电源插头,靠饭锅的保温性能完全能保持就餐时的温度需要。

电熨斗节电法

一次熨烫几种不同织物应先熨需要较低温度的,然后再熨需较高温度的。断电后,再利用余热烫一部分只需低温的衣物,这样操作省时也省电。

煤气灶节能法

1.煤气温度最高的是中间一层。把炊具跟火苗的中层接触,才是最佳高度。

2.炒菜、蒸馒头用大火;熬汤、烙饼用文火。煮食物时,食物沸腾之后,可把火关小,保持微沸即可,因为火再大,锅内的水温也不会再升高。

3.蒸煮时,一般以蒸煮后留下半碗水的用量为宜,否则烧开水的时间要拉长,浪费煤气。

4.选用高压锅烧煮食物,省气省时保营养。锅底直径越大,火焰传导给锅底的热量越多,散失则越少,所以应选择直径较大的炊具。铝锅做炊具,会比铁锅缩短烹饪时间,减少耗气量。

5.用一个3~5厘米高的金属圈,罩在气灶上方,金属圈的外围要与炊具保持1厘米的距离,以使热量回旋于炊具的四周,提高热量的利用率。

6.水升温较慢,要先用小火,等水温升高后,再开大火烧。

巧用微波炉

1.微波炉再生硅胶

硅胶是一种很好的干燥剂,但用久吸潮过多后会失效。可将硅胶放入微波炉内2~4分钟,如果是变色型硅胶,就会由粉红变成蓝色;如果是非变色型硅胶,会变得比较透明。

2.微波炉助黏合

黏合非金属物体时,可用绳缚紧或用重物(但不宜用金属物质)压紧,放进微波炉内作短时间处理,既省时又牢固。

3.微波炉防书刊霉蛀

将书刊放在微波炉内烘烤至温热,取出待其自然冷却后再收藏可防止书刊霉蛀。注意烘烤时间不能太长,以免烧焦。

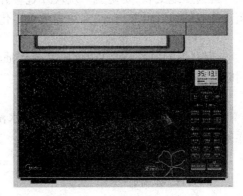

微波炉

巧用冰箱

1.种子放在冰箱中可延长保存期,调整开花时间。方法是把花子儿、植物的球根或扦插用的枝条装入塑料袋,再放入冰箱冷藏室里,适当的时候拿出来种植。

2.生姜放入冰箱冷冻后姜味更好。

3.真丝衣服一般难以烫平,若把衣服喷水后装进尼龙袋内放入冰箱,几分钟后取出熨烫,很易烫平。衣服上若沾着糖类物质,也可放入冰箱,糖遇冷变脆,即可刮掉。

4.香烟、新茶放入冰箱可长期不变味。

5.鞋油放入冰箱内可防止变干变硬;肥皂受潮而软化,放入冰箱内可恢复坚硬;新买来的蜡烛,放入冰箱24小时后,点燃时不会滴蜡烛油。

6.胶卷放入冰箱可用期会超过原定的失效期。

7.染发品在高温时会失去部分效能或改变色泽,如放入冰箱内可长期保持原有效能,不致变质。

8.干电池不用时放入冰箱可延长使用寿命。

9.啤酒、红酒和白兰地,倒在制冰盒中可成一块块固体冰酒块,吃起来别有一番风味。

10.绿豆、黄豆、赤豆等豆类一般不易煮烂,但只要先煮一下,待冷却后放入冰箱冷藏室,半天后取出,即可煮烂。

11.栗子煮熟后不易剥壳,只要冷却后在冰箱内冻2小时,就可使壳肉分离,剥起来既快,栗子肉又完整。

冰箱巧冻食品 4 法

1.利用制冰盘存汤料

事先做好各种汤、汁、卤等使之冻结,随吃随取十分方便。

2.巧切肉片

鲜肉质地柔软,要切成一块块外观整齐的肉片很不容易。为此不妨先将鲜肉放入冰箱冷冻成硬块后再取出,待肉块表面稍溶化便可随意切成薄片。

3.冷冻肉片不宜叠放

新鲜的肉片冷冻时要在金属盆或铝质盆里,垫上纸片,而且要放一层垫一张。到使用时就容易分开了。

4.鲜鱼冷冻法

冷冻鲜鱼,应先去掉鱼鳞、内脏,经水洗后,用抹布擦净鱼腹中水渍,然后隔层垫纸,逐条放入金属盆内进行冷冻。

巧用电饭锅

1.烤热食物:先在锅内略抹一些熟油,猪油、植物油均可,将要烤热的熟食摆放在内锅里,然后盖上锅盖,按下煮饭开关,大约 5 分钟左右,锅温可升到 103℃±2℃,煮饭开关自动跳起。利用余热将食物继续烤一段时间,再开盖取食。这样烤热的食物香脆可口,特别省时省力省心,适合加热早餐。

2.烤鸡蛋糕:取 2 个鸡蛋打入碗内,放入适量白糖,用筷子搅拌起泡。再加入适量的食用油,搅拌均匀,然后再加 150 克面粉,适量凉水,充分搅拌。再加入适量苏打粉,拌匀。电饭煲内锅底抹些食油,将上述原料倒入,盖上锅盖,按下煮饭开关。待开关自动跳起数分钟后即成。此法制作的蛋糕松软可口。

剪刀恢复锋利法

很多人认为剪刀用钝了用磨刀石来磨,其实还有比这更方便的办法,那就是利用锡箔纸。锡箔纸不一定用新的,旧的也可以。方法是把锡箔纸折成 2~3 层,然后拿剪刀剪锡箔纸,剪刀就可以迅速恢复锋利。

玻璃杯重叠难抽的处理法

在内杯中加冷水,外侧的杯子浸在温水中。使二者产生温差,就可顺利抽出。也可在重叠处倒些洗洁精或肥皂润滑,以方便取出。

电蚊香重复使用法

在已用过的电热蚊香片上洒数滴风油精,半小时后再将洒上风油精的蚊香片放到电热器上使用,即可达到驱蚊灭蚊的效果。下次同样处理又可使用,一枚蚊香片可多次反复使用,效果很好。因为风油精中含有薄荷脑、樟脑、桉叶油、丁香酚等成分,它不仅对蚊虫叮咬有特效,而且避暑避邪、提神醒脑,加热后屋内充满清凉芬芳的气味,蚊子也不再咬人了。

断钥匙取出法

扭断在锁孔里的钥匙,可取一根大号钢针,将针尖稍加弯曲,插入锁孔,慢慢深入钥匙与锁孔之间的缝隙内,使针尖的毛刺对着断钥匙,向外侧稍稍用劲,使针尖毛刺钩住断钥匙,再轻轻向锁孔外一拉,断钥匙就被带出。

鸡蛋壳的妙用

1.治妇女头晕:蛋壳用文火炒黄后碾成粉末,与甘草粉混合均匀,取5克以适量的黄酒冲服,每天2次。

2.治腹泻:用鸡蛋壳30克,陈皮、鸡内金各9克,放锅中炒黄后碾成粉末,每次取6克用温开水送服,每天3次,连服2天。

3.生火炉:将蛋壳捣碎,用纸包好,生炉子可用它来引火,效果甚好。

4.灭蚂蚁:把蛋壳用火煨成微焦以后碾成粉,撒墙角处,可以杀死蚂蚁。

5.驱鼻涕虫:将蛋壳晾干碾碎,撒在厨房墙根四周及下水道周围,可驱走鼻涕虫。

6.养花卉:将清洗蛋壳的水浇入花盆中,有助于花木的生长。将蛋壳碾碎后放在花盆里,既能保养水分,又能为花卉提供养分。

7.使鸡多生蛋:将蛋壳捣碎成末喂鸡,可增加母鸡的产蛋能力,而且不会下软壳蛋。

8.防家禽、家畜缺钙症:蛋壳焙干碾成末,掺在饲料里,可防治家禽、家畜的缺钙症。

电吹风巧妙使用法

1.电冰箱化霜需要较长时间,如直接用电吹风向电冰箱冷冻室里吹热风,则可大大缩短化霜时间。

2.家中的电视机、收录机、磁带、唱片或电子元件受潮后用电吹风吹上几分钟,不要靠得太近,不要用大功率猛吹,可驱潮防霉,防止蚀蛀,延长使用寿命。

3.衣服沾上污迹使用去污剂洗净以后,用电吹风热风档吹一阵,衣服便干净了。

4.贵重书籍、邮票、火花等纸制收藏品,如能定期用电吹风稍微吹一吹,可驱潮防霉,防止纸张发黄。

5.饼干、糕点受潮后变软,用电吹风热风档吹一会儿,待冷却后,即可恢复原味,松脆如新。

6.冬春季鞋内易潮湿,但又难以干燥,可用电吹风吹上5分钟,鞋内潮湿即可烘干,穿着起来温暖舒适。

7.配置眼镜架不合适,可用电吹风的热风吹上半分钟后,用手轻轻进行整形。

口香糖清理印章法

嚼过的口香糖,把它平整地压贴在章面上,软胶能伸缩自如,彻底粘起脏污,使图章表面清洁,盖起来会更加清晰鲜明。

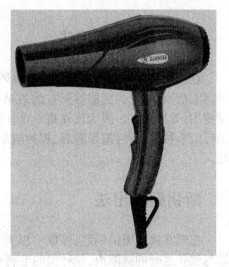

电吹风

磨刀的诀窍

1.刀用钝了,可先放在盐水中泡一会儿,然后再磨。在磨刀时,边磨边浇盐水,磨不到几下,刀就会变得非常锋利了。

2.用蚊香灰来磨钝刀,既光洁平滑,又不会留下划痕。

巧开瓶盖

1.瓶盖因生锈或因旋得太紧而难于打开时,只要把瓶口在热水中浸烫片刻,使瓶盖膨胀,就可轻易地拧开。

2.可将瓶盖放在火上烘烤片刻,然后用布包紧瓶盖,用力旋开。

巧除粘在头发上的口香糖

1.用冰块直接敷在粘了口香糖的头发上,静置一会儿后可以让口香糖的黏度有所降低,有助于剥落。

2.将润丝乳抹在口香糖及头发上,用干布或纸巾包住,就可以轻松地将口香糖从头发上擦掉了。

3.用化妆棉蘸婴儿油搓揉,便可轻易去除。

巧除竹筷标签

新买的竹筷,上面的标签很难撕下,用手抠又会抠弄得很脏,可以先把它放在冰箱的冷冻库内,冰几分钟后再撕,就会很轻松地撕下来。

巧开锈锁法

在锁孔内放适量铅笔末,再用钥匙在锁孔内来回抽插,然后轻轻旋转几下,即能开动。

巧磨电动剃须刀

用过一段时间的电动剃须刀如果不那么快了,可找一个锯蜂王浆瓶子的小砂轮,在电剃须刀网罩的内面(与刀片的接触面),顺着电机的旋转方向磨上几分钟,然后在网罩上薄薄地抹上一层润滑油,装好后剃须会快得多。

巧使地垫不打滑

在地垫下放一块与其大小相等的保鲜膜,可以增加地垫和地板之间的摩擦力,自然也就不会打滑了。

巧用废瓶盖

1.洁墙壁:将几只小瓶盖钉在小木板上,即成一只小刷,用它可刮去贴在墙壁上的纸张和粘在鞋底上的泥土等,用途很广。

2.垫肥皂盒:将瓶盖垫在肥皂盒中,可使肥皂不与盒底的水接触,这样还能节省肥皂。

3.制洗衣板:将一些废药瓶上的盖子(如青霉素瓶上的橡皮盖子等)搜集起来,然后按纵横交错位置,一排排钉在一块长方形的木板上(钉子必须钉在盖子的凹陷处),就成为一块很实用的搓衣板。因橡皮盖子有弹性,洗衣时衣服的磨损程度也比较轻。

4.护椅子的腿:在地板上搬动椅子时常会发出令人刺耳的响声。为避免这一点,可在椅子的腿上安上一个瓶盖(如青霉素瓶上的橡胶盖)作为缓冲物,这样既不会发出刺耳的声音,又可以保护椅子的腿。

5.护房门面:将废弃无用的橡皮盖子用胶水固定在房门的后面,可防止门在开关时的碰撞,起到保护房门面的作用。

6.修通下水道的撅子:通下水道的撅子经过长时间使用后,木把就与橡胶碗脱离了。遇此,可找一个酒瓶铁盖,用螺钉将瓶盖固定在木把端部,然后再套上橡胶碗就可以免除掉把的现象。

7.止痒:夏天被蚊虫叮咬奇痒难忍,可将热水瓶盖子放在蚊子叮咬处摩擦2~3秒钟,然后拿掉,连续2~3次,剧烈的瘙痒会立即消失,局部也不会出现红斑。瓶盖最好是取自水温90℃左右的热水瓶。

8.养花卉:取一只瓶盖放在花盆的出水孔处,既能使水流通,又能防止泥土流失。

9.削姜皮:姜的形状弯曲不平,体积又小,欲削除姜皮十分麻烦,可用汽水瓶或酒瓶盖

10.刮鱼鳞:取长约15厘米的小圆棒,在其一端钉上2~4个酒瓶盖,利用瓶盖端面的齿来刮鱼鳞,这是一种很好的刮鱼鳞工具。

11.用废瓶盖作装饰品:将酒瓶上的盖子收集在大玻璃瓶内,放在饭厅或客厅内,是非常别致的装饰品。

12.制钻头:如要在软质木材或灰墙面上钻一个直径为2厘米左右的孔,可用一螺栓把一只酒瓶盖固定住,然后把该螺栓卡在钻机头上,瓶盖即可在此"显身手",起钻头的作用。

13.制拉手:有的瓶盖很美观,可用它做抽屉的拉手。先用钢锯在瓶颈处刻一道环线,用一根浸满酒精的棉线在刻痕处拴住瓶子,点燃棉线,在火焰将要灭时,把瓶子浸入冷水中,瓶口即可被割下来。利用适当的螺栓和羊眼圈可以将瓶口固定在抽屉上,再将瓶盖旋在瓶口上即可。

14.使家具滑动好移:在家具的每条腿的下面放一个罐头瓶盖,就可以滑动家具了。

巧用废瓶子

1.制小喷壶:有些饮料瓶的色彩鲜美,丢弃可惜,可用来做一个很实用的小喷壶。用废瓶子做小喷壶时,只要在瓶子的底部锥些小孔即可。

2.制量杯:有的瓶子(如废弃不用的奶瓶等)上有刻度,只要稍加工,就可利用它来做量杯用。

3.使衣物香气袭人:用空的香水瓶、化妆水瓶等不要立即扔掉,把它们的盖打开,放在衣箱或衣柜里,会使衣物变得香气袭人。

4.擀面条:擀面条时,如果一时找不到擀面杖,可用空玻璃瓶代替。用灌有热水的瓶子擀面条,还可以使硬面变软。

5.除领带上的皱纹:打皱了的领带。可以不必用熨斗烫,也能变得既平整又漂亮,只要把领带卷在圆筒状的啤酒瓶上,待第二天早上用时,原来的皱纹就消除了。

6.护手表:将小塑料药瓶剪开,手表放在上面,用圆珠笔画下手表的形状后依样剪下,两边剪出穿表带的长形口子,将表带从口子中穿出,再从表的两端栓柱内通过,戴在手上,既平整、防汗,又不易脱落。

7.制漏斗:用剪刀从可乐空瓶的中部剪断,上部即是一只很实用的漏斗,下部则可用作水杯。

8.制筷筒:将玻璃瓶从瓶颈处裹上一圈用酒精或煤油浸过的棉纱,点燃待火将灭时,把瓶子放在冷水中,这样就会整整齐齐地将玻璃瓶切开了。用下半部做筷筒很实用。

巧治鞋垫后窜

1.有时走路鞋垫会从脚跟窜出来,既不舒服又不雅观。只要在鞋垫的当中加缝一块3.3厘米见方的硬布,就可防止鞋垫后窜。

2.冬季的鞋厚,则可找一条如麻布、防水布之类的布条,剪成一边直、另一边曲的半月形,将曲线的一边缝在鞋垫前端,使鞋垫像个拖鞋。鞋垫被脚趾顶住,就不会后窜了。布条裁的大小以穿时舒适为宜。

新鞋不磨脚的处理方法

新鞋容易磨脚后跟,这主要是因为制鞋工艺的最后一道工序一般需要将后脚跟夹起,使后跟形状呈尖角形。大部分皮鞋的前后都放了定型化学片,皮鞋经高温定型后,化学片成型变硬而磨脚。加之鞋的后脚跟部通常是两块皮子的缝合处,使后部不圆滑,脚和鞋稍有空隙就极易将脚跟磨破。

因此,感觉可能磨脚的新鞋,不妨在穿用前先将鞋后跟部揉揉;其次,用小锉磨磨缝接处的皮子;然后,用锤子砸砸使鞋后部更服帖,这样再穿新鞋时您就可以免受皮肉之苦了。

现在市场上还有一种用牛皮和海绵加工成的后跟贴,贴在皮鞋的后支口上也可以防止皮鞋磨脚。

如何改善抽油烟机的使用效果

抽油烟机排油烟效果好坏,关键在于安装位置:

1.一般规定是不碰头、不烘烤,安装高度可尽量降低,只有这样才可使油烟源趋近有效空间。

2.应尽量在两面靠墙的位置安装,并封住与墙的间隙,用软布塞住或糊上均可。

3.在无墙面加30厘米左右的延长挡板(以易拆装的折、挂形式为好),这种挡板最好采用透光材料。

保养维修

电脑的保养

1.室温:宜在15℃~35℃之间,要避免阳光直射或其他热源,连续工作4小时后最好关机休息,让机器散热。

2.湿度:宜在40%~70%,湿度过大,电脑元件接触性能会变差或被锈蚀,易产生硬件故障,所以在阴雨天,要经常开开机。湿度过低,不利于机器内部随机动态存储器关机后存储电量的积放,也容易产生静电。

3.免震:电脑内部的部件多为接插件或机械结构,在震动下容易松动,所以一定要在平稳的环境下工作。

4.通风:应保持空气畅通,这样有利于机器的散热。窗户应设纱窗,既能通风又能阻挡室外尘埃的侵入。

5.电压:一般宜在220伏电压条件下工作,电压过高或过低都会使电脑过载或失控。切忌使用稳压器来稳定电压,因为稳压器内的继电器随着供电电网的电压波动的频频跳动,会对电脑内的操作程序有很大干扰,导致电脑出现错误信号,甚至损坏硬盘或使软盘驱动器卡死。

6.病毒:电脑病毒会使文件变差变乱,使电脑"死机",编程失效。所以拷盘或下载文件时要小心。

7.清洁:平时要保持机器、光盘、软盘和电脑周围环境的清洁。可定期用小功率吸尘器清除灰尘,用酒精清洗机壳和键盘,用无静电抹布擦显示器。

显示器的保养

秘诀一:调整好显示器的亮度
荧光屏越亮,图像颜色越鲜艳,电子枪和荧光粉老化得也越快。因此,合理调整显示器的亮度和系统中的显示属性,会延长显示器寿命。另外,电脑桌面应尽量不要使用艳丽的图片。

秘诀二:避免阳光照射
将计算机安置在阳光不能直射的地方,要挡好窗帘或纱窗,将阳光对显示器的照射降到最低限度。如果计算机不用,要加盖能防止紫外线照射的罩布。

秘诀三:远离强磁场
显像管中的荫罩板极容易被磁化,如果受到强磁场干扰,将会导致显示器的色彩紊乱。要注意显示器与其他电器之间不要靠得太近,保持一定距离。

秘诀四:正确使用屏幕保护
选择系统自带的以黑屏为主的"三维文字"等屏保设置,还可在"控制面板"的"显示器设置"中启动系统的"自动关闭显示器电源"功能,或者在不用的时候及时关闭显示器,以减少空载运行的损耗。

秘诀五:减少灰尘
显示器在工作期间会产生很强的静电,对灰尘有较强的吸附能力,影响电路或元器件的性能,甚至造成短路等损坏性故障。

要定时为显示器除尘:打开显示器的后盖用毛刷将灰尘轻轻清扫干净。为了防止灰尘进入,可给显示器配备一个防尘罩布,每次关机后及时罩好。

光盘的保养

1.尽量保持光盘清洁,不要接触光盘的正面(即不带标签的一面)。
2.且勿跌落、划伤或弯曲光盘。
3.不要用任何书写工具在光盘的标识面上做记号,也不要在上面贴纸或其他附着物。
4.取放光盘时要小心轻放。
5.不用时,应将光盘存放在光盘盒内。光盘切勿放在阳光直射处、潮湿多尘处或高温处。

6.如光盘表面较脏,用洁净的软布按径向自中心向边缘擦拭。

7.如果以上方法仍不见效,可用软布蘸少许水轻轻擦拭。

8.请勿使用挥发性汽油、稀释剂、市售的清洁液或塑胶碟片用防静电喷雾剂等溶剂。

电冰箱的保养

首先,必须定期清扫压缩机和冷凝器。压缩机和冷凝器是冰箱的重要制冷部件,如果沾上灰尘会影响散热,导致零件使用寿命缩短、冰箱制冷效果减弱。当然,使用完全平背设计的冰箱不需考虑这个问题。因为挂背式冰箱的冷凝器、压缩机都裸露在外面,极易沾上灰尘、蜘蛛网等。而平背式冰箱的冷凝器、压缩机都是内藏的,就不会出现以上情况。

其次,必须定期清洁冰箱内部。冰箱使用时间长了,冰箱内的气味会很难闻,甚至会滋生细菌,影响食品原味,所以,冰箱使用一段时间后,要把冰箱内的食物拿出来,给冰箱大搞一次卫生。当然,具备除霉除臭和杀菌功能的冰箱,冰箱内的空气会清新干净。

保养冰箱时还应注意:

1.每年至少对冰箱清洁2次。清洁冰箱时先切断电源,用软布蘸上清水或食具洗洁精,轻轻擦洗,然后蘸清水将洗洁精拭去。

2.为防止损害箱外涂复层和箱内塑料零件,请勿用洗衣粉、去污粉、滑石粉、碱性洗涤剂、开水、油类、刷子等清洗冰箱。

3.箱内附件肮脏积垢时,应拆下用清水或洗洁精清洗。电气零件表面应用干布擦拭。

4.清洁完毕,将电源插头牢牢插好,检查温度控制器是否设定在正确位置。

5.冰箱长时间不使用时,应拔下电源插头,将箱内擦拭干净,待箱内充分干燥后,将箱门关好。

电视机的保养

1.电视机要放在干燥、洁净、通风的地方,长久搁置不用或在梅雨季节最好每周打开1~2次。

2.彩色电视机最好使用稳压器,以免电源电压变动过大而损坏显像管。

3.不要用插拔电源插头的方法开关电视机。

4.荧光屏要避免阳光直射,不用时可用较厚的深色布罩起来。

5.电视机使用时,不要开得太亮,遇到荧光屏上只有一条亮线或一个亮点时,应马上关机修理。

6.电视收看结束,关闭遥控器电源开关后,还应按下电视机面板上的电源开关,彻底切断电源,最好再拔下电源插头。

7.擦拭屏幕应用干布,收看时或收看刚结束时,忌用冷的、潮的硬布擦屏幕,以防止骤冷引起显像管爆裂。

8.夏季高温使用时,应将布罩取掉,以便通风散热。

电风扇的保养

1.要经常用软布轻轻擦掉表面的灰尘及油污,如有条件,可给金属风叶上蜡打光。切忌用汽油、苯或酒精等擦拭,以免损伤油漆或塑料件表面,使之失去光泽。

2.电风扇应放置在干燥和无杂物的地方,防止灰尘及油污侵入风扇内部。

3.储藏前应做较彻底的清洁工作,并在扇头注油孔内注入适量的轻质润滑油(如缝纫机油),放入包装箱内,并置于干燥通风、无腐蚀气体之处。切勿叠压和碰撞,以防损伤电源线和电气器件。

4.下一年使用电风扇前,再做一次清洁、加油等工作,并检查电源线及电气器件是否完好无损。

5.使用时,先启动快速档,转速正常后再改用所需要的档次,这样可以保护电扇,也能省电。

光驱的保养

注意光驱的保养,可延长光驱的使用寿命,避免激光头的老化。在光驱的使用上应注意:

1.光盘使用完后应立即退出,以免再次启动机器时,光驱检测光盘,增加激光头的损耗。

2.不要使用盗版光盘,因为盗版光盘厚薄不匀,读片时增加激光头的聚焦、寻道次数,加速激光头老化。

3.禁止使用清洗盘,清洗盘上的毛刷在光盘高速旋转时会碰偏光头。

4.定期清洁光驱、激光管表面和聚焦透镜。

5.光盘放入光驱前应擦拭干净,以免灰尘带进光驱后沾污光头。

6.注意保存好光盘,不要划伤和沾上手污。磨花和沾上手污的光盘会增加光驱的读取时间。

7.避免长时间使用光驱,因为光驱密封很严不利散热。

洗衣机的保养

1.洗衣机最好放置在通风、远离热源、没有阳光直射的地方,应避免放在空气不流通、湿度大的卫生间;洗衣机应安放在有独立水龙头、电源插头及排水渠道的固定位置,并应将其四脚调至绝对平衡,以免工作时发出强烈噪音及磨损转轴。

2.洗衣加水要适当,忌用热水;切勿让洗衣机负荷过重,每次洗衣应尽量减少洗衣数。一般洗衣机每次可洗4.5~5千克衣物,若将太多的衣物放入机内不仅会降低洗涤力,还会加快机器磨损,洗衣机的寿命将会减少。

3.在洗涤前,应将衣物进行一次分类和检查,取出衣袋内的物件,将衣带及围裙带打上活结,拉上衣裤的拉链,缝补破裂的地方,部分沾染很多污渍的衣物在放入洗衣机之前最好先做特别处理,再放入洗衣机清洗。

4.操作各种开关按钮时,用力不可过猛。

5.洗衣机的外壳、控制板、过滤器及排水孔都应定期清洁。外壳及控制板可用海绵或湿布擦洗,但切忌使用化学物品清洗,否则外壳及控制板可能受损。清洗过滤器及排水孔时,应检查孔和孔通道是否被废物阻塞,应清除,有可能堵塞管道的污物,才可确保洗衣机不致失灵。定时器开关不要反转,不要使定时器被水淋。

6.不要空转,不要长时间连续使用。

7.鞋子、有沙子的衣服和沾上汽油的衣服不能放在洗衣机内清洗,也不能放在甩干机内脱水,以免洗衣机被划伤,或因摩擦起火,造成事故。

空调器的保养

使用空调器,平时要经常清洗保养:

1.过滤网应每隔2~3周清洗一次。拆下过滤网,拍打或用清水洗刷,甩干后再装入面板。

2.机壳及面板上的尘垢,可用干软毛巾或湿布擦拭,切忌使用机油、香蕉水等。

3.清洗内机,应先切断电源,用湿软布或毛刷清洗,冷凝器和蒸发器也可用吸尘器除尘。

4.室外机冷凝器表面积尘可冲洗干净。

5.因季节转换停止使用时,应选晴朗干燥的中午,将空调器置于 FAN(送风)状态中运转 3 小时,使机内干透,然后关闭机器,拔下电源插头;将遥控器中的电池取出,放在干燥处。

6.如果空调使用年头过长,在停机后首次开机如有下水道一样的潮腥气味,就必须开盖进行清洗消毒处理。

7.室外机上切勿放置重物,并且四周应无遮挡物。

8.重新开机前,应仔细查看室内机的排水管有无杂物堵塞,防止出现积水倒灌现象。

电话机的保养

1.取出旧电池和装入新电池前要先关闭电源开关。充电电池反复充电使用一段时间后也要进行更换。

2.不要使用质量差的电池,以免引起电池漏液而腐蚀机器内部元器件。

3.不要将电话机交给不懂操作的人使用,更不要交给小孩玩弄。

4.要放在安全干燥的地方,避免同硬物碰撞,不要让电话机受潮、受热。

5.长期不用要取出电池,并将其放在密封的塑料袋中,最好再放置一些干燥剂。

吸尘器的保养

1.吸入的灰尘垃圾要及时清倒,使用一段时间后还要更换吸尘袋,以防止灰尘进入电机损坏吸尘器。

2.软管不要频繁地折来折去,不要过度拉伸和弯曲。

3.不要吸汽油、香蕉水、带火的烟头及碎玻璃、针、钉之类的东西,不要吸潮湿物体、液体、黏性物体和含金属粉末的尘土,以免损坏吸尘器和发生事故。

4.若长时间使用,每隔半小时要停顿1次。一般连续工作不宜超过2小时。

5.若主机发热,发出焦味,或有异常振动和响声,应及时送修,不要勉强使用。

6.电机轴承应每年更换1次润滑油。电刷因容易磨损,经常使用的每隔1年应作1次更换。

7.使用后应摇动箱体,把积聚在过滤袋上的尘土震落在箱体底部并经常清除,以免影响吸尘效果及散热。

8.忌用湿布擦开关,以避免漏电或短路;发现异样声音或尘土吸不干净时,要及时检查和修理。

电吹风的保养

1.平时应经常清除粘在电吹风上的灰尘,防止堵塞风道、损坏元器件。除尘时,必须先拔掉电源插头,然后用湿布擦拭外壳,切忌用汽油等有机溶剂。擦拭后必须放在阴凉处晾干才能使用。

2.电吹风存放时必须注意防潮、防重压、防碰撞、防尘。长期不用时,应每月通电1~2次,每次5分钟,利用其自身发热来驱潮,使电机不致损坏。

电饭锅的保养

1.不要煮含酸、碱的食物。

2.蒸煮食品应先放入食品和水,再接通电源,切忌倒过来做。

3.若按键开关提前跳起,此时食物虽未熟,也不要强行按下,否则会烧坏电器。应断电,检查故障原因,进行修复。

4.内锅清洗后,要用布擦干后再放入壳内,以免内锅生锈或漏电。

5.用电饭锅煮粥、做汤应有人在旁看守,以防食物煮开后水外溢,损坏电器。

6.电饭锅使用前,应检查电热盘内有无饭粒或其他异物,并及时清除以防接触不良。

7.不要碰撞以及随便拆装电饭锅。

8.内锅变形要更换,忌用普通铝锅代替。

9.不要放在潮湿的地方。

10.电饭锅只有在煮饭时才会自动跳闸,如果炖煮其他食物,要煮到水干时才会跳闸。

所以应掌握火候,适时拔掉电源插头。

11.把内胆放入外壳后要左右转动几次,使内胆与电热
板紧密接触,以防烧毁电热板和控温器。

电饭锅

电烤箱的保养

1.烘烤的食品、食油、调料不要落到热元件上。

2.不能让水流入箱体内,不能把玻璃容器放在箱内
烘烤。

3.电烤箱要放在干燥地方。

4.插头、插座及电器元件弄湿后要及时用干布擦干,以免生锈。

5.从电烤箱取出食品后,电烤箱门仍应开一会儿,让热气排尽,避免在箱内壁凝成水
渍,锈蚀箱体和元件。

砂锅的保养

1.新砂锅使用前,最好用淘米水煮一下,这样可以堵塞住砂锅细微的孔眼,防止渗水,
延长使用寿命。

2.砂锅不宜炒菜和熬制黏稠的食物。

3.每次使用以前,需先揩干砂锅外面的水。煮的时候如果发现水少了,应及时加点温
水。锅内的汤汁千万不要溢出或者烧干。

4.如果砂锅放在燃煤的炉子上,要注意不能使煤顶住沙锅底。

5.新买的砂锅可以盛满食醋后放在火上烧,让醋慢慢渗入到锅体内。这样即可防止
砂锅日后开裂。

6.砂锅上炉时,不可一下子就用大火,火要逐步加大,这样可防止爆裂。

此外,使用砂锅的火候与使用其他类型锅的火候不一样。一般用铁锅烧菜的火候是
武火——文火——武火,而砂锅烧菜则是先用文火,再用旺火,待汤烧开后,最后用文火
烧熟。烧好的菜肴也不必盛出来,可连锅带菜放在瓷盘上直接上桌,或者放在干燥的木
板或草垫上,千万不要放在瓷砖或水泥地上,否则砂锅骤然受冷会破裂。

电炒锅的保养

1.电源插销是一种精密的装置,装拆时要格外小心轻放,使用完毕把调温旋钮转至停
止位置,待冷却后,方可取下放在干燥地方保存。

2.有的电炒锅内锅表面涂有含氟树脂,切不可用金属制造的刮勺或锐利的刀尖刮擦
其表面,以防损坏。去除内锅表面的污垢可以用塑料或木质的刮勺去铲刮,但用力要适
度。最后每次使用完后,趁表面还有微热时用干布抹去残渣。

洗碗机的保养

1.使用洗碗机时,必须接上地线,以确保安全。洗碗机并非完全代替人工劳动,因此洗涤的餐具中切不可夹带其他杂物,如鱼骨、剩菜、米饭等,不然的话,容易堵塞过滤网或妨碍喷嘴旋转,影响洗涤效果。

2.往机内放餐具时,餐具不应露出金属篮外。比较小的杯子、勺等器具要避免掉落和防止碰撞,以免破碎。必要时可使用更加细密的小篮子盛装这些小器具,这样会更安全些。

3.要经常保持洗碗机内外的清洁卫生,使用完毕后,最好用刷子刷去过滤器上的污垢和积物,以防堵塞;洗涤槽内每月应用除臭剂清除臭气1~2次。

4.为了更好地洗净餐具、消除水斑,应采用专用的洗碗机洗涤剂来清洗餐具,而不可用肥皂水或洗衣粉来代替。

燃气热水器的保养

1.要经常检查供气管道各处接口是否泄漏,橡胶软管是否完好,有无老化、出现裂纹的现象,一旦发现应及时处理及更换。

2.按照产品的使用说明,定期更换电池,一般4个月后需更换一次。

3.定期清洁进水过滤网,如出现热水器出水量少、打不着火等现象,则可能有污物堵塞滤网,可拆开冷水进口接驳处取出滤网清理。

4.热水器使用一段时间后,可打开热水器面壳,用干布擦拭干净点火针及火焰感应针,注意擦拭力度不宜过大,否则会移动点火针或感应针位置,而影响热水器的使用。

5.每半年应检查及清洁一次热水器的热交换器(即水箱)的灰尘。若热水器长期停用,请务必关掉气源,取出电池,并打开防冻装置(说明书有指示该装置的位置),放掉其中存水。

6.不要将水的温度加热得过高。使用后先关闭燃气开关,让冷水继续流1~2分钟,以带走管内余热,可减少水垢沉积,避免管道堵塞,延长热水器的使用寿命。

不锈钢器皿的保养

1.使用不锈钢炒锅时,火力不宜过大,应尽量使其底部受热均匀,否则易将食品局部烧糊。锅底如已粘结烧糊,可用水泡半小时待软后再用竹片轻轻刮掉,切不可用锐器铲刮,以免损坏其外表的光洁度。使用几个月后,若表面起一层细小的雾状物,可用软布蘸上中性去污粉轻擦,随即用水洗净,用布揩干,涂上一层植物油膜,并在小火上烧烤干。

2.经验表明,用不锈钢器皿最好配用电炉,因煤气、液化气和煤球炉等燃气中含有硫,燃烧后产生二氧化硫和高温水蒸气,两者作用于钢材上易生锈。

3.洗涤时切忌用强碱性和强氧化性的化学药剂,如碱水、苏打和漂白粉等,因这些强电解质同样会与餐具中的某些成分起化学反应。

4.提倡不锈钢餐具与其他餐具定期交换使用,如与铁锅、搪瓷锅等每3个月轮换使用,切忌长年累月使用不锈钢餐具。不用时将不锈钢炊具涂上油膜,烘干后置凉爽通风处。

菜刀的保养

一忌切剁硬物:刀对硬物的抵抗力差,不宜用菜刀剁大骨头。

二忌接近高温:菜刀不宜放在锅盖、锅台、炉台等高温地方,应放在通风干燥处。

三忌刀面生锈:切过青菜等有汁液的食物后,应立即擦干刀口,保持干燥、清洁。也可在刀面上擦些生油或用姜片揩擦,以防生锈。

瓷碗变结实法

新买回来的瓷碗,在使用前先放在盐开水里煮 10~20 分钟,以后再使用时就会变得结实,不易破碎。

真皮沙发的保养

1.污垢:先用软布擦净表面,涂少许凡士林,浸润片刻,用布擦拭,切忌用水洗或用汽油擦。

2.油腻:可用布蘸中性洗涤剂清除,避免接触酸碱液体。

3.裂痕:皮革表面的小裂痕、磨花,可用鸡蛋清磨墨汁(彩皮可用相应的水彩颜料),反复涂抹,待干透后再擦上皮衣上光剂或凡士林。

4.破口:用百得胶等优质黏合剂均匀地涂在划破口子的两边,待 8~10 分钟后,拉紧破口,对齐黏合,最后用橡皮擦去残留在破口处的胶迹。

5.潮湿:只能放在阴凉干燥处自然晾干,忌曝晒、火烤。

床垫的保养

1.定期翻转。新床垫在购买使用的第一年,每2~3个月正反、左右或头脚翻转一次,使床垫的弹簧受力均匀,之后约每半年翻转一次即可。

2.使用品质较佳的床单,不只吸汗,还能保持床垫布面干净。

3.保持清洁。定期用吸尘器清理床垫,但不可用水或清洁剂直接洗涤。同时避免洗完澡后或流汗时立即躺卧其上,更不要在床上使用电器或吸烟。

4.不要经常坐在床的边缘,因为床垫的 4 个角最为脆弱,长期在床的边缘坐卧,易使护边弹簧损坏。

5.不要在床上跳跃,以免单点受力过大使弹簧受损。

6.使用时去掉塑料包装袋,以保持环境通风干爽,避免床垫受潮。切勿让床垫曝晒过久,使面料褪色。

地毯的保养

1.日常使用刷吸法

滚动的刷子不但能梳理地毯,而且还能刷起浮尘和黏附性的尘垢。所以清洁效果比单纯吸尘要好。

2.及时去除污渍

新的污渍最易去除,也必须及时清除。若待污渍干燥或渗入地毯深部,对地毯会产生长期的损害。

3.定期进行中期清洁

行人频繁的地毯,需要配备打泡机,用干泡清洗法定期进行中期清洗,以去除黏性的尘垢。

4.深层清洗

灰尘一旦在地毯纤维深处沉积,需及时送清洗店进行清洗。

凉席的保养

因夏季炎热多汗,草凉席易被汗液浸湿发黏。许多人为除去席上的汗污,将凉席浸在水中刷洗,这是不正确的做法。因为草凉席是以席草作纬,以黄麻、棉纱为经编织而成的,如果放在水中浸泡刷洗,则容易造成霉变损坏。因此,草凉席忌用水洗,应以干净的毛巾蘸温水,拧干后,顺着凉席的纬的方向轻轻擦拭,直至水清为止。另外擦干后,不要在烈日下曝晒,否则会发脆,应放在背阴通风处晾干。

木制家具的养护

1.不要在大衣柜等家具顶部放置重物,以免柜门凸出,衣物不要堆放过多,超过柜门会使其变形。过重物品不宜放在桌面或桌缘,以免造成木桌重心不稳。

2.装放物品前应先把柜体放平,使其四脚平稳着地。倘若家具处于摇晃不稳的状态,日久会使紧固部位开胶,粘结部分开裂,影响使用寿命。

3.搬动家具时,应把东西全部取出来后再移动。要轻抬轻放,以免家具松动或损坏。搬运后应放平稳,若地面不平,需垫平。在木质餐桌上摆放热东西时一定要使用隔热垫,否则桌子上会留下白色烫痕。

4.木制家具要放在阴凉、干净、通风、温度和光照适中的地方,不宜放在阳光能直射到的地方。若需放置于近窗的位置,要注意根据光照情况随时调节窗帘,遮住直射的阳光,以免漆膜褪色和木料过早老化、变形。

合成革面家具的保养

1.合成革家具不宜让太阳光直射,不宜放置在火炉和暖气旁。

2.放置这类家具的房间温度不宜过低,以免合成革受冻产生龟裂。

3.不宜放在卫生间、厨房等湿度过大处,以免破坏表面皮膜,缩短使用寿命。

4.擦拭合成革面家具时,宜用干布,尽量不要用湿毛巾、湿布擦拭。

5.合成革面被污染后,可以先用干布擦拭,再用轻质汽油、酒精或中性洗涤剂喷湿毛巾,轻轻擦拭,即可去污。

镜子的保养

1.镜子上沾有油污,可用茶叶水清洗,但不要让茶叶水渗到镜子边缘或背面,以免损伤镜子背面的镀层。

2.镜子脏了,可用布蘸纯酒精或兑水的白醋擦拭,也可用白萝卜切片擦洗,然后用干布揩干,效果很好。

3.镜子应放在干燥处,防止潮气侵入。

4.镜面、镜架要用细软棉布或棉花、精纺回丝揩拭,以防镜架生锈。

5.不能接触盐、油脂和酸性物质,以防腐蚀镜面。

雨伞的保养

1.雨伞淋湿了要及时晾干,没有条件晾干时,应将雨伞柄朝下,让水往下淌,放在通风处,让其慢慢晾干。

2.雨布经染黑后含有酸性,切勿挂在含有碱性的石灰墙上,以防止起化学反应,从而使伞面发脆。

3.新买来的雨伞,千万不能长期放置,必须经雨淋洗去酸性后才能放置。

4.伞柄大多是塑料制的,不宜接触高温。

5.雨伞在打开之前,要将伞骨抖松,特别是折叠伞,以免容易折断伞骨,扯破伞面。

钢琴的保养

1.尽量不要直接放置在地板上,这样容易因吸收地气而受潮,最好能架在一个台阶上。

2.擦拭时切勿用湿布擦拭,一定要用干布。

3.定期使用钢琴专用清洁剂擦拭。

4.键盘上的手纹及污点,可以用酒精清除。

5.避免坐在钢琴上,或在其上堆置过重的物品。

6.定期调音的准度。

照相机的保养

1.风天摄影后应随即把镜头关合,以防灰尘进入快门和镜头筒内,造成机件失灵。雨天摄影需用雨伞遮住相机,或在镜头上加防雨罩,以防相机被雨水淋湿,若淋湿应及时揩干。

2.装有测光系统和电子系统的相机,在工厂区要尽量避开强磁场和强电场区,以防机件失灵。

3.要防止有害气体侵蚀,尤其需避开强酸或强碱气体。如无法避开,拍摄完毕,需迅速离开。

4.装有外加电池的相机,长期不用时需将电池取出,以防电池漏液,腐蚀相机。

5.机身如有灰尘,要及时清理。

6.不要任意拆卸各种机件。

彩色电视机防磁法

1.不要将彩电放在铁架上,以免时间久了铁架子被地磁磁化,从而使彩电显像管被磁化。

2.彩电不该使用以双向可控硅做调压元件的各种调压器、稳压器,以免磁化彩电显像管。其他使用稳压器的家用电器要远离彩电。

3.彩电要同各种电动机和电子仪器仪表保持一段距离。落地大音箱需距离彩电 1.5 米以上,书架式小音箱可适当近些。如居室的面积不允许,那么只能采用价格昂贵的内磁喇叭音箱了,以保证彩电色彩的正常。

4.电冰箱、空调、鱼缸充气泵等家用电器在工作时,都会产生电磁场,会引起彩电显像管磁化,所以都必须注意与彩电保持一定的距离。

5.孩子玩的"磁性玩具",也不能离彩电荧屏太近,否则也会出现"彩电空频道,荧屏也彩色"的磁化现象。

趣彩色电视机消磁法

彩电磁化是用户使用不当所致。现在的彩电内部都有消磁电路,轻微"磁化"可以通过机内消磁电路,除去显像管阴罩上的磁性。消磁的方法是:用主电源开关(不是遥控器)开机,开机瞬时,消磁线圈会对显像管消磁 1 次。若消磁不彻底,可进行 2 次、3 次。每次关机后,必须间隔20分钟再开机。如果 3 次机内消磁仍不能除去显像管"磁化"现象,只能请家电专业维修人员采用专用工具进行机外消磁了。

遥控器的保养

1.不要在潮湿、高温的环境下使用或放置家电遥控器,因为那样很容易使家电遥控器内部元件损坏,或加速家电遥控器内部元件的老化,也会造成外壳变形。

2.家电遥控器外壳(外表)脏污时,请不要用天那水、汽油等有机清洁剂去清洗,因为这些清洁剂都对家电遥控器的外壳有腐蚀性。

3.家电遥控器出现故障,请不要自己随便打开修理,建议将家电遥控器送到家电维修部让专业修理人员检测修理。

4.避免让家电遥控器受到强烈的震动或从高处跌落,家电遥控器长时间不使用时请将电池取出。

手机的保养

1.取出 SIM 卡前应先关闭电源。

2.避免将手机放在潮湿、高温、低温的环境中。若手机真的受潮,应马上关机,并擦拭干,再用吹风机烘干。吹风时注意不可靠太近,以免手机外壳受损。

3.进出冷气房,因为温差大,注意手机屏幕是否产生水汽,若有则表示已经受潮,应尽快处理。

4.尽量使用原厂配件。

5.第一次使用的锂电池要充电满 6 小时,镍氢电池要 14 小时。首次使用前的充电时间,说明书通常会有说明,一定要遵照说明。

6.平时使用镍氢电池充电时,不可超过 24 小时,以免损害电池寿命。

7.不可在开机状态下取出电池,以免以后出现不正常关机的现象。

冰箱封条的修理

一般冰箱使用 2 年以上,箱门上的磁性密封条与箱体之间会出现缝隙,致使冷气外漏,降低制冷效果,增加耗电量。出现这种现象,可采用棉花填充法解决:

首先,把一只开着的手电筒放入冰箱,关上箱门仔细观察箱门四周的密封圈有没有漏光处。如果有,可用洗衣粉水把磁性密封圈擦洗干净,把漏光处的磁性密封圈扒开,取一些干净棉花填入密封圈的漏光部位。棉花数量视漏光情况而定,以关严为宜。

然后,再用手电筒检验一遍,若还有漏光处,可反复"对症下药",直到不再漏光为止。

电冰箱门缝修复法

电冰箱的门出现缝隙时,可切断电源,打开电冰箱门,用电吹风向出现缝隙处的橡胶封条均匀加热,同时用手整复至原样,冷却定型后即可正常使用。

电冰箱噪声消除法

临睡前30分钟打开箱门将温度控制器旋钮转到接近强冷点的附近位置,如2℃左右,然后关好冰箱门。入睡前,再将电冰箱门打开,将温度控制器旋钮由原来的强冷点重新转到弱冷点的位置,如8℃左右,然后关好箱门。经过两次的温度高速转变,电冰箱内温度的控制器由温度较低(冷藏部位2℃左右)状态,提高到温度较高(冷藏部位8℃左右)状态,这时制冷压缩机应停止运转。间隔1小时左右后,又由停止运转状态重新开动为运转状态。在这样长时间的安静环境下,一般人便可以进入熟睡状态,即使制冷压缩机再启动,其影响也相对减少了。

洗衣机的常见故障修理

1.电机不转

可从电源查起,依次检查插头、保险丝、连接线等部位,采取插好插头,接好保险丝,连接断的连接线等办法排除故障。

2.电机空转或嗡嗡叫波轮不转

可能是三角带脱落或断裂,波轮被异物卡住。应关掉电源,挂好或更换三角带,取出异物。

3.沿波轮轴漏水

是因油封嘴带进了纸屑、沙子、发卡、纽扣等杂物破坏了油封性能所致。应卸下波轮,取出异物,再仔细装上。

4.排水缓慢

是由于排水管或排水阀有异物堵塞,取出异物故障即除。

5.噪音过大

洗衣时,机身发出"砰砰"响声。该故障多是洗衣桶与外壳之间产生碰撞或者是洗衣机放置的地面不平整或四只底脚未与地面保持良好的接触。这时需将洗衣机重心调整,放置平稳,或在四个底脚垫上适当垫板。

洗衣时,波轮转动发出"咯咯"摩擦声。检修时,可放入水,不放衣物进行检查。此时若在波轮转动时仍有"咯咯"的摩擦声,说明是由于波轮旋转时与洗衣桶的底部有摩擦引起的,如再放入衣物,响声会更大。故障原因可能是波轮螺钉松动,可先拆卸出波轮,再在轴底端加垫适当厚度的垫圈,以增加波轮与桶底的间隙。消除两者的碰撞或摩擦。若是波轮外圈碰擦洗衣桶,则应卸下波轮,重新修整后再装上。

电动机转动时,转动皮带发出"噼啪"声。该故障是由于传动皮带松弛而引起的。检修时,可将电动机机座的紧固螺钉拧松,将电动机向远离波轮轴方向转动,使传动皮带绷紧,再将机座的紧固螺钉拧紧。

空调器故障检查法

1.压缩机刚启动就停止工作,可能是电压过低或开关、引线、温度自控器有毛病。
2.空调器漏水,是由于安装不合理造成了排水管阻塞。
3.噪音和振动,是由于异物进入多叶片风扇的转动部分,或导管和悬挂弹簧损坏,也有可能是部件松动或安装不当。

空调器漏氟检查法

1.耳听:压缩机长时间工作而不停歇,自振的声音增大,可能是漏氟引起声音异常。
2.手摸:如果空调器上的冷凝百叶窗手感温度不高或没有热度,但压缩机仍在工作,则漏氟可能性很大。
3.温测:将温度表靠近冷风出口,温度显示应比当时常温低 $6℃ ~ 8℃$,如果不足 $5℃$,而压缩机仍在工作,这也说明空调器漏氟了。

巧接电吹风电热丝法

电吹风的电热丝断了,可先找出断头处,用小刀刮除断头两端的氧化物,然后把两端牢固地搭接在一起,放在干燥的云母片上;再取细玻璃屑均匀地包裹在搭接处,通电后玻璃屑会自行熔化并包住接头,电吹风又能重新使用,操作时必须注意安全。

电饭锅的常见故障修理

1.电饭锅达不到沸点:原因是限温器的两触点接触不良或根本没有接触,仅恒温器在起作用,锅内的温度只能升到并维持在 $60℃ ~ 70℃$。限温器触头之所以不能闭合,往往是因为触头已生成一层绝缘的氧化层,或由于弹性磁钢片变形或磁性减弱。若有氧化层,可用砂纸轻轻擦掉;若是变形,要加以整形;若是磁性减弱,最好是换磁钢。
2.电饭锅煮饭半生半熟:主要原因是锅底受热不均匀。首先要清除内锅底部的饭粒、沙子等杂物,防止内锅底部与电热板吻合不良。其次可把电热板卸下来,将内锅倒置放在木板上,在木板上铺一块 $2~5$ 毫米的胶皮避免损坏锅口,然后把电热板扣在锅底部左右旋转观察是否有吻合不良之处。如果发现疑点,可用木锤在电热板上垫木块轻轻敲打,边敲打边左右旋转电热板,直到锅底与电热板吻合为止。装配好后可再试验一次,如果仍旧没有消除故障,应送到维修部门更换内胆。
3.电饭锅不能自动断电:可切断电源,拆下通断开关,检查开关弹簧片和触点。如弹簧片断裂,应更换同规格的新开关;如触点熔粘或有毛刺、麻点,则可用薄铁片或螺丝刀插入拨开后,用零号砂布磨平;如开关无毛病,可检查恒温调节器的触点是否有上述毛病,如有,用同样方法修理。

白矾清洗新铁锅法

新铁锅有铁锈,可在锅内倒满水,放100克白矾,煮沸,一小时后倒掉水,趁热涂上食油,立即可用。

淘米水防止炊具生锈法

1.刀、锅铲、铁勺等铁制炊具,在使用过后,浸入比较浓的淘米水中,可以防止生锈。
2.已生了锈的炊具,放入淘米水中,泡3~5小时,取出擦干,就能将上面的锈迹除去。

如何消除盘子的裂痕

可以把盘子放进锅里并倒入牛奶,加热4~5分钟。等牛奶沸腾后就可熄火取出盘子,这时裂痕就会几乎消失不见了。

砧板防裂小技巧

厨房中的砧板很容易开裂。要想防止砧板开裂,在买回新砧板后,应立即涂上油。
做法是在砧板上下两面及周边涂上油,待油吸干后再涂,涂三四遍即可。砧板周边易开裂,可反复多涂几遍,油干后即可使用。经过这样处理,砧板就不易出现裂痕。因为油的渗透力强,又不易挥发,可以长期润泽木质,能防止砧板爆裂。涂油还有防腐功能,砧板也因此经久耐用。

使用新铁锅的常识

1.在新买的生铁炒菜锅内放几匙盐,在火上把盐炒黄,再用它擦锅,擦后得用干净的纸或布把锅擦干净。然后在锅内放些水和一匙油,水煮开后把油均匀地涂在锅面上,锅就好用了。
2.新铁锅第一次煮东西,为了避免把食物染成黑色,可利用豆腐渣在锅中擦几遍,就会生效。
3.把新铁锅烧热,放进250克食醋,待发出吱吱声响后,用锅刷蘸醋刷拭,然后把醋倒掉,用清水洗净,用来烧菜就没有黑色了。

火锅防锈法

每次用完火锅,可用苏打或去污粉擦抹干净,可防止生锈;长期不用,内外擦抹苏打或去污粉,晾干后再用纸包好,放干燥处即可防锈。

水龙头漏水修理法

1.水龙头漏水:先关闭总阀门,再旋开龙头把下的六角螺母,如里面的橡皮垫已坏,换上新的即成。

2.接头处漏水:松开水龙头,在衔接处的螺丝部分绕些线,再涂上油漆或涂料,然后旋紧水龙头。

3.水龙头冒水:如少量冒水,可把龙头把下的六角螺母旋紧;如冒水较多,应取下六角螺母,在把轴上缠些线,然后旋紧即可。

水龙头振喘消除法

自来水管道内部的水在一定压力下高速流动,在水嘴内部使开关压垫上下颤喘,压垫便与旋杆碰撞,发出振喘声响。此时,可拧下水龙头的上半部,取出旋塞压板,将橡胶垫取下,用自行车内胎按压板直径剪一个稍大于 1.5 毫米的阻振片,再将其装在压板与橡胶垫之间,照旧装好即可。

花露水恢复家具光泽法

家具使用时间长了,表面的光泽会日渐减退,若经常用蘸有花露水的纱布轻轻擦拭,光泽暗淡的家具就会焕然一新。

家具烫痕去除法

装有热水、热汤的器皿直接放在家具漆面上,会出现一圈白色烫痕,可用下面的方法去除:

1.轻度的烫痕用煤油、酒精、花露水或浓茶水蘸湿的抹布擦拭,即可消除。

2.在烫痕上轻轻擦抹一点碘酒或一层凡士林油,两天后再用布擦拭,烫痕即可消除。

3.烫痕过深的,可将毛巾浸入温水后拧干,滴少许氨水,再用毛巾轻轻而迅速地擦拭烫痕,最后应再涂一层蜡。

家具贴面脱胶整修法

家具贴面脱胶膨起时,可用锋利的刀片在脱胶的贴面中间顺木纹方向割一刀,再将里面刮净,随后把胶水涂在脱层内部两面,也可用注射器注入,并用手指轻压脱层部位,用湿布把溢出的胶水擦去,再压上底面平整的重物,8 小时后胶水干透,即可取下重物,刮去胶底。

瘪铝水壶巧复原

将瘪铝水壶灌满水放入冰箱（或冬天放在室外），水结冰时体积膨胀，就会把磕瘪处顶起来，使之复原。

薄铁皮容器如果瘪了，也可用此法复原。

巧修衣服拉链

衣服拉链总是不好拉，这个时候不妨试试用铅笔在拉链上来回摩擦，这是因为铅笔芯可以在拉链咬合的地方产生润滑的功效。如果衣服是白色或浅色的话，可以用蜡烛来代替铅笔，也会有很不错的效果。

手表受磁处理法

手表一旦受磁，会影响走时准确。消除方法很简单，只要找一个未受磁的铁环，将表放在环中，慢慢穿来穿去，几分钟后，手表就会退磁复原。

手电筒故障排除法

1.不亮

旋开底盖，如见底盖的弹簧或三角架锈蚀，可用砂皮或小刀除去。

拆下开关，如是弹簧失去弹性，可弯曲弹簧使之恢复弹性，或更换新弹簧。

旋下灯盘，如发现导电片与内灯盘接触不好，可向内拨弯导电片。

2.长亮

旋开头盖与灯盘，拨动传动片，使之与铆钉分离。

旋动头颈，校正部位，使回光罩与电珠套管脱离接触。

3.不能聚光或光线太散

可旋开头盖，放正回光罩的位置，然后旋上头盖，即可使光线聚集。

遥控器失灵的处理办法

1.检查家电遥控器与被遥控家电的红外线接收窗之间有没有障碍物阻挡。

2.检查家电遥控器有无安装电池和电池安装的极性是否正确，电池的电压是否足够。最好更换全新的电池再检查遥控器是否恢复正常工作。

3.如果是万能遥控器，有可能原因是丢失了代码，请重新设置一次代码。

如果你已按上述方法检查，而家电遥控器还是不能遥控你的家电，有可能是因为你使用不当或其他原因造成家电遥控器内部元件损坏。因此建议你将家电遥控器送到家电维修部让专业修理人员检测修理。

玻璃拉手脱落整修法

玻璃拉手脱落后,可将活动玻璃要粘拉手处和玻璃拉手一起用食醋洗净、晾干。然后将鸡蛋清分别涂在玻璃和拉手上,压紧晾干后,活动玻璃和玻璃拉手就坚固地粘接在一起了。

氨水治热水袋粘结法

热水袋两面内壁粘结,可用加有氨水的热水浸泡其中,一天后将水倒出,粘结就会松开。

白矾粘接瓷器法

将1小匙白矾和1大匙清水一起加热,直到呈透明状为止。用热水将瓷器洗净、擦干,趁白矾黏液尚热时,涂在断裂处,它们就很快黏合在一起了。

居家卫生

室内环境

如何防止室内环境污染

首先是不使用或尽量少使用有污染的装潢材料。装潢好的新房子要经常打开门窗透气,一年内非到迫不得已,不要关窗使用空调器。有条件的可以安装活性碳空气净化设备。

家中的厨房和卫生间要有良好的通风系统,抽油烟机要有足够的排风量,并且要安装合理,不能有抽风死角。在家里尽量少做油炸食品,炒菜时的油温不宜过高。

最好不要在居室内养鸟,否则鸟的羽毛、粪便等会污染室内空气。再者,鸟在笼中喜欢飞来飞去,会加速致敏源和细菌在室内的传播。

此外,家中要注意保持清洁卫生,每天要开窗透气;尽量不要用地毯,以利于打扫卫生;没有用的物品,摆在家里既占地方,又污染环境,要狠下心来处理掉;生活垃圾要分类包装,及时处理。

居室飘香5法

1.在灯泡上滴几滴香水或花露水,开灯后便会逐渐散发香味。
2.把一汤匙松节油缓缓倒入开水中搅拌,室内就会充满松树的清香。
3.在热水中放入一根肉桂棒、一把丁香,可使香气沁人心脾。
4.用微火烘烤少许橘皮,房内会有一股橘香。
5.把餐巾纸剪成小张,浸入香水中,晾干后,放在抽屉或柜子内,香味可保持较长时间。

卫生"死角"要怎样清洁

1.玻璃清洁法
家中凹凸不平的玻璃,如果没有好方法,清洁起来非常麻烦。现在教你一招,方便好用。你可以用牙刷把玻璃凹处及窗沿的污垢清除掉,并用海绵或抹布将污垢除去,再蘸上清洁剂拭净,当抹布与玻璃之间发出清脆的响声时,就表示玻璃擦干净了。

2.地毯干洗法

有一种环保干洗法,把苏打粉均匀地洒在地毯上,约15分钟后,使用吸尘器清理即可,效果不错。羊毛地毯或化纤长毛毯,由于放置家具的时间过长,会受压留下些痕迹,用热水浸湿毛巾拧干后压在印痕处,5～10分钟后用梳子和吹风机梳理吹干,即可恢复原状。

3.开关插座、灯罩清洁法

电灯开关上留下手印痕迹,用橡皮一擦,即可干净如新。插座上如果沾染了污垢,可先拔下电源,然后用软布蘸少许去污粉擦拭。清洁带有皱纹的布制灯罩时,选用毛头较软的牙刷做工具,不易损伤灯罩。清洁用丙烯制的灯罩,可抹上洗涤剂,再用水洗去洗涤剂,然后擦干。普通灯泡用盐水擦拭即可。

如何除去室内异味

1.室内的烟味

可在室内不同的位置放几条湿毛巾,然后点燃几只蜡烛,烟雾和烟味即可很快消失。

还可用毛巾蘸上稀释的醋,在室内挥舞数下,即刻生效。若用喷雾器喷洒稀释的醋,则效果更佳。

2.室内的霉味

抽屉、柜橱、衣箱等若很久不开,会产生一股霉味。若在里面放一块香皂,霉味很快会消失。

3.室内的臭味

室内若通风透光条件不好,会产生一种类似碳酸氢铵的臭味。可在灯泡上滴些香水,灯泡发热后,香水味就能慢慢散发,室内的臭味即可消除。

4.室内的花肥臭味

养在室内的花卉盆景,需用发酵的液肥,但时间长了臭味难闻。可将鲜橘皮切碎掺入液肥中浇灌,臭味即可减轻或消除。

5.洗澡间的异味

只要在洗澡间内划燃一根火柴,即可除去那种令人讨厌的临时性异味。

6.厕所里的臭味

先用水冲净,再把一盒清凉油去盖放在厕所里,使清凉油味溢出,臭味便可消除。

或在厕所里点蚊香,1周2次即可。

在入睡之前,往尿具中丢两张燃烧的废纸,氨臭味便会消失。

快速去除樟脑味法

樟脑丸虽是收藏衣服时不可缺少的,但其独特的气味总令人不快。虽然可将衣服放在阴凉通风的地方除味,但必须花上一天的时间。如急用衣服时,可将衣服放入塑料袋内,再将袋内放入冰箱用的脱臭剂,密封起来,只要1~3小时即可完全除去异味。也可用吹风机或电风扇将异味除去。

室内消毒有窍门

1.室内空气消毒

可采用最简便易行的开窗通风换气方法,每次开窗10~30分钟,使空气流通,使病菌排出室外。

可采取紫外线照射进行消毒。病原微生物在阳光的直接照射下,大部分会自然死亡。

使用化学消毒剂,通过喷雾或气体熏蒸方法进行室内空气消毒。家庭消毒,基于方便、实用的原则,可购买过氧乙酸自行配制溶液,亦可购买过氧化氢等制成的空气清新消毒喷雾剂,如威理氧化型消毒剂等,进行室内喷雾消毒。传统的含氯消毒剂也行,但最好短期使用,因其有一定毒性及副作用,对人体容易造成二次污染。

2.餐具消毒

可连同剩余食物一起煮沸10~20分钟或可用500毫克/升的有效氯,或用浓度为0.5%的过氧乙酸浸泡消毒0.5~1小时。餐具消毒时要全部浸入水中,消毒时间从煮沸时算起。

3.手消毒

要经常用流动水和肥皂洗手,在饭前、便后、接触污染物品后最好用含250~1 000毫克/升的1210消毒剂或250~1 000毫克/升有效碘的碘伏或用经批准的市售手消毒剂消毒。

4.衣被、毛巾等消毒

宜将棉布类煮沸消毒10~20分钟,或用浓度为0.5%的过氧乙酸浸泡消毒0.5~1小时,对于一些化纤织物、绸缎等只能采用化学浸泡消毒方法。

另外,消毒药物配制时,如果家中没有量器也可采用估计方法。可以这样估计:1杯水约250毫升,1盆水约5 000毫升,1桶水约10 000毫升,1痰盂水约2 000到3 000毫升,1调羹消毒剂约相当于10克固体粉末或10毫升液体,如需配制10 000毫升浓度为0.5%的过氧乙酸,即可在1桶水中加入5调羹过氧乙酸原液而成。

室内霉菌的清除方法

梅雨季节,就连一些密不通风或新落成的房子,也很容易受潮长霉。尤其是鞋柜或长年铺放地毯的地方,最容易滋生霉菌。由于地毯会和皮肤直接接触,对有小孩的家庭而言是一大威胁,同时也是过敏源之一。一旦发现家中有霉菌的话,可以用5倍的水加酒精稀释后以拧干的抹布擦拭去除。此外,不光是长霉菌的地方,就连四周也要一并擦拭。酒精不仅可以去除霉菌,还有杀菌的功能。平常最好每星期用酒精擦拭一次,以杜绝病菌滋生。

冬季室内湿度如何保持

湿度,是指空气中的含水量而言。冬天,室内生着火炉或开着暖气,时间长了,会使人鼻子、嗓子干得难受,毛细血管破裂出血,有时还会诱发上呼吸道感染及头痛等病症,这就是室内湿度太低的缘故。因为,冬季气候干燥,空气里的水分本来已经很少,加上室内取暖,空气就更干燥了。当空气湿度低于40%时,鼻部和肺部呼吸道黏膜脱水,弹性降低,灰尘、细菌等容易附着在黏膜上,刺激喉部引发咳嗽。另外,由于流感病毒是附着在浮尘上存活的,因此干燥的空气会加速流感的传播。所以,在保持室内温度时一定不要忘记调节室内的湿度。如果没有湿度计的话,不要紧,用下面的方法就可以了。

在用火炉取暖的室内,可在炉上烧上一壶水,把壶盖打开,保持沸腾,以水蒸气增加室内的湿度。如果用暖气取暖,则可以在暖气片上放一个水槽。此外,在室内摆几盆花,晾几块湿毛巾或向地面上洒点水,也是增加室内空气湿度的好办法。

冬季室内消毒法

冬季,居室门窗经常关闭,室内空气因不能充分与室外新鲜空气交换而较污浊,含各种微生物较多,此外还可增加室内烟气、二氧化碳、一氧化碳、氡气、臭氧等的含量,会不同程度地危害人体健康,因此要经常加强消毒。具体室内消毒方法有:

1.居室每天开窗通风。如晨起后,晚睡前,打开门窗通风半小时,可使室内空气净化。调查表明,每换气1次,可除去空气中原有微生物60%。

2.室内安装紫外线灯。如每10~15平方米面积安装1只30瓦低臭氧紫外线灯,照射1小时以上,可杀灭室内空气中微生物90%左右。

3.室内用化学熏蒸法消毒。可用过氧乙酸、食醋熏蒸。消毒时,将药液按需注入耐热耐腐蚀容器中,放在电炉、煤炉或酒精炉上加热,使之汽化,液体蒸发完,计算消毒时间。在温度15℃以上,相对湿度在60%以上时,每立方米用药液1克,熏蒸1小时可使空气达到消毒。消毒后通风半小时。

4.室内点燃消毒卫生香。这类消毒香主要成分为除虫菊、苍术、艾叶等中草药。使用时,在1间屋室内点香1盘。由于中草药消毒香无毒、无刺激,消毒时人可留在室内。

减少室内电磁辐射污染4要诀

1.注意室内办公和家用电器的设置,不要把家用电器摆放得过于集中,以免使自己暴露在超剂量辐射的危险之中。特别是一些易产生电磁波的家用电器,如微波炉、收音机、电视机、电脑、冰箱等电器,更不宜集中摆放在卧室里。

2.尽量缩短办公和家用电器的使用时间,各种家用电器、办公设备、移动电话等都应尽量避免长时间操作,同时尽量避免多种办公和家用电器同时启用。手机接通瞬间释放的电磁辐射最大,在使用时应尽量使头部与手机天线的距离远一些,最好使用分离耳机和话筒接听电话。

3.注意人体与办公和家用电器间的距离,使用者应与使用的各种电器保持一定的安全距离。人与电器越远,受电磁波侵害越小。

4.注意电磁辐射污染的环境指数,生活和工作在高压线、变电站、电台、电视台、雷达站、电磁波发射塔附近的人员,经常使用电子仪器、医疗设备、办公自动化设备的人员,生活在现代电气自动化环境中的工作人员,佩戴心脏起搏器的患者,孕妇,儿童,老人等7种人是电磁辐射的敏感人群。如果他们生活的环境中电磁辐射污染比较高,就必须采取相应的措施。

房屋污迹粉刷法

1.按每平方米污迹需1千克的比例准备青灰,放在盆中用清水浸泡,搅成粥状。然后滤去粗渣,再用刷子在污迹上涂刷一遍。待干后,用细砂纸稍加打磨,接着用大白浆粉刷整个房间,最后再粉刷已涂过青灰浆的地方,大白浆刷两遍即可。

2.按2:1的比例将乳白调和漆、醇酸稀料调匀,在污迹处刷一遍,干后再刷一遍,然后用细砂纸打磨.最后刷两遍大白浆即成。

驱蚊小窍门

1.在房间里放上几盒开盖的风油精、清凉油,或在墙上涂点薄荷。蚊子会闻而生畏,不敢前来"侵扰"。

2.在身上或枕头上洒些香水,或在睡前在床边点几滴绿油精效果也不错。

3.将樟脑丸磨碎,撒在屋内墙角。

4.夏天在室内放几个大蒜头,也可驱赶蚊虫。

5.取广口瓶数只,内装少许浓度较高的糖汁或啤酒,轻轻摇晃,使瓶内壁上沾上糖汁或酒液,放在室内蚊子较多的地方,蚊子闻到糖味,就会往瓶内飞钻,而被粘住或淹死。

6.在室内的花盆里栽一两株西红柿,西红柿枝叶发出的气味会把蚊子赶走。

7.在灯下挂一棵葱,或用纱袋装几根葱段,各种小虫都不会飞来。

8.用橘红色玻璃纸或绸布套在灯泡上,灯泡最好是60瓦左右。蚊子最怕橘红色光,这样蚊子就不会靠近了。

9.每天服用维生素 B_1 两片,可预防蚊虫叮咬,因维生素 B_1 代谢后随人尿或汗中排泄出一种特殊的能驱蚊的气味。

驱除蚂蚁妙法

1.烟丝驱除蚂蚁法

将烟丝在水中泡2~3天,取其汁洒在蚂蚁出没处,蚂蚁闻到烟味即会躲避,连洒几天,蚂蚁就不见了。

2.橡皮条驱除蚂蚁法

用报废的自行车内胎或橡胶手套,剪成约1厘米宽的长橡皮条,将表面烤焦,然后固定在食品柜脚上,也可钉在门框、窗框上,能有效地驱除蚂蚁。

3.花椒防蚁法

在厨房柜子的各个角落放上数十粒花椒粒,防蚁颇有效果。

4.蛋壳灭蚁法

将若干个鸡蛋壳放在炉子上烤黄,注意不能烤焦,然后研成粉末,撒在蚂蚁经常出入处,蚂蚁吃后即被撑死。

除蟑螂妙法

将加水稀释的洗衣粉,擦拭于易滋生蟑螂处,或直接喷洒在蟑螂身上,对身体无害又可以除掉蟑螂。但最重要的还是平时要保持环境的整洁,才不会惹来讨厌的蟑螂。

辣椒防蛀虫

将红辣椒晒干后磨成粉末装在小布袋里,代替樟脑放在箱柜中,可以起到防虫蛀的作用。

百叶窗清洗法

1.先戴上橡皮手套,外面再戴军用手套,接着将手浸入家庭用清洁剂的稀释溶液中,再把双手手套拧干。

2.将手指插入全开的百叶窗叶片中,夹紧手指用力滑动,这样一来,便能轻易清除叶片上的污垢了。

3.若是军用手套擦脏了,可以像洗手般地将双手放进清洁液中用力揉搓,就能把手套洗干净了。

4.百叶窗擦干净之后,调整叶片的那条绳子,也可采取相同的方法擦拭。类似百叶窗的窗户或窗帘,都可利用这个方法来打扫。

地板洁净亮泽法

1.将等量的漂白粉和松节油混合兑成溶液,用它来擦地板,能使地板更加洁净、亮泽。

2.用酸败的牛奶擦地板,不但可以去掉地板上的污迹,还能使地板更加亮丽。

如何清洁地板

地板每天都应该拖一次。你要先用扫帚将地板打扫一次,保证地板干净没有灰尘。然后用加入清洁剂的温水拖抹。注意拖布不宜浸得太湿,拖后用清水再清洗一遍。然后用光亮剂擦拭,但不要用得过量,因为如果光亮剂太厚,地板会变得很滑而容易发生危险。一般说来,地板一个月擦一次光亮剂就足够了。

草木灰去除水泥地油污法

用糊状草木灰均匀地铺在水泥地上,10 小时以后将它清除掉,然后再用清水冲洗几次,水泥地上的油污就会除净。

香醋除厕臭法

住宅楼的室内厕所,即使冲洗得再干净,也常会留下一股臭味。只要在厕所内放置一小杯香醋,臭味便会消失。因为臭气是由大小便中的氨气所致,放一杯醋后,醋酸分子与氨分子发生化学反应,生成了无臭的物质,臭味便不存在了。其有效期为六七天,可每周换一次。

生活用品

巧除电脑污垢法

电脑的显示器、键盘和主机及其他器具使用时间长了,其表面沉积的灰尘污垢,用普通的肥皂水和洗涤剂都难以清除干净。如将牙膏挤在抹布上,用其擦拭灰垢,效果非常好。

电视

电视机除尘诀窍

拔下电源插头,把电视机搬到室外,小心拆下后盖板,利用打气筒(拔下金属出气嘴)一边打气,一边向机内有灰尘的部位吹去,直到吹净为止。在操作时应特别注意,不可让胶管碰坏电器元件及机内连线。

电冰箱如何快速除霜

首先断开电冰箱电源,把箱内食品取出。然后根据冷冻室大小,将一个或两个铝制饭盒装上开水放入冷冻室内。数分钟后,冷冻室壁上的霜块开始整块脱落(尚未脱落的,可用手轻扳)。

如果冷冻室顶部没有金属蒸发板,盛开水的饭盒应盖上,以免低温下的塑料内壁因骤然升温而变形。采用这种方法比停电自行升温化霜省时得多。

怎样防止电冰箱内出现异味

1.要从食物本身入手

生鱼、虾、禽、畜类腥味较重的食物,最好取出内脏并去掉腐烂部分后洗净,撒上一点细盐,用无毒塑料袋包好,放入冷冻室内速冻,单独存储,不要与冷藏室内其他食物混放。瓜果、蔬菜等要洗掉泥污,择去腐烂部分,控干水滴,装入食品袋内存放,可避免把腐败变质部分以及细菌、泥污等带入冰箱内,而且当个别袋内的果菜腐烂霉变时,臭味大部分都能被封闭在袋内,对其他食品影响不大。吃剩的饭菜要用容器装好,盖上盖子,并尽可能与生食物分开,防止交叉污染,吃时加热处理,不仅杀菌,还可去除异味。

2.使用一段时间后应进行"扫除"

用软布蘸适量的洗洁精和除臭剂把冰箱内壁、隔架、箱门存放格、果菜盒等处的污渍擦掉,再用干布擦抹干净,打开箱门,在阴凉透风处散味除臭。还可以用容器装一点药用炭片或炭粉,放在冷藏室支架上层,借助活性炭吸附冰箱中的不良气味,对减少冰箱中的"臭气"有显著效果,炭片使用一个月左右应拿到阳光下曝晒几小时后再用。把新鲜柑橘皮用纱布包裹好,分几处散放在箱内,对消除箱内异味,也有一定效果。

打气筒清除电冰箱积垢法

电冰箱冷藏室排水孔堵塞,可卸下电冰箱后面连接排水孔的塑料胶管,把打气筒气嘴对准电冰箱连接排水孔处,往里打气,落在里面的食品碎屑即会被吹出,堵塞即被排除。

电熨斗锈垢去除法

电熨斗加热后,在底部涂上少许白醋,然后用较粗的布在上面擦拭,污垢就能除去。

灯具清洗法

灯具一般都挂在高处,而且灯罩灯泡又易破碎,所以不便清洁。此时可用旧棉袜进行擦拭,首先关掉电源,然后把棉袜套在手上,轻轻地擦拭灯罩和灯泡。如果灯泡很脏,可以在棉袜上倒一点儿洗涤精轻轻擦拭,即可擦干净。

地砖污迹去除法

1.用布蘸一点亚麻籽油,可擦去地砖上的泥水。

2.用湿布蘸石粉,可除去地砖上的褐色污迹。

3.取等量的亚麻籽油、松节油,调匀后擦拭地砖上的污迹,既可防止地砖破裂,又能使地砖保持良好的光洁度。

桐木衣橱去污法

桐木衣橱有了污垢,可用 40 号以上的细砂纸沿着木纹擦拭,然后将砥石粉末蘸水涂上,干后用干布擦亮即可。

金漆家具去污法

金漆家具漆面有了油污,可用软绒布蘸汽油擦拭,千万不能用其他液体去擦,以防腐蚀家具漆面。

清洁皮制沙发

皮制沙发清洁时要加倍小心,因它很容易被划破和弄脏。平时你只需要用湿布抹去表面上的尘埃,当沙发表面有顽固的污渍时,就应该用一种特殊的沙发喷雾剂,用的时候只需在距离污渍大约 10 厘米的位置喷一下,然后用湿布轻轻擦拭一下即可,这样会令您的沙发光亮如新,而这种保洁方式每月只需一次即可。为了使沙发更加光亮,同时也可以用光亮剂,用法如同清洁沙发一样简单。

抽油烟机巧清洗

1.可用加热的洗涤剂溶液清洗抽油烟机。

2.如果抽油烟机非常脏,污垢过厚,可用液体玻璃窗清洗剂清洗。

3.滤油网可用洗碗机清洗。

4.当滤油网上积油过多时,不宜与瓷器一起洗涤。

5.如果用手洗滤油网,最好先把滤油网放在洗涤液中浸泡数小时。

6.将用剩的小肥皂块泡成糊状,在抽油烟机外壳上薄薄涂上一层,待干后就成了一层自然保护层。经过一段时间的使用后,粘在抽油烟机表面的油污只要用湿布一擦即可除掉。

7.抽油烟机扇叶空隙小,手伸不进去,油烟污染后清洗很不方便,还往往在清洗时,把扇叶碰变形,造成重心不平衡。可将刷洗好的扇叶(新的效果更好)晾干后,涂上一层办公用胶水,使用数月后将风扇叶油污成片取下来,既方便又干净,若再涂上一层胶水又可以用数月。

8.抽油烟机集油盒收集的污油,向外倒时很不顺利。为解决倒油难的问题,可在已装好的油盒或新油盒内装衬一层塑料薄膜,当油满时将塑料薄膜一起拔出,再换一层新薄膜即可,既方便又卫生。

微波炉顽垢清除法

微波炉用后最好的办法是随即擦拭干净。如不及时清洗,很容易在内部结成油垢。如有油垢,可将一个装有热水的容器,放入微波炉内加热两三分钟,让微波炉内充满蒸汽,这样可使顽垢因饱含水分而变得松软,容易去垢。清洁时,用中性清洁剂的稀释水先擦一遍,再分别用湿抹布和干抹布擦干。如仍不能将顽垢除掉,可用塑胶卡片之类刮除,千万不能用金属片刮,以免伤及内部。再将微波炉门敞开,让内部彻底风干。

微波炉异味去除法

1.将柠檬皮及汁投入半杯水中,放进微波炉掀盖烘烤 5 分钟,再用清洁湿布揩拭炉内,即可去除异味。

2.将半杯醋掺进半杯水中烧开,等温度降到 45℃ 左右,再用湿布蘸着擦拭微波炉内部,便可去除烹烧鱼肉时产生的强烈气味。

除壶内水垢窍门

1.鸡蛋除水垢
烧开水的壶用久了,积垢坚硬难除,可用它煮上两次鸡蛋,会收到理想的效果。
2.热胀冷缩法除水垢
将空水壶放炉上烧干水垢中的水分,看到壶底有裂纹或烧至壶底有"嘭"的响声时,将壶取下迅速放在冷水中(不要将冷水注入壶中),可除去水垢。
3.马铃薯皮除水垢
将马铃薯皮放在壶里面,加适量的水烧沸,煮 10 分钟左右,可除去水垢。

灶面不沾油法

厨房里的锅灶上方,虽然装有抽油烟机、排风扇等设备,但由于经常烧炒,还是会有油气分子飞溅在周围的瓷砖、墙面上,日积月累形成油垢,擦起来很费劲。只需将保鲜纸轻轻一抹,即平整光洁的牢牢附着于瓷砖、墙面上,待油垢较重时,只需轻轻揭下扔进垃圾桶,另铺新纸即可,省却了擦拭之劳。

米汤去除灶具污迹法

煤气、液化气灶具沾上油污,可在灶具上涂一层黏稠的米汤,待米汤干燥结痂后,会把油污粘在一起。清除米汤结痂时,油污也附带被除掉。

如何清理瓦斯炉

沾满油污的瓦斯炉很难清理,你可以这样做:
1.锅架、盛盘:放进煮沸的滚水中,煮 10~20 分钟,待油污浮起后再用锅刷刷洗。
2.开关:用洗洁剂刷洗即可。
3.导火器:先用钢刷刷掉油污,再用竹签清除孔内污垢。
4.橡皮管:将清洁剂直接涂抹在管子上,等油污溶解后,用百洁布或不要的牙刷刷洗,再用清水冲洗即可。
市面上有贩卖一些厨房专用的清洁剂,可以让你事半功倍。

巧洗油腻碗筷

碗筷上的油腻太大时,很难洗干净,这时可用淘米水洗碗。在淘米水中加上 1 勺醋,即可洗去碗筷上的油腻。

巧除砧板异味法

砧板用久了,会产生一股腥臭味。可将砧板放入淘米水中浸泡一段时间,再用点盐来洗擦,然后用热水冲净,砧板上的腥臭味就可以消除了。

煤气灶污迹清除法

煤气灶趁热用干布擦拭效果最好,能使不锈钢发出光泽。也可用萝卜横断面蘸清洁剂反复擦拭,再用干布擦。

热水瓶除垢法

1.将白醋加热,倒入热水瓶内盖上盖子,再用力摇动或清洗(要小心),很容易就能清除水垢。
2.把蛋壳打碎,加上一匙食盐和少许清水,倒入瓶内用力摇动,很快就能清洁干净。
3.热水瓶内积了水垢,可放入 2 个卫生纸团成的小圆球,然后注入热水,盖好木塞,横过来边转动边左右摇晃,几分钟后,就可去除胆内的水垢。

科学使用杀虫剂

1.居室内不能使用敌敌畏、滴滴涕等药物来杀虫灭害，否则会引起人体中毒。

2.使用气雾剂前，要事先关好门窗，然后喷洒，喷洒完后人应立即离开房间，密闭半个小时至一个小时，击倒蚊蝇后再回家打开玻璃窗、关上纱窗，让室内空气流通，药物自然散发，以减少对人体的危害。

3.喷雾剂不宜过量、经常使用，用过一次后应隔一周左右再喷。居住环境较差，蚊蝇较多的居室，建议使用蚊帐等，杀虫剂不能每天大量使用。

4.不要混合使用多种喷雾杀虫剂，以免毒物增多，毒物相互作用后使毒性增强。

5.居家应保持清洁卫生，不给苍蝇、蚊子等害虫生存的环境，装好纱门、纱窗，堵住源头，尽量少用或不用杀虫剂。

6.杀虫气雾剂等不能直接对着人体、食物喷射，避免吸入喷雾剂或接触皮肤、眼睛，不要让儿童触及，不要与食物等混放。气雾剂不能接触火源，还要避免高温，以防爆炸伤人。

7.不要购买低价的劣质杀虫剂，也不要用空罐到市场上去灌装散卖的杀虫气雾剂，因为这种劣质杀虫剂多半是在落后的条件下制成的，而且化学配方也不适当，有的还含有对人体危害极大的违禁药品(如敌敌畏等)。这种杀虫剂不仅损害身体健康，而且还污染生活环境。

8.装有空调的房间由于房间密闭、空气不能循环和对流，不要使用杀虫气雾剂。

9.居家要注意蚊蝇滋生地的消毒与杀灭，如厨房、厕所的上下水道口、阳台上的花盆等，要定期对这些滋生地进行喷药，以减少蚊蝇的来源。

清洁厨房下水管

由于厨房排水管的阻塞物以油渍和饭菜残渣为主，因此，必须使用颗粒状的水管疏通剂，利用其中的苛性钠成分发生反应时产生的高温，将凝结的油渍变为液体状，并藉由片状铝片的上下旋转运动，将菜渣打散。

软质塑胶管或橡皮软管、铝管不能使用颗粒状的水管疏通剂，只能使用液体快速通乐，以免因温度过高而导致软管扭曲变形。

正确清洁方式是先清除积水；开启疏通剂瓶盖后，将 1/10~1/5 的量慢慢倒入水槽或地板排水口内；然后再加入 250 毫升的冷水(地板排水口需倒入 750 毫升冷水)，静待 30 分钟后，大量冲入冷水即可。未使用完的厨房通乐，记得瓶盖要盖紧，以免因接触到水气而使其产生作用。

淘米水去除漆味法

新买来的漆器用具有一股漆味。如用淘米水再加少许食醋，用干燥柔软的布蘸混合液来擦抹漆器用具,上面的漆味就可除去。

乌贼骨粉去除铝制品油污法

铝制品表面蒙上油污后,可用湿布蘸乌贼骨研成的细末进行擦拭,铝制品便可立即光亮如初。

浴室用品清洁法

1.洗手台:撒些苏打粉或食盐,或者也可以直接将清洁剂涂在污垢处,过一会儿,待污垢溶解后,用百洁布及清水刷洗就可以消除污垢了。

2.水龙头:以柠檬汁刷洗水龙头,再用水冲洗,擦干即可。变黑的地方可以用牙膏、牙粉来擦拭,一定会有让你满意的效果出现。

3.镜子:抹布蘸清洁剂擦拭镜面,再用清水冲洗,最后擦干即可。严重的污垢可以使用酒精来清除。

4.浴缸:涂上浴室专用清洁剂,稍待片刻,等污垢溶解,脱落之后刷除,最后再用水冲净。浴室墙壁和天花板上的霉垢,通常使用百洁布即可刷掉,若不行,你可以使用酒精或漂白水,也会有不错的效果。

5.瓷砖缝:你可以使用具有漂白作用的去污剂,涂在发霉的地方,约等30分钟后,再用刷子或牙刷刷洗干净。

6.排水口:先浇淋热水,再涂上稀释过的漂白粉热水,待污垢脱落后,再以清水冲洗即可。

浴缸

浴缸清洁法

1.先用醋擦洗一遍,再用碳酸氢钠抹一次,最后用清水冲洗,即可将浴缸上的积垢、污痕清除干净。

2.浴盆池壁上的黄色污垢,可以用漂白粉加水按1:9的比例配成溶液,再用布蘸着擦拭,污垢极易消除。

3.将柠檬切片,盖住浴缸里的黄迹,可使黄迹逐渐消失。

如何清洁马桶

清洗马桶的正确步骤是应先把坐垫掀起,并以洁厕剂喷淋内部,数分钟后,再用厕所刷彻底刷洗一遍,再刷洗马桶座和其他缝隙。由于马桶内缘出水口处是较易藏污纳垢的地方,一般喷枪式的马桶洁厕剂,无法顺利将清洁剂喷淋在该处,因此,最好使用有独特鸭嘴头设计的洁厕剂,才可深入马桶内缘,清除顽垢。

至于一般人较易忽略的马桶外侧底座,也应用清洁剂喷淋刷洗一遍,并用水洗干净,最后,用干净的布将其整个擦干,就可以亮白如新了。提醒大家,切勿将不同成分的酸性、中性或碱性清洁剂混合使用,以免因化学变化而发生危险。

巧除水龙头黑垢

自来水龙头用久了便会变成黑色,可用一块干布蘸面粉擦拭,然后再用干布擦拭,这样,既不损伤水龙头金属表面,又能把水龙头擦得光亮如新。

盐醋去除瓷制器具锈迹法

瓷制脸盆、浴缸等的水龙头附近会出现铁锈斑迹,可取等量的盐、醋,加温搅拌,然后用布吸满盖在锈斑上,30分钟后再用粗布蘸盐、醋溶液用力擦拭,就能去除。

羽绒被洗涤法

用清水浸透羽绒被后拧干,然后浸入50℃左右的肥皂水中10分钟,取出放在板上拍平,再用刷子刷洗。如沾上了油垢,可洒上一点石碱,刷子刷过后,清水冲净晾干,拍打平整即可,注意切忌搓洗。

巧洗蚊帐

用数片生姜沏一盆水,把脏蚊帐放进盆里泡3个小时,然后轻搓慢揉,蚊帐上的黑黄污渍就会很容易被去掉。再用清水加些洗衣粉洗就干净了。

怎样消除玻璃鱼缸上的水迹

养鱼爱好者在清洗鱼缸时,对清除缸内水面留在玻璃上的水迹(一道白线)很发愁,用清洗剂担心会使鱼得病或死亡。其实只要用一个1角钱硬币蘸点水在水迹处摩擦两下就会清除掉这道水迹。

白兰地清除镜片油污法

眼镜片蒙上了污垢油迹,可用细布蘸些白兰地酒或煤油来擦拭,既简便又清洁。

白兰地

图书油迹去除法

1.图书上沾上了食油、煤油、机油等油迹,可先将宣纸、棉纸、皱纸等吸水纸盖在油迹上,用熨斗轻轻熨烫,或用盐水瓶装满沸水在上面滚动,油迹多时可以换张吸水纸,直至把油吸尽。

2.可用几滴汽油加入氧化镁擦拭,效果也很明显。

美容护肤

美容常识

让女人永远靓丽的 12 个小秘方

1.上妆不要过浓,只需用少量的粉底、腮红和眼影便能达到晶莹剔透的妆容效果。

2.若想让两眼有神,并凸显眼部轮廓,可使用质地细滑且带有珍珠光的眼影,颜色最好是象牙色或粉红色系,均匀涂抹于眼皮上。

3.东方人的睫毛颜色较深,疲劳时睫毛尤其容易显得平板暗淡,不妨使用棕色或海蓝色的睫毛液,让其显得明亮。

4.将零乱的眉毛拔除,可以改变眉形和整个脸部五官的感觉。不过第一次修眉时,最好让熟识的专业美容化妆师代劳,以免一时失手,影响修眉效果。

5.不吸烟。吸烟容易造成黑眼圈,并使牙齿发黄,此外,吸烟时不断重复的吸吮动作,很容易让嘴部四周出现细纹。

6.不喝酒。过量的酒精残留在体内,容易引起水肿,产生粉刺及暗疮等,影响肤质。

7.要注意休息。只有得到充分的休息时,你才会整个人看起来精神奕奕,神采飞扬。

8.早上起床或晚上临睡前,以热水敷脸,可以让你的脸色健康,还可以促进血液循环,放松紧绷的肌肤。

9.不妨早、晚各一次在手掌涂上薄薄的一层面霜,然后由下而上按摩脸部肌肤。就算不用面霜,只是徒手按摩肌肤,也可以让脸部线条变得更美。

10.尽量穿可以托起臀部和抚平腹部的紧身袜裤,这样既可遮掩腹部松弛的肌肤,又可托起松弛下垂的臀部。

11.穿马甲内衣。它可以完美地掩饰体型上的缺点,使腰背的线条平顺,但又不失曲线美。

12.穿有承托力的胸罩。它可修饰胸部曲线,并有效地承托胸部。

现代职业女性工作紧张,生活忙碌,要想达到最佳的美容效果,除了一定的物质条件保证外,还需要修身养性,笑对生活,保持平和恬淡的心态。

不同部位肌肤保养方法

1.额头

额头皮肤容易被各种面部表情所牵扯,受到过度挤压或拉伸,频繁挤压使其产生皱纹,频繁拉伸则导致其干燥、硬化,进而失去弹性。因此,平时尽量不要皱眉和挑动眉毛,并使用不含油脂的保湿护肤品,且涂抹时注意由下至上,由眉骨往发鬓方向涂抹,或采用轻轻拍打的方式。

2.鼻翼

鼻翼两侧皮肤角质层较厚,毛孔相对粗大,因此油脂分泌旺盛,是粉刺最容易生长的地方,还容易出现黑头。除了日常仔细清洁鼻翼两侧皮肤外,还需要使用控油产品。专家特别提醒不要使用鼻贴,因为大力的牵扯会使鼻翼两侧出现细纹。

3.嘴部

嘴唇的皮肤很薄,而且没有色素保护,容易受紫外线伤害而发生老化,所以无论什么季节都应该使用有防晒成分的唇膏。而且嘴唇比全身任何一处皮肤都渴望水分,因此唇膏的滋润效果一定要好。另外,戒烟也很重要,因为经调查发现,吸烟这一动作会使嘴部周围皱纹增加47%。

4.颈部

颈部正面皮肤肤质娇嫩,随岁月增长会最先松弛,因此每天洗脸时要用冷水拍打颈部,给脸部皮肤使用护肤品时也不要遗忘颈部皮肤,且注意由下至上轻轻涂抹。另外,睡觉和工作时的不良姿势,都容易使颈部皮肤产生皱纹,皮肤专家建议,睡觉时不要使用过高的枕头,不要长期侧睡,工作时头部和电脑保持平行。

5.眼部

眼部皮肤是全身最薄的,最常出现的问题是鱼尾纹和眼袋(下眼睑水肿)。最新研究发现,降低洗脸水温能明显减少鱼尾纹的出现。而睡觉前半小时内少喝水,适当垫高枕头,早晚用眼霜按摩眼睑皮肤都有助于减轻眼袋。

6.胸部

胸部的大部分组织是脂肪,包在脂肪上的皮肤因为缺少肌腱和肌肉的支撑,容易松弛。因此建议每天淋浴时利用喷射的冷热交替的水流按摩胸部皮肤,当然,还应该使用一些有紧致肌肤功效的护肤品。

7.手部

手部皮肤皮脂腺较少,其分泌的少量保护性油脂又常因暴露在外及接触水等而被消耗,因此容易粗糙、干燥。皮肤护理专家建议,每天给手部使用含有油脂的保湿护肤品(注意与面部使用的不含油脂的保湿护肤品不同)。

8.膝盖

膝盖是全身利用率最高的大关节,此部位的皮肤每时每刻都受到骨头与韧带的牵拉,因此容易产生细纹,再加上经常与衣物摩擦而生成角质,变得粗糙,所以需要每周去角质并涂抹高效保湿护肤霜。另外,每天用橙子或柠檬擦拭膝盖皮肤,也可以使皮肤变得细腻白嫩。

9.腿部

腿部皮肤下有强大的肌肉做支持,比其他部位的皮肤紧绷、致密,但由于缺乏皮脂腺,因此容易干燥并形成皮屑。洗澡时最好用麻质手套加以按摩,以彻底清洁、去角质,并刺激腿部血液循环和皮脂腺分泌。注意由下至上,朝向心脏方向按摩。洗完澡后给腿部涂抹护肤品,也按照这种方法进行按摩。

美白肌肤的日常护理

1.如果不是必须,尽量避免在夏季 10~14 时之间出去,因为在一天当中,这段时间的阳光最强、紫外线最具威力,对肌肤的伤害最大。

2.外出时尽可能戴帽子、撑太阳伞、戴太阳眼镜、穿长袖衣裤,以保护肌肤。

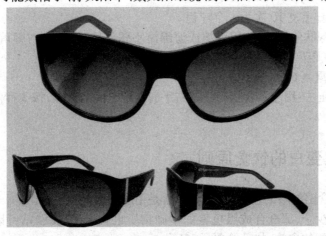

太阳眼镜

3.每次晴天外出时,都应涂防晒品,而且应每隔 2~3 小时擦一次。游泳时也应涂防晒品,并且还应使用防水且防晒指数较高的防晒品。

4.只要从事过户外活动,无论日晒程度如何,回家后都应先洗澡,并以按摩的方式轻轻擦拭全身,先用温水,再用冷水冲淋,并全身抹些护肤露。

5.暴晒后,如有条件可用毛巾包着冰块来冰镇发红的被灼伤皮肤以减缓局部燥热,并尽量少用手抓,否则将会加剧晒后斑的产生。

6.晒后还可取用家中鲜芦荟,刮出其中的芦荟物质敷在肌肤上,有镇定和美白的作用。

7.在外出时,手也要擦防晒露,而手臂、脚、膝外露时也应涂防晒品,这样既可以防晒又可以有效减少斑点,特别是可以避免中年以后过早生成"老年斑"。

8.水是美容圣物,早晨醒来应及早空腹喝凉白开,如在水中加片柠檬,则美容效果更明显。

9.多吃黄瓜、草莓、西红柿、橘子等,因为其含有大量维生素 C,能有效帮助黑色素还原,协助美白,增进免疫力。

10.充足睡眠,有效缓解生活压力,多听音乐也是美白的好帮手。

11.少抽烟,少喝刺激性饮料,可保持肌肤柔嫩光润。

12.远离人工添加剂,少吃油炸食品,慎用激素和避孕药,这些都会直接导致黑色素沉着和雀斑生成。

按摩美白皮肤法

1.减退晒黑肤色指压法:用食指及中指的第2节位在耳背的凹下位置按压,每次按3秒,做5次。

2.减退汗斑指压法:用双手中指指腹放在眼头位置指压,每次6秒;再用食指及无名指按眼肚位;然后把手指转向掩双眼轻按,同样是每次6秒;最后再轻按眉尾至太阳穴位置。

以上动作每日重复10次为1个疗程。

3.减退天生深肤色指压法:用手掌或海绵沿小腿外侧打圈,左右脚重复交替做,用力一点效果更好;在距离脚踝内侧7厘米位置,用大拇指按压5秒。

以上动作各重复6次。

4.去斑点指压法:用左手食指指腹按右手肩与臂之间的凹点,按3秒停1秒。左右手交替做,重复6次。

皮肤由黑变白的饮食原则

1.少摄入富含酪氨酸的食物:因为黑色素是由酪氨酸经酪氨酸酶的作用转化而来的。如果酪氨酸摄入少了,那么合成黑色素的基础物质也就少了,皮肤就可以变白了。所以应少吃富含酪氨酸的食物,如马铃薯、红薯等。

2.多摄入富含维生素C的食物:化学实验证明,黑色素形成的一系列反应多为氧化反应,但当摄入维生素C时,则可阻断黑色素的形成。因此,多吃富含维生素C的食物,如酸枣、番茄、柑橘,新鲜绿叶蔬菜等。

3.多摄入富含维生素E的食物:现代科学研究证明,维生素E在人体内是一种抗氧化剂,特别是脂肪的抗氧化剂,能抑制不饱和脂肪酸及其他一些不稳定化合物的过氧化。而人体内的脂褐素是不饱和脂肪酸的过氧化物。维生素E则具有抑制它们过氧化的作用,从而有效地抵制了脂褐素在皮肤上的沉积,使皮肤保持白皙。同时维生素E还具有抗衰老作用。富含维生素E的食物有卷心菜、菜花、芝麻油、芝麻等。

不同肌肤的洗脸妙方

1.干性肌肤:在用来洗脸的水中,加入几滴蜂蜜,洗脸时蘸湿整个面部并拍打按摩面部几下,这样能滋润面部及增添肌肤光泽。

2。中性肌肤:先用冷水洗脸,后用热水的蒸汽蒸脸部片刻,然后轻轻抹干,可使肌肤变得柔滑有弹性。

3.油性肌肤:洗脸时,在温热的水中加入几滴白醋,能有效地清除肌肤上多余的油脂,从而减少毛孔阻塞问题。

健康洗脸窍门

洗脸前准备好热水、干净的毛巾和一块中性的洁面皂。

1.冷热交替法

先将洁面皂在手中搓出丰富的泡沫,然后轻轻揉搓双颊、鼻翼、额头、唇周等皮肤出油比较多的部位,尤其是男士要注意,千万不要用碱性很大的香皂来洗脸,这样容易破坏面部的酸碱平衡,一定要选用性质温和的中性香皂,或者男士洗面奶。揉搓完面部以后,先用热水清洗,冲掉油垢,然后改用冷水,之后再接干净的热水,冷热交替反复冲洗2~3遍。这样,在冷热的交替刺激下,毛孔会放大和收缩,利于排除油脂,并刺激血液循环。此法可经常使用。

2.纱布法

如果您的青春痘比较多,那么就需要借助一些工具来洗脸。先剪下一段纱布,折成小块。然后在纱布上打上洁面皂,用它来擦拭额头、鼻翼和唇周。这样纱布的纹理可以帮助清除比较厚重的油垢和死皮。接下来把纱布夹在手指中间,轻擦两颊,注意不要太用力。此种方法一周使用2~3次就可以了,使用过勤、用力过大也会伤害到皮肤。

3.指套法

与纱布法原理相同,如果您家有白色干净的尼龙手套,可以将它的食指、中指、无名指剪下,做成三个指套套在手指上。当然,根据青春痘轻重程度的不同,您也可以选择只用两个指套。这样,用尼龙指套来搓泡沫,再清洁面部青春痘比较多的部位,能起到比纱布更理想的效果。指套每次用完后进行清洁,还可重复使用。

女性脸部清洁的正确步骤

脸部的清洁工作是最重要的。若没清洁彻底很容易产生青春痘或黑斑,所以清洁是保养、爱美的第一步。

1.卸妆:无论是否有化妆,长期暴露在脏空气中的你都应该做卸妆的工作。重复的将卸妆品涂抹在脸上,以打圆的方式按摩,使彩妆充分溶解,再用温水冲净或面纸拭净。

2.洗脸:选择适合肤质的洗面奶,取适当的分量在手上轻轻搓揉到起泡,再均匀地涂抹在略湿的脸上,以上到下,左至右的方向按摩脸部,在污垢溶解脱落后,用温水冲净即可。

呵护双唇重在保养

1.清洁:唇部的肌肤是比较敏感的,所以在选择卸妆液时,要尽量选择性质温和的。用充分蘸湿卸妆液的清洁棉轻轻按压在双唇上5秒钟,再将双唇分为4个区,从唇角往中间轻拭。

2.去唇部死皮:专用去角质的产品一般都含有清凉的薄荷配方,在让双唇平滑滋润的同时,还具有修复的作用,一个星期一次即可。

3.按摩:用大拇指和食指捏住上唇,食指不动,大拇指轻轻揉按;再用食指和大拇指捏住下唇,大拇指不动,轻动食指按摩下唇。然后,再以上述方法反方向有节奏地按摩上下唇,反复数次,这样可以减少嘴唇横向皱纹。如果你的嘴角有了纵向的皱纹,那么用两手中指从嘴唇中心部位向两侧嘴角揉摩,会使肌肤有被拉长的感觉。先上唇,后下唇,可反复几次。

4.抹唇膏:记得使用不含香精和色素,含有天然酵母精华并具有水合作用的滋润唇膏。在出门抹口红前,先用唇膏打底,可加强对唇黏膜的保护,有的唇膏还可以防晒。

5.上唇膜:可以用精华素和柔和的营养霜按1:1的比例混合后仔细地涂在嘴唇和唇角周围,也可以去商场的化妆品专柜买唇膜。

缩小毛孔的7种方法

1.冰敷

把冰过的化妆水用化妆棉蘸湿,敷在脸上或毛孔粗大的地方,可以起到不错的收敛效果。

2.毛巾冷敷

把干净的专用小毛巾放在冰箱里,洗完脸后,把冰毛巾轻轻敷在脸上几秒钟,可起到缩小毛孔的效果。

3.用水果敷脸

西瓜皮、柠檬皮等都可以用来敷脸,它们能很好地收敛柔软毛细孔,还有抑制油脂分泌及美白等多重功效。

4.柠檬汁洗脸

油性肌肤的人可以在洗脸时,在清水中滴入几滴柠檬汁,除了可收敛毛孔外,也能减少粉刺和面疱的产生。但要注意浓度不可太高,且不可将柠檬汁直接涂抹在脸上。

5.化妆棉加化妆水

事先准备1小瓶无油化妆水再装上化妆棉,1小时后,以喷上化妆水的化妆棉轻拭出油的部位。

6.鸡蛋橄榄油紧肤

将1个鸡蛋打散,加入半个柠檬的汁液及一点点粗盐,充分搅拌均匀后,将橄榄油加入鸡蛋汁里,使二者均匀混合。平日可将此面膜储存在冰箱里,1周做1~2次就可以改善毛孔粗大的状况,使皮肤变得光滑细致。

7.栗皮紧肤

取栗子的内果皮,捣成末状,与蜂蜜均匀搅拌,涂于面部,能使脸部光洁、富有弹性。

保持眼皮青春的 3 种方法

1.指压:用双手的 3 个长指先压眉框上方,再压眼眶下方,5 次为 1 遍,每日数遍。

2.按摩:闭目,一手撑住太阳穴,另一手由外眼角向里轻轻作螺旋式按摩,逐渐移向内眼角,5 次为 1 遍,每日 2 遍。

3.眼操:眼珠连续上下左右移动,每日数次。

以上三法交替进行效果更好。

预防和祛除眼袋的方法

1.预防眼袋

眼睛周围的皮肤极其薄弱,化妆或卸妆的时候,动作要轻柔,切忌用力拉扯皮肤。

画下眼线时以不拉动眼皮为原则,为求方便,可以用干粉扑轻按在脸上来固定手的位置,这便不容易画错位置了。

洗脸时,用棉花抹洗眼睛周围的皮肤,比用粗糙的毛巾好。

配戴隐形眼镜的时候,不要拉下眼皮,如果想方便地戴上镜片,可轻轻拉高上眼皮。

不要养成擦眼睛、眯眼睛、眨眼睛的坏习惯,阳光猛烈的时候要戴上太阳眼镜。

切忌减肥、节食,以致出现营养不良或体重突然下降的现象,因为脂肪量迅速改变会影响皮肤的弹性。

每天要多喝清水,尤其是早晨起床时。晚上则不适宜饮太多水。

早、晚要涂眼霜。

眼部卸妆应用专用卸妆液。

2.祛除眼袋

如果有眼袋,可以用热茶叶包敷眼睛。

也可做眨眼运动:上下眼睑有意识地做闭合运动,每天做 100 次以上,使眼睑肌有收缩和放松的感觉,目的在于消除眼睑下垂,祛除眼袋。

也可用盐水热敷:1 杯热水当中放 1 茶匙盐,拌匀后用药棉吸盐水敷于眼袋上,冷则更换,反复做,数天后眼袋将逐渐消失。

消除黑眼圈 5 法

1.涂蜂蜜法

在洗脸后勿擦干脸上的水分,让其自然晾干,然后在眼部周围涂上蜂蜜,先按摩几分钟,再等 10 分钟后用清水洗净,待其自然晾干后,涂上面霜即可。

2.敷酸奶法

用纱布蘸上些酸奶,敷在眼睛周围,每次 10 分钟。

3.热鸡蛋按摩法

将鸡蛋煮熟后去壳,用小毛巾包裹住,合上双眼用鸡蛋按摩眼睛四周,可加快血液循环。

4.苹果片敷眼法

将果汁含量多的苹果切片,外敷双眼,每次15分钟。

5.马铃薯片敷眼法

马铃薯去皮切成约2厘米的厚片,外敷双眼每次5分钟。

如何祛除眼睛四周皱纹

1.必须戒除日常的不良行为习惯,例如:不要眯眼睛看东西,如有近视、散光应配戴眼镜,矫正视力;不要经常刻意眨眼;不可忽视眼皮浮肿,要查病因,对症下药;想减肥者要采取渐进式的方式,因为体重如果骤然下降,皮肤就会没有足够的时间来适应体内脂肪的突然减少,也会生成皱纹;化妆卸妆时不要用力拉扯皮肤;在干燥的环境中应及时补充水分,否则皱纹也会增多。

2.为使眼部四周肌肤富有弹性,可常做眼部运动,比如尽量睁大眼睛,持续几秒钟;徐徐闭上双眼,到上下眼皮快要接触时再睁开,动作要缓和,连续重复5次,1日可数次。

3.为减少眼部四周的皱纹,必须供给眼部足够的养分,使其可以及时补充失去的水分,选用合适的眼霜也是一个重要的环节。涂眼霜时切忌胡乱涂抹,正确的方法是:首先以无名指蘸上少许眼霜,用另一只手的无名指把眼霜匀开,轻轻地"打印"在眼皮四周,最后以打圈方式按摩5~6次即可。

如何补救晒伤的眼部肌肤

晒伤后,应在眼部周围涂上不含果酸或多余添加剂、性质温和的护肤品。一天三次在眼部敷冰袋也可消肿止疼。以后出门时记得戴上防紫外线的太阳镜以保护双眼,为了避免刺激细嫩的眼部皮肤,眼部周围应该使用无香料的专用防晒品。

眼部晒伤后尽量不要化妆,如果实在需要化妆,则可在红肿部位涂上比肤色稍浅的粉底液。使用柔色眼影如褐色、古铜色或桃色,可有效掩饰眼部的红肿。

常伸舌头可减轻双下巴

据有关专家调查,伸出舌头这个小动作,是令下巴和脖子之间的皮肤保持不松弛的理想方法,这样就可以防止形成双下巴,也能让形成的双下巴减轻。不过如果你认为这是一个不太雅观的动作,那么你还可以选择另一种方式:舌头用力顶下颚的牙肉,同样可以收到收紧颈部肌肤的功效,减轻双下巴。

走出春日防晒8误区

1.防晒品越贵越好

防晒化妆品滤隔紫外线的能力,在于所含的防晒成分和含量,与价格高低并无绝对关系。一般说来,SPF 值愈高,价格也愈高,加有保湿成分,具低敏感功效的防晒化妆品,价格也会较高。贵的防晒品也不一定就适合你用,因此还应视个人肤质需求选择。

2.防水性防晒护肤品要多用

专家指出,防水性防晒护肤品最好只在游泳时选用,因为这类产品多为油包水乳化型,涂在皮肤上很油腻,给肌肤不透气之感,且容易堵塞毛孔。

3.SPF 值越高防晒效果越好

SPF 的含义是指皮肤抵挡紫外线的时间倍数,并非越高越好。一般情况下,外出购物、逛街时可选用 SPF 为 5~8 的防晒产品即可,外出游玩或游泳、日光浴时则需选用 SPF 值偏高的产品。

4.SPF 值能累加

有些人以为即使自己使用的防晒产品 SPF 值较低,但只要涂抹两层,SPF 值就会相应变高些,事实并非如此。

5.室内、阴天不需防晒

紫外线会从门窗及四周物体上折射进入室内,伤害肌肤;阴天,紫外线依然会伤害肌肤。

6.临出门才涂抹防晒品

由于防晒品被肌肤吸收需要一个过程,所以最好提前约 20 分钟涂抹,如去海滩,还可提前 30 分钟涂抹。

7.防晒护肤品不能在上妆前使用

上妆前使用防晒护肤品,可起到隔离、保护作用,隔离彩妆、日光、粉尘对肌肤的侵害。

8.早上涂一次就万事大吉

防晒护肤品的使用要达到一定的量才会起到防晒的作用,每一次涂抹后需间隔 2 小时再补涂一次,否则防晒效果不理想。

夏季的美容护肤

夏季,皮肤容易失去平衡。往往中性的皮肤,都会变成油性或干性的。这时,人们应根据季节的变化,来调整自己的美容护肤品,以使自己的皮肤得到最佳的保护。

一般夏日的紫外线对皮肤构成的威胁最大。它不仅使皮肤角化失去弹性,造成早衰,还能引发黄褐斑和日光疹等皮肤病。这时,防晒护肤就成了重点。外出时,最好戴帽或打伞,同时在脸上或暴露部位涂些防晒剂,有霜、膏、蜜、脂剂型的,它们均能有效地抵御紫外线对皮肤的伤害。夏季花露水常可作消毒杀菌剂使用,它由 3%的香精和 70%的酒精及适量的水分组成。在卧室、客厅或身上撒些,不仅能除臭去汗、杀菌止痒,还能健脑提神。

秋季护肤养颜法

秋季风大灰尘多,空气十分干燥。此时,人们暴露在外的面部皮肤有一种紧绷绷的感觉。这是由于皮肤水分蒸发加快,使皮肤角质层缺少水分的缘故。如果皮肤缺水严重,则会干裂,有碍美容。所以,秋天的皮肤护理特别重要。

1.要选择合适的护肤品。选择护肤品的原则一是根据皮肤属性,二是根据时间和气候。在秋季要选用不含酒精成分的化妆水,滋润而不油腻的日霜及晚霜,有漂白效果的软性面膜等。

2.要注意日常的皮肤护理。

做白天的护理,要坚持每天做两次面部清洁,还要使用护肤霜补充适当的油分和水分,让皮肤洁净与滋润。外出时,如果阳光强烈就要使用有防晒作用的日霜。

做晚上的护理,洁肤一定要彻底,先用温水和洗面奶彻底清洁面部,再用不含酒精的化妆水进一步洁肤及补充水分;然后在面部均匀地抹上渗透性强的晚霜,并适当地热敷,让其营养渗透到皮肤深层中去。

3.每周做一次全套的皮肤护理。除了每日护肤外,每周还应做一次面部的全套皮肤护理,包括洁面、蒸汽美容、面部按摩及用软性面膜敷面。这样既能令面部的污垢及死皮得到进一步清除,又能令皮肤的血液循环加速,并使皮肤从面膜和护肤霜中获得水分及营养成分,使皮肤光洁柔软,健康地度过干燥的秋天。

4.要注意饮食调养。宜多喝开水,多喝豆浆、牛奶等饮料;多吃新鲜的蔬菜、水果、鱼、瘦肉;尽量戒除烟、酒、咖啡、浓茶及煎炸食品;多吃些芝麻、核桃、蜂蜜、银耳等防燥滋阴食物,亦能较好地滋润肌肤、美化容貌。

冬季的美容护肤

冬季,人体皮肤的水分极易被户外空气吸收,使新陈代谢变得缓慢。眼周由于皮脂腺较少,在这个季节,很容易产生皱纹。

一般人们可准备点热水,以其蒸汽来湿润自己的脸约10分钟左右,由于热蒸汽的作用,会造成皮肤毛细血管扩张,血液循环加快,新陈代谢增加,皮肤因得到水分而光泽。皮肤经过保养后,还要在眼眉至下眼睑处搽一些油质面霜,然后轻轻地按摩,以防产生皱纹。

为了防止皮肤的干裂,还应注意以下几点:

1.不要用碱性过强的肥皂洗手和洗脸;

2.洗脸后用软毛巾擦干面部,并擦些油脂、甘油等润肤剂;

3.多吃些菠菜等含维生素 A 较多的食品。因维生素 A 有保护皮肤、防止皱裂的作用。

预防青春痘的方法

1.不要情不自禁用手摸脸。这往往会造成细菌在脸部肌肤滋生,从而产生青春痘。头发的不洁有时也容易刺激脸部肌肤,长出烦人的青春痘。

2.被子、床单、枕头、洗脸毛巾等要保持清洁。在阳光下曝晒是最好的消毒方法,紫外线具有杀死细菌的作用。

3.喜欢吃甜食而不能自我控制是造成长青春痘的重要因素。糖分多的蛋糕和碳水化合物多的点心最容易导致青春痘的生成。

4.精神上的压力会造成皮脂分泌旺盛,也是青春痘的成因,心情愉快才会让自己远离青春痘。

5.快餐、零食等垃圾食品,容易造成便秘;爱吃宵夜不仅对胃不好,而且会造成便秘,引来青春痘。

6.无论多忙,最晚在 11 点就上床睡觉。肌肤的新陈代谢通常在晚上 11 点到半夜 2 点时进行,把你的生理时钟调对时间,才不会产生青春痘。

减少青春痘疤痕的 3 个小秘诀

1.在青春痘出现"白头"时,千万不要挤压,否则肯定会出现印记。就算是要挤压,也得严格进行消毒。或者尽量到专业正规的美容院求助。

2.在青春痘快要愈合时,会将原来的深色皮褪去,这个时候更是切忌用力将皮撕下,否则愈合期将会被大大加长。

3.在青春痘发展期要使用专门的去痘产品,在愈合期可使用一些具有修复功能的美白品。同时要加强皮肤的防晒工作,紫外线对肌肤的侵袭极易造成黑色素沉淀,从而让你的青春痘肌肤更加难以愈合。

此外,敏感性肌肤在抗痘愈合期很容易产生痘坑,此时不要盲目使用化妆品,应找寻专业的皮肤科医生进行治疗。

消除雀斑的天然食物

1.西红柿汁:每日喝 1 杯西红柿汁或经常吃西红柿,对防治雀斑有较好的效果。因为西红柿中含丰富的维生素 C,被誉为"维生素 C 的仓库"。维生素 C 可抑制皮肤内酪氨酸酶的活性,有效减少黑色素的形成,从而使皮肤白嫩,黑斑消退。

2.黄瓜粥:取大米 100 克,鲜嫩黄瓜 300 克,精盐 2 克,生姜 10 克。将黄瓜洗净,去皮去心切成薄片。大米淘洗干净,生姜洗净拍碎。锅内加水约 1 000 毫升,置火上,下大米、生姜,猛火烧开后,改用文火慢慢煮至米烂时下入黄瓜片,再煮至汤稠,入精盐调味即可。1 日 2 次温服,可以润泽皮肤、祛斑、减肥。经常食用黄瓜粥,能消除雀斑、美白皮肤。

3.柠檬冰糖汁:将柠檬榨汁,加冰糖适量饮用。柠檬中含有丰富的维生素 C,100 克柠檬汁中含维生素 C 可高达 50 毫克。此外还含有钙、磷、铁和 B 族维生素等。常饮柠檬汁,不仅可以白嫩皮肤,防止皮肤血管老化,消除面部色素斑,而且还具有防治动脉硬化的作用。

4.黑木耳红枣汤:取黑木耳 30 克,红枣 20 枚。将黑木耳洗净,红枣去核,加水适量,煮半个小时左右。每日早、晚餐后各食 1 次。经常服食,可以驻颜祛斑、健美丰肌,并用于治疗面部黑斑、形瘦。

5.胡萝卜汁:将新鲜胡萝卜研碎挤汁,取 10~30 毫升,每日早晚洗完脸后,以鲜汁拍脸,待干后用涂有植物油的手轻拍面部。此外,每日喝 1 杯胡萝卜汁也有祛斑作用。因为胡萝卜含有丰富的维生素 A 原。维生素 A 原在体内可转化为维生素 A。维生素 A 具有滑润、强健皮肤的作用,并可防治皮肤粗糙及雀斑。

另外,用冬瓜藤熬水用来擦脸、洗澡,可使皮肤滋润、消除雀斑。金盏花的叶汁也有护肤除斑的功效。将金盏花叶捣烂,取汁擦涂脸部,既可消除雀斑,又能清爽和洁白皮肤。蒲公英花水也能用于除斑,取一把蒲公英,倒入一茶杯开水,冷却后过滤,然后以蒲

10 种皮肤最喜欢的食物

1.西兰花:它含有丰富的维生素 A、维生素 C 和胡萝卜素,能增强皮肤的抗损伤能力,有助于保持皮肤弹性。

2.胡萝卜:胡萝卜素有助于维持皮肤细胞组织的正常功能,减少皮肤皱纹,保持皮肤润泽细嫩。

3.牛奶:它是皮肤在晚上最喜爱的食物,能改善皮肤细胞活性,有延缓皮肤衰老、增强皮肤张力、消除小皱纹等功效。

4.大豆:其中含有丰富的维生素 E,不仅能破坏自由基的化学活性,抑制皮肤衰老,还能防止色素沉着。

5.猕猴桃:富含维生素 C,可干扰黑色素的生成,并有助于消除皮肤上的雀斑。

6.西红柿:含有番茄红素,有助于展平皱纹,使皮肤细嫩光滑。常吃西红柿还不易出现黑眼圈,且不易被晒伤。

7.蜂蜜:含有大量易被人体吸收的氨基酸、维生素及糖类,常吃可使皮肤红润细嫩,有光泽。

8.肉皮:富含胶原蛋白和弹性蛋白,能使细胞变得丰满,减少皱纹,增强皮肤弹性。

9.三文鱼:这种鱼中的脂肪酸能消除一种破坏皮肤胶原和保湿因子的生物活性物质,防止皱纹产生,避免皮肤变得粗糙。

10.海带:它含有丰富的矿物质,常吃能够调节血液中的酸碱度,防止皮肤过多分泌油脂。

怎样做简易蒸脸

蒸脸是面部保养的一个重要手段,一般每周做一次为宜。

1.净面:用水壶烧开 1 壶水,掺入 2 匙甘菊花茶。用 1 块大毛巾将自己的头部与冒着蒸汽的水壶围住,形成筒状(小心别烫伤),让蒸汽不断升到脸部,以不觉得烫为限度。蒸脸 10~15 分钟,然后用毛巾按在脸上,吸去水珠。

2.按摩:蒸完脸,要趁皮肤吸收力强的时候进行营养调节与按摩。先用爽肤水在脸上喷洒几下,如果脸上有面疱等物,则可在爽肤水中加入一些硼酸;然后用按摩霜顺着脸部血液循环路线做柔和的圈状按摩数分钟,直至皮肤有松弛感。

3.热敷:将蒸脸水烧烫,用毛巾浸入,拧干后盖在脸上 5 分钟;然后用拭面纸拭净脸上的洁肤和按摩用品。

做完这一切后,再涂上适宜的营养霜。蒸脸最好在临睡前进行。

咀嚼美容法

嘴里嚼块口香糖或是在吃饭时细嚼慢咽,可有效调动面部肌肉的伸缩,加速其血液循环,从而使双颊逐渐红润,减少面部的皱纹,使皮肤更加光滑。

指肚弹击美容法

将双手洗净,用十指的指肚在面部像弹钢琴般轻轻地弹击敲打,可改善皮肤新陈代谢的不良状态,抑制皱纹和色素的产生。每天至少 1 次,每次 10~15 分钟为宜。

香橙浴润肤法

在浴水里挤入 2 只橙子的汁,将身体在浴水中浸泡 10 分钟,让皮肤充分吸收维生素C,皮肤会变得滋润、光滑、健美。

男人最好什么时间刮胡子

早晨起来不应该急着刮胡子,否则,可能不到下午就会长出新胡子茬儿了。最好起床 20 分钟后刮胡子,才能保持一天的面部清洁。这主要是由于刚起床时,经过一夜的休息,生殖功能旺盛,胡子生长也快。经过 20 分钟到半个小时的消耗,男性体内的雄性激素已没那么旺盛了,胡子的生长速度减缓,这时再刮,就不会很快长出来。

运动前后要避免刮胡子,因为此时身体会大量出汗,刺激刚刮过胡子的皮肤,会产生烧灼感。

无痛刮须法

1.刮须前,用热毛巾敷在胡须上 3~5 分钟,使胡须软化,再抹上肥皂,将剃刀放在热水中浸泡一下,这样刮须既顺利又无疼痛。

2.刮须时,先在胡须上抹些凡士林、雪花膏之类的皮肤润滑剂,可使刮须顺当无痛。

化妆技巧

淡雅柔媚化妆 7 技巧

1.粉底:用淡雅的粉霜,以点状方式遍扑脸颊,用微温的掌心按压揉匀,粉霜泛出的油光用化妆纸吸净,使底色有晶莹剔透之感。

2.粉:以颜色较白且不发亮的蜜粉为主,用大粉刷均匀地轻刷整个脸部。

3.眼影:较含蓄的是茶色、咖啡色、灰色及杏色。均匀柔和地刷满整个眼皮,双眼皮折痕内的色彩可深可浅。

4.眼线:要加强眼神,可用扁毛刷蘸深色眼影粉刷睫毛边缘,但不要使之显出太明显的线条。

5.眉毛:呈自然弯曲形,眉色较淡,通常以扁毛刷蘸深咖啡色及灰色眼影粉加深眉毛。

6.唇部:最时髦与典雅的唇部化妆,是先以颜色柔和的唇笔描绘唇型,然后刷上同色系口红,再用化妆纸将多余的口红抿掉,用笔刷蘸米色的粉质眼影抹于唇上,刻意造成粉质不反光的唇色。

7.腮色:色彩以自然的咖啡红色系为主,加深颧骨下方的轮廓即可。若要展现朦胧的美感,可在刷过腮红后,再刷上一层浅米色。

化生活淡妆的窍门

1.巧画眼影:眼影可使眉眼之间轮廓清晰,使眼神显得深邃迷人。涂好眼影还可修饰眼窝的大小和凸凹。凸眼窝者,宜涂淡湖蓝或橄榄绿色,以使眼窝显得深一点;凹眼窝者,宜涂紫红或胭脂红等色,以增加眼窝亮度,使眼窝显得凸一点。

2.巧画眼线:完成眼影晕染后,用眼线笔画眼线,可使双目更加妩媚有神。画下眼皮眼线时,手持小镜子位于眼睛上方,张开眼睛向上看;画上眼皮时,手持小镜子位于下方,眼睛半张向下看,可画得更理想。

3.巧画眉毛:标准眉型为眉头位于眼角正上方,眉梢位于上唇中央与该侧眼连结的延长线上,眉峰位于距离眉梢2/5眉长处。在化妆前,可结合自己脸形和标准眉型修眉。画眉毛时,先用棕褐色眉笔淡淡描出轮廓,然后用橄榄绿或黑色画好。另外眉头颜色要浅而柔和,眉梢自然淡出。

4.巧涂睫毛膏:睫毛膏可使睫毛加长、增黑、变弯,使眼睛显得更加明亮。为了防止睫毛膏粘住睫毛,涂刷睫毛的时候宜从内向外,顺着睫毛生长方向呈"Z"字形轻轻操作,待睫毛膏干后,用干净的笔刷疏松一下睫毛即可达到预期的效果。

5.巧选口红:口红的选用要因人而异,你喜欢的颜色不一定就适合你。唇形美,又以嘴唇作为脸部化妆重点的人,可以选用颜色漂亮、醒目的口红,如粉红色系的口红。嘴唇小的人,可以选用鲜艳的颜色,这样可使嘴唇显得略大一些。唇厚的人可以选用颜色浅淡的唇膏,这样与脸部皮肤的颜色接近,可使嘴唇显得薄一些。

中年女性化妆 8 要诀

1.化妆时不可选用深棕色粉底,应该选择和肤色相近的粉底,这样看起来比较自然。

2.眼影不可用有闪光的粉底,不要用油质眼影膏。这两种化妆品均会使眼部显得浮肿,使笑纹更加突出。

3.不要画唇线,不要用颜色太深的唇膏,应用较柔和的颜色,使唇色自然。多用润唇膏滋养唇部,人上了年纪,嘴唇的皱纹会自然流露出年龄的秘密,使用润唇膏,能保守年龄的秘密。

4.眉毛切忌画得太浓。浓眉更适宜年轻人。

5.不宜选择走在时代尖端的发型,这样的发型只会让人感到你在用尽所能和时间竞赛。多用护发素,让头发显得更健康。

7. 眼镜框最好选择两侧向上微挑的款式,能使你显得更年轻。

7. 衣服的颜色要避免太过鲜艳,大红大紫的衣服会使得上了年纪的人显得戏剧化。如果想要显得年轻,可考虑穿粉红色系的衣服。

8. 颈部也是一个容易透露年龄的部位,中年女性适宜衣领较高的衣服,或用护肩、围巾、项链转移别人的视线。

实用卸妆 5 窍门

1. 透明润唇膏可清理珠光眼影、唇膏、亮片

用棉签蘸透明润唇膏轻轻擦拭,润唇膏特有的黏度和滋润度既可把附着物清理掉,又不会伤害眼部和唇部娇嫩的皮肤。

2. 润肤乳可清理浓密睫毛膏

为了让睫毛看起来又浓又密,你往往会有意多刷几层睫毛膏,但卸妆时会发现睫毛早已变得硬硬的,这时用棉签蘸上少许润肤乳涂在睫毛上,一会儿睫毛就会变得柔软了。

3. 酒精棉球可清理假睫毛

用手指按住外眼角皮肤,由内向外轻轻揭下,如果假睫毛粘得比较牢,可先用酒精棉球拭掉粘胶再揭。

4. 婴儿油可清理身体彩绘

无论是身体上还是脸上的小彩绘,都是时下年轻人非常喜爱的,但由于颜料特殊,很难清洁干净。这时可先用湿巾擦淡彩绘的颜色,再用婴儿油卸除就很容易了。

5. 婴儿润肤巾可清理淡彩妆

市面上有很多种婴儿润肤巾,可别小瞧了它,它可是卸妆的好帮手。如果你化的妆比较浅淡,婴儿润肤巾就可以把妆卸得干干净净,而且用后皮肤还会很滋润。

6 种不必补妆的化妆技巧

1. 粉底不浮粉小技巧

若是你用粉底霜或粉底液上妆,最好以海绵垂直轻弹的方式,让粉底与皮肤更融合,粉底也就比较持久。

如果用两用粉底上妆,应将海绵拧至八分干后,按一般步骤上粉底,接着用干的海绵,再上一次粉底,第二次的粉底可代替蜜粉,这样粉底不易浮粉。

2. 蜜粉紧贴小技巧

扑粉时蘸适量蜜粉,先拍打脸部各处,再以按压方式上蜜粉。

3. 眉毛定型小技巧

首先以眉笔定出眉型,用细的眼影笔蘸点水,将水弄到快干时,蘸点眉粉或眼影粉,顺着眉毛的形状轻刷眉型。少许的水分,可以让眉粉更轻易地固定在你的眉毛上。

4. 眼影不脱落小技巧

上妆时眼影部位也要上粉底。用眼影刷或眼影棒蘸少量的水,用面纸将眼影刷上附

5.眼线笔持久小技巧

眼线笔持久度不如眼线液,不过只要在用眼线笔后,在眼线上再盖一层眼影粉,就能运用这层眼影粉让眼线更持久。在上眼线之前,先在眼线部位上一道蜜粉,就能得到你要求的持久效果。

6.腮红定妆小技巧

上完粉底后,用手指蘸膏状腮红,淡淡地在颧骨处涂匀后上蜜粉,最后上与膏状腮红颜色相近的粉状腮红即可。

按脸形化妆 6 法

1.椭圆脸形。眉毛要顺着眼睛修成正弧形,位置适中,不要过长,眉头与眼角齐。胭脂应抹在颧骨最高处,向后向上化开。嘴唇要依自己的唇样涂成最自然的样子,除非自己的嘴唇过大或小。发式要采用中分路,左右均衡的发型最为理想。

2.长脸形。应利用化妆来增加面部宽厚感。眉毛的位置不可太高,眉尾尤其不应高翘,胭脂要抹在颧骨的最高处,然后向上向外抹开,嘴唇可稍微涂得厚些。两颊下陷或窄小者,宜在该部位敷淡色粉底做成光影,使其显得较为丰满。发式可采用七三或更偏的分路,这样可使脸看起来更宽。

3.圆脸形。眉毛不可平直和起角,但也不宜太弯,应为自然的弧形和带少许弯曲。胭脂的涂法是从颧骨一直延伸到下颚部,必要时可利用暗色粉底做成阴影。唇部画成阔而浅的弓形,切勿涂成圆形小嘴,发式以六四偏分头路最好,这样可使脸显得不那么圆,两侧要平伏一点。若有刘海的,则必须弄厚实些,并要有波浪纹。

4.方形脸。化妆时要注意增加柔和感,以掩饰脸上的方角。这种脸形的人,两边颧骨很突出,因此要设法加以掩饰:眉毛要稍阔而微弯;胭脂不妨涂得丰满一些;可用暗色粉底来改变面部轮廓;头发分四六分或中分都可,偏分时,两侧头发会造成不平衡的感觉。

5.三角形脸,即额部较窄而两腮大,显得上小下阔。此类脸形的化妆秘诀跟圆脸、四方脸差不多。眉毛宜保持原状,胭脂由眼尾外方向下涂抹,两腮可用较深的粉底来掩饰。唇角应稍向上翘。头发应以七三比例来偏分,使颊部看来宽阔。

6.倒三角形,即人们所说的瓜子脸,特点是上阔下尖。眉毛眉型应顺着眼睛的位置,不可向上倾斜。胭脂要涂在颧骨最高处,然后向上向后化开。嘴唇要显得柔和。如果下巴显得特别尖小,脸的下部便要用淡两级的粉底,而过宽的前额宜用较深的粉底。发型应做成大量蓬松的发卷,并遮掩部分前额。

按眼睛化妆 4 法

1.眼睛太小者:应该在上眼皮的外侧,画上一道细眼线,使笔端稍微上扬。画眼线时,不要用毛刷和眼线液,而用柔软的眼笔来画,并且用手指将它稍微弄模糊些。下眼皮尽量在靠近睫毛处涂些白色亮光剂。

2.两眼距离太近者:将大量白色亮光剂顺着鼻子一直涂到眼皮的外侧部分,并要弄得模糊些。眉型有助两眼看来较宽,画眉时颜色要淡,眉笔的使用要非常谨慎,因为浓眉会强调出你那双小而窄的眼睛。

3.眼睛太眯者:很多女性其实眼睛并不小,却因为爱眯眼,看上去显得小了。化妆时,不要将整个眼皮涂满眼影。而要在每边眼皮的正中央,涂些亮光剂,这样可使眼睛看起来更圆更大些。

4.眼睛深陷者:化妆时,先在眼皮和眉毛上撒些细香粉,轻按之后用面纸将多余的擦掉,然后,在眼皮和眉毛下都涂上象牙色和白色相混的亮光剂,以达到柔和的效果。眉骨上,刷上少许能补充眼睛颜色的深色眼影。睫毛膏的使用要非常谨慎,可在睫毛上涂些凡士林以增加光彩。千万不要用眼线液或眼笔去描眼睛,眉毛也不要画得太浓。

戴眼镜者化妆的窍门

1."近"浓,"远"淡:近视镜具有缩小眼睛的效果,因此眼部化妆要比正常人浓艳一些,这样才能达到强调和突出的化妆效果。比如,用黑色眼线笔或眼线膏适当扩大眼睛轮廓,用睫毛膏使睫毛变得浓黑修长,加深眼影颜色等。相反,如果戴的是远视镜,镜片将放大你的眼睛,此时化妆以柔和淡雅,朦胧模糊为宜,并将睫毛、眼线画得更细致。此所谓"近"浓"远"淡。

2.戴镜化妆,巧加修饰:眼镜本身也是一种装饰品,如果佩戴平光眼镜,不受度数等客观条件限制,戴上眼镜后,镜边不应遮住眉毛。对镜子观察自我形象,若肤色较白,镜框和镜片颜色较浅,化妆时应以清淡为主;若二者皆较深,化妆时可浓深一些。涂抹唇膏时,宜考虑是否与镜框和镜片颜色相配。

如何选择粉底颜色

1.黄色粉底
亚洲人的肤色偏黄,适合使用自然的黄色粉底,可以让皮肤看起来比较透明。

2.粉红色粉底
肤色较白的人,可以用粉红色的粉底,会使皮肤看起来健康红润。

3.紫色粉底
适合肌肤偏黄或有黑眼圈的人。

4.绿色粉底
绿色粉底能遮住青春痘留下的小疤痕以及雀斑、黑斑等。

5.蓝色粉底
蓝色粉底的修饰作用类似绿色粉底,但蓝色粉底的修饰效果更好。

6.白色粉底
白色粉底具有膨胀的视觉效果,想让脸部看起来更立体或是双颊过于瘦削的人,如果使用白色粉底可以达到凸显五官线条、让脸部看起来丰润有弹性的效果。

最后,皮肤真的很不好的人可以试着混合多种颜色的粉底让皮肤颜色看起来均匀些。使用顺序是:先使用绿色可增加白皙感;再使用紫色可加强透明度;最后再擦肤色粉底液。

香粉的正确使用法

1.香粉不宜搽得过厚,而且必须搽得均匀,一般应从颈部扑起,这样可以使脸部和颈项皮肤色泽均衡,别人也不易察觉。

2.皮肤干燥者在搽粉前最好先以冷霜打底,然后再搽香粉,既能护肤,又能使香粉不易脱落。油性皮肤者可在洗完脸后直接将香粉搽在脸部。

3.同时用颜色深浅不同的两种香粉可起到美容作用。脸宽而鼻稍塌者,可在鼻子中部搽浅色的粉,在鼻子两侧搽稍深的粉;下巴肥大者,在下巴处搽较深的粉,在额部搽上浅色的粉就会显得美观匀称。

香水应该喷在哪里

1.头发:先将香水喷在手上,再抹到头发上,这样香味才不会太浓。

2.耳后:将香水喷在耳根上会是最好的耳后香味。

3.手:手腕和手肘内侧靠近脉搏的地方温度较高,利于香味的散发。

4.脚:香味是从下往上散发出来的,所以将香水喷在下身的效果最好,可以喷在脚踝、膝盖内侧或裙摆上。

5.腰部:香水使用在腰部能柔润地发出香味。

如果只想享受淡淡香味,可以在化妆室内喷香水,让香水沾附上衣服而散发出微香。

正确涂眼霜的方法

先用右手无名指蘸取半粒米大小的眼霜,在右眼下方点一下,左手轻轻地将右眼的下眼皮往下拉一点,千万要轻。这样做可以把眼部的细纹拉平,让眼霜渗入这些细纹中。用右手无名指从右眼的右下角开始顺时针慢慢地按摩整个眼圈,直至完全吸收。一般为4~5圈。左眼的操作同右眼。最后再用两手的无名指,轻轻地点拍相对应的眼睛,特别是眼袋部分,这样有助于血液循环,减少黑眼圈。

睫毛膏的正确涂法

可先借助睫毛钳加强睫毛的弧度后,再涂抹睫毛膏。涂睫毛膏时应从睫毛根部开始向毛尖方向涂,眼角处的细毛也要涂到,稍有涂到外面的睫毛膏用棉签擦掉。先涂上面的睫毛,然后涂下面的睫毛,待干后再涂第二遍。涂刷上睫毛时,横向拿睫毛刷,从里往外刷,视线始终保持向下,不移动。涂刷下睫毛时,镜子处于平视位置,下巴向里收,脸部皮肤拉紧,横刷、竖刷都方便。睫毛粘在一起后可用睫毛梳梳理。

此外,如果上了睫毛膏后有湿黏的感觉,可以使用面纸吸去多余的睫毛膏;如需要较具明净感觉的妆效时,下睫毛便不需刷涂睫毛膏;睫毛刷应尽量保持平行,避免将刷头尖端对着自己的眼睛,因为这样不仅会使睫毛产生结块,而且也很危险;切勿在行进的车上刷涂睫毛膏;要每天清除睫毛膏,否则会使睫毛有折断的危险,新睫毛再长出要有 120 天的时间。可以使用温和的清洁液彻底清除眼部化妆品。

如何涂抹指甲油

先在指尖点一下以防指甲油剥落,然后从指甲中间由根部向指尖均匀、平滑地涂上指甲油,接着再涂两侧部分。待指甲油稍干后,可再涂一遍,效果会更持久亮丽。

为使指甲得到更好的呵护,可在使用指甲油前,先涂上护甲系列产品。

指甲油颜色需细选

1.肤色较黄:适用鲑鱼粉红、珊瑚粉红及淡茶色等暖色系的颜色。

2.肤色较白:任何颜色都会很合适,只要您喜欢。

3.肤色较黑:适用深色系的颜色,如黑色、咖啡色等。

4.可爱型:淡淡的粉红色系或柔和的紫色等。透明感的乳白色也不错哦!

5.时髦帅气型:黑色、咖啡色、深茶色等流行的颜色。

6.成熟优雅型:粉红、淡褐色、粉红色及柔和的紫色等。

7.职业型:略带蓝的鲜艳玫瑰红及不带杂质的鲜红色都适合。

8.性感型:遮盖红色的蓝色系或茶色系,茶色系橘色及混合的个性色彩都是最佳的选择。

自制面膜

白菜叶面膜

取新鲜大白菜叶 3 片,酒瓶 1 个。将菜叶洗净,放在干净菜板上摊平,用酒瓶轻轻碾压 10 分钟左右,直到叶片呈网糊状;将网糊状的菜叶贴在脸上,每 10 分钟更换 1 张叶片,连换 3 张。每天做 1 遍,有治疗青春痘和嫩白皮肤的功效。

草莓面膜

将 5 只草莓弄碎,加入少许鲜奶油、1 汤匙蜂蜜,搅成糊状,涂于洗净的脸部,20 分钟后用浸过鲜奶的脱脂棉拭净。适用于干性皮肤。

蛋白面膜

取 1 只鸡蛋,从鸡蛋中取出蛋白,然后用蛋白敷面 15~20 分钟,再用清水洗净。蛋白有收紧皮肤的作用,也有助于改善皮肤油脂的分泌状况,在夏天容易出汗的日子,可每天早上洁面后敷 1 次,使皮肤保持清爽,化妆后也不会容易脱妆。

豆腐汁面膜

取豆腐 1 块、纱布袋 1 个。将豆腐弄碎装在薄纱布袋内,洗脸后用来搓揉脸部,直至豆腐无汁。常用此法可使皮肤变得白皙光滑。

番茄面膜

将洗净的番茄放入果汁机中打碎,用纱布过滤后,和适量的面粉调匀,就成了简单的面膜。用来敷脸可以滋润美白皮肤。

蜂蜜调色面膜

取蜂蜜、蛋白、麦片各适量。将 3 种材料调匀,做成糊状,然后敷面。20 分钟后用清水冲洗即可。此方可以降低色素沉着度,令经常出现在混合性皮肤上的肤色不匀(如额及鼻的肤色较深)情况改善。

蜂蜜调色面膜

橄榄油面膜

取 1 茶匙炼乳、1/4 茶匙精纯级的橄榄油,混合搅拌均匀。先在脸上涂薄薄的 1 层,2 分钟后再涂第 2 层,依序一直涂至第 4 层,全干后用干净的布蘸水擦净即可。此方可美白皮肤。

红萝卜面膜

先将 1/3 个红萝卜洗净,连皮磨成泥状,和入适量的面粉并加进 1 滴柠檬汁,再加上 1 滴橄榄油搅拌成糊状即可。皮肤苍白、干燥的人常用此法,会使皮肤变得白里透红,呈现健康美。

胡萝卜面膜

将 2 只新鲜胡萝卜磨碎,加上少量藕粉、生蛋黄一起搅匀,涂在面部,保留 20 分钟后用温水洗净,能使粗糙的皮肤变得细腻滋润。

黄瓜面膜

1.将新鲜黄瓜去皮切片,立即贴于刚洗净的脸部,再用手指轻按黄瓜片,使其不脱落,20 分钟后揭下。经常用此法,可使皮肤变得细嫩爽滑。

2.将小黄瓜洗净,磨成泥状,加入适量面粉及少许清水,就制成了淡绿色的小黄瓜面膜,有美白作用。

3.黄瓜汁是很棒的紧肤水。把黄瓜汁均匀涂在脸上,15 分钟后用清水洗干净,可以收紧毛孔。

鸡蛋面膜

取 1 碗面粉加上 1 个鸡蛋,倒进 1 滴婴儿油(或橄榄油)调匀即可。如觉太干,可再加一些清水。它富含营养,适合冬季使用,皮肤干燥粗糙者使用尤佳。夏季皮肤油性大,蛋黄可少放一点,过度的营养反而会给皮肤造成负担。

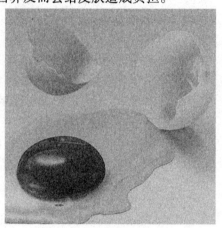

鸡蛋面膜

芦荟蛋白面膜

取芦荟叶 1 片,蛋白、蜂蜜少许。将芦荟叶捣烂,与蛋白、蜂蜜混合在一起即可。芦荟有消炎镇定的功效,蛋白可以清热解毒,蜂蜜中所含的维生素、葡萄糖、果糖则能滋润、美白肌肤,并有杀菌消毒、加速伤口愈合的作用。

绿豆粉面膜

取绿豆粉、养乐多各适量。用绿豆粉 3 小匙加少许养乐多调成泥涂于脸上,用指腹由里向外打圈,整个面部按摩 5~8 分钟即可。此法不但可去角质、消炎、平衡油脂及镇定肌肤,也可以改善暗沉肤色。对有青春痘的朋友帮助很大,而且还可以消减青春痘所留下的疤痕。

柠檬汁面膜

把柠檬榨汁,直接涂于面部,保持 15 分钟后洗净。每周 2 次,可使皮肤逐渐变白,适于色斑皮肤和油性粗黑的皮肤。盛夏时节如果被阳光灼伤了皮肤,可将柠檬汁搅拌在少量面粉中,敷在面部,保持约 20 分钟后洗去,灼伤处可自愈。

服装服饰

服饰选购

服装选择 7 法

1.儿童服装宜长不宜短

儿童处于长身体阶段,稍长一点才可多穿一段时间。

2.青年人服装宜小不宜大

18 岁以后身体基本定型,服装以稍紧稍短为好,不宜过大,这样才显得精神、利索。

3.中老年服装宜大不宜小

中老年穿稍稍宽大的衣服不但舒适方便,而且显得庄重大方,并能遮掩发福的体态。

4.瘦高者服装宜肥不宜长

身材偏瘦偏高者穿稍稍宽大的衣衫,可在视觉上产生一种横向扩张的感觉,掩饰身材的高度和瘦度。

5.矮胖者服装宜长不宜肥

矮胖者穿稍长一些的衣裳,可利用视觉竖向错觉,使体型稍微得到一些调整。

6.皮肤白皙者深浅皆宜

肤色白的人原则上穿浅色或深色都可以。

7.脸色萎黄者要注意配色

一般可选浅蓝、苹果绿、草绿、浅棕等色,而不宜选黄色、白色、黑色。

西服的选购

1.西服的做工质量主要体现在领、肩和前胸几个位置。首先衣领应十分平整,不能有褶皱或鼓衬,衣领不能过高,以伸直脖子时衬领外露 1 ~ 2 厘米为宜。领口形状应对称挺括。

2.袖口长度应在腕与虎口之间,手平伸时能露出衬袖 3 ~ 4 厘米。上装应略显紧束,手臂上举时腋部应稍有拘谨感。西服背心扣上扣子后以贴身紧凑为合适。

3.西服裤的裆不可兜得太紧,以蹲下再站起时感觉平滑舒适为好。裤子应比其他便装裤类略长一点。

4.男性西服颜色多选沉稳的黑、深蓝、深灰色，如果是轻松场合则可选颜色较浅或条、格状的西服。女式西服颜色的选择范围则宽泛得多。

羽绒服的选购常识

选购时,应特别注意以下几个方面:

羽绒服

1.款式:新颖、别致、适体、大方、实用,以脱卸式为好。

2.价格:一般以价格适中为宜,如价格过低,则羽绒内在质量无法保证,容易产生各种后遗症。

3.含绒量与充绒量:应选购适合自己需要的含绒量和充绒量。羽绒服的含绒量一般以70%以上的为宜,具有一定的蓬松度和轻柔感。充绒量的多少,则涉及羽绒服的保暖程度,应根据自己穿着的需要来确定。

4.回弹性:将蓬松的羽绒服按一下,再松开后,如能迅速回弹,恢复原状,说明羽绒的蓬松度良好。如含绒量低,掺有一定量的毛片或粉碎毛的,回弹性就差,而羽绒服拎在手里会有沉重感。

5.防钻绒性能:羽绒制品面里料应具有防钻绒性能。拍一拍,发现钻绒的羽绒制品肯定是劣品。由于羽绒具有柔滑的特性,有少量的绒丝从缝线中溢出是正常的。

6.透气性:羽绒服不能钻绒,但也要具有一定的透气性,如羽绒服的面料、里料、胆料的透气性差,一是穿着过程中的水汽不易散发,引起潮湿而感到不舒适;二是洗涤后不易晒干,以上两个因素都会使羽绒在受潮的条件下不同程度地变质,散发臭味。

7.气味:闻一闻,紧贴羽绒制品做深呼吸,闻一下里面的气味,避免选购味重刺鼻的商品(一般说明这些羽绒品清洁度和耗氧指数未达到标准),但由于是动物羽毛,有一定气味是正常的。

8.辅料:一件羽绒服上,有不少辅料,如拉链、金属扣等,需注意观察其是否美观、光滑、松紧适宜。

特别提示：

1.羽绒服上的各种标记应当齐全，如厂名、厂址、面料里料的成分含量、羽绒的种类及含绒量、充绒量的指标、洗涤标志、质量等级、执行标准代号等。

2.选购羽绒服应到有质量信誉，售后服务规范的大中型商场，有利于保护消费者的合法权益。

如何选购大衣

有关专家建议消费者在选购大衣时应注意以下五点：

1.大衣产品上的各种标志必须齐全

产品上有商标和中文厂名厂址，有利于了解该企业产品质量的信誉及知名度。

产品上有服装号型标志，并与自己的体形相适宜。

产品上有明确的纤维含量标志，主要是指服装的面料、里料的纤维含量标志，各种纤维含量的百分比应清晰、正确。

产品上有明确的洗涤标志图形符号及说明。

产品上有产品合格证、产品执行标准编号、产品质量等级及其他标志。

2.大衣的外观质量的鉴别

大衣的主要表面部位无明显织疵、条痕（主要表面部位指大身的外露部位）。

大衣的主要缝接部位无色差（需要在一定的光亮度下看色差情况）。

大衣面料和里料结构应紧密，如果面料、里料的结构疏松，会使大衣的接缝部位达不到标准规定要求，引起织物纰裂。

大衣面料的花型、倒顺毛应顺向一致。条格面料的服装，主要部位应对称、对齐。

注意大衣上各种辅料、配料的质地，如纽扣应牢固等。

大衣的领子、驳头、袋盖、门襟处应无脱胶、起泡等现象。

3.大衣的缝制质量的鉴别

目测大衣各部位的缝制线路是否顺直，拼缝应平服，绱袖吃势应均匀、圆顺，袋盖、袋口应平服、方正，下摆底边应圆顺平服。大衣的主要部位一般指领头、门襟、袖笼及服装的前身部位，是需要重点注意的地方。

查看大衣的各对称部位是否一致。大衣上的对称部位很多，可将左右两部分合拢检查各对称部位。

4.大衣试穿时的造型和感觉

大衣穿在身上后，各部位应平整、自然，如衣领的左右应对称，肩部平服，袖笼处圆顺，胸部丰满、自然，无裂形，门襟自然下垂成直线，不绞不豁，后背领下平服，后背下摆处不起翘等。

大衣穿在身上后，整体感觉要有舒适感和轻松感。如：两手前后、上下摆动舒畅，颈部及肩胛部没有压迫感或负重感，腋下处没有不舒服的感觉等。

大衣穿在身上后，各主要部位的规格大小应适宜，如衣长、袖长、肩宽、胸围等处的宽松度应适合。规格尺寸的过大、过小也会引起穿着时的不舒服感及外观整体不平服的感觉。

5.选购大衣的商场及相关注意事项

消费者选购大衣时,应到比较正规的大、中型商场去购买,并对商店的质量信誉、售后服务予以适当的了解或评价,千万不要到不正规的乱打折的商店、摊贩处购买,一旦发现质量问题,可能会给售后处理带来困难。

购买大衣后,必须要有正规的发票,并妥善保管好发票。

购买的大衣,其面料、里料的纤维含量标志、洗涤说明的标志,必须是永久性的标志,即印制在织带上并缝制在产品上,不管是水洗还是干洗,该标志是不会脱落的,称为永久性标志,作为消费者投诉的主要依据。

牛仔服的选购

1.消费者在购买直接将图案印在牛仔服装上的印花牛仔服时,要注意检查印花的牢固度,牢固度不够洗几次就会掉色。可用指甲轻轻划一下印花表面,若划痕很快消失说明牢固度很好。

2.粘了荧光粉的牛仔服。冒牌货的荧光粉里很容易含有对身体有害的化学物质,因此最好不要购买。

3.牛仔上钉的珠花特别容易脱落,挑选时看看珠花反面的线头是否牢固,最好在刚买回时自己再重新缝一下来加固。

4.而选择衣边或裤脚呈毛茬状的拉毛牛仔时,要检查拉毛底端是否缝合牢固,以免出现脱线的现象。

5.另外要试用几次钉在牛仔裤服装上的弹簧扣,检验牢固的程度和吻合情况,因为弹簧扣是借助于机器才铆上去的,一旦损坏,消费者自己没法修复。

童装的选购

选购童装时应充分考虑儿童的生理特点,除要从柔软、透气、舒适、安全和健康等方面综合考虑外,还应注意以下几点。

1.产品上有无商标和中文厂名厂址。

2.产品上有无成分标志,主要是指服装的面料、里料的成分标志,各种纤维含量百分比应清晰、正确。

3.产品上有无洗涤标志的图形符号及说明,并了解洗涤和保养的方法、要求。

牛仔裤

4.产品上有无产品的合格证、产品执行标准编号、产品质量等级及其他标志。

如果产品上标有甲醛含量,0~24 个月的婴幼儿类服装应小于 20 毫克/千克,大于 24 个月的儿童穿着服装接触皮肤类小于等于 75 毫克/千克,非接触皮肤类小于等于 300 毫克/千克。

5.童装的永久性标志应选择柔软的材料制作,并缝制在适当的部位,应注意避免缝制在直接与儿童皮肤接触的地方,防止因摩擦而损伤儿童的皮肤。

6.注意童装上各种辅料、装饰物的质地,如拉链是否顺滑、纽扣是否牢固、四合扣是否松紧适宜等。特别要注意各种纽扣和装饰件的牢固度,以免儿童轻易扯掉并误服。

围巾的选购

1.厚薄应相宜:服装较厚时,宜配用羊毛、腈纶以拉毛、钩针工艺编织的膨体大围巾;服装较薄时,宜配真丝、尼龙绸等薄型围巾或纱巾。

2.配色要协调:深色服装宜配鲜艳围巾;浅色服装可配素雅围巾;红色毛衣宜选黑色纱巾;藏青色服装可配纯白围巾。彩色丝巾中凡有一色与服装颜色相近,一般即可相配。

3.体形可调整:颀长窈窕但胸围偏小的女性,可配有蓬松感的大花形围巾,对称悬于胸前,能使胸部显得丰满;溜肩男子可用素色加长围巾悬系颈部,使体形更显协调。

围巾

领带的选购技巧

1.手拿起领带,先从大头起,顺次察看有无织造、染色、印花等疵点,尤其是在大头33厘米内必须整洁、完好。

2.用双手顺长捋直,看领带是否平直。特别要注意在大头33厘米以内不能扭曲。

3.用手在领带中间部位攥一下,然后放开,领带若马上复原、平直,则表示领带的质量较好,弹性较大,使用时不易变形。

选购皮手套应注意的问题

皮手套常见的质量问题有以下几种。

1.面革过薄、板硬、松壳、起皱,同副手套粗细、软硬、厚薄不一。

2.同副手套的皮面颜色不一致。手心、手背色泽左右不对称,指条、三角、滚口皮色差。

3.针脚疏密不均匀,不整齐,底面线浮松、跳针、空针、边线弯曲、出轨。

4.叉脚虎口不平服、皱褶、吊裆,指头不圆正,大拇指左右不相同,有矫立现象,五指松口、裂口、脱线。

5.同副手套背筋不对称,不整齐,弯曲不齐,进出不一。

6.带子、铜口装置左右不对称,不牢固,高低不一。

7.滚口接头处有脱口、松散,滚口粗细不匀、曲缩、宽狭。

8.里太短或太狭,毛皮里有酥板、空板,拼接缝不平服,有脱线脚现象。

选购文胸的技巧

1.看:左右罩杯是否有偏差,布纹是否对称。

文胸面料要能吸汗,不会产生静电,能舒服地服帖于皮肤;里料以纯棉为好,做工要精细平整;前后吊扣要细滑,以免刮伤皮肤。

2.试:肩带调整的位置要落在肩窝处,这样既舒服又可以保持文胸的弹性。

如有一边乳房偏低,可缩短这一边的肩带使乳房稍微提高,左右对称。边面弧度要顺畅平直,能与身体侧面的弧度贴切吻合。花边柔软,无刺痒感觉的文胸较好。

3.拉:有弹性的地方如肩带、侧翼要弹性强、柔软性好,随身体的运动伸缩自如。

皮鞋质量鉴定法

1.皮鞋面分光面革和反面革两种

光面皮鞋应表面粗细均匀,无褶皱和伤痕;色泽鲜艳、明亮且均匀一致;用手指按压皮面,出现细小均匀的褶皱,放开褶皱便立即消失;手感润滑柔软,富有弹性;皮革厚薄要均匀适度。

反面皮鞋的表面绒毛要均匀、细软,颜色一致,无明显褶皱和伤痕,也没有油斑、污点,手感与光面皮鞋相同。

2.皮鞋底有皮质和胶质两种

皮质鞋底表面应光亮平滑,厚薄均匀,无油斑、污点和伤痕,手感坚实,用手指弹,声响清脆。

胶质鞋底即合成革底,表面应光滑一致,花纹整齐且边角鲜明完整,从侧面看,无厚薄不均现象,无杂质。手摸后感觉有韧性和弹性。粘胶皮鞋不应有脱胶现象;线缝皮鞋针码不宜太密,也不宜太疏。

K 金首饰的选购

一般而言,正规厂家生产的首饰都会在适当的位置打上厂家代号(或商标)、材料成色等印记。因此消费者在购买 K 金首饰时需注意:

1.可以看印记,如果是镶钻首饰还要仔细查看钻石的鉴定证书;

2.用手摸摸焊接处、边角处是否光滑、均匀;

3.可以试戴,尤其是项链。K 金项链的链扣通常是圆形的,试戴时可以试试链扣是否牢固,弹簧的弹力好不好。

此外,佩戴 K 金首饰尤其是 K 金镶钻首饰时要注意保养,比如干重体力活或洗澡的时候应该取下首饰;为保持其光亮,可以经常用绒布擦拭,隔一段时间不妨送到珠宝店清洗。

银首饰的识别

对银首饰的识别，主要有以下几点：

1.印记：银首饰一般应打上银的英文缩写（"S"或"Sterling"）的印记。标准银的印记是 S925，足银的印记是 S990。但也有许多国家在银首饰上不打印记。

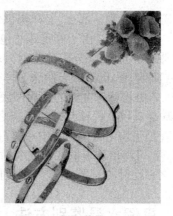

K 金首饰

2.色泽：银首饰多呈微带黄的银白色，呈柔和的金属光泽。因易氧化，时间久了，色泽会变成暗的黄白色。

3.掂重：银的密度为 10.53 克/立方厘米。比铂金、黄金小，用手掂量无坠手感。用钢针可以划出痕迹，也可以折弯。用这种方法可以和铂金、K 白金或仿银的德银首饰相区别。

4.酸试：银遇任何酸都会变色，甚至溶解。如果在银首饰的内侧滴上一滴浓盐酸，会立即生成白色苔藓状的氯化银沉淀。而其他贵金属则无此现象。

5.声韵：标准银首饰落地后声音沉闷，不弹跳，不滚动。

辨别玉石的质量

玉，主要有硬玉和软玉两种。软玉已成为古董爱好者和玉器收藏家的珍品；硬玉则是市面上所常见的玉器首饰。如何辨别硬玉的质量，这里提供五种简单的方法。

1.看颜色：颜色是评估硬玉品质最重要的因素。没有颜色的玉，只是石头而已。颜色达到匀、阳、浓、正的为上品。"匀"是指均匀；"阳"是指色泽鲜明，给人以开朗、无郁结之感；"浓"是指颜色够深；"正"是指无其他杂色。

2.看质地：硬玉是硅酸盐在高温和高压下形成的多晶体矿物，其组成晶体的大小，会直接影响到经过琢磨后玉的光滑度、透明度及色调。因此，多晶体结构越细密，硬玉的质地就越好。

3.看透明度：透明度与质地是硬玉相辅相成的物理现象，硬玉的通透程度像玻璃一样，其内晶体的细密程度，可使光线直照而不受阻挡。

4.看后天加工：加工中完全未经任何漂白褪色或染色处理的硬玉为"A"级，价值最高；被漂白褪色的硬玉为"B"级，价值次之；被染色的硬玉为"C"级，价值较低。

5.看裂纹：有了裂纹后，不论其质地、颜色和透明度如何好，都会影响到价值。

珍珠的识别

珍珠有天然珍珠和养殖珍珠之分，二者虽然外观上几乎一模一样，但其内在品质却有着天壤之别。那么,怎样辨识养殖珍珠呢?

1.看光泽。由于养殖珠的包裹层较天然珠的包裹层薄而且透明,因此其表面往往有一种蜡状光泽,当外界光线射入珍珠时,养殖珠那因层层反射而形成晕彩的珠光便不如天然珠艳美,也不像天然珠一样光洁到能看见自己眼睛的程度。

2.可将珍珠穿绳的孔洞彻底洗净,然后用强光照射,用放大镜仔细观察孔内,凡是养殖珠在其巨大内核与外包裹层之间都有一条明显的分界线。而天然珠极细的生长线却一直是呈均匀状排列到中心,仅仅在接近中心处时颜色较黄或较褐。

3.可将珍珠置放在强光照射下的位置,然后慢慢转动珠子,凡是养殖珠都会有珍珠母球核心反射的闪光,一般360度闪烁两次,这是识别养殖珠与天然珠的一个重要证据。

真假水晶鉴别方法

1.眼看:天然水晶在形成过程中,往往受环境影响,总含有一些杂质,对着太阳观察时,可以看到淡淡的均匀细小的横纹或柳絮状物质。而假水晶多采用残次的水晶渣、玻璃渣熔炼,经过磨光加工、着色仿造而成,没有均匀的条纹、柳絮状物质。

2.舌舔:即使在夏季最炎热的三伏天,用舌头舔天然水晶表面,也有冷而凉爽的感觉。假的水晶,则无凉爽的感觉。

3.光照:天然水晶竖放在太阳光下,无论从哪个角度看它,都能放出美丽的光彩。假水晶则不能。

4.硬度:天然水晶硬度大,用碎石在水晶上轻轻划一下,不会留痕迹;若留有条痕,则是假水晶。

5.用偏光镜检查:在偏光镜下转动360度,有四明四暗变化的是天然水晶,没有变化的是假水晶。

6.用二色镜检查:天然紫水晶有二色性,假水晶没有二色性。

7.用放大镜检查:用10倍放大镜在透射光下检查,能找到气泡的基本上可以定为假水晶。

8.用头发丝检查:将水晶放在一根头发丝上,人眼透过水晶能看到头发丝双影的,则为天然水晶,主要是因为水晶具有双折射。

9.用热导仪检测:将热导仪调节到绿色4格测试宝石,天然水晶能上升至黄色2格,而假水晶不上升,但面积大时上升至黄色1格。

钻石的简易鉴定法

1.钻石具有特殊的光泽——金刚光泽。强的色散和高的折光率使钻石光彩夺目,在100瓦白炽灯光下,琢磨好的钻石比其他相似的宝石更具光泽,更加美丽悦目。

2.钻石对油泥和污垢有吸附力。手指带有油脂,抚摩钻石有黏性。会在钻石表面留下手指的纹路。这种特性是其他宝石不具备的。

3.钻石属等轴晶系,单折光性质,透过钻石看纸上的线条为单线,字不重影。而其他多数宝石是双折光的,透影时将出现双像。

4.钻石表面抛光光滑,但用钢笔在钻石表面划过能留下连续的墨水线。如是假冒品,所留下的墨水线条将是小圆点。

5.钻石是自然界最硬的物质,任何矿物都不能刻画它,故而可作为一种重要的鉴别依据。如蓝宝石硬度是9度,能刻动蓝宝石的只有钻石,相反则不行。确定它们的相对硬度,再辅以其他方法观察就可以确定钻石的真伪了。

服饰搭配

服色肤色协调法

要根据皮肤颜色来选择服装的色调,以求得互为映衬、浑然一体的效果。

1.肤色白皙者:对服装色彩的要求不是很严格,适应度较宽。

2.肤色萎黄者:穿上粉红色或浅紫色的服装会增加脸色的亮度,显出生气勃勃的活力。

3.肤色较深者:不宜穿黑色的服装,也不宜穿太鲜嫩的颜色;可选择咖啡色、茶色系列,但肤色暗褐者不要穿这种颜色或其他色调浑浊的衣服。

服色环境协调法

一个人的服装颜色必须与周围环境、气氛相吻合、协调,才能显示其魅力:

1.参加野外活动或体育比赛时,服装的颜色应鲜艳一点,给人以热烈、振奋的美感。

2.参加正规会议或业务谈判时,服装的颜色则以庄重、素雅为佳,可显得精明能干而又不失稳重矜持,与周围工作环境和气氛相适应。

3.居家休闲时,服装的颜色可以轻松活泼一些,式样则宽大随便些,可增加家庭的温馨感。

饰物与服装颜色协调的诀窍

1.同色系:饰物与服装的颜色相同或相近。如黄色可以配上橙色、奶油色、棕色、浅咖啡色等;红色可以配上紫色、粉红色等。这样搭配能给人柔和的感觉。

2.对比系:饰物与服装的颜色相对。如桃红色服装可配上灰色的配件,草绿色服装可以配上绛紫色配件。两种相对的颜色配在一起,可产生一种强烈的对比效果。这种搭配方式需有较高的审美能力才能处理得恰到好处。

3.清一色的搭配法是最不理想的,如全身是咖啡色,咖啡色帽子、鞋子、袜子、手提包、耳环、胸针等,人看了会觉得非常俗气和呆板。

4.服装式样的简单与否,与饰物颜色搭配也有很大关系。穿素色或式样简单的衣服时,不妨戴色泽鲜艳、图案夸大的饰物或配件。而当衣服已经很花、式样复杂时,则配件宜选颜色单纯的。应该记住衣服是主、配件是副,配件的目的在于衬托衣服的美,因而不可过分强调配件,以免喧宾夺主。

5.现代时装崇尚自然轻松、款式简单,颜色则以鲜明为主。如服装是以红黄为主色的艳丽色彩组合,那么就应用同色系的饰物搭配;如果服装颜色是反差强烈的色彩,那么最好不用饰物;如果服饰是柔和浅淡的颜色,则可用对比色的饰物来搭配。另外,喜欢佩戴耳环者,要尽量避免上身配用太多的其他衬饰,如项链、丝巾、胸针等。

衣着修饰形体缺陷的小技巧

1.让大腿粗的人也能享受迷你裙

A字线条的短裙,或打两片活褶的短裙,裙片较宽,正好能充分掩饰大腿部位。

2.较长的上衣能刻意遮住微突的小腹

较长的上衣,不论是T恤或衬衫,都能刻意地遮住微突的小腹。穿着此类上衣时,只需注意将露在裙或裤外的衣服下摆整理好,既显得很时髦,又避免了小腹突出的缺陷。

3.较宽大或伞状上衣可成功掩饰浑圆腰部

宽上衣的质料不限,只要是与自己原有的服装搭配得当的款式即可,不过,需注意下半身最好选择较合身的。此外,如果你个子较高,则可选择宽大又长的上衣,如果你较娇小,最好选择刚好过腰的宽上衣,便可成功掩饰浑圆的腰部。

4.背心式的长洋装,解决胸围过大的烦恼

背心式或围裙式的长洋装,因可以搭配不同颜色的上衣,而适时造成胸围的视觉切割,使得胸围看起来顺畅,选择此类洋装时需注意,布料尽可能以平织布为主。

5.时髦的宽长裙,能让人看起来特别修长

穿着较宽线条的长裙,除了能让你看起来更加优雅之外,还有明显的修饰修长功能,即使腿部肥胖、腹部微突都可因宽长裙而改变视觉效果,喜好较年轻穿法的人可搭配较厚重或粗犷的皮鞋,或高筒布鞋等。

6.合身直筒长裙,解决臀围较大、个子矮小的困扰

每年的流行趋势里,总少不了长裙的作陪,长裙的样式、风貌也随着年代而改变,但唯一不受趋势影响的是直筒合身长裙,因它适合各种身材,为一般女性的最爱。

7.香烟裤型,小腿肥胖者的大好消息

当一切身材比例都恰到好处时,最怕就是小腿肥胖,因为那会使一切的美感归于平淡,而这样的人适合穿着香烟裤型。香烟裤型的优点在于裤型稍有宽松,但臀围却又合身,小腿部分将因裤型而显得修长。通常香烟裤型多以斜纹布、丹宁布、棉质布、牛仔布为主,所以非常适合活泼帅气、中性的打扮。

身材矮小如何穿衣

体型娇小的女性宜选用简洁流畅风格的服装。

1.在颜色上,以色彩素淡、线条简单、图案小巧为宜。另外颜色过多或对比强烈都不

合适。

2.在款式上,宜穿白色高跟鞋,选用与服装颜色对比强烈的面料做衣领,以起到延长身体曲线的作用,增加一点修长的韵味。大裤筒的喇叭裤、衣肩过宽的上装都不合适。也不宜穿长裙或低腰类的裙、裤和笨重的鞋子,以免降低人们的视线,暴露出身材上的缺点。

身体肥胖者如何穿衣

1.手臂粗的人,应该避免穿过短或蓬蓬袖的衣服,试试五分或七分袖,可以有遮掩的效果,但如果太紧则会有反效果。

2.身体较胖的人,可以选择领口较宽或较深的衣服,会使身体的面积看起来比较小。

3.肩膀宽大的人应避免穿领口宽松的衣服,会造成反效果,适合 V 形领及深色的衣服,避免穿有垫肩或没有肩线的衣服,如有垫肩的西装外套或棒球装就应避免尝试。

4.避免穿花纹过于复杂或有大花纹、大格子的衣服,否则会有膨胀效果。

5.选择松紧合宜的衣服可以使人看起来较纤细,避免穿太紧身的衣服,但是故意穿太宽松的衣服反而会显得邋遢没精神。

6.深色的衣服可以有遮掩的效果,身体较胖就可以上半身穿深色下半身穿浅色,利用对比色模糊实际的比例。

7.臀部肥胖应避免穿紧身裤及七分裤,会让下半身看来更胖,可以试试中直筒裤、硬挺的西装裤,或是 A 字裙。

8.小腹凸起及有啤酒肚的人应避免穿过紧的衣服,这类衣服会凸显小腹,应选择腰身松紧适中、材质较硬的衣服,衬衫是不错的选择。

怎样穿着西服才算得体

1.讲究规格:西服有两件套、三件套之分,正式场合应穿同质、同色的深色毛料套装。两件套西服在正式场合不能脱下外衣。按习俗,西服里面不能加毛背心或毛衣。在我国,至多也只能加一件“V”字领羊毛衣,否则会显得十分臃肿,以致破坏了西服的线条美。

2.穿好衬衫:衬衫为单色,领子要挺括,不能有污垢、油渍。衬衫下摆要放在裤腰里,系好领扣和袖扣。衬衫衣袖要稍长于西装衣袖 0.5~1 厘米,领子要高出西装领子 1~1.5厘米,以显示衣着的层次。

3.系好领带,戴好领带夹:西装脖领间的“V”字区最为显眼,领带应处在这个部位的中心,领带的领结要饱满,与衬衫的领口吻合要紧凑,领带的长度以系好后下端正好触及腰上皮带扣上端处为标准。领带夹一般以夹在衬衫第三粒与第四粒扣子间为宜。西装系好纽扣后,不能使领带夹外露。

4.用好衣袋:西服上衣两侧的口袋只作装饰用,不可装物品,否则会使西服上衣变形。西服上衣左胸部的衣袋只可放装饰手帕。有些物品,如票夹、名片盒可放在上衣内侧衣袋里,裤袋亦不可装物品,以求臀位合适,裤形美观。

5.系好纽扣:双排扣的西服要把纽扣全部系上,以示庄重。单排两粒扣,只扣上面一粒纽扣,三粒扣则扣中间一粒,坐下时可解开。单排扣的西服也可以全部不扣。

6.穿好皮鞋:穿西服一定要穿皮鞋,而且裤子要盖住皮鞋鞋面。不能穿旅游鞋、轻便鞋或布鞋、露脚趾的凉鞋,也不能穿白色袜子和色彩鲜艳的花袜子。男士宜着深色线织中筒袜,切忌穿半透明的尼龙或涤纶丝袜。

职业女性的着装

当生活模式日趋丰富,工作节奏日益加快,许多职业女性都有不知如何着装的困惑。这里为职业女性着装提供了几条建议,供您参考。

1.庄重大方型

您可以尝试飘逸柔软的服装,渐渐走出"女强人"的模式。衬衫款式以简单为宜,与套装配衬,可以选择白色、淡粉色、格子、线条等颜色和样式。着装整体色彩上,可以考虑灰色、深蓝、黑色、米色等较沉稳的色系,给人留下充满亲和力与感染力的印象。这招适合从事教育、文化、咨询、信息和医疗卫生等工作的职业女性。

2.成熟含蓄型

西服和西裤搭配显得成熟稳重,连衣裙适合身材窈窕的女性,神秘的黑色适合成熟含蓄的女性。颜色以白、黑、褐、海蓝、灰色等基本色为主。若嫌色彩过于单调,不妨扎条领巾,或在套装内穿件亮眼质轻的上衣。此招适合从事保险、证券、律师、公司主管、公共事业和政府机关公务员等工作的职业女性。

3.素雅端庄型

您需记住穿着以不影响工作效率为原则,衣着如太暴露,容易让男同事不知所措,自己则要时常瞻前顾后,如此会影响自己的工作效率。太薄或太轻的衣料,会给人不踏实、不庄重之感。衣服样式宜素雅,花色衣服则应挑选规则的图案或花纹如格子、条纹、人字形纹等。此招适合从事科研、银行、商业、贸易、医药和房地产等工作的职业女性。

4.简约休闲型

简单的服饰可造就不简单的女人,白色或者深蓝色细格的棉质衬衫,修身的设计,半透明的质感,内衬白色吊带背心,简约和性感混合在一起。穿这样的衣服,令您在单位人气大增。此招适合从事新闻、广告、平面设计、动画制作和形象造型等工作的职业女性。

女性的穿衣技巧 18 步

1.由浅入深,穿衣有三层境界:第一层是和谐,第二层是美感,第三层是个性。

2.聪明、理智的你买衣服时可以根据下面三个标准选择,不符合其中任何一个的都不要掏出钱包:你喜欢的、你适合的、你需要的。

3.经典很重要,时髦也很重要,但切不能忘记的是一点匠心独具的别致。

4.不要太注重品牌,这样往往会让你忽视了内在的东西。

5.衣服可以给予女人很多种曲线,其中最美的依然是 X 形,衬托出女性苗条、修长的身段,女人味儿十足。

6.应该多花些时间和精力在服装的搭配上,不仅能让你以 10 件衣服穿出 20 款搭配,而且还可以锻炼自己的审美品位。

7.即使你的衣服不是每天都洗,但也要在条件许可的情况下争取每天都更换一下,两套衣服轮流穿着一周比一套衣服连着穿3天会更加让人觉得你整洁、有条理。

8.选择材质精良的保暖外套,里面则穿上轻薄的毛衣或衬衫,这样的国际化着装原则将会越来越流行。

9.绝没有所谓的流行,穿出自己的个性就是真正的流行。

10.无论在色彩还是细节上,相近元素的使用虽然安全却不免平淡,适当运用对立元素,巧妙结合,会有事半功倍的奇妙效果。

11.优雅的衣着有温柔味道,但对于成熟的都市女子来说,最根本的是高贵和冷静。

12.时尚发展到今日,其成熟已经体现为完美的搭配而非单件的精彩。

13.闪亮的衣饰在晚宴和Party上将会永远风行,但全身除首饰以外的亮点不要超过2个,否则还不如一件都没有。

14.一件品质精良的白衬衫是你衣橱中不能缺少的,没有任何衣饰比它更加能够千变万化。

15.每个季节都会有新的流行元素出台,不要盲目跟风,让自己变成潮流预报员,反而失去了自己的风格。关键是购买经典款式的衣饰,耐穿、耐看,同时加入一些潮流元素,不至于太显沉闷。

16.黑色是都市永远的流行色,但如果你脸色不是太好,则最好避免选择此种颜色的衣物。

17.寻找适合自己肤色的色彩,一定要注意服装是穿在自己身上的,而不是穿在白色或者黑色的模特衣架上。

18.重视配饰,衣服仅仅是第一步,在预算中留出配饰的空间,认为配饰可有可无的人是没有品位的。

男性如何穿牛仔裤

1.腿粗的男性:宜选线条宽松的直筒裤或裤管较大的牛仔裤,深蓝色或黑色的都可以,并要系上腰带,上身衣着要适当讲究一些,但不宜穿缩小裤口或裤管上有双线的牛仔裤,以便从视觉上尽量减少对腿部的注意力。

2.上下体型一样粗的男性:可选深色略宽松些的牛仔裤,再系上腰带以形成收腰形。上身穿着粗蓝布衫或有质感的衣服,可使腰部显得纤细一些。

3.腿细的男性:可选裤管稍宽的牛仔裤,但要避免把裤脚翻卷,且不宜配穿硬质鞋。否则,将会暴露细腿的缺陷。

4.腿短的男性:宜选直筒型长可至脚踝的牛仔裤,但裤筒上下不要有横线之类的装饰,否则会使腿显得更短。

5.圈形腿的男性或个子矮小的男性:可选择侧边有装饰线条的直筒型裤,或从上到下裤管逐渐变窄的牛仔裤,以掩饰腿部的缺陷。

6.臀部肥大的男性:宜选暗色、合身而光滑的牛仔裤,裤前最好有口袋,可以让臀部不是那么显得肥硕。不要买臀部口袋很大,有横线的牛仔裤,裤管既窄又紧的牛仔裤也不合适,因为这些式样都会使臀部显得更大。

7.臀部瘦小的男性:可穿任何样式的牛仔裤,但如想使臀部显得有型,最好选购后面有大口袋、有横线条的牛仔裤。

8.臀部平坦的男性:可选臀部打裥或有口袋的牛仔裤,将衬衫束入长裤中以增加臀部分量,并系上腰带以浑圆臀部。这些做法也同样适用于臀部瘦小者。

9.腰粗的男性:不宜选有装饰的牛仔裤。衬衣要放在裤子外,不要扎进裤子内,上身可穿牛仔上装或背心,以掩饰粗腰。

10.身材偏瘦的男性:可选直筒型牛仔裤,上身配宽松衬衫,并系腰带,可显得轻盈飘逸。

11.腰部和臀部均较大的男性:宜选择直筒式牛仔裤,并注意上身的装饰,可配穿印花T恤。

12.小腹突出,臀部不大的男性:可选上部宽松、下部中等、颜色稍暗的牛仔裤,上身配穿明亮颜色的上衣,使视觉重心移至下部,减少腹部突出之感。

老年人应如何穿衣

1.老年人服装造型要符合身份。总的要求是服装要显出老年人的端庄大方、谦逊含蓄,有助于发挥老年长者的气质和风度,体现一种成熟美。服装要宽松、合体,线形简练,不紧不松,即上下左右比例对称,以直线结构为主,不附加装饰物,以充分体现老年人的庄重、稳健。衣领设计宜宽松,衬料宜柔软。为适应老年人腹大等特征,老年人裤腰不宜过小,后裆不宜过宽。

2.老年人服装款式要简洁明快。颜色以偏深为宜,下装色彩可再深一些。除了常用的黑、灰、白单色调外,淡紫、淡红、淡墨绿、奶黄、淡咖啡之类颜色都是可以选择的。条纹太多太杂和太艳的色彩,一般与老年人不太相配。流行色的服装,一般以轻质料的为宜。凡是选料较为高档的,还是以基本色为好。中国人黑发、黄肤,穿着深藏青、绛红、深中灰、黑色等色调的服装,显得较为神气,构成了中国服装的基本色。

3.老年人衣服色彩要适当变换,不要一个时期老穿一种颜色,可同时在大面积的素色背景上点缀些小花、小色斑或两色交织。

4.老年人服装的面料要柔软,以棉布为佳。化纤类的布料由于静电作用以及易脏因素,不宜做直接接触皮肤的内衣使用。内衣、内裤一般应选择纯棉布料,使穿着者感到柔软、舒适,行动也方便。

5.老年人要注意穿衣艺术,强调个性化。要根据身材的高矮、胖瘦,脸形的长圆、尖方,脖子的粗细、长短来制作或选择服装。身材高大的老人,色调宜用深色、单色;女性不宜穿色泽鲜艳、大花发亮的衣服。身材矮小的老人以上下一色为宜,这样能显得修长,或上浅下深,鞋袜最好同一颜色。妇女穿衣裙套装时,上衣不宜短到刚及腰,裙子长度以到小腿肚稍下为宜。瘦小老人宜穿色泽淡雅的服装,不宜穿紧身衣,肥胖老人亦不宜穿紧身衣,而应以宽松为好。

6.老年人选择鞋、帽不仅要注意美观,更要注意是否有利健康。在各种材料制成的鞋类中,最适合老年人穿的是我国传统的布底、布帮的布鞋。这是因为布鞋具有保温、透气、防滑、舒适四大特点。老人在选择帽子的时候要注意尺寸合适。帽子款式要与自己的服式、肤色、脸形相协调，如穿中山装可选用圆顶帽;穿夹克衫可选前进帽;穿派克大衣戴风雪帽等。如果作为装饰用帽，外观要完好，颜色要鲜艳，款式要多变。

怎么变化你现有的服饰

你的衣服，是可以随意搭配，穿出变化来的，但要考虑下面几个要素:

1.场合:各类正式与非正式的场合又有许多区别。举例说，上班有正式与非正式之分，集会、拜访和晚宴也有正式与非正式之别。因此，场合应是女性装扮的第一考虑要素。建议你以套件方式穿着，即保守(外套)+华丽(一件晚装或露肩上衣)。如此一来，穿上保守的外套，你可以应付普通的朋友;脱下外套，你的恋人将更为欣赏你。

2.颜色:颜色影响视觉的效果更强，有时比服装本身的设计还引人注目。

相信每个人都会有一种自己偏好的颜色，在同款式不同色系的挑选中唯色是从。你可能会发现，你的衣柜里有一排黑裙子，而它们的差别也许只是扣子的形状或拉链的方向不同而已。建议你用颜色来改变这些大同小异的单调。在由基本型发展出来的款式里，不过是裙子的颜色或上衣的形式改变，就使人有活泼与冷静的区别。因此，假如你只有一种颜色的服装，没关系，只要添购两种其他颜色的服装，就可以搭配得绚丽多彩了。

如何用饰物艺术表现女性美

饰物与服装似乎是不能分开的，但真要搭配得当，衬托出女性的美，就是一门艺术。一般来说，全身的饰物最好不超过 3 件，否则会给人以复杂或沉重的感觉。饰物搭配的组合变化，形式很多，正确的搭配能体现出佩戴者的品位、个性。佩戴饰物还应注意与周围环境相协调，起到互补的艺术效果。

1.手镯:手臂细长的人适宜戴宽形或多只细线型手镯，而手臂粗的人，宜戴较细些的手镯。

2.戒指:手指细长的人，同时戴几只戒指都会很好看，无论是圆的或方的，均可使手指显得宽圆。而手指粗短的人，戴一只流线型戒指已经足够了。

3.项链:脸形圆且身体较矮的女士最好佩戴细长带坠子的项链。颈部较长的人，可佩戴贴颈短项链，大圆珠的也不错。买项链时，不妨同时买下色系或质地相同的耳环和手镯，以便陪衬。

4.耳环:贴耳式的耳环，小巧可爱，有圆珠形、心形、蝴蝶形、椭圆形等，适合身体较矮的女性佩戴。大环形的较适合身体高大的女性，小环形的适合娴静美丽的年轻女性佩戴。戴上耳环，最好不要再佩戴胸针或手镯，以免显得呆滞。若配上同色系列的项链或戒指则会增色添辉。戴眼镜的女士配上穿耳洞的小耳环(贴耳式)，可显得清雅脱俗，但不可再戴项链或胸针。耳环给人的感觉是横向，所以，长脸形的人佩戴更为适宜。

戴耳环有何讲究

1.要配合脸形

圆形脸应选戴长方形、"之"字形、叶片、泪形等垂吊耳环,以造成一种修长感。要避免佩戴圆形耳环,那样会使脸看起来更宽横。

方形脸宜佩戴卷曲线条或圆形的耳环,可缓冲脸形的棱角,纽形或垂挂耳环也很适合。

三角形脸最好戴上窄下宽的悬吊式耳环,这样可以使下颏更丰满一些,圆形耳环也比较适合。

心形脸宜选配三角形、大圆形、大纽形等夸张款式的耳环。

椭圆形脸适合任何一种式样的耳环,相比之下,大方或大圆形耳环是理想款式。

长形脸不宜戴垂珠式耳环,而应以心形、菱形为好。

耳环

2.耳环的颜色要与肤色匹配

肤色较白的人,可选用颜色浓艳一些的耳环,适合佩戴淡红色或暗红色耳环。

若肤色较黄,戴古铜色或镀银色的耳环为好。

古铜肤色者要选用颜色浅淡一点儿的耳环,白色耳环最佳。

肤色黝黑者佩戴银色耳环最佳。

总之,肤色深的人应戴浅色耳环,肤色浅的人应戴深色耳环,这样才能相互辉映,美不胜收。

如何根据脸形、颈形选购项链

根据脸形选购项链。

1.尖形脸:对尖形脸的人来说,V 字形的项链会重复你的面形的尖线条,不宜选用。短的项链及横的条纹可以柔和你脸部太尖的线条,而胸针宜放在一边。如果胸针放在正中间,只会令你的脸形看起来更尖。

2.圆脸形:你宜佩戴长一些的项链,例如用中等大小的珍珠制成的长项链,可以使脸形看起来长一些。胸针也宜夹在面下的正中,也会有增强面部长度的作用。

3.椭圆脸形:椭圆形脸是东方妇女传统的审美标准。在首饰的佩戴上,几乎各种款式都能与这种脸形相配,同样,各种款式的项链也都适合于椭圆形脸的人佩戴。而如果是长椭圆形脸,则可以考虑用短项链来协调。

4.方形脸:方形脸的人,戴 V 字形的项链加上吊坠,或中至长的项链都可以让脸看起来比较修长。胸针宜放在颈部正中间,做成另一 V 字形的线条,增加柔和的感觉。

根据颈形选购项链。

1.细长颈:细长颈的人宜选择那些有横纹、较粗的短项链。

2.短肥颈:宜佩戴较长或 V 字形的项链。因为直的线条可将观者的视线由上往下引,可增加颈部的修长感。

服饰保养

服装的保管与收藏

1.保持清洁:收藏存放服装的房间或箱柜要保持干净,要求没有异物及灰尘,以防止异物及灰尘污染服装,同时要定期进行消毒。穿后的服装都会受到外界及人体分泌物的污染。这些污染物如不及时清洗,长时间黏附在服装上,随着时间的推移就会慢慢地渗透到织物纤维的内部,最终难以清除。另外,这些服装上的污染物也会污染其他服装。

2.保持干度:保持干度就是要提高服装收藏存放的相对干度。收藏存放服装前应将要衣物晾干,并选择通风干燥处,避开潮湿和有挥发性气体的地方,可用防潮剂防潮,收藏存放期间要适当地进行通风和晾晒。

3.防止虫蛀:在各类纤维织物服装中,化纤服装不易招虫蛀,天然纤维织物服装易招虫蛀,尤其是丝、毛纤维织物服装更甚。一般都使用樟脑丸,用白纸或浅色纱布将其包好,散放在箱柜四周,或装入小布袋中悬挂在衣柜内。

4.保护衣形:直观上平整、挺括的服装能给人以很强的立体感、舒适感。一定要将衣形保护好,不能使其变形走样或出现褶皱。衬衣衬裤及针织服装可以平整地叠起来存放,外衣外裤要用大小合适的衣架裤架将其挂起。悬挂时要把服装摆正,以防变形,衣架之间应保持一定的距离。切不可乱堆乱放。

西装预防变形法

西装脱下后,必须把领、肩、背、袖等易碰脏处用刷子轻刷一遍,然后用西装衣架悬挂。穿1~2个星期必须熨烫一次,1个月至少用含有数滴氨的清水整体擦拭一遍,这样可以保持西装久不变形。

收藏毛衣的方法

通常我们都是将毛衣折叠好后放在衣橱里收藏,等天气变凉时再拿出来穿,可是往往时间久了,拿出来的毛衣上到处都可清楚地看到折叠过的痕迹,非常不美观。其实,在收藏毛衣的时候,可以将毛衣一件一件轻轻地卷起来,整整齐齐地放到衣橱里收藏,这样一来,下次拿出来时,毛衣就可以保持原来的平整了。

毛衣

牛奶防皮革干裂法

用变质的牛奶擦拭皮鞋、皮包、皮衣等皮革制品,可防止皮质干裂,还能使之柔软、光亮、洁净。

牛仔裤防褪色法

将新买的牛仔裤浸泡在浓盐水中 12 小时,取出后再用清水洗净,阴干后即可防褪色。

皮鞋如何保养

1.要勤擦鞋油。先用干净软布把皮鞋表面的灰尘擦掉,然后均匀涂油擦拭。

2.下雨、下雪时,尽量不要穿皮鞋,或可以加穿鞋套保护。

3.皮鞋受潮后,要放在通风干燥处吹干,切忌曝晒和烘干,同时不要把鞋头朝地竖放,应该平直放,以免变形。

4.不要碰到油类、酸性、碱性和尖锐物质,以防因腐蚀或刻画而受损。

5.彩色皮鞋(包括白色皮鞋)在穿着中尤应注意,不能碰到污水、污物和茶渍。彩色皮鞋(包括白色皮鞋)在穿着中出现褶皱现象不属质量问题。

6.皮鞋存放时,要擦干上油,放在干燥处,切忌因挤压而造成变形。存放一段时间后(特别在梅雨季节)要拿出来通风,重新擦净防止发霉。

7.多涂些鞋油能起到长期保护鞋面的作用,但鞋面易开裂。如改用肥猪肉或生猪油涂抹,则鞋面始终光滑油润。

皮鞋裂痕整修法

皮鞋上出现小裂痕,可将石蜡嵌入裂痕中,用电熨斗仔细熨平,即可恢复平滑。

如何修复长期不擦油的皮鞋

皮鞋长期不擦油,皮鞋油脂就会散失,使皮革发硬,这时涂一层凡士林,待吸收后再擦上鞋油,皮面就会变软。如果皮鞋过于干燥,也可用一块肥肉或鸡油,反复揉擦,再用微火烤一下,使油脂渗进皮面层,过两天用酒精棉球将鞋擦净,再上一层鞋油,鞋面就极富光泽了。

白鞋防脏法

先用白色蜡烛在白鞋上涂一层蜡,再用鞋刷刷一下。因为白蜡能隔离灰尘和污垢,白鞋便不易被弄脏了。

泡沫凉鞋延寿法

新买回的泡沫凉鞋,可放在盐水中浸泡 4~5 个小时后,晾干再穿,不易裂口,耐磨耐穿。

薄丝袜寿命延长法

新丝袜在水中浸透后,放进电冰箱冷冻室里,等丝袜冻结后拿出,让其自然融化并晾干,这样穿着时就不易损坏。

巧补塑料雨衣

将塑料雨衣裂缝处的部位对齐,上面放一张玻璃纸,用热熨斗在玻璃纸上轻轻熨几下,下面的塑料布便可黏合好,如果破处较大,可剪一块比破处稍大一点的薄塑料布压在破处,上面再盖玻璃纸,以同样方法粘补。

首饰保养要诀

首饰虽然多种多样,但是它们的保养却有许多方面是相同的,最重要的有下列几点。
1.轻拿轻放,避免受到碰撞与摩擦纯金、K 金、白金或白银的未镶嵌宝石的首饰,虽然掉落到地上或受到碰撞并不会破裂断开,但也要养成轻拿轻放的习惯。如果是镶嵌了宝石的首饰,尽管一般宝石都有较高的硬度,不易被磨损或破坏,但也要尽量避免受撞击和摩擦,以防破裂或失去光泽。

2.远离高温、暴晒,不与酸、碱溶液接触

许多镶嵌在首饰上的宝石,遇到高温或在阳光下长时间暴晒,容易褪色;有的首饰与酸、碱溶液接触也会褪色,甚至因遭受侵蚀而溶解。

3.经常检查,防止宝石脱落

镶嵌在金银首饰上的宝石,往往只是靠几个金银的小爪子固定,并不是十分牢靠的,即便是用包镶的方式,也要经常检查其牢固程度,以便发现问题及时处理。

4.及时取下收藏

在不需要佩戴首饰时,应及时将其取下并妥善收藏好。如参加生产劳动(田间或工厂车间)、体育活动、洗澡、洗头、家务劳动(洗衣服、洗碗筷、打扫卫生等)时,应取下珠宝首饰,以免宝石、金银首饰受到损伤(撞击、磨损、宝石脱落,或受洗涤剂中化学物质的侵蚀)。

5.及时清洗保存

珠宝首饰暂时不佩戴时,一定要及时清洗后再保存。有的人戴了很多年也从不清洗,以致灰尘油污在首饰的各个角落里积存起来,严重影响了它的光彩。其实,清洗首饰并非难事。取一碗温热的清水,适量加入几滴中性洗洁精,然后用棉花(或小毛刷、旧牙刷)蘸水轻轻擦拭首饰。待将污垢清除之后,再把首饰在另一碗清水中漂洗一下,然后放在通风处晾干,首饰便可恢复其光亮的本来面目。项链、耳环、挂坠等有开关或有弹簧装置之处,也应适时清洗并加润滑油,以保持其清洁与灵活。首饰处理完毕后,将其放入首饰盒内保存。放置时,宜将宝石朝上,不要与其他物品接触。如果没有首饰盒,可用干净的软布将其包裹起来保存。一定要注意,不要把多个首饰一起放在同一个盒子里,也不要用一块软布包裹多个首饰,以免各个首饰之间互相磨损。

珍珠首饰如何保养

珍珠首饰如果使用时间过长,加之受外界油腻的污染会变成黄色,保养不当就会失去光泽。珍珠忌与汗、醋等接触,因为汗、醋都是酸性的,会侵蚀珍珠。珍珠也怕磨损,不能接触粗糙的质料。珍珠还忌与香水、香粉、发胶接触,因为粉很容易吸附在珍珠表面,将珠面高低不平处填平,降低它的光亮度,香水和发胶也容易黏附在珍珠表面上,使它逐渐失去光彩。珍珠首饰一旦遇到污染,应立即放入清水中漂洗,然后用软干毛巾擦净,再放在通风的地方晾干,这样才能恢复珍珠的光泽。

珍珠首饰

铂金首饰的保养

1.在佩带铂金首饰时,不要触摸漂白剂或其他有刺激性的化学品,虽然它们不会损伤铂金,但化学品可能会使首饰上的宝石褪色。

2.在做手工工作时,要取下铂金首饰,将其单独保存在珠宝盒或软皮口袋内。

3.定期清洁铂金,就像清洁其他贵重首饰一样,使用专门的首饰清洁器或者将它浸在温和的洗涤液中,然后用柔软的布轻轻擦拭。

4.每过一段时间将铂金首饰送去做专业清洗。镶嵌宝石的铂金首饰,要确保每 6 个月进行一次专业清洗,如果保养适当的话,应该不需要任何修理。当需要做些调适,例如调整大小、抛光的时候,必须前往拥有专业铂金工匠的珠宝店了。

黄金饰品的保养

1.洗洁精的化学物质会改变金子的色泽,所以做清洁工作之前应该取下金饰品。

2.避免直接与香水、发胶等高挥发性物质接触,否则容易导致金饰褪色。

3.游泳时要取下金饰,以免碰到海水或池水后,其表层发生化学变化。

4.保管的时候用绒布包好再放进首饰箱,避免互相摩擦,以致损坏。

5.黄金比较软,容易变形,所以不要拉扯项链等饰品,以免变形。

6.纯金饰品在遇到水银时会产生化学反应,出现白色斑点,清洗时只要在酒精灯下烧烤一会儿,就能恢复原色。

7.佩戴后的金饰常因污渍及灰尘的沾染而失去光泽,此时,只要将金饰置于中性洗洁剂中,以温水浸泡并清洗,再取出擦干即可。

银饰的保养

银制首饰是比较有灵气的珠宝之一,它的保养也很有讲究。

1.避免与发胶、香水、护肤品放在一起,以免被腐蚀。

2.洗衣、洗澡、干粗活时应取下银饰,以免被划伤。

3.银饰的最佳保养方法是天天佩戴,因人体油脂可使银饰产生自然温润的光泽,就是所谓的"人养"。

4.银饰接触温泉水或硫化物,易使表面产生变化,因此应避免在温泉地区佩戴。

5.银质氧化时呈现淡咖啡色,可以用擦银布直接擦拭(擦银布含有银保养成分,不可水洗,擦拭产生的污痕为银,可多次使用)。

6.银饰在不戴时应密闭保存。

另外,银饰的抗氧化性和光泽的持久性也跟个人体质有关,体质好的人会越戴越亮,而如果体质较弱,体内毒素较多的话,可能银饰很快就会发黑,这已经不是氧化了,而是我们通常说的"中毒"。"中毒"的银饰光用擦银布就没什么用了,得专门拿去抛光才行。

洗涤熨烫

洗涤前的注意事项

1.首先要检查服装口袋里有没有物品,如果误将物品和衣物一起洗,洗涤时会污染服装,损害物品,还会磨损机器。

2.有特殊污垢的衣物不能和同类衣服一起洗涤,应该先将其做去渍处理。

3.要脱落的部件,如纽扣、饰物等应缝牢后再与同类衣服一起洗涤,否则有可能脱落,磨损机器。

4.有扣或拉链的服装,洗涤时应将衣服扣好或合上拉链,避免变形。

不宜烘干的衣物

1.含有橡胶或丝质的衣物。这类衣物所含的挥发性物质易燃,因此不可放进干衣机内烘干。

2.凡染有机油或经除油剂处理过的衣物。这类衣物中的油性物质同样易燃,不可放入干衣机内烘干。

3.睡袋、羽绒服、枕头以及大毛毯等加热会膨胀,妨碍机内的空气流动,因而不适宜用干衣机烘干。

不宜机洗的衣物

1.丝绸衣物:丝绸衣物脏了,可在冷水中加些洗涤剂,浸泡后用手反复揉搓几次就可以了。它不宜用洗衣机洗涤,是因为丝绸衣物质地薄软,耐磨性差,在高速运转的洗衣桶内洗涤极易起毛,甚至在表面结成很多绒球,干后再穿很不雅观。

2.嵌丝衣料:不可用洗衣机洗涤甩干,尤其不可用力揉搓和拧绞。只宜放在水温在35℃左右的中性肥皂液或合成洗涤液中浸泡,泡透后用手翻动几次,再用清水漂洗后,挂在衣架上,让其自然滴水晾干即可。

3.毛料衣服:毛料衣服不少部位是用针缝制的,衬布多是棉麻类织物,在洗衣桶中旋转翻滚会因为吸水后收缩率不均而变形,影响外观美,且会使牢固程度下降,所以不宜在洗衣桶中水洗,应干洗。

4.沾有汽油的工作服:因为油污扩散后会腐蚀洗衣机,而且汽油易燃、易爆,有可能使运转中的洗衣机出现打火现象,引起爆炸。所以千万不可在洗衣机内洗涤。

毛线洗涤法

将毛线拆开,分成数桄,投入冷水中浸泡 10 分钟左右,拧干后投入水温在 50℃左右的中性洗涤剂溶液中,反复揉搓洗净后,再用温水漂洗两次,随后用清水漂净,拧干后按桄抖散,穿挂在竹竿上阴干。毛线洗涤时忌用热水浸烫,以免毛线褪色、脆化。

呢绒衣物洗涤法

1.选择洗涤剂:最好是羊毛衫专用洗涤剂或高级中性洗涤剂。
2.快洗:呢绒衣物不宜在洗涤剂中浸泡过久,要随浸随洗,上下拎涮,洗净后在清水中漂净,以防串色。
3.抻平:晾晒时要抻平,以免收缩。

裘皮衣服干洗法

干洗裘皮服装的一般步骤:
先用铁梳将裘皮服装表面梳通,用专用干洗剂顺毛擦洗,短毛裘装或污渍较大的裘装则可逆毛擦洗;洗净风干后,再用旧毛巾蘸醋揉擦其皮毛,以增加光泽;晾干后再用稀齿梳将皮毛梳整顺滑。

丝绸衣物洗涤法

丝绸衣物洗涤时需注意以下事项:
1.水温不可过高,一般情况下用冷水即可。
2.洗涤时要用碱性极小的高级洗涤剂或丝绸专用洗涤剂轻轻揉洗。
3.洗涤干净后可在清水中加入少许醋进行过酸,可保持丝绸织物的光泽。
4.晾晒时要避免在烈日下曝晒,而应在阴凉通风处晾干。
5.在衣物尚未全干时,即可收下用熨斗熨干。

丝绒衣物干洗法

干洗前要先将丝绒制品晒干风透,再用软毛刷清除其表面灰尘,用干洗剂擦洗,用力一定要均匀,以免损伤料子,擦净后用蒸汽蒸一下,随后趁热用软刷逆向梳刷,以使绒毛恢复原状,最后挂在通风处晾干。

丝绒衣物水洗法

丝绒衣物污渍严重时也可用水洗法洗涤。

先投入冷水中揉洗一遍，再在温水中加中性洗涤剂搓洗，拧干后做过酸处理，再用清水漂净，挂在通风处阴干。如果是提花类乔其绒衣物，还应在尚未干透时用毛刷将提花上的毛绒刷顺刷平。

羽绒服洗涤法

先将羽绒服放入冷水中浸泡 20 分钟，然后放入水温在 30℃ 左右的低泡洗衣粉溶液中浸泡 15 分钟，取出后将衣服平铺在铺板上用软毛刷轻轻刷洗，再投入洗衣粉溶液中拎涮几次，再在温水中漂洗 2~3 遍，最后投入清水中反复漂净。洗净后用毛巾毯将衣服包卷好，将其水分挤出，挂上衣架晾干，再用藤条拍拍打打，使羽绒恢复蓬松。

西装洗涤法

西装太脏，不宜干洗时，洗涤前应先在冷水中浸泡 20 分钟左右，用双手大力挤出水分，再放入 40℃ 左右的中性洗涤液（每件 1 汤匙）中浸泡 10 分钟，切忌热水浸泡和用碱性强的肥皂。将衣服带水捞出，刷洗时要注意"三平一匀"，即洗衣板平、衣服铺平、洗刷走平、用力均匀。

洗刷重点：上衣是翻领、前襟、下摆、口袋、袖口和两肩；西裤是裤腰、裤袋、前后裤片和裤脚。

刷洗后把衣服放回洗涤液中拎涮几次，然后挤除洗涤液，用白醋 25 克加温水洗净，再用冷水漂洗。拉直理平各部位，挂在阴凉通风处晾干，切忌火烤或在强日光下暴晒。

绣花织物洗涤法

先将绣花织物的一角浸湿，然后再把它往白布料上擦几下，若白料子被染上色，说明绣花线会褪色。洗涤时先把绣花织物放在温盐水里浸泡，然后放进洗衣粉溶液，加些醋轻轻搓揉，最后用水漂净即可。

兔毛衫洗涤法

将兔毛衫放入白布袋里，用 40℃ 的温水浸泡，再加入中性洗涤剂，然后双手轻轻揉搓，再用温水漂净。晾至将干时，将兔毛衫从布袋中取出，垫上白布用熨斗烫平，再用尼龙搭扣贴在衣面，然后轻飘、快速地向上提拉，兔毛衫就会质地丰满、柔软如新。

腈纶织物洗涤法

将皂片或皂粉放在温热水中融化，把腈纶织物浸入，搓揉洗净，晾在阴凉通风处。如织物的平整度与手感不好，可先在大盆内放进开水，再将织物平铺在开水中浸泡，但不能用开水直接浇在腈纶织物上，待水自然冷却后再将织物取出晾干。

麻织物洗涤法

麻纤维刚硬，抱合力差，洗涤时应轻柔，切忌在搓板上强力搓擦，或用硬刷擦刷，也不能用力拧，否则会使麻纤维滑移、起毛，影响外观和牢固度。

绒衣绒裤洗涤法

把绒衣绒裤放在温洗衣粉溶液中浸泡 15～20 分钟，轻轻揉搓后捞出，再用冷水漂洗几次，挤去水分，不可用力拧绞。应把绒面朝外晾晒，再用双手轻轻揉搓，使绒毛恢复疏松柔软。红色或紫色的绒衣受到烟熏后，只要用碱水喷一遍，就能去除黑斑和灰暗感，恢复原有的色泽。

毛毯洗涤法

先将毛毯放在清水中浸透，轻轻搓洗两遍；然后用约 25℃ 的温水加中性皂片或高级洗衣粉溶成洗涤液，把毛毯浸入，轻轻揉压、搓洗，然后用清水漂净。纯毛毯在最后一次漂洗的水中加入 50 克白醋，可恢复毛毯的鲜艳。洗净后将毛毯卷起，轻轻挤压掉水分，再用毛刷将绒毛刷整齐，最后将毛毯四边拉齐，恢复方正。

白球鞋去污法

白球鞋受潮后会产生黄点或灰白点，可先用旧牙刷把浓度为 50% 的高锰酸钾溶液涂在鞋面污点上，1 小时后渐成淡黄色，再用另一把旧牙刷把浓度为 10% 的草酸溶液涂在相同处，约 3 分钟后，用清水冲去，污点即消失了。最后用清水将整个鞋面清洗一下，防止局部留下水渍。

白球鞋

衬衫领子洗涤法

衬衫的领衬材料，多数是麻布或树脂麻布，为了保持其平直挺括不变形，宜用洗衣粉溶液浸泡 15 分钟，再用毛刷轻轻刷洗,而不宜用力拧绞、揉搓。

皮帽洗涤法

皮帽可用切成片的洋葱擦净,裘皮帽可用软布蘸汽油顺毛擦拭,即可起到洗涤的作用。

围巾洗涤法

各种围巾均宜用中性的洗衣粉或肥皂洗涤,在温水中轻轻搓洗捏干,然后摊平阴干,再用湿布覆盖烫平。切忌用沸水浸泡或用力搓揉刷绞,以免围巾缩绒和变形。兔毛围巾晾干后,可用塑料卷发器在其面上反复粘拉,即能蓬松如初。

皮帽

洗帽子不变形法

洗刷帽子不要像洗衣服一样搓洗,应先找一个和帽子差不多大小的东西,如瓷罐、大玻璃瓶等,把帽子套在上面洗刷、晾晒,待半干时再整理一下,干了就不会变形走样了。

巧除外套衣袖污垢法

外套穿着时间久了,就会在衣领和袖口处堆积一层污垢,既不卫生,也不美观。可用切得较厚的面包片用力摩擦,即可去除这些污垢。

洗涤毛衣防起球法

1.洗涤时把毛衣里朝外,减少毛衣表面的摩擦度,可防止毛衣起球。
2.用洗发精洗毛衣,可使毛衣柔顺自然,减少起球。

硼砂清洗雨鞋法

浅色雨鞋沾污变色后,可取少量硼砂与洗洁精拌匀,用来擦拭雨鞋,稍等片刻再用柔软的毛刷轻擦,即可使旧雨鞋焕然一新。

氨水的洗涤妙用

1.氨水去除尿迹法

布绸类(锦纶、维纶除外)衣物上遗留的尿迹,可用1:1氨水与醋酸混合液清洗,或将28%的氨水、酒精按1:1混合后洗涤。

2.氨水去除汗渍法

清水里加入数滴氨水,把有汗渍的衣服放进去搓洗,然后用清水漂净即可。

3.氨水去除陈奶迹法

当衣物上沾上牛奶或血渍时,千万不能用热水洗。新迹要立即用冷水洗。陈迹用洗涤剂洗过后,再用淡氨水洗。

酒精的去污妙用

1.酒精去除圆珠笔污迹法

先用肥皂洗涤,再用95%的酒精、苯或丙酮揩拭,可除衣物上的圆珠笔污迹。

2.酒精去除油漆污迹法

可先用棉花蘸95%的酒精湿润刚沾上油渍的衣服,涂上肥皂用力搓片刻,然后在清水中漂洗,重复2~3次即可。

3.酒精去除食用油迹法

把酒精涂于衣物油污处让其挥发,可以除掉油迹。

4.酒精去除松木油污迹法

搬运松木时衣服上会沾上松油,可用酒精擦洗,能洗尽油迹。

5.酒精去除碘酒污迹法

刚污染的碘迹,应立即放入热水或酒精中脱碘,然后用清水洗涤。

甘油的洗涤妙用

1.甘油助洗羊毛衫法

在最后一次漂洗羊毛衫的水中加入1汤匙甘油,将羊毛衫放入浸泡10分钟后取出晾干。这样洗出的羊毛衫干净、柔软,而且不褪色。

2.甘油去除红药水污迹法

把衣服沾湿后,用甘油擦拭红药水污处,再用含氨皂液反复搓洗,然后用清水漂净。

3.甘油去除番茄酱污迹法

衣服沾上了番茄酱,用35℃左右的甘油涂在污迹上,放置半小时后,再用温皂液刷洗,冷水漂清即可。

4.甘油去除蛋黄污迹法

衣服沾上了蛋黄,可用35℃左右的甘油揩拭,再用肥皂、酒精在温水中洗刷,最后漂清即可。

甘油

生姜的洗衣妙用

1.生姜去除血迹法

生姜切片擦拭血污部分,然后用毛巾蘸冷水擦洗,或是照常规清洗,血迹可除。

2.生姜去除汗渍法

把生姜切成碎末,放在衣服汗渍上搓洗,漂净即可除去汗渍。

食醋的洗涤妙用

1.醋增丝袜牢度法

滴几滴食醋在温水里,将洗净的丝袜浸泡片刻再捞起晒干,其纤维会变得更坚韧,还可去除袜子的异味。

2.醋去除熨迹法

要消除衣服上的褶纹和熨烫痕迹,可将食醋滴在毛边纸上,盖在褶皱处,用电熨斗烫一下,烫迹就会消失,衣物即恢复平整。

3.醋去除圆珠笔污迹法

先用洗头液浸透污迹处,再用刷子蘸些白醋加水稀释的溶液轻刷即除。

4.醋去除衣袜异味法

将少量食醋加入清水中,再把洗净的衣服、袜子放入漂洗一遍,就能去除异味。

5.醋去除羊毛衫极光法

羊毛衫肘部被磨亮,出现极光时,可取等量的醋和水调匀,喷在极光处,再用清洁的白布擦拭,便可消除极光。

6.醋去除黄药水污迹法

黄药水沾染衣服时,可将醋滴于污处,再在酒精中搓洗,一般即可去除污迹。如果仍有色迹,应用适宜的漂白剂漂白。

7.醋去除红药水污迹法

衣物上沾上红药水污迹,可用白醋搓洗,然后用洗涤剂揉搓,最后清水漂净。

8.醋去除葡萄汁渍法

如不小心将葡萄汁滴在棉布或棉的确良衣服上,千万不要用肥皂(碱性)洗。因为用碱性物质洗不但不能褪色,反而使汁渍颜色加重。应立即用食醋(白醋、米醋均可)少许,浸泡在渍处数分钟,然后用清水洗净,不留任何痕迹。

柠檬的洗涤妙用

1.柠檬汁治衣物泛黄法

在清水内滴入少量柠檬汁,浸泡洗涤泛黄衣物,返白效果尤佳。

2.柠檬汁去除血迹法

用柠檬汁加盐水浸泡搓洗,可以去除衣物上的陈血迹。

3.柠檬酸去除柿子污迹法

丝绸织物刚沾上柿子污迹,可用10%柠檬酸溶液清洗消除。

4.柠檬酸去除尿迹法

白色织物上的尿渍,可用10%的柠檬酸溶液浸泡1~2小时再洗涤,然后用清水漂净。

柠檬

苏打的洗衣妙用

1.苏打去除墨迹法

用4%大苏打水刷洗衣服上墨迹沾污处,然后再用一般的清洗方法洗涤。

2.苏打去除碘酒污迹法

衣物沾染上碘酒污迹,用酒精等未能除净时,可用稀释的大苏打水揩除。

3.苏打粉去除熨焦法

丝绸烫黄,可马上涂上少许苏打粉掺水调成糊状物,待干后再用牙刷轻刷,垫上干净的湿布熨烫,焦痕便可消除。

牙膏的洗涤妙用

1.牙膏去除圆珠笔污迹法

先用冷水浸湿,污迹处涂些牙膏,加少许肥皂轻轻揉搓。如有残迹,再用酒精清洗即可。

2.牙膏去除衣领衣袖污垢法

浅色衬衣的领子和袖口特别容易脏,单用肥皂难以洗净,可将衬衣浸湿,然后在衣领和袖口处均匀地涂一层牙膏,再用刷子轻轻刷洗,用清水漂净后,再用肥皂洗,领子和袖口就会格外干净。

3.牙膏去除墨迹法

在衣服墨污处涂上牙膏,反复揉搓后,再用肥皂清洗。

4.牙膏擦皮鞋法

擦皮鞋时,在鞋油里加一点儿牙膏,用力擦拭,皮鞋就会光亮鉴人。

盐水的洗涤妙用

1.盐水去除油迹法

熟油(菜汤油等)弄脏了衣服,用温盐水浸泡后,再抹上肥皂冲洗便可去除。

2.盐水去除血迹法

衣物刚沾染上血迹,应立即用淡盐水洗(禁用热水,因血遇热会凝固,不易溶化),再用肥皂或10%的碘化钾溶液清洗。

3.盐水去除尿迹法

衣物上的尿迹,应趁湿放入温盐水中搓洗,然后清水漂净。

4.盐水去除汗迹法

衣物上的汗迹,可调制5%的食盐水,浸泡衣服1小时,再轻轻揉搓漂净。

5.盐去除胶鞋异味法

把细盐均匀地撒在球鞋和其他帆布鞋的鞋底,可在短期内消除汗臭。

6.盐水防牛仔裤褪色法

将新买的牛仔裤浸泡在浓盐水中12小时即可防褪色。

淘米水的洗衣妙用

1.淘米水治衣物泛黄法

泛黄的衣服先用淘米水浸泡2~3天,每天换1次水,然后取出用冷水清洗,泛黄衣物可恢复原有的洁白。

2.淘米水去除汗渍法

白色衣服上留下的汗渍,经常用淘米水浸洗,就不致发黄。

3.淘米水洗衣法

用淘米水洗浅色衣服,能保持衣物颜色鲜亮。

萝卜汁的洗涤妙用

1.萝卜汁去除蛋清污迹法

衣服上沾上了蛋清,可用新鲜萝卜捣汁搓洗,效果明显。

2.萝卜汁除油迹法

衣物上沾上了动物油渍,用鲜萝卜汁洗涤可除。

3.萝卜汁去除血迹法

用白萝卜汁或捣碎的胡萝卜拌盐,皆可去除衣物上的血迹。

熨烫温度掌握法

熨烫不同织物所需的温度是不同的,可按下列标准选用:

1.丙纶、维棉、尼龙织物以100℃左右为宜,把水滴在熨斗底面无声响,水滴不易散落。

2.真丝、腈纶织物、精纺毛织薄料以100℃~120℃为宜,把水滴在熨斗底面,发出"吱"声,水滴散开,周围起小水泡。

3.涤腈中长纤维、纯涤纶织物、混纺交织丝绸以120℃~140℃为宜,把水滴在熨斗底面,发出"吱"声,水滴很快变成水泡向周围溅起小水珠。

4.纯棉、涤棉、全毛织物以 140℃~160℃为宜,把水滴在熨斗底面,发出"吱"声,水滴迅速变为滚动的水珠。

5.粗纺厚呢织物、卡其布、劳动布以 160℃~180℃为宜,把水滴在熨斗底面,发出"扑吱"声,水滴变成水珠迅速流失,很少存留。

6.亚麻织物以 180℃~200℃为宜,把水滴在熨斗底面,发出短促的"扑吱"声,水滴迅速散开,直接蒸发成水蒸气,完全不留湿痕。

化纤织物熨烫法

在化纤织物表面垫上布,并喷水,放置几分钟后才能熨烫。熨烫时,用力不宜过大,要不停地移动熨斗。如熨斗粘住织物或织物出现泛黄的现象,可调低温度后再烫。熨烫维纶织物时不可喷水,也不可垫湿布。腈纶膨体绒线衫裤以及弹力锦纶丝衫裤等,不应熨烫。在不加垫布,不喷水的情况下,温度控制如下:粘胶 120℃~160℃,棉纶 120℃~140℃,涤纶 120℃~140℃,腈纶 100℃~120℃,维纶 120℃~130℃,丙纶 90℃~100℃,氯纶不宜熨烫。

丝绸衣服去皱法

丝绸衬衫、被面之类有了褶皱,可放入温水中,加适量醋与大蒜汁,浸泡 1~2 小时后,捞出来抖去水,再用清水冲刷一遍,晾干后就平展如新了。

乳胶助衣领挺括法

将领子和领衬裁片烫平,在领衬上均匀地涂一层白乳胶(学名为聚醋酸乙烯乳液、化工或文具店有售),将领面和领里覆盖在领衬上粘牢,用熨斗烫干烫平,领子就能平挺而富有弹性了。棉布、涤棉布等能耐热的衣料均可采用此法。

衣服熨黄后的补救方法

1.毛料:取适量白矾用开水溶化后晾凉,然后用刷子蘸白矾水刷熨黄的部位,再把衣服拿到太阳下照晒即可。

2.棉织料:马上往熨黄的部位撒一些细盐,然后用手轻轻揉搓,再放到太阳下晒一会儿,用清水洗净。

3.化纤料:立即在上面垫上湿毛巾再熨几遍,焦痕轻则可恢复原状;严重熨伤,则只有采用相同颜色的布料加以缝补。

4.丝绸料:马上用少许苏打粉掺水调成糊状涂在焦痕处。待水蒸发后,再垫上干净的湿布用熨斗熨烫。

5.厚呢料:厚呢料烫黄,可以用上好的细目砂纸轻轻摩擦,然后用牙刷轻刷,使其重新出现新的绒毛,再垫上湿布,顺呢料绒毛原来的倒向熨烫,焦痕一般就能消除。

围巾熨烫法

1.腈纶厚绒围巾晾至九成干,平铺在木板上,将湿润白纱布平盖在围巾上;将电熨斗温度调至中温,然后平压均匀用力烫平即可。

2.羊毛围巾晾干后平铺在木板上,均匀地喷上水雾,再平盖上湿润的白纱布;把电熨斗温度调至中温,然后根据经纬走向按顺序烫平即可,切忌按斜线走向熨烫,以致围巾变形。

3.丝织围巾可平铺在木板上,用略湿润的白纱布平盖其上,再用手拍平拍齐;把电熨斗温度调至中低温,熨烫时需轻一些,以防出现水渍印和烫痕,熨至平整即可。

两性健康

性爱养生是中医养生学中不可分割的重要组成部分。掌握性爱养生方法,对于解除人们对性的无知、忧虑和疾患,促进人们的身心健康、祛病延年具有重要意义。在进行性爱的同时也孕育了千千万万的生命。从十月怀胎到宝宝的呱呱坠地,从咿呀学语到蹒跚学步,孩子的每一步成长无不倾注着父母的慈爱和心血。那么,该如何做好科学孕产育儿呢? 本章将为你解答。

谁动了你的"性福"

有损性功能的药物

一些药物虽然能治病,但也会带来许多副作用,如对人的正常性功能产生损害;性欲的改变、性兴趣或性快感强度的改变及生殖器生理反应的改变等。所以说,了解药物对性功能的影响很有必要。影响性功能的药物主要有以下几大类:

◎精神治疗药物:这类药有降低性欲、致阴茎勃起障碍和射精困难的副作用。如百优解、氯丙嗪、阿米替林、丙咪嗪、硝基安定、利眠宁、巴比妥等,长期使用对性功能的影响尤为严重。

◎抗帕金森症药:常用的有阿托品、东莨菪碱等,它们在抑制乙酰胆碱的同时,也会抑制副交感神经功能而使阴茎不能勃起。

◎抗高血压药:如利血平、甲基多巴、可乐宁、心得安、利尿剂等,会导致男子阴茎勃起困难。某些降压药还会使女性性欲减退或难以达到性高潮。

◎抗组织胺类药物:如甲氰咪胍可以导致男性乳腺女性化和勃起功能障碍,阻碍精子的生成;扑尔敏、苯海拉明等药物可导致女性阴道分泌液减少,从而使阴道润滑作用受影响。

◎皮质激素类药物:如雌激素和皮质激素等。男性患者使用雌激素可能会出现性欲减退或消失,长时间大量使用还会影响射精功能,导致勃起功能障碍、男性乳腺女性化等。

酗酒会影响性功能

酒精对机体的作用为抑制中枢神经,随着血液中乙醇浓度的逐渐增高,可依次出现兴奋期(出现欣快和行为轻度障碍)、运动失调期(出现自我控制明显受损症状)、昏睡麻醉期(可由深睡过度到昏迷,严重时可致呼吸麻痹死亡)。酒精可抑制中枢神经系统,饮用20~30毫升即可干扰性兴奋的反射传递途径,如果长期酗酒,则可能使性功能受到损害。

长期饮酒,使得肝脏对人体雌激素的灭活作用减弱,少量雌激素留存在人体内,会形成高雌激素症,从而干扰睾丸酮的分泌,导致男性出现性功能障碍。

酒精是一种性腺毒素,长期酗酒可以经过多种途径引起性腺中毒,影响生殖腺的功能,表现为血清睾酮水平降低、性欲减退、精子畸形或阳痿等。长期酗酒还可导致肝脏5-α睾丸酮还原酶活性增加。该还原酶是一种重要的睾丸酮降解酶,可促使雄激素很快消失,严重损害睾丸间质细胞,造成不能正常地产生雄性激素和精子、性欲减退、阳痿、睾丸萎缩及不育症等。

少饮一杯酒,不抽一支烟

长期吸烟者,血液中二氧化碳含量增多,会引发长期慢性缺氧病变或功能减退。睾丸在慢性缺氧的状况下可使精子质量下降,性欲减弱,勃起不坚。女性长期吸烟可致早衰,绝经早。

有资料统计证实,吸烟人群的勃起功能障碍发病率明显高于普通人群的2倍。50岁以上吸烟者约有1/4会出现勃起功能障碍。

研究认为,尼古丁可直接刺激交感神经节,并间接刺激肾上腺髓质释放肾上腺素,引起小动脉收缩,从而影响阴茎的正常血液供应,使阴茎静脉回流出现障碍,引起勃起障碍。

在服抗高血压药、心脏病药或血管扩张药的中老年男性中,吸烟者出现勃起功能障碍的概率要明显高于不吸烟者。

中年人性欲减退,原因何在

造成性欲减退的常见因素有以下几种:

◎情绪因素:性生活应该在愉悦和欢欣的心理状态下进行。人到中年,夫妻相伴多年,性生活习惯上常常保持一成不变的程序模式,这种单调的模式化性生活影响了双方的性情趣与性激情,导致性欲减退。

◎压力与疲劳因素:人际关系紧张、家庭不幸等造成心情抑郁,事业的过分投入或屡屡受挫,婚外性生活经历的负疚等,都可导致性欲减退。长期从事繁重的劳动,特别是繁重的脑力劳动也会造成性欲减退。

　　◎身体与疾病的影响：某些泌尿生殖系统疾病，如慢性前列腺炎、附睾炎、尿道炎等，会导致性生活时出现射精疼痛、性生活后出现会阴部隐痛不适，从而抑制性欲。

　　◎药物因素：长期服用某些药物，如镇静剂、安眠药、某些抗高血压药物等，也会造成性欲低下。

　　◎不良嗜好：长期吸烟或嗜酒易导致慢性尼古丁或慢性酒精中毒，以及吸毒也会导致性欲减退。

　　◎性早衰：长期性交过频、自慰过度、色情放纵等会导致性神经功能紊乱，从而引起性欲减退。

便秘也会连累你的性生活

　　性生活不正常与慢性便秘也有关系，这种情况常见于一部分中老年人。慢性便秘可造成男性早泄、射精疼痛、不射精，对于女性则有痛经、阴道痉挛、性冷淡，同时出现尿潴留、尿路感染、尿频尿急等症状。

　　患有慢性便秘的中老年人常会出现性生活异常或没有性生活。研究表明，患慢性便秘，长期用力排便，不仅使直肠长期受累，造成肛门收缩过紧，还会影响膀胱、子宫等盆腔器官的功能。很多中老年人都有这样的体会，当大便停留于直肠排不出体外的时候，整个会阴部就会出现紧缩、下坠、胀满、隐痛等症状。所以，长期便秘可使盆腔肌肉群受到慢性刺激，使肛提肌、会阴深横肌、尿道阴道结构肌、球海绵体肌等常呈痉挛性收缩状态。时间一长，这些肌肉群就会出现过度松弛现象。而这些肌肉群恰恰又与阴茎勃起、射精及阴道功能的正常发挥密切相关。如果这些肌肉群经常处于松弛或异常紧张状态，将会引起阴道敏感性下降、性快感减弱，使性生活的质量大大降低。因此，当有性欲下降或性功能障碍时，一定要注意自己是否有便秘情况。

　　便秘患者若同时伴有性功能障碍应及时就医。便秘患者平时要多吃新鲜蔬菜和水果，养成按时排便的习惯；另外，食用黑芝麻、核桃缓解症状，也具有一定的效果。

7大败性食物要少吃

　　食物与人的性功能之间存在着重要的依存关系。有的食物能提高人的性欲、增强性活力，而有的食物却是提高性欲的"拦路虎"。

　　1.莲子芯：莲子芯有清心火的作用，可使男子性欲低下。莲子芯中所含的莲心碱有平静性欲的作用，对性欲亢进者有效。

　　2.冬瓜：冬瓜有清热解毒、利水消肿、下气消痰的作用，常食可清心热、降欲火、缓解狂躁症状。

　　3.菱角：菱角可清热除烦，平息男女欲火。

　　4.芥蓝：芥蓝有利水消肿、解毒醒酒的功效，但芥蓝同时有耗气的副作用，久食芥蓝会抑制性激素分泌。

　　5.竹笋：竹笋含较多的粗纤维和难溶性草酸钙，会影响人体对钙、锌的吸收与利用，缺

冬瓜

锌则会使性欲下降、性机能减退。

6.芹菜:多吃芹菜会抑制睾丸酮的生成,从而抑制精子生成,使精子数量下降。据国外医生的实验发现,健康良好、有生育能力的年轻男性连续多日食用芹菜后,精子量会明显减少,甚至难以达到受孕的程度。

7.黑木耳:现代医学研究发现,黑木耳有降低性欲的作用,因此性冷淡、勃起功能障碍患者不宜食用。

别让压力和忧虑"偷"走你的性功能

经常听到一些中年女性抱怨她们那"事业型"的丈夫性欲低下,逃避性爱。而那些中年男性被激烈的竞争、紧张的工作占满了自己的全部生活,根本无暇顾及性爱。面对妻子的要求时,他们的回答常常是:"我太累了,过段时间再说吧"。

紧张的工作和生活本身的压力,也会引起性欲减退。当人长时间处于过度的紧张状态时,人的大脑皮层会产生惰性兴奋灶,抑制边缘系统的活动,干扰"快乐中枢"的体验;同时紧张也会产生心率加快、血压升高、呼吸加快、瞳孔散大、痛阈升高等变化,从而降低人的性欲。

此外,中年男性的抑郁、焦虑等障碍也是性欲减退或性功能障碍的原因。男性在50岁左右,由于雄激素不同程度的降低,会出现性欲降低、勃起功能障碍、早泄等一系列症状。

盘点影响更年期性欲减退的因素

更年期男性性欲会有所减退,其原因很多,主要有以下几个方面:

◎性生活单调:由于多年相处,夫妻双方耳濡目染,彼此十分了解,在丈夫心目中,妻子已失去了新鲜感和神秘感,而且妻子整日忙于家务或从事社会活动,很容易忽视对丈夫表示性兴趣和性关注。妻子对性生活的拒绝态度特别容易使更年期男性的心理受到伤害。

◎疲劳的影响:精神疲劳和身体疲劳都会降低男性性紧张度,前者的副作用更为明显。

◎对事业的关注:很多中年男性的事业如日中天,也有些中年男性的事业暂处低谷,对事业的过分投入或过于忧虑,均会降低他们对性生活的兴趣。

◎疾病的影响:进入更年期的男性就像台运转很久的机器,比年轻人更易出毛病,这通常容易影响性生活。

◎对性衰老的恐惧:更年期男性一旦出现性功能障碍,有的人就会听之任之,认为这是衰老的必然结果,极大地影响性欲。

性生活别追求梅开二度

我们这里所说的性生活别追求梅开二度,意思是要尽量避免重复性生活。很多男性经常说,"一次性生活中重复性交次数越多,代表性功能越强",这是一个极大的误区。不管什么情况,重复性生活都会对健康不利,这是因为:

◎重复进行性生活,男女双方都会造成体力上的较大消耗,久而久之,必然造成体质下降,进而影响精神状态,使人的思维能力、记忆力、分析能力等逐渐降低。

◎由于性冲动的连续与重复发生,加重了性控制神经中枢与性器官的负担,从而引起性功能衰退,使性功能"未老先衰"。

◎男性性生活后有一个不应期,即性生活结束后有一段时间对性刺激不会产生反应。经常反复地重复性生活就会延长不应期,容易引起性功能衰退。性器官长时间充血,还会诱发男性前列腺炎、精囊炎等疾患,甚至还会出现血精。

◎重复性生活对女性的性器官也会造成一定的损害。性交次数过多或者每次刺激时间超过30分钟,会造成阴道损伤,甚至会使阴道的酸性环境遭到破坏,增加感染细菌的机会。

提高性欲的药粥疗法

◎韭菜子粥:韭菜子细末5~10克,粳米100克,盐少许。先煮粳米,水沸后加入韭菜籽细末、盐煮成稀粥。有补肾壮阳,健脾暖胃的功效。每日早晚服食,7~10日为1个疗程。

◎菟丝子粥:菟丝子60克(新鲜者可用60~100克),粳米100克,白糖适量。先将菟丝子洗净后捣碎,再加水煎取汁,去渣后加入粳米煮粥,粥将成时加入白糖,稍煮片刻即可。可补肾益精,养肝补脾。每日早晚分2次服食,7~10日为1个疗程。隔3~5日后可再接着服第2个疗程。

◎肉苁蓉羊肉粥:肉苁蓉10~15克,精羊肉、粳米各100克,葱白2根,生姜3片,盐少许。先将肉苁蓉、精羊肉洗净后切丝,用砂锅煎肉苁蓉,去渣后加入羊肉、粳米同煮,再加入盐、生姜、葱白煮成稀粥。可补肾助阳,健脾养胃。每日 1 次,5~7 日为 1 个疗程。

纵欲伤身

肾精是人体抗邪防病和健康长寿之根本。夫妻的性生活一般会使肾精耗损。行房适度,肾精的耗损对人体影响不大,况且耗损的肾精将会得到自我补充和自我恢复。但是,纵欲就不同了,它会带来大量肾精的耗损,造成肾水不足,形成肾亏,带来脏腑功能的衰败,使人面容憔悴、形体消瘦、精神疲惫、心悸气短、食欲不振、长期失眠,甚至会因纵欲导致心脏病发作而早夭。

男性的精液中除了生殖细胞外,还有十几种抗原物质和前列腺液、性激素的混合液及其他营养物质。在行房时,男女还会相应地分泌大量的腺体和激素。这些精微物质,在纵欲中会大量流失,给男女双方带来巨大的损失。

男性的精液和性激素是由睾丸产生的,过频的射精会大大增加睾丸的负担,并因"反馈"而抑制脑垂体前叶的分泌,这样会导致睾丸的萎缩,造成阳痿,于是加速了衰老的进程。纵欲同样会造成女性大量腺体和营养物质的流失,使得女性早衰。

此外,纵欲还是不育症的致病因子。

放慢节奏,性趣不衰

要保持夫妻之间长久不衰的"性趣",需时时去创造和把握。要维持天长地久的婚姻,缺少和谐、充满快乐和激情的性生活是难以想象的。

尽管"性趣"不是永恒不变的,昨日激情满怀,明天可能无影无踪,但想想恋爱、新婚蜜月时是如何使出浑身解数创造氛围、把握时机激发"性趣"的。夫妻在结婚 10 年、20 年后,要彼此仍然抱有性幻想,就要不断创造婚姻中的亮点和美满,自觉地进行调节。

总有干不完的工作、赚不尽的钱,但不要忘了留些夫妻相处的时间,有时间才有交流和沟通。平时要多抽点时间、找点儿空闲,使夫妻间有更多的时间、机会在一起,要明白夫妻关系才是最重要的。

适度性生活少得前列腺癌

过去一直认为,男性性生活如果过于频繁,患前列腺癌的危险性就会增加。美国近日公布了一项对健康男性的 8 年跟踪调查结果显示:受访者平均每月射精 4~7 次,射精次数高于这个数字的人,并没有增加患前列腺癌的风险。相反,每月射精 13~20 次的高频率受访者,前列腺癌发生比例反而相应地降低了 14% 和 33%。专家认为,对男性而言,性生活频率与前列腺癌发病率的关系,应以男性年龄为依据。比如,老年人适当增加性生活,对预防前列腺癌是有好处的。

许多老年男性都患有前列腺炎、前列腺增生等疾病,这就好像水管被堵塞一样,如果经常冲洗才容易通畅。而通过性生活,不仅使前列腺液排出,还会使前列腺内的炎症、细菌等可能的致癌物质都排出体外,而且会避免钙化状态,降低了患前列腺癌的概率。

养成良好的性爱习惯

性爱是一件愉悦并给人带来激情和活力的事,就像足球一样,其魅力就表现在它的不可预见性。如果把它视为一种习惯和义务,并设置固定的时间表和程序,一味地等待预期的效果,那就大错特错了。机器可以固定时间开机,但人却不能。想要充分享受性爱的乐趣,有时放弃一些无所谓的坚持和期待,更能体会到其中的奥妙和快感。

也许你可以勉强约定一星期性生活不超过几次,但不可约好在每星期几的晚上才能过性生活,更别说规定你们只能在什么样的房间、用怎样的方式了。如果固执地以为姿势的变化、习惯敏感带的刺激就会使两个人都得到满足,并努力遵循约定的习惯,无疑会失去享受的乐趣,增加太多莫名的压力和规范。

另一方面,性高潮的缺失也是性障碍类型中的一种,不妨审视一下自己性高潮不再的原因,如心理方面是否抑郁,是否曾经发生过性放纵、与情侣关系紧张以及身体形象不佳等;体质方面是否有绝经期阴道萎缩、神经损伤、心脏病、吸烟以及肥胖等。如有上述问题,不妨请教医生,并采用药物治疗。

七损八益,毋妄作劳

八益的具体做法是:

一益,指性交之前应导气运行,调治精气,使气归丹田,阳含阴中。

二益,指男女双方互食舌下津液,相濡以沫,嬉戏温存。

三益,指知道交合的最佳时机,双方都达到兴奋期后才性交。

四益,指交合时导气下蓄,不急不躁,使阳得阴养。

五益,指性交动作不快不慢,使阴液绵绵不绝,男女双方的阴液互相混合滋润。

六益,指在阴茎尚坚挺之时即抽出,不可极情纵欲。

七益,指交合结束后,深呼吸,躺着勿动,导气于脊背部位。

八益,指在阴茎尚未疲软之时,即可结束房事,并将余精洒尽,并加以洗涤。

七损的做法为:

一损,指性交时阴茎强坚疼痛,精道闭塞不通,射精不畅或无精可泄。

二损,指交合时大汗淋漓或正当汗出时交媾。

三损,指房室生活没有节制,连续多次射精。

四损,指心中欲起,想交合但阳痿不举,不能进行正常的交合。

五损,指交合时气促喘息,心中烦乱。

六损,指双方或某一方尚没有性欲,却仍然强行交合。

七损,指交合时过于强暴猛烈,极易耗损精气。

性生活频率应怎样才合适

性生活的频率大小,在每一对夫妻之间并没有固定的模式。因为不仅异性间的性生理和性心理有别,就是同性之间也存在着个体差异,加上年龄、体质、职业、营养、性格等的不同,性生活频率也会大有不同。

性生活的频率在不同的夫妻之间可能相差很大。即使是同一夫妻,性生活频率也随着气候、环境、工作、疾病、营养、精神状态、年龄等因素而时有变化。例如,新婚宴尔,夫妻热情似火,性交次数当然比较频繁;婚后数月,多数夫妻逐渐采取每周2~3次,但每周3~4次也不能算多;随着年龄的增长,性交的次数会逐渐减少,大致维持在每周1~3次。

又如,平时摄取大量的动物蛋白和食用营养丰富及高热能的食物期间,性行为频率会增多;如以素食为主,摄取热量和蛋白质不足,则可能会导致性行为减少。健康状况良好,性行为才会正常;反之,性行为就会减少。再如,异被、别床、分室而居者房事频率少,夫妇同床而眠者房事频率高等。

男人要吃出"生龙活虎"

食物里的"伟哥"

正常人从日常所摄取的食物中,完全可以保证维持各种生理功能所需的营养。对于维持正常性功能来说,食物中就有许多天然"伟哥"。

海带、紫菜等海藻类食物含有丰富的碘,碘是人体合成甲状腺激素所必需的重要元素。缺碘会使甲状腺功能降低,而甲状腺活力过低也会使性活力和性欲降低,所以要保证正常的性功能,就要保证食物中有足够的碘。尤其是性功能衰退的男性常吃海带、紫菜等海藻类食物会大有帮助。

富含维生素E的食物,如小麦、玉米、小米等,又称为"生育酚",能刺激男性精子产生,增强性能力,治疗不育症;防止女性流产和早产。

鱼鳔,补精的美食

鱼鳔是滋补珍品,尤以"补精"见长。鱼鳔在温水中浸泡2小时就会充分膨胀,久煮而成胶状液体,俗称"鱼鳔羹"。如果将鱼鳔胶状液体浓缩、晾干切块,就成了"鱼鳔胶"。鱼鳔胶为胶中珍品之阿胶齐名,具有辅疗肾虚、遗精、滑精等病症的功效。

鱼鳔的补精作用与其所含较多的锌有关。锌能促使成年男子精囊分泌果糖,为精子提供能量,保护性功能,且对阳痿、遗精患者也有较好的改善作用。

食用鱼鳔时,可先将鱼鳔放在温水中浸泡,待软后切成块状或条状。喜食甜味的人可加入桂圆、荔枝等炖服。若怕鱼腥味，可适量加黄酒去腥。还可在鱼鳔中加入葱、姜、蒜、酒、酱、盐等调料清炖红烧。当然，鱼鳔更多的食用方法是制成药膳服食。

动物中的"伟哥"：麻雀

鱼鳔

"麻雀虽小，五脏俱全"，小小麻雀有着壮阳益精、暖腰膝、缩小便、止咳嗽的功效，是男性阳痿、早泄、性功能不全、不育症，女性阴冷、不孕之最佳补益食品。

古代中医在治疗不孕症时，常用一种重要的关键药物叫作"雀脑"，就是麻雀的脑子。雀脑的壮阳之功远甚于雀肉，可惜取之不易，只有退而求其次，用整只麻雀了。

食用方法：麻雀剥皮去内脏，每次用 5 只，粳米 200 克，葱白 3 根，将麻雀用油炒熟，加入黄酒 500 毫升，煮 15 分钟；再加水 1 500 毫升，加入米煮粥至熟，再放入葱白及其他调味料，空腹时食用。也可以用麻雀 1 只，加冰糖 9 克，炖熟，每天食用 1 次。

植物中的"伟哥"：淫羊藿

淫羊藿是传统医书中的"伟哥"，又叫"仙灵脾"。现代医学研究认为，此药对性功能减退有较好疗效用，只是不会那么迅猛、那么快速而已。

《本草纲目》中载有"仙灵脾酒"方，是以淫羊藿 500 克，米酒 5000 毫升，浸泡 3 日，每日饮用 100 毫升左右，可辅助治疗阳痿、遗精、腰膝无力、关节疼痛、四肢麻木等症。

处于更年期的女性，由于性激素水平急剧下降，加上工作、环境、心理等因素，容易出现更年期综合征的症状。调整性激素水平，提高人体对性激素低落的耐受性，是解决这个问题的基本原则。淫羊藿可以实现女性的这一需求。

注意房事禁忌，呵护性爱健康

患病体弱忌房事

身患疾病的夫妻要严格控制房事，因病中行房易损伤机体，加重病情。一旦病中行房受孕，则对母亲和胎儿发育的危害更大。母体患病受孕，常因母病及子，易使胎儿发生遗传性疾病。如妊娠 3 个月内患病毒感染，可使胎儿出现先天性心脏病等。而且，母体患病，精血不足，不能满足胎儿发育的需要，即使分娩，婴儿也将会先天不足，出现体质虚弱、智力低下等现象。

为保证夫妻身体健康,防止疾病传染,下列情况应忌行房事:

◎性病:夫妇一方有性病时,如梅毒、淋病、软性下疳、腹股沟肉芽肿等,会把性病传染给对方。

◎肺结核活动期:肺结核患者性欲高、爱冲动、易传染给对方,因此夫妇应禁止行房事。可见夫妻分床更便于早日恢复。

◎急性传染性肝炎:急性传染性肝炎病症具有传染性,应禁止行房事。

◎滴虫性或霉菌性阴道炎:一般要求治愈后才能恢复行房、否则要戴避孕套。

◎慢性肾炎症状显著患者及心功能障碍严重的心脏病患者:应禁止行房事,否则会加重病情。

◎重病初愈,也不宜进行房事:因正气尚未复原,极需静心调养,以利气血滋生,若此时行房,极易耗伤肾精,轻者疾病复发,重者损命丧生。

女性三期节房事

祖国医学认为,女性在月经期、妊娠期和产后哺乳期中,由于其机体处于特殊的生理状态,血海不足、冲任虚寒,若不慎房事,则易耗损肾精,诸邪乘虚而入,以致患病。

以月经期为例,因月经期子宫内膜剥脱出血,形成新鲜创面,易引起感染。此时如果只图一时欢愉而行房事,则会将阴道、宫颈部的血性分泌物及细菌带入宫腔,从而导致子宫内膜炎、输卵管炎、卵巢炎等疾病。月经期盆腔充血,行房可使月经量增多,经期延长,甚至造成崩漏不止。

妊娠的前 3 个月如果有性生活,由性冲动所引起的机械性刺激可引起宫缩,而发生流产。妊娠 4~6 个月,大多数女性的性欲及性反应提高。到最后 3 个月,性欲降低,性生活经常伴有疲劳感。如进行性生活,也易引起早产、羊膜早破,特别是最末 1 个月性交,还易引起产道发炎。可见,妊娠早期 3 个月和妊娠晚期 3 个月性交均不适宜。

妊娠的特殊时期忌性生活

一般而言,怀孕的过程若是健康且顺利,性生活就不必完全禁止。但是,在伴有一些特殊情况时,不宜过性生活。

◎孕妇有阴道出血或腹痛症状,医生认为有流产危险的时候,性交可加重病症,增加感染机会。有习惯性流产的孕妇,性交可能造成流产。

◎有妊娠高血压综合征等严重并发症时,性交可加重病情。妊娠 3 个月内性交,可引起流产、早期破水等。

◎患有各种慢性疾病的女性是不宜妊娠的,但也有些情况是已经怀孕,并且处于各种原因希望生育孩子,对这样的孕妇要更加关心爱护,并应尽早杜绝性生活,给孕妇的健康和胎儿的发育创造一个良好的环境。

产后的特殊时期不宜性生活

刚分娩后,产妇的阴道壁和子宫内有创伤,应严格禁止在这些创伤愈合之前有性生活,否则极易引起产褥热。

另外,产后卵巢机能还未恢复,由于激素减少使阴道壁的弹性变小,性生活容易使产妇受伤,引起出血和感染。

一般地,应在产后2个月以后才能进行性生活。而且夫妻双方应相互体谅,要十分慎重,动作也不能太激烈。不然就有造成虚冷、血崩、阴挺、腰腹疼痛、产后病等多种疾患的可能。产后6~7周内,产妇抵抗力降低,再加上子宫腔胎盘剥离留有创面,易被细菌感染致发炎,故此期间应避免性生活。

不要在性生活后立即开车

性生活使脑细胞出现暂时性的疲劳,会有不同程度的疲劳感,如眼睛疲劳、眼眶肿痛等。而眼睛的疲劳又可能会影响神经系统的正常工作,造成头昏脑涨等许多不适。性生活后短时间内,四肢肌肉运动和反应能力会有所下降,易导致动作迟钝、缓慢。

然而,一个机动车驾驶员,需要有良好的视力、注意力以及对突发事件的反应能力。司机性生活后立即开车,由于视觉疲劳,注意力不集中及反应能力下降等,遇到意外或紧急状况时难以采取有效措施,容易发生交通事故。

因此,性生活后的1小时内,不宜从事高危险性的活动,如汽车驾驶、高空作业等,以免造成严重后果。

情绪愁闷低沉时不宜性交

心理学家调查发现,一些夫妇心情不愉快,其原因或工作上受到挫折,或是人际方面不顺利,或是夫妻双方发生了冲突,此时,如果双方都有改善恶劣情绪的想法,都想通过性生活来转移注意力、减轻心理压力,这对于双方的心理与身体确实有一定的益处。所谓"一夜夫妻百日恩""夫妇打架不记仇,床头打来床尾和"就是这个道理。

但是,如果经常"借性消愁",甚至不顾配偶的意愿而强行发生性行为,则弊处就会很多。因为在双方心情不好或一方不配合的情况下,大脑皮层往往处于一种抑制状态,性兴奋不容易提高或者提高速度缓慢,神经反射显得十分迟钝,性活动的质量未必理想,随即而来的性高潮与情欲激昂的程度都会大打折扣。有时,甚至会因为心烦意乱造成性冲动无法"启动"的尴尬现象。而低质量的性生活往往是诱发心理因素致性功能障碍的原因。

身体疲劳忌性生活

不少男性都有过因疲劳而导致一时阴茎勃起不能或不坚的经历,这原是不值得大惊小怪和过度关注的事情。然而,若疲劳得不到及时消除,就会产生一种近似病理性的损害。慢性疲劳可带来诸多的性功能障碍,是引起男性阳痿的较常见因素。

另外,慢性疲劳不仅会引起阳痿,还有加重阳痿的副作用。

忌随意中断性生活

一些男性对自己的精液倒是十分爱惜,信奉"一滴精,十滴血""性交百次而均不射精,就能延年益寿"。

实际上,男性的射精是性反应中性高潮产生的生理反应,如果男性在性交过程中有意识地尚未达到射精阶段就中止性交的话,夫妻双方无法得到身心的满足,显然是有害无益的。这种未达到射精阶段就中止性交的行为,称为不完全性交。中止性交后,整个生殖系统和盆腔的充血不能迅速消退,大脑皮质和脊髓中枢长时间处于兴奋、紧张状态,前列腺、精囊腺等附性腺没有完全排空,身心难以消除紧张而安静下来,易于产生疲惫感。长此以往,还容易造成慢性非细菌性前列腺炎及精囊腺炎。

性生活是男女共同参与的,男方中止了,女方必然也被动地中止了自身的性反应,无法达到性反应高潮,自然也就得不到性满足,有损于性心理健康。同样,女性盆腔充血得不到及时的消退,还可能诱发腰痛、腹痛、头痛、情绪焦躁等症状。

性机能的保养法

怎样才能延长男性的性机能生命

有的男性年近古稀仍有性能力,据有关资料显示,人的性生活年龄可达到100岁。俗话说"人活七十尚怀春",那么,使性生命随着机体寿命一起延长下去,有何诀窍呢?

◎坚信自己:对于自己的性机能状态,首先在精神心理上立于不败。相信自己的性机能是正常的、强壮的、富有生殖能力的,这对中年人往往是至关重要的精神动力与支柱。

◎刻意修饰:要注意年轻化,衣着打扮、容貌修饰、仪表动作,应力求持重之中洋溢青春活力,给己给人一种生机勃勃、精力旺盛的良好感觉与印象。这种追求年轻的情绪,会使机体也随之年轻。相反,不修边幅、胡子拉碴、疲塌邋遢,老是忧心忡忡、害怕衰老,自叹"老矣",精神上首先败北,则必然很快跌入未老先衰的境地。

◎经常运动:人近中年往往喜爱安逸,缺少活动。经常运动锻炼,着重进行下半身活动(性机能的枢要在足部),慢跑或步行是常葆青春的"灵丹妙药"。

◎饮食有节:注意饮食中的营养平衡,保证有足够的蛋白质和必需氨基酸摄入和配比合理。有胆固醇增高的中年人可多吃些大豆制品,植物蛋白对中老年人更为适宜。此外,应戒除不良嗜好,尽量不吸烟和少喝酒。

◎事业心强：富有事业心,对工作充满热情,兢兢业业;经过不懈努力与拼搏,有所成就时,踌躇满志,对身心健康和性机能的促进必然是锦上添花。向往退休后的安逸生活,满足于抱孙子以自娱的人,其性机能的早期老化将是必然的。即使退休,也应该参加一些能引起自己兴趣的事务。积极参与社交活动,可防止孤单与寂寞。

◎性爱和谐：夫妻间的性爱活动是爱情的一种表现,也是正常的生活内容之一。和谐的性生活,不但能给男女间原有的爱情增添新的内容与活力,而且往往也会使夫妻的婚姻关系更趋巩固,家庭生活更美满幸福。而美满的家庭生活,则使夫妻更能获得性的享受和满足。从一而终倾注全部身心地爱慕另一半的心气,能刺激性腺激素的分泌,从而使其保持不懈的性机能。

性机能,过度劳累受伤

性生活原本就是一种体力活动,在体力充沛时性功能自然较好。相反,若在劳累时进行性生活,当然就有可能出现一些问题,甚至会无能为力。因此,临床上就有了一些"阳痿患者"在获得较好的休息之后,有时也能过 1~2 次正常的性生活,而一旦又陷入了疲劳状态,阴茎的勃起就又成了问题。

的确如此,在当今竞争的社会里,疲劳过度的男性确有不少,他们当中就有一些人出现过这种"阳痿症",也称为"劳累型阳痿症"。但这一现象至少说明过度劳累与阳痿的发生是有直接关系的。究其原因,可能有以下两点：

◎体力积脑力的消耗过度：体力和脑力的过度消耗,让男性感到在性活动中难以应付,疲劳的机体对性的反应也变得相当迟钝。在这种情况下,即便有正常的性刺激,也一时难以激发男性的性欲和阴茎勃起。

◎长期睡眠不足导致雄性激素分泌不足：雄性激素的分泌主要在睡眠中产生。当男性长时间工作,身体得不到充足的睡眠休息时,雄性激素的分泌总量就会相对不足。这种状态持续时间较长后,必然影响男性性功能,最终导致阴茎勃起的功能障碍。

性生活不和谐的进补调理方案

性生活过程中,可能会有诸多的不协调。若是遇上医学知识浅薄的妻子,言语中的责难更会增加其心理上的负担而影响夫妻关系。那么,男性该如何调养呢？

◎以睡补神：在性生活之前要注意休息,不可过于劳累;当发现身体有疲劳的征兆时,要适当休息;还要学会忙里偷闲,以逸待劳。此为补神的最佳方法之一。

◎以食补气：人完全依赖饮食提供足够的能量。多吃一些富含蛋白质的食物,如鱼、肉、蛋等,可以弥补劳累对中气的耗损;维生素 E 能调节人的性腺功能;微量元素锌是夫妻生活的调节剂,多食绿色蔬菜、动物肝脏、植物油、青豆等食物可以补充身体锌元素的不足。此外,枸杞子炖猪腰汤、海参炖黑芝麻汤等食品也是良好的食疗补肾处方,可适当选用。

◎以药补精：房事过频,往往会导致男性暂时性的肾精亏损,出现失眠、多梦、腰膝酸软、遗精、早泄等症状。因此,做妻子的适当让丈夫服用一些补肾强精的药物是非常有必

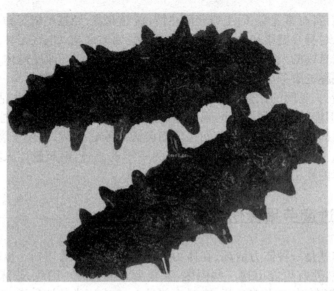

海参

要的。一般来说,在婚前一个月可适当地服用一些六味地黄丸、补肾强精片,婚后 1~2 个月可服人参养荣丸,症状严重者还可服用男宝之类的性保健药品。同时还要注意适当控制性生活的频率,提高性生活的质量,这对夫妻双方的身体健康和生活幸福都是有益的。

"性福"夫妻的 5 类饮食

通过食补,可以提升夫妻间的性生活质量,迎来幸福的家庭生活。于是,营养学家把目光聚焦在了我们日常生活随时能享用的食物中,很多司空见惯的寻常食物有它们与生俱来的助性功效。所以,为了保证幸福夫妻的"性"福生活,主妇们要在厨房中给这些食物留出一席之地哟!

1.麻辣类:越辣的食物越能提性,是提性饮食经中的黄金法则。因为当人的味觉细胞受到辣味刺激时,体内就会分泌出一种叫作内啡肽的物质,这种物质会使人对触觉超级敏感。因此大蒜、洋葱、芥末、麻椒、辣椒等麻辣类食物都能提高"性"趣。想通过食用辣椒助"性"时,最好选择辣味较强的红辣椒。

2.调味类:姜的根部所含有的挥发油、果糖和草酸盐等都有促进供血和让人变得敏感和温柔的作用,容易使女性进入性高潮。胡椒也有刺激性器官黏膜的功能。丁香还能提高人的自信心,促进主动性。

3.干果类:大多数的果仁中都含有能影响雄性激素的锌、镁等矿物质,对增强性功能很有帮助。如干枣、芝麻、榛子、松子、葵花子、葡萄干、核桃仁、开心果等。

4.禽蛋类:从食物的属性上来说,禽蛋类味甘,性平,含有极丰富的蛋白质、锌、钙、磷、铁等。这些营养成分有利于养心安神、补气养血。虽然蛋黄中的胆固醇含量高,但它的锌和卵磷脂含量也是性激素的催生素,卵磷脂更是美丽女性永葆青春的秘密武器。所以,会心的夫妻通常把吃鸡蛋或鹌鹑蛋当作性生活的前奏曲。

5.海鲜类:所有人类可以食用的海鲜都可算是一座为人体准备的锌矿。锌是多种酶的组成成分,能参与蛋白质的代谢,有助于合成雄性激素。诸如龙虾、海参、三文鱼、鱼卵、甲壳类、海藻类等海鲜动植物锌的含量丰富,助性作用也极佳。

乱吃性保健品不可取

现在,许多男性会按照一些养生图书上的理论,自认为是对症下药地吃起补药,实际上,依靠一知半解的医学知识,乱吃性保健品,很容易走入误区,形成偏差。

对于一些确有男性病的人可以适当服用性保健品,但也一定要在医生的指导下进行,如果盲目乱服性保健品就会出现不利健康的现象,如有的患者患有阳痿,不经诊断就自作聪明乱吃壮阳药,结果不仅不起作用,反而引起高热、燥热、嘴上起疱,后来经诊断为阴虚阳亢、虚火上升所致的阳痿,这样吃性保健品等于火上浇油。因此,患有这些疾病时,想通过性保健品加以改善,应先辨虚实,否则可能会适得其反。

此外,对于一些正常的男性来说,想依靠壮阳药提高性欲,这也是不可取的。人体的盛衰一般都有一定的客观规律性。中年以后,应随年龄的增长而逐渐减少房事,到老年肾气和生理功能走向衰退,更应节制,以保精气。

性功能减退可否服用壮阳药

很多中老年朋友都喜欢问这个问题:性功能减退可否服用壮阳药? 中老年人随着年龄增长而出现性衰退是正常的生理现象,倘若误认为不正常,而迷信各种各样的"壮阳药",一遇上性功能减退现象就用补肾壮阳之药,往往会造成不必要的麻烦。

有些壮阳药如人参、鹿茸、海马、蛤蚧、肉桂、附子与肉苁蓉、淫羊藿、蛇床子、阳起石及海狗肾等,若能合理应用,对于改善勃起功能障碍、早泄、遗精、性欲减退等症,确有一定的疗效。而误用或滥用这些药物,反而会导致勃起功能障碍,甚至引起难以逆转的性功能障碍。

另外,长期服用雄性激素会让身体产生依赖性,一旦停止服用,"英雄"便无用武之地。男性长期服用外源性大剂量雄性激素衍生物会导致睾丸萎缩,女性则出现喉结增大、声音嘶哑、阴蒂肥大、面生胡须等男性化症状。

给你的性生活加点活力

性生活是夫妻共同打造美好生活的基础,保持夫妻完满的性活力,不仅有利于感情的加深,而且对于夫妇双方的身心健康都有极大的好处。那么,怎样给你的性生活加点活力呢?

◎自己要主动一点:夫妻之间大多希望对方能主动一些,如果其中一方能主动示意,对方很可能也会兴奋起来。

◎保持良好的精神状态:良好的精神状态,诸如夫妻之间的欢声笑语、相互的体贴和关心、真挚的亲昵、热烈的拥抱、俏皮的挑逗,都会撩起爱的心扉,增进性爱的情趣。

◎要创造合适的性爱时机:要想使性生活成为夫妻双方共同快乐的源泉,就不要把性生活当作生活日程来安排,而应该掌握对方性要求的表示方法与生活规律选择最轻松的性爱时机。

◎选择一个温馨的环境:性爱环境要隐蔽,而且要温馨,不被他人(包括父母、子女)所窥视或窃听,这样才有利于夫妻大胆激起和充分释放性激情,从而增进情趣。

◎要求不要太高:不要太在意双要达到统一的兴奋水平,如果一定要等两人的兴奋水平平衡后再同房,兴奋水平高的一方会感到失望,而另一方会觉得内疚,长此以往,易使夫妻双方产生性生活上的隔阂。

根据四季变化调节你的性生活

性生活作为一种生理活动、一种自然界中的现象,其生命活动必然和自然界季节气候有着息息相通的联系,随着季节的变化、环境的改变来调节性生活,更有益于身体健康。

春季一派生机盎然,人也应和万物一样,让身心保持一种舒畅的状态,此时的性生活也应较冬季有所增加,这样才能有助于机体各部分的组织器官的代谢活动,增强生命的活力。

夏季是各种植物蓬勃向上的时候,人们的心情也应该随着愉快,使体内的阳气不受任何阻碍地向外宣泄。因此,人类性生活更应是顺其自然,不受任何影响,保持旺盛的状态。

秋季,天气转凉。人们应该宁神静志,收敛精气,不能再像夏季那样兴奋发泄了。此时性生活应相对减少次数,使体内的阳气不再过多地向外发泄,为抵御冬季的严寒准备条件。

冬季是阳气闭藏封固的季节,人们的性生活必须加以严格控制,以求封存于体内的阳气不会因性交而发生外泄。如果频频纵欲,使机体气弱肾虚,则不能抵御严冬的侵袭,不仅冬季难免于病,而且会使来年的生命活动都受到影响。因此,从这个意义上说,冬季性生活的调节,是四季调节的关键。

性机能盛衰的关键在腰、足

性机能兴衰的"关键"在腰、足,健康的性功能都离不开健康的身体。假如病魔缠身,何来性欲? 因此,男性应根据自身体质,选择适宜的体育锻炼项目,并坚持运动,以增强体质。在进行全身锻炼的同时,要有意识地坚持锻炼耻骨、尾骨肌。

练习前,取坐、卧、站姿均可,要呼吸均匀,思想集中,慢速收缩与放松肛门。刚开始锻炼时可用力收缩肛门及会阴部肌群 3 秒钟,放松 3 秒钟,渐渐延长到 10 秒钟,快速收缩与放松肛门,交替进行,持续 2 分钟。每天坚持做数次,久而久之,可使整个骨盆变得健壮、肌群富有弹性,并促进生殖器官的血液供应,有助于性快感的建立。

性生活不和谐是不是肾虚了

有些夫妻性生活不和谐，就以为是肾虚造成的，于是大吃补肾壮阳类补药，其实这是不了解性知识的缘故。

中医理论认为，肾虚可以由禀赋不足或肾精耗损太过引起。由于肾脏精气有滋养五脏的作用，肾脏精气亏损，不仅引发肾脏病症，其他五脏六腑也会受累。例如，神经系统受累，表现为精神倦怠、眩晕、耳鸣以及神经衰弱；生殖系统受影响，会出现腰酸、尿频、遗精、带下等现象，性功能状况也会随之减退，倘若出现性高潮推迟而同时又有上述种种肾虚的表现，这很可能是由于肾虚造成的。一般采用补肾的药物治疗，常用的有巴戟天、仙灵脾、肉桂、补骨脂、菟丝子、熟地黄、女贞子等。

夫妻性生活受年龄、体质、思维形式、性格特征、疲劳程度及环境气候的影响，在性意识和性反应上会存在着差别。比如，当夫妻之间有一方劳累或身体不适时，性欲就比较低，如果另一方在这时提出性交要求，很可能遭到冷遇，那不妨就稍加克制。如果勉强让对方服从，双方在性生活中都不会有充分的满足，长此以往，还会引起对方的厌恶心理，造成性冷淡等不良后果。

性生活时的饮食调养

在性生活过程中，男女都要消耗很多的体力与能量。同时，精液中含有大量的前列腺素、蛋白质和锌等多种微量元素，男性频繁排精，必然伴随体内多种营养物质的减少，并使腺垂体功能降低，反馈性导致睾丸萎缩，睾丸萎缩又会促使人体早衰。正是由于性生活需要特殊的营养供给，所以及时通过饮食调养，选择适宜食品，补充所需营养，对于养生保健，显得十分必要。性生活前后的饮食原则，主要是加强营养，补充阴阳精气。现代医学着眼于生精食品的供给，可食富含激素及合成性激素的胆固醇食物。

由于性生活时消耗的体力较大，且大多在夜间进行。因此，性生活前后需加餐，尤其是夜间加餐就显得格外重要。不可习惯于一日三餐，晚上性生活后就呼呼大睡，次日早晨又顾不上吃早饭就匆匆忙忙去上班。

至于性生活前与性生活后的饮食如何不同，这是一个值得讨论的问题。

按照中医理论，一般应在性生活前多食壮阳通精食品，激发性欲，帮助排精，使性生活愉快美满，避免阳痿、早泄、性欲淡漠、高潮缺失。

性生活后精气亏衰，则应填精益气，养阴生精，宜食枸杞子、鳖肉等；另外，性生活过后，若急于休息，可喝一小杯牛奶。

增强性功能的沐浴法

总是有很多女性朋友抱怨，说自己的男友或老公不讲卫生，不爱洗澡，那么，你不妨不露声色地让他试一试冷热水浴法，他很有可能从此爱上洗澡，让你大吃一惊！

◎盆浴:先在浴盆内加温水浸泡身体,待充分温热后再用冷水浸泡阴部,待阴茎、阴囊收缩后再用温水浸泡身体。如此反复3~5次即可。若每日能坚持做冷热水交替浴,可使男性精力充沛、性功能增强,尤其适用于中年男性。

◎沐浴:淋浴时可用喷头将温水淋至阴茎根部及其周围,加快血液循环,从而尽快缓解睾丸和阴茎的疲劳。同时,淋浴还能对局部的穴位产生集中加热的刺激效果,有助于增强性功能,所以淋浴时要尽量选择较强的水压。不仅是阴茎根部,大腿根内侧的腹股沟也是重要的刺激部位,因为腹股沟是向睾丸输送血液和神经出入的通道所在,腹股沟的血液循环对男性的性功能有着至关重要的作用。在淋浴时用温水刺激腹股沟,并用两个手指从上至下轻轻抚摩腹股沟,对增强男性的性功能也很有益处。此外,脐下有一些重要穴位,如关元、气海等,用温水刺激,也能增强性功能。

提高性爱质量的秘诀

性爱过程中要重视夫妻双方的性差异

夫妻间的性差异是造成夫妻性生活冲突、婚外性行为的重要原因。

一般认为,女性性能力最强的时期,在35~45岁之间,甚至有人把50岁出头的女性性欲增强现象,称为"第二个春天"的来临。更年期女性性功能的变化远小于同龄男性,在这种情况下,同龄或相差不大的中年夫妻,往往是妻子的性要求多于丈夫,丈夫不能满足妻子易产生恐惧心理。此时,妻子应该了解丈夫性能力衰退是正常现象,对丈夫偶尔勃起不坚、早泄等问题表示理解、同情;即使丈夫出现了性功能障碍,也应该安慰他,照顾他,千万不可抱怨或言行中不经意地流露出对他的不满和轻视,更不能怀疑和谴责他有外遇,否则只能加重他的心理负担。

另外,也有些进入更年期的女性由于雌激素减少带来的阴道干燥、性交疼痛,对性生活产生厌倦,甚至排斥。此时,当女性对性生活不感兴趣的时候,男性可能还乐此不疲。如果丈夫长期得不到妻子温柔的回报,也得不到性激情的响应,往往很容易发生外遇。作为妻子应向丈夫说明情况,争取对方的理解,不要轻易拒绝对方爱的要求,必要时可采取其他辅助措施。

和谐的性生活需要夫妻互相尊重

和谐的性生活能大大加强夫妻双方的感情,提高婚姻关系的质量。

可以想象,假如夫妻性生活不是建立在相互尊重、双方自愿的基础上,而是强迫与勉强,那么夫妻性生活又怎么会和谐,婚姻质量又怎么会提高呢?

性生活需要夫妻双方互相尊重、平等相待、互相体贴、互相照顾,只有这样夫妻双方才有可能享受和谐性生活带来的欢乐。当妻子或丈夫因某种原因暂时不宜过性生活或由于情绪不好对性生活不感兴趣时,配偶要克制自己的性欲,给对方以体谅和照顾,不可只顾自己的满足而强迫对方。

夫妻性生活的和谐、婚姻质量的提高,需要提高人们的性道德水平,破除种种错误的性观念,以相互尊重、相亲相爱为基础,才能真正增进夫妻性生活的和谐,进而促进婚姻质量的全面提高。

创造和谐性爱的优质卧室环境

一个宽敞、阳光充足、空气新鲜、温度适宜、色调可人的卧室,不但能使人心情舒畅、身体健康,还可以提高夫妻性生活的情趣和兴致。对于每对夫妇的每一次性生活来说,卧室环境的好坏是成功与否的重要条件。

从朝向看,朝南或朝东的房间用中间色为好,朝西可用冷色,朝北则用暖色较合适。家具摆设总体上要取暖色,以增强温馨的气氛。另外,由于妻子的性动机更易受到环境的影响,所以卧室色调应以妻子的感受为主。

床头灯具尽量选用亮度可调的台灯。性爱之前可将其调成暗而柔和的光线,创造一种朦胧的意境,从而强化双方的性兴奋。

性疲劳应对有方

有些年纪轻轻的男性白领不好意思地告诉医生,面对妻子含情脉脉的眼光,突然变得清心寡欲了,没有了"性"趣,不敢接招了。

其实,这不是什么疾病,无须多虑。这种情形乃是高节奏的生活带给都市人的一种新困扰——性疲劳。

大城市人群比小城市乃至农村人群更容易与性疲劳结缘。其中,职业的影响力不可忽视,尤以6种职业人员与性疲劳距离最近。他们是银行职员、教师、建筑师、企业人员、从事脑力劳动又很少运动的人、以前常从事激烈运动如今突然停止的人。

假如你不幸被"性疲劳"缠上了,请盘点一下你的生活方式,分清哪些是对的,哪些是错的;并从今天开始,纠正错的,发扬对的。

心理沟通是促进性生活和谐的润滑剂

夫妻间要交流性需求

性生活是最让人愉快、振奋的,往往在肉体交流的同时能达成心灵上的沟通,即灵与肉的相通。只有通过性需求的交流,夫妻才能相互唤醒和激发情欲,使注意力集中于伴侣的性感受上,才能进入令人神往的性高潮;并且能使夫妻相互从性满足中分享成功的喜悦,这份喜悦之情足以使夫妻长时间陶醉在浓情蜜意里。

性需求的交流可以引导夫妻间更迅速地找到对方最容易动情的身体部位;性需求的交流可以缓和夫妻间在性高潮过后难以调和的矛盾,使妻子的性情绪逐渐复归平静,丈夫的倦意得以暂时延缓,从而调节好节奏使夫妻最终共同进入梦乡。

但是,某些性交流的实践,因带着过于强烈的目的性而出现了不和谐的现象,往往会使一些夫妻无所适从地走进性交流的误区,反而影响了性生活质量的进一步提高。

夫妻论性"贴身"用语

以下 3 种语言夫妻间应该"贴身"常用,这是夫妻间性沟通的绝妙法宝:

◎儿童用语:这是父母在教育孩子时所常用的,夫妻互用目的旨在解答或启蒙有关性生理和性卫生的问题。

◎"骂人语":有些夫妻在长期相守中创造出了一些只有夫妻双方才懂的词语,使用的虽是"打情骂俏"的话语,却表达出很有韵味的性爱含义。

◎医学术语:这是人们在学术交流等正规场合交谈时用的,在向伴侣介绍自己所掌握的性知识时可发挥功效。

如何才能走出性烦恼

由于性欲减退和性功能失调,许多夫妻面临着性生活方面的苦恼,大部分人听之任之,以至于陷进失望和焦虑之中,其实,只要注意以下几个方面许多人还是能自我解救的。

性生活是双方灵魂的结合,满意的性生活始于宽衣之前。性欲的产生取决于性生活的几小时甚至前几天。为了到达"情绪高潮",平时要相亲相爱,要多创造机会在一起生活。

对自己的性生活快乐负责的是你,而不是别人。应让对方随时能觉察你在要求什么,怎样才会给你快感。为此,交流性生活时的感觉,处理不同程度的性要求和领会。一个快活或不快活的信号等,会促进相互理解,只有长期的交流,相互间理解,才能谈得上快乐和幸福。

通过想象得到快乐。性生活的想象是一剂刺激性欲的良药,你可以通过不同的形式来增加快感和花样,性联想可以使普通的性生活变得更加热烈。

阳痿要考虑心理治疗

据研究,阳痿大部分属于心因性阳痿,约占阳痿的 80% 以上。针对阳痿发生的心理原因,可采取以下方法进行治疗:

◎树立信心:凡是心因性阳痿者,经过心理调适,解除造成阳痿的心理原因都可不药而愈。心理性阳痿者树立能够治愈的信心,打破过去屡次失败造成的恶性循环是关键

所在。

◎树立正确的性生活观念：心因性阳痿者要破除各种对性生活的不正确认识，消除不必要的心理压力和心理冲突，并勇敢地、坦然地行使性生活的权利。

◎克服性生活的操作焦虑：心因性阳痿患者大多存在性生活的操作焦虑，心里有各种各样对由阳痿造成失败的担心，越是担心越可能促成性生活的失败。所以，心因性阳痿患者要消除性生活的操作焦虑。

早泄的男性该如何进行心理治疗

◎建立治愈的信心：夫妻性生活是在意识指导下进行的，受人的意识调节，因此早泄可以克服。在实际生活中，一些曾患有此症的人，经过心理调适而消除了早泄。所以，早泄患者建立起"早泄一定能消除，正常性生活一定能恢复"的信心是治疗的关键所在。

◎加强意念控制：人的性生活都是在意念的控制下进行的。意念可使性冲动增强，也可以使性冲动减弱；可使性冲动在性生活中该增强的时候增强，在不该增强的时候不增强。早泄患者应充分了解夫妻双方性生活的特点，掌握射精的时机。运用意念去进行尝试，在不该射精的时候控制性冲动，在该射精的时候增强性冲动，不断练习，不断尝试，逐步提高意念控制射精时间的能力。

◎适当降低性刺激的敏感性：早泄的一个重要原因是性器官对性刺激过于敏感。因此适当地降低性器官对性刺激的敏感，提高刺激阈限能够大大地增加治疗早泄的概率。为了降低性器官对性刺激的敏感性，可以采取各种方式，如采取音乐分心法来降低性欲强度，从而降低性器官对性刺激物的敏感性。

性生活与卫生

新婚夫妻谨防"蜜月病"

现在，越来越多的新郎新娘投入了蜜月旅游的队伍。蜜月旅游无疑会给新婚伉俪带来极大的乐趣，在人生的历程中留下美好的记忆。

青年人蜜月旅游自然而然地会指向平日不易问津的地区。北登长城，南下深圳，西攀峨眉，东游苏杭。没想到，不少新婚夫妻到婚假和调休期满后，往往懒洋洋地不想上班，甚至患了各种"蜜月病"。

新婚夫妻的"蜜月病"各不相同，而患病的原因却不外乎疲乏、营养不足、饮食卫生不良、性生活过频和不洁等。

小夫妻自恃年轻，常忽视了旅途的疲劳。在旅游区，也往往不考虑新婚时期营养要求应高于平时，常缺少各种营养素。此外，如果不注意饮食卫生，还可能由于水土不服而出现旅游者腹泻的症状，甚至感染病毒性肝炎。

早泄患者如何才能协调性生活

早泄给许多夫妻带来了烦恼,科学合理协调这样的夫妻的性生活,应从以下几个方面做起。

◎放松提气法:在性交过程中,放松全身肌肉,特别是肛门及足趾部分的肌肉不要紧缩,性爱动作宜缓,同时,把气上提到喉部,进行闷气、憋气的动作,然后放慢呼气。此法不但适用于冲动过频引起的过早射精者,而且对于病理性的早泄患者也有效。

◎意境转移法:性交时,男方可有意避开与性交有关的幻想,去思考其他问题。待妻子性高潮临近时,即移回意境,快速抽插射精。

◎断续做爱法:在接近性高潮前,停止阴茎抽动,停留片刻后再重复抽动。这种一起一落交替冲击的方式,对女方格外有刺激。

怎样注意性卫生

性卫生主要包括身体和精神两个方面。性卫生做好了,才能保证家庭幸福、美满以及身体健康。

◎保持性器官卫生:每次性生活前,应该先洗个澡。这样可以减少因为生殖器官不洁带来的感染,如生殖系炎症、泌尿系炎症以及宫颈癌等。性生活后也要清洗一下外生殖器官。

◎月经期禁性生活:经期子宫内膜剥脱,子宫腔内有新创面,性交可能带入细菌,引起生殖器官炎症;而且经期盆腔充血,亦可使月经增多。此外,经期同房,发生子宫内膜异位症的机会也会有所增加。

◎性交次数要适当:同一对夫妇在不同时期的性生活频度有一定差异,不必做硬性规定。但总体上来说,应避免性生活过度疲劳、萎靡不振,尤其不能影响工作或学习。

性传播感染的 4 种阴道炎

过去属于妇科病的滴虫性阴道炎、霉菌性阴道炎,按世界卫生组织规定,现在也归纳为性传播疾病。如何防止这些妇科疾病的传染呢?

◎淋菌性阴道炎:混乱不洁的性行为是主要传播感染途径。防范淋菌性阴道炎,注意洁身自重和生理卫生,且洗澡要淋浴。婚后如一方患有淋病,夫妻要同检同治,并暂停性生活。

◎滴虫性阴道炎:这是由阴道毛滴虫感染传播的一种性病。预防滴虫性阴道炎,一要洁身自重,二要讲究性器官和性生活卫生,三要独用浴盆、浴巾,内裤要常洗常换。配偶如染有滴虫性阴道炎,也要同治。

◎嗜血杆菌性阴道炎:主要是通过不洁的性交和类似性行为感染传播的。防范应检验其性配偶有无带菌,如有应及时治疗。夫妻在治疗期间应暂停性生活或戴避孕套性交。

◎霉菌性阴道炎:病原微生物为霉菌,通过淫乱的性行为直接传染。预防应注意性生活保健,养成每晚洗涤会阴、勤换内裤的习惯。

戒除手淫的不良习惯

手淫是指在性冲动时采用手法刺激,达到自我发泄性欲的手段。常由无意中生殖器官局部受到摩擦产生快感引起。

手淫对身心健康也许无大影响,但经常手淫的危害不在于精液的损失,而是由此产生的不正常的心理状态和对性功能的影响。有的人内心对手淫困惑不解,存在几分惶恐,手淫之后难免自责、羞愧、焦虑,以致造成精神负担。另外,频繁手淫使盆腔长期充血,容易引起疲劳、腰酸腿软等感觉,久之精神萎靡、神经衰弱、忧郁、颓废,不能集中精力学习或工作,还可能引起性欲减退、阳痿、早泄、遗精或不射精等性功能障碍,对身心健康极为不利。

使用避孕套也要当心性传播疾病

避孕套的最早应用是为了预防性传播疾病而不是避孕。由于阴茎套可以防止患者的病变部位与健康人接触,更重要的是它可以机械地阻止病菌通过,所以当时人们把它用于防止性传播疾病的传播,确实起到了一定的作用。然而,有些性传播疾病,如梅毒、阴部疱疹和软下疳等,病变除了在阴茎外,还可在阴囊等会阴部的其他部位,这样避孕套就无法起到阻隔作用了。

此外,由于避孕套的质量很难保证,所以如果避孕套脱落或破裂,都可能造成性传播疾病的发生。因此,一定不要以为使用避孕套就不会传染上性传播疾病了。

旅行中如何过好性生活

在不影响身心健康的情况下,夫妻俩怎样过好旅游中的性生活呢?

◎要在精力比较充沛的情况下过性生活。性生活本身就是一种全身高度兴奋的活动,它不仅伤精,而且耗气。而旅游活动,极易造成身体疲劳。因此,在当天的旅游活动结束后,不要马上过性生活,而应在疲劳消退、精力充沛的情况下进行。这样做既不会影响身体健康,又能有较高的兴致进行性生活,有益于促进夫妻感情。

◎对于一些冠心病、高血压、心脏病、风湿性心脏病、肺结核、慢性肝炎、慢性胃炎等旅游者来说,最好是少过或不过性生活,否则会使原来的病情发作。

◎注意性生活前的卫生。旅游后全身又脏又累,应尽快恢复体力,切不可匆忙过性生活。即使是身体健康、旅途中没有感觉太过劳累的人,在性生活前也要注意用温水清洗下身,最好是性交前后,各自清洗一次,可预防生殖器官炎症和泌尿系统感染。

优生优育

科学避孕，别让孩子在错误的时间到来

采用体外排精法避孕应注意哪些问题

采用体外排精法避孕，需要男性有较强的克制力。当性交刚要达到高潮，即将射精而又未射精的那段极为短促的时间里，男性必须当机立断使阴茎完全离开女性的外生殖器。如果稍有迟误就有可能把部分精液排入女性阴道内，或外阴、大阴唇等处，这样就有可能使女方受孕。所以在使用这种方法避孕时应注意：

◎在女性排卵期内最好不要使用此法避孕。

◎若男性不能感受射精前的紧迫感，或阴茎抽出后不能射精，则不宜采用这种方法。

◎短期内重复性交前应擦净阴茎龟头上残留的精液。如果两次性交相隔的时间较短，则尿道分泌物中可能含有精子，故最好在第二次性交前排一次尿，以冲干净尿道中的精子。

哪些人不宜使用避孕药来避孕

口服避孕药是一种简单方便又相对安全的避孕方式，但下列人群却不适合采用这种方式来避孕。

◎产妇在哺乳期内不要使用激素类避孕药。因为药物本身可使泌乳量减少，并使乳汁中的蛋白脂肪含量下降，而且药物会经乳汁影响婴儿，可引起婴儿的乳房发育和女性婴儿阴道流血。

◎曾经患有或现正患乳腺癌的女性不要用激素类避孕药。

◎急、慢性肝炎肝硬化、黄疸患者要慎用或不用复方短效避孕药。

◎重度肝硬化、活动性肝炎和肝脏肿瘤患者，不要使用激素类避孕药。

◎病程超过 20 年或有血管并发症的糖尿病患者，不要选用复方避孕药及长效避孕针。

◎40 岁以上的女性不宜再服用口服避孕药。

改变避孕方法时应注意哪些细节

夫妻在几十年的性生活中，有时难免会因为某种情况而不得不更换避孕方法，在变换避孕方法时应注意以下方面：

◎在更换避孕方法之前，必须对新的避孕方法有充分的了解，掌握正确的使用方法。

◎不论是服用哪一种避孕药，在改用其他避孕方法前，必须坚持服完一个月经周期，绝不可中途更换，否则会造成月经紊乱或避孕失败。

◎使用长效避孕药的女性，如果要改用其他避孕方法，应先改服短效避孕药2~3个周期，以减少月经紊乱的发生。

◎原先采用避孕工具的夫妻，若要改用口服避孕药，应在月经来潮的第5天开始服药，服药前必须坚持使用避孕工具。

选择最适合自己的避孕方法

目前可供选择的避孕方法很多，各种避孕方法均有其优缺点。依据个人情况选择适合自己的避孕方法时应遵从以下原则：

◎必须具有较好的避孕效果，并且其使用方法简便，易于掌握。

◎所选的药物或工具等对身体影响较小。

◎不影响正常的性功能。

◎一旦避孕失败而受孕时，不影响胎儿的正常发育。

◎方法本身具有可逆性，一旦停用，生育能力可以在短时间内迅速恢复。

有效避孕的4个原则

1.夫妻双方必须高度重视避孕，任何时候都不能存在侥幸心理。

2.避孕是夫妻双方的事，尤其是丈夫更要关心、爱护和体贴妻子，不能把避孕的事完全推给女性。为了妻子的健康，丈夫要多承担一些责任，不能只图一时方便，造成避孕失败，从而给妻子带来不必要的痛苦。

3.在选择避孕方法时，既要考虑到方便，更要考虑到效果，还要根据女性的健康状况和所处不同时期的特点，正确地选择适合自己的有效避孕方法。

4.要掌握紧急避孕方法。在无措施性交后或发现外用工具避孕失败（如避孕套破裂）后，要及时采取紧急避孕措施。

准备怀孕前如何避孕

◎服用口服避孕药避孕，应在停药6个月后才能怀孕，这是为了使体内代谢恢复正常。在此期间，应采用工具避孕，如避孕套等。

◎服用其他药物后,特别是长期服药后,大多数女性可在停药后1年内怀孕,个别的需在第2年怀孕。

◎若服药期间怀孕,应立即咨询医生。因为在怀孕早期,口服避孕药中的激素会对胚胎产生一定危害。

◎如果带着节育器时妊娠,且想留下这个胎儿,应立即取出节育器。因为宫内节育器可引起孕妇自然流产和早产。

更年期女性仍然需要避孕

有人认为,更年期的女性往往不会再有生育能力,所以也就无须担心受孕。那么,更年期女性是否完全不需要避孕呢?

答案是否定的。更年期是一个漫长的过程,更年期女性要经过数年时间才能完全告别月经。所以在这一特殊时期,女性的生育功能虽然开始减退,但一旦放松了警惕,还是有可能受孕的。但此时女性的身体状态已大不如从前,不适宜孕育、生育下一代,所以更年期女性仍需要避孕。

怀孕常识

孕前有些工作需要进行调换

虽然不能因为怀孕而把工作给辞了,但是为了给宝宝健康,准妈妈和准爸爸还是要重视所从事的工种给胎儿带来影响,考虑是否有必要调换一下工作岗位。一般来说,这样的工作岗位有:

◎经常接触铅、汞等金属的工种。

◎高温作业、振动作业和接触过大噪音的工种。

◎接触电离辐射的工种。

◎医务工作者,尤其是某些科室的临床医生。

◎密切接触化学农药的工种。

◎夜班或需常加班熬夜的工种。

孕前应避免的生活习惯

想要拥有一个健康的孩子,就开始着手改变你的不良生活习惯吧!

◎忌过多地骑车:骑车时,往往会使前列腺和其他附性腺充血和受到慢性劳损,影响它们的功能及加重慢性炎症,进而影响生育力。

◎忌过频洗热水浴:过频、过久的热水浴是不适宜的。当想要宝宝时,准爸爸从准备怀孕前3个月开始就不能洗桑拿了。

◎忌电脑前久坐：电脑辐射会使精子质量下降，从而影响怀孕。

优生优育，远离宠物

如果决定怀孕，应该注意尽量减少人为因素对自己的影响，尽量不要饲养宠物。

这是因为许多宠物身上寄生着弓形体原虫，感染弓形体原虫后会排出弓形体卵囊（这种卵囊一般在猫狗的粪便中），当卵囊污染的水源和食物被人误食，就会感染人体。此外，人与宠物逗着玩，或手脸被小动物舔后，也可能会受到感染。

弓形体原虫进入人体后，通过血液播散到全身，会引起弓形体病。由于侵犯部位不同，弓形体病的症状表现也不一样，一般多为隐性感染，或有乏力、低热、头痛、肌肉关节酸痛等，这些症状很容易被忽视。

所以，饲养宠物的女性，孕前最好做一下 TORCH 检查，以便知晓自己目前是否适合怀孕。如果化验结果显示正在感染，则表示暂时不能怀孕；如果在怀孕3个月内，女性的 TORCH 检验显示感染了弓形虫，则应立即终止妊娠，以免生下不健康的孩子。

改善环境，生育健康孩子

◎保护环境：搞好污水、污气、污物的处理，绿化、美化环境，避免化学物质污染周围环境而影响孕妇健康或危及胎儿。

◎加强孕期保健：孕妇必须加强孕期保健，预防病毒感染的发生。怀孕时，要尽量少到公共场所去，尽量杜绝各种被感染的机会。特别是怀孕早期更要注意个人卫生和环境卫生，居室尽量保持良好的通风和采光，注意冷暖适宜，加强锻炼，积极预防感冒，保证孕期身体健康。在怀孕头3个月内甚至更长一段时间内，应禁止 X 线照射。一般认为，即使是常规的肺部透视，也要推迟到妊娠7个月时方可进行。

◎加强劳动保护：孕妇若因工作需要经常接触有毒物质，应在条件许可的范围内，调换工种，缩短工作时间，加强防护措施。生活在农村的女性最好不要从事喷洒农药等劳动。

疲劳会影响优生

长时间旅行、频下舞场、通宵麻将、久看电视、剧烈体育运动、久久不散的酒宴、激烈地争吵、超负荷的精神压力、过于集中并持久的脑力劳动等。现代生活造成的疲劳正悄悄地影响着优生。

要优生就要尽量避开疲劳。假如你今天结婚，喝完喜酒闹完洞房才安寝……假如你们旅行结婚，奔波了很远才下榻……假如今晚你与妻子才从舞会回到家中……那么疲劳会使你的精子质量受影响，当夜同房，如果受孕，其结果可能与优生的愿望相悖。

要好"孕",请调心

除了工作等原因,心理健康对受孕有着极大的影响,如果存在严重的心理障碍,则往往导致不孕。因此,如果想要顺利受孕,一定要把心理障碍消除了,把心理环境调整到最佳状态。

由于心理障碍造成的不孕,主要还是依靠心理治疗。减少或减轻不孕症患者心理障碍,不仅可以提高自然受孕率,还可以提高患者的生活质量。

心理治疗的方式是多方面的,既要靠医生,也要靠家人,更要靠自己。同时,患者自身也应当提高免疫力,在心理上保持快乐,减少疑虑、紧张。

孕前及孕期保持良好心情的女性,孕期生活要顺利从容得多,妊娠反应也轻得多。有了这样的心理准备,胎儿会在优良的环境中健康成长,孕育生活将是轻松愉快的,家庭也会充满幸福、安宁和温馨。

调整好排卵期的精神状态

在计划怀孕的阶段,夫妻双方应保持好感情的和睦,性生活美满和谐,情绪稳定、放松,以利于受孕。

精神状态不佳,不仅对女性自身不利,而且还会影响到受孕。不少在怀孕上碰到问题的夫妻,都是在准备怀孕时精神过于紧张,从而破坏了拥有宝宝的梦想。值得注意的是,孕前如果精神状态不好,受孕后,会对胎儿的成长造成很大的影响。因此用科学的方法调整自身精神状态,往往能够使孕育收到事半功倍的效果。

下面的一些建议可以帮助夫妻双方保持好情绪。

◎共同操持家务。

◎夫妻双方在和谐的气氛中共进温馨的晚餐。

◎饭后,夫妻双方边听音乐边交流感情。

◎同房时,夫妻双方的情绪都要保持愉悦,并怀着美好的憧憬,极大限度地发挥各自潜能进行性生活,尽量都达到性高潮,获得性快感,在这种情况下怀上的孩子才容易成为"高质量"的胎儿。

孕前准备,莫精细过头

孕前准备,只要做好应做的准备工作,调整好自己的精神状态和心理状态就可以。精细过头,反而会弄巧成拙。

◎不要过度紧张:怀孕前应做的准备很多,但没有必要过于谨慎。长期处于高度紧张状态可能会造成忧虑、郁闷、神经质等不良反应,反而会影响到精子和卵子的质量。

◎不要盲目进补:身体瘦弱、贫血的女性可以多补充营养,以便增强体质。但是如果身体原本就比较胖,这个时候就应该注意避免体重增加过快、营养过剩了。

◎不要"一动不动"：虽然孕前及孕期应尽量避免出入人流量较多的公共场所，但如果因此整日待在家里，一动不动，就会"捡了芝麻、丢了西瓜"。孕前缺乏适量的体育锻炼不利于女性体内激素的合理调配，而且由于缺乏锻炼导致肥胖的女性，极易出现孕期糖尿病，而丈夫如果没有适当锻炼，将会影响到精子的质量。

糖尿病患者想生孩子怎么办

自应用胰岛素治疗糖尿病以来，糖尿病患者的不孕症显著减少，糖尿病孕妇的死亡已极少见。但糖尿病孕妇所怀胎儿的死亡率仍很高，畸形率也比正常人高 3 倍，而且糖尿病患者妊娠后其孕育过程变得更加复杂，处理不当会危及母子生命。

因此一些已有明显肾脏病变或严重的视网膜病变的糖尿病患者，妊娠后畸胎率可高达 20 倍，故不宜妊娠。而那些血压不高，心、肾功能和眼底均正常，病变较轻的糖尿病患者是可以妊娠的，但必须在产科和内科医师共同密切观察及治疗下继续妊娠。

调整好作息规律

孕前有各种各样的准备工作需要去做，其中很重要的一项就是调整好作息时间，使之符合健康自然的生活规律，辅以适量锻炼，使自身的健康状况达到一种良好的状态。

机体处于极度疲劳或患病的状况下，免疫功能会下降，从而使精子和卵子的质量受到很大的影响，同时也会干扰子宫的内环境，不利于受精卵着床和生长，从而导致胎萎、流产或影响胎儿脑神经的发育。因此，最好不要在疲劳状态下受孕，孕前应调整好作息时间，保证有充分精力。

女性一旦怀孕，胎儿便开始通过母体来区分白昼和黑夜，孕妇自身正常的作息对于胎儿的健康影响很大。孕妇早睡早起，出生后的孩子也会比其他的小朋友更加活泼健康。所以，从计划怀孕开始，夫妻双方就应该注意培养良好的作息习惯。

孕期保健与自我心理调适

孕期恶心、呕吐怎么办

多数女性在怀孕后 1~3 个月内，会出现恶心、呕吐的情况，特别是在清晨或晚上容易出现轻微地呕吐，有的还呕吐得很严重，这就是"妊娠反应"。

民间有用酸性食物，甚至酸性药物止呕的做法，这些做法并不可取。也有人认为，孕妇不吃东西或少吃东西，就可以预防和缓解恶心、呕吐。实际上不进食不但不能减轻呕吐，而且还会使孕妇缺乏营养供给，对母婴都不利。

孕妇之所以会恶心、呕吐，主要是由于体内增多的雌激素对胃肠内平滑肌产生刺激的缘故。轻微的恶心、呕吐可以不必治疗,更不要禁食或少吃。相反,如果多吃一些食物,还会感觉好一些。孕妇最好每天吃6顿饭。少食多餐,不吃油腻和辛辣食物,可缓解恶心、呕吐等妊娠反应。

此外,还可以准备一些饼干,随时吃一点儿,同时,喝点牛奶会更好。吃完饭后,卧床休息20~30分钟,恶心时再吃几块饼干,恶心也会有所缓解。

孕期应注意的事项

初次怀孕的女性,在身体和心理上,都会发生一连串的变化,因为是第一次怀孕,孕妇自己往往还浑然不知,尤其对于一些原本没有生育的计划或是根本不了解妊娠反应的孕妇来说,可能会因误食药物或者疏忽了生活上的细节对胎儿和自己产生不良的影响。

就身体反应而言,怀孕初期可能会有类似感冒的症状,若胡乱买药吃,不仅不能达到治疗的效果,说不定还会影响胎儿的发育,甚至导致畸形!所以,在准备怀孕后不要随便服药,最安全的办法就是请医生诊治。

孕妇自觉身体不适时,不要勉强做剧烈的运动或在此时远游,以免造成意外流产。此外,若非必要,不要随意被X光照射。

这些生活上的细节,在身体健康、正常工作的情况下,偶然误犯好像无关紧要,但对于孕妇来说,很可能是致命的,所以必须谨慎从事。

孕妇食酸有讲究

怀孕后的女性在一个时期内,常常想吃酸味食物,这与其生理变化有一定关系。

女性怀孕后,胎盘会分泌一种叫作绒毛膜促性腺激素的物质,这种物质有抑制胃酸分泌的作用,能使胃酸显著减少,消化酶活性降低,并会影响胃肠的消化吸收功能,从而使孕妇产生恶心欲呕、食欲下降、肢软乏力等症状。由于酸味能刺激胃分泌胃液,且可提高消化酶的活性,促进胃肠蠕动,增加食欲,有利于食物的消化与吸收,所以,多数孕妇都爱吃酸味食物。

从营养学角度来看,孕妇吃些酸性食物有助于满足母亲和胎儿的营养需要。一般怀孕2~3个月后,胎儿的骨骼开始形成,而构成骨骼的主要成分是钙,但是要使游离钙形成钙盐在骨骼中沉积下来,必须有酸性物质参加。孕妇多吃酸性食物有益于胎儿骨骼的生长发育。

孕妇食酸要讲究科学。喜吃酸食的孕妇,最好选择既有酸味又营养丰富的西红柿、樱桃、杨梅、石榴、橘子、酸枣、葡萄、苹果等新鲜水果,这样既能改善胃肠道不适症状,也可增进食欲,增加营养。

孕期外出旅行的注意事项

◎孕妇外出旅行时,应考虑体力负荷的问题,避免前往人群密集处,时间也不可过于仓促。怀孕期间最好不要长途旅行,尤其是在容易流产的怀孕初期及易于早产的怀孕后期,更应谨慎。如果无法避免,则应选在怀孕后 16~28 周进行。同时出发前,最好请医师检查并征求其意见,最好有家人陪伴同行。

◎行程的安排应避免过于紧凑,每个地点的停留时间最好安排的充分些。

◎为了预防在旅途中发生意外,应先探听目的地附近的医院地址。

孕中期的几点注意事项

◎怀孕 4 个月,孕妇的孕吐及压迫感等不舒服的症状逐渐消失,虽然此时身心安定,但仍须小心。因为此时是胎盘完成的重要时期,孕妇保持身心的平静,以免动了胎气。为了使胎儿发育得良好,孕妇必须摄取充足的营养,且营养素的摄入要均衡,不可偏食。孕妇此时可能出现妊娠贫血症,因此这个时期对铁质的吸收尤其重要。此外,由于身体容易出汗、分泌物增多、容易受病菌感染,所以孕妇最好每天淋浴并且勤换内衣裤。

◎怀孕第 5 个月,孕妇应注意腹部的保暖并预防腹部松弛,最好使用束腹、腹带或腹部防护套。此外,孕妇的乳房在这个时期会逐渐胀大,故最好换穿较大尺码的胸罩。随着胎儿的发育,孕妇需要更充足的营养,否则不仅会发育缓慢,甚至还会影响到胎儿的健康。此时是怀孕期间最安定的时期。

◎怀孕第 6 个月时,孕妇的肚子会变大凸出,身体的重心也随之改变,走路较不平稳,并且容易疲倦,尤其是弯身向前或做其他非正常的姿势时,就会感觉腰痛,所以,孕妇应避免做这些动作,且在上下楼梯或爬上高处时,应特别注意安全。

孕妇不宜吃黄芪炖鸡

黄芪是人们较为熟悉的补益肺脾之气的中药。用单味黄芪加老母鸡同炖食之,补养身体的功效更强。有的人为了给孕妇和胎儿增加营养,常常会用黄芪炖鸡给孕妇吃。但有的孕妇,尤其是快要临产的孕妇,吃了黄芪炖鸡后出现了过期妊娠、胎儿过大甚至难产,结果不得不采用会阴侧切、剖腹产等来帮助生产,这不但给孕妇带来了痛苦,同时也有可能损害胎儿。

孕妇用黄芪炖母鸡进补造成难产的原因,主要是由于黄芪有益气、升提、固涩作用,干扰了妊娠晚期胎儿正常下降的生理规律;黄芪有"助气壮筋骨、长肉补血"的功用,加上母鸡本身是高蛋白食品,两者起滋补协同作用,这会使胎儿长势过猛,从而造成难产。此外,黄芪还有利尿作用,这种利尿作用使得羊水相对减少,以致延长产程。

因此,从有利于健康的角度考虑,孕妇最好不要吃黄芪炖鸡。

临产前需要做哪些准备

临产前的 2 个月,当妈妈的就应该为迎接孩子的出生做必要的准备工作了。

◎要将坐月子期间所穿的内衣、外衣准备好,洗净后放置一起。内衣应选择纯棉制品,因为纯棉制品在吸汗能力比化纤制品优越,穿着较舒适。上衣以选择易解易脱、方便哺乳的样式为主。裤子可选购比较厚实的针织棉纺制品,如运动裤,既保暖又比较宽大,穿着舒适,同时还容易穿脱。

◎由于坐月子期间洗澡不便,故孕妇应多准备几套内衣,以便换洗,还应准备质量合格的卫生巾若干,同时应准备专用的洗脸和擦洗身子的毛巾并准备10包左右卫生纸备用。

◎分娩前最主要的是要克服紧张、恐惧的心理,一定要精神放松,全身心高高兴兴地喜迎孩子的降生。

分娩前有哪些征兆

分娩日接近时,会有以下各种征兆告诉孕妇即将临盆,但征兆出现时机,因人而异,较快者在怀孕第36周便会出现下列临盆征兆。

◎子宫底下降:子宫底下降即代表胎儿开始下降,因此,孕妇在呼吸时会感到比较轻松、舒畅,胃不再受到压迫,食欲开始好起来。

◎腹部膨胀:又称前阵痛,这是由于子宫敏感,稍受到刺激,便容易形成收缩所致。有时会有疼痛的感觉,并呈不规则的阵痛,有些人甚至还会有腰酸的现象。

◎尿频:这是胎儿头部下降压迫膀胱所致。特别是在夜间,孕妇必须三番五次起床解尿,这就预示分娩期即将接近了。

◎胎动减少:这是胎儿头部下降至骨盆腔难以活动所致。

◎大腿处鼓胀:大腿或膀胱附近有鼓胀的感觉,甚至会痛得难以举步。

◎分泌物增多:主要是子宫颈口处的分泌物增多,而且呈黏稠的状态,其作用是润滑产道,分娩时使胎儿易于通过。

◎体重不再增加:原本持续增加的体重不再增加,甚至会有减低的情形。

分娩征兆明显时应立即入院

当分娩的征兆十分明显时,必须马上入院待产。以下所述即为入院的时机。

◎羊水破裂时:即表示已开始生产,所以不论白天或夜晚,一旦羊水破裂,孕妇都应立刻入院。

◎阴道只流出带血的分泌物,但子宫收缩仍不规则时:出现这种症状时,要先观察情况,等子宫每隔20分钟持续30秒以上的规则性收缩时,再入院生产即可。如果到医院的车程在1小时之内,此时再送医院时间仍绰绰有余。但是当阴道流出大量带血的分泌物时,即使毫无收缩的感觉,也要马上住院以保证安全。

◎子宫已有规则的收缩,但尚未出血时:不论是否有出血的现象,只要宫缩的间隔缩短、增强,且每次持续30秒以上时,就要立刻住院。

高龄初产妇必要的产前检查

高龄初产孕妇一般指 35 岁以上才初次怀孕的准妈妈。由于生育年龄太晚,高龄初产妇早产、流产、难产、畸形儿的发生率都会增加。因此,高龄初产妇整个孕期应比一般孕妇要更加谨慎小心,除进行常规的产前检查外,还必须进行特殊的产前检查,以监视胎儿的发育。这些检查主要有以下几种。

◎产前宫内诊断:高龄孕妇所生婴儿的先天愚型及畸形发生率比一般孕妇高得多,此外,许多其他染色体异常疾病的患儿出生率也随着孕妇年龄增大而增加。因此,高龄初产妇应去医院做一次产前宫内诊断。

◎绒毛及羊水检查:在怀孕第 16~18 周,高龄初产妇应进行羊水穿刺检查,以检测胎儿是否异常。

◎脐带穿刺检查:怀孕第 20 周后,高龄初产妇应在局部麻醉的情况下,用针头取胎儿脐带血,进行检查,这种方法可以检测染色体是否异常及遗传性血液病。

◎血压和尿的检查:高龄初产妇易患妊娠高血压综合征,因此,每半个月应检查 1 次血压和尿。

◎产前产道检查:由于高龄初产妇的骨骼、肌肉、韧带的弹性下降,常不利于自然分娩,因此,分娩前一定要到医院认真检查产道是否正常,胎儿是否可以顺利通过产道,以此来选择分娩方式。

为新生儿准备合适的衣服

新生儿皮肤娇嫩,毛细血管丰富,对冷热的调节功能差,抵抗力弱。所以,其衣服应以冬天保暖、夏天散热、穿着舒适,不影响手脚运动为原则,最好选用纯棉布、薄棉布、薄绒布自制,以保证衣服质地柔软、装饰物少、色彩浅淡。

新生儿衣服的胸围和袖口要宽松,以便穿脱。不要用扣子,可以系带子。衣服的接缝要少,接缝处及衣下摆毛边、衣缝应朝外,以免衣缝太厚磨伤孩子的皮肤。新生儿脖子短,不适合穿带领子的衣服。

新生儿不宜穿毛衣,天冷时可穿无领斜襟棉袄,也可以穿后开口的小棉袄。前身要盖过肚脐,后身可以稍微短一些,以防尿湿。夏天可穿睡裙式单衣,高温天气可穿布兜肚。

另外,还要准备好篷式拉链袋和婴儿帽,以备外出时用。

全面胎教才优生

把握受孕瞬间的胎教

每个父母都希望孩子能继承父母的优点，成为一个聪慧、俊美的孩子。而受孕瞬间正是优生优育的一个关键时刻。

中医认为，男女交合时必须心情良好，才能为孕育优生打下良好的基础。《景岳全书》指出，"男女交合应在时和气爽，情思清宁，精神闲裕"时进行，这样"得子非唯少疾，且聪慧贤明"。因此，在选择好的最佳受孕日里，下班后应早些回家，夫妻双方在和谐愉快的气氛中共进晚餐。饭后夫妻最好单独呆在一起，然后播放轻音乐，一边听，一边进行感情交流。双方可以体会对方的情感和需求，双方可以表达自己的感受，也可以共同回忆恋爱中的趣事，憧憬未来的家庭和孩子……

当夫妻双方在情感、思维和行为等方面都达到高度协调时可以同房。在同房的过程中，夫妻双方都应保持良好的意念，要把自己的愿望转化为具体的形象，想象大自然中一切美好的东西，带着美好的愿望和充分的激情进入"角色"，极大限度地发挥各自的潜能。这样用夫妻的爱培育出的孩子将集中双亲在身体、相貌、智慧等方面的优点，成为一个健康聪明的优秀宝宝。

抚摩胎教法的宜忌

抚摩胎教法是父母通过抚摩来与胎儿沟通的方法，是孕早期父母与胎儿沟通的重要途径。

抚摩胎教可以安排在妊娠 20 周后，每晚临睡前进行，并注意胎儿的反应类型和反应速度。如果胎儿对抚摩的刺激不高兴，就会用力挣脱或者蹬腿来反应。这时，父母应该停止抚摩。如果胎儿受到抚摩后，过了一会儿，才以轻轻地蠕动做出反应，这种情况下可以继续抚摩。具体方法为从胎头部位开始抚摩，然后沿背部到臀部至肢体，轻柔有序地进行。抚摩时间不宜过长，以 5~10 分钟为宜。抚摩可以与数胎动结合进行，并且将情况记录在胎教日记中。

首先，抚摩及按压时动作要轻柔，以免用力过度引起意外。其次，有的孕妇在孕中期、孕晚期经常会有一阵阵的腹壁变硬，这可能是不规则的子宫收缩，此时千万不可进行抚摩胎教，以免引起早产。

胎教期间的准爸妈要做好哪些工作

孕育和生产不仅依靠胎儿的自我艰苦奋斗，还需要父母的通力合作。父母在孕期应特别注意：

◎怀孕期间生活要有规律。饮食要平衡，要讲究卫生整洁，保证大小便通畅，保证足够的睡眠。

◎每天应该有适量的活动，活动量不宜太大，也不能过少。

◎如果可能，要常去郊外走走，欣赏多彩的自然风光，在大自然中怡情逸趣。

◎怀孕期间要保持平和的心境、愉快的心情。怀孕的女性最忌抑郁、悲伤、烦躁、惊恐和愤怒，这绝对不利于腹中的胎儿。所以，准妈妈在怀孕期间要多自找乐趣，放宽心胸，不要为小事而烦恼忧愁。

◎父亲对胎儿的影响是间接的，是通过母亲传递给胎儿的。因此在妻子怀孕期间，丈夫要格外关心体贴妻子，要处理好家庭内外的一切事务，给妻子创造一个和谐安宁的孕期环境，同样还要节制房事，以免压迫胎儿。

◎有一些具体的胎教活动，还需要丈夫的配合，例如，为妻子准备一些给胎儿听的音乐磁带、配合妻子与腹中的胎儿对话等等。

孕妇要根据自己的性格选择胎教音乐

每个人都有不同的性格特点，所以不同性格特点的孕妇，进行音乐胎教时要选择曲调、节奏、旋律、响度不同的乐曲。如孕妇情绪不稳，性情急躁，胎动频繁不安，则宜选择一些缓慢柔和、轻盈安详的乐曲。如《二泉映月》《渔舟唱晚》《春江花月夜》《平沙落雁》等。这些柔和平缓并带有诗情画意的乐曲，可以使孕妇及胎儿逐渐趋于稳定的状态，使胎儿的身心朝着健康的方向发展。

如果孕妇性格阴郁迟缓，胎动也比较弱，则宜选择一些轻松活泼、节奏感强的乐曲。如《春天来了》《江南好》《步步高》《春之声圆舞曲》等。这些乐曲旋律轻盈优雅，曲调优美酣畅，起伏跳跃，节奏感强，既可以使孕妇振奋精神，解除忧虑，也能给腹中的胎儿增添生命的活力。

不宜经常哼唱悲调歌曲

一直哼唱悲调歌曲，不禁令人觉得肃杀凄凉。假如你喜欢的歌曲清一色都是"哭调"，你的内心深处必是非常不满、寂寞、萧索。当你怀孕时，你就需要努力转换你的情绪与心态，而你腹中的胎儿一定也希望你有所改变。

如果你改唱轻快的歌曲，同时轻轻摆动你的身体，你的心情会大为改观，想必胎儿也乐于见到你的改变。

常和腹中的宝宝对话

对话胎教法是父母隔着肚皮与胎儿说话，对胎儿进行听力、语言、记忆、审美等方面训练的方法。

与胎儿对话一般从妊娠3~4个月时开始,每天定时进行对话,每次时间不宜过长,应在自然、和谐的气氛中进行,对话的内容不限。例如,早晨起床前轻抚腹部,说声:"早上好,宝宝。"打开窗户时告诉胎儿:"哦,天气真好!"吃早餐时可以边咀嚼边说:"妈妈吃的是鸡蛋,好香啊!"上班走在路上,可以把路上见到的景色讲解给胎儿听。晚上睡觉前,可以由丈夫轻抚妻子的腹部对胎儿谈话:"哦,宝宝,爸爸来看你了,你的眼睛一定长得像妈妈。好漂亮啊……晚安,宝宝!"最好每次都以相同的词句开头和结尾,这样循环往复,不断强化,效果比较好。

科学坐月子,做健康新妈妈

产后请慢用腹带

不少年轻妈妈,生完孩子后担心自己的体型发生变化,一生下宝宝就忙着用腹带或紧身裤将臀部、腰部、小腹部裹得紧紧的,以为这样才能使体型恢复如初。殊不知,这样做不但会影响生殖器官和盆腔组织的恢复,还会造成子宫复旧不全。

女性在妊娠期间,体内变化最大的就是子宫,子宫重量从未妊娠时的50克,到妊娠足月时可达1000克,大约在产后1周左右,子宫就基本恢复到原来的大小。

子宫颈在生产时会因充血、水肿而变得非常松软,子宫颈壁也很薄。由于分娩时的损伤,初产妇的子宫颈外口,会失去原来的圆形,而变成横裂。因此,产后立即穿紧身裤或扎上腹带,不但会使腹压增高,而且还会影响子宫韧带及盆腔内各组织器官的恢复,影响腹腔及盆腔正常的血液循环,从而引起盆腔淤血。

母乳喂养应注意什么

怀孕和哺乳,是女人独具的天职。母乳有助于宝宝智商与认知能力的发展。除增加亲子间的情感沟通外,母乳喂养还可以降低哺乳者乳腺癌、卵巢癌与贫血的罹患率。所以,很多妈妈在优越的工作机会与亲情之间,选择母乳喂养。当孩子吸吮奶水时,那种和自己"血浓于水"的亲情,绝对不是为人父或不进行母乳哺养的女性可以体会到的。

然而,怀孕与哺乳期也是女性体内钙质流失最严重的一个时期。因为哺乳者除了要补充自身的需求之外,还要为宝宝提供需要。如果哺乳者本身钙质摄取不足,身体会自动从骨骼中释放出钙质,以应付新增的需求。另外,钙质的流失也会造成更年期后的骨质疏松。

建议母乳喂养者应选择更多富含钙质的食物,如牛奶、乳制品、黄豆制品、鱼类都是钙质的丰富来源。

坐月子期间能否多喝水

水分在身体中扮演着"溶剂"的角色——虽然不含热量,却能促进新陈代谢。按照西医的理论,多喝水有助于排除体内秽物(如恶露),恢复晶莹剔透的好皮肤。然而,在这方面,中、西医的看法有些出入。有些中医主张,产后应少饮水,以确保日后身材不会变性走样。而西医则主张产妇应多补充牛奶和水分,才能分泌较多的乳汁,可通过控制热量的摄取与运动来恢复身材。

如果过于控制饮水,产妇要如何解决口渴难耐的不适感呢?通常,可以将米酒煮沸,使其酒精成分挥发后再饮用。此外,还可以饮用生化汤来排除体内秽物,生化汤的配方因人而异,如需饮用应与营养师沟通,寻找适合自己体质的配方。

产后卧床多久较适宜

产后第一天,产妇应该放心睡觉,什么事情都不必管。因为她需要好好地休息了。第二天以后,你就可坐在床上,可爱的孩子会使你的情绪特别愉悦,使你逐渐忘了分娩的痛苦,再次注意到周围的环境了。

产后需要卧床多久,往往视产妇的情形而异。一般来说,产妇生产后第二天就可在床上斜躺或坐起,第四天开始可以下床走动。正常分娩的产妇,早点下床可以帮助产后身体的康复。可是如果产后子宫收缩不理想,或者分娩时间延长,失血过多,发生妊娠毒血症以及手术分娩的产妇,则不宜过早下床。

分娩以后,需要6周的时间生殖器官才能恢复正常,在这段时间里,最重要的事情就是保持会阴部位,特别是阴道口的洁净,以防止细菌感染。

保持外阴部的清洁,不但可以预防会阴部的细菌感染,同时还可促进会阴部伤口的愈合,使产妇觉得非常舒服。

乳汁不能"零存整取"

乳汁不足常使不少母亲头疼,然而,有些母亲常错误地认为,延长喂奶的间隔时间,减少喂奶次数,就可达到积攒乳汁的目的,结果是乳汁越"积"越少。

原来,正常乳汁的分泌依赖于婴儿对乳头的不断刺激,从而促使母体脑垂体前叶分泌一种能促使乳房大量分泌乳汁的激素——泌乳素。该激素作用于乳房的腺体后,就会使乳汁"滚滚而来"。研究证实,吸吮次数越多、越强烈,乳汁就会分泌得越多越快。相反,对乳头刺激过少过弱,乳汁就会分泌得越少、越慢。

给婴儿哺乳时如何防止乳头受伤

婴儿的吸吮力很大,有些性急的孩子喜欢嚼咬乳头,从而引起产妇乳头破裂、糜烂,疼得无法给孩子喂奶。这时,应请医生开些油剂或软膏(切忌不要自行涂药膏,也不要擅自用酒精或龙胆紫药水)来防止糜烂。

切勿将吸食中的婴儿从乳房拉扯开——这样做只会弄伤乳头。如果想把吃奶中的婴儿移开,可稳定地轻压他的颊部使他松开口。另一办法是用手指滑入乳晕和婴儿颊部之间,将小手指放入婴儿的口角处。

上述两种方法都会使婴儿的口张开,并且使乳房容易滑脱,而不必使用其他方法把乳头弄出来。在开始哺乳的头几天里,这些做法十分重要,因为乳头需要变硬以利哺乳。

如何判断母乳是否充足

当婴儿吃母乳时,可以听到"咕嘟、咕嘟"的咽奶声音,吃奶后婴儿表现愉快,较少哭闹,大便的性状是黄油油的软便,很少发生消化不良,最重要的是婴儿体重按规律增加,这都是母乳充足的表现。

如果发现婴儿吸奶时很有劲,但咽得却少,听不到咽奶声音;有时婴儿正在吃奶时突然放掉奶头,不停地哭闹;或是喂奶时间不长就开始哭闹,而母亲并没有乳房胀的感觉;婴儿大便量少,有时为绿色泡沫便;睡眠不踏实;一天 24 小时的小便次数不足 6 次;体重增长得太慢,或是不增长甚至下降等等。这些都说明母乳量不足。所以要求每个妈妈都要认真观察孩子吃奶的情况,及时采取应对措施。

不要担心母乳喂养对身体的影响

有些年轻的妈妈担心哺乳后会使体型变差,对喂奶敬而远之,甚至刚怀孕就断然决定以后不给孩子喂奶,其实,问题没那么严重,母亲并不一定要大吃大喝,养得肥肥胖胖才能泌乳,只要母亲健康就会有乳汁分泌。

还有的女性担心母乳哺养会使乳房下垂。其实,乳房的变化早在孕期就开始了,喂不喂奶情况都一样。有喂奶时间很久而乳房仍富有弹性的母亲,也有从未喂过奶而乳房显得平瘪松垂的母亲。其实,哺乳会使体型变得丰满、匀称,更显女性的魅力。这一点对瘦型的母亲尤为明显。

产后多久能恢复正常工作

产妇因为分娩时的用力,产后常常会很累,所以产后应当好好地休息。特别是生产后头一两天最好在床上休息。

若产妇身体素质好,产时的疲劳又已消除,同时会阴部没有裂伤,那么第二天就可以坐起来或下地活动,不过活动量要逐渐增加。

半个月后,可以做一些轻便的家务,如擦擦桌子、收拾房间等,这有利于增加食欲,减少大小便的困难。较粗重的工作,如洗衣服、提水、抬重物等暂不能做,避免因劳累而患子宫脱垂的疾病。

一般在分娩6~8周后，可到医院做产后检查，包括全身检查及生殖器官复旧、伤口愈合情况、盆底托力检查等，一切情况都正常者方可恢复正常的工作和劳动。

这个日程表是根据产妇身体恢复状况和大量生产经验得出来的，一般不可违背。有的女性以为自己的体质好，很早就下地活动，因此造成积患。

婴幼儿的饮食与营养细节

婴儿奶粉不宜冲得过浓

奶粉中含有定量的钠离子，如果不加足量的水适当稀释，婴儿食后大量的钠离子会进入血液，使血中钠含量及血液黏稠度增加，从而造成血管壁压力增大。

由于婴儿的毛细血管很嫩弱，血管受压后，脆性增强，容易引起脑部毛细血管障碍进而影响智力发育。

正确进行初乳喂养

婴儿出生后72小时，乳房产生的不是乳汁，而是一种稀薄的、黄色的液体，名为"初乳"。当婴儿出生后头几天母亲还没有乳汁分泌之前，初乳可满足婴儿所有的营养需要。初乳可以阻止细菌、病毒在婴儿未成熟的肠道表面附着。初乳还有促脂类排泄作用，减少黄疸发生的作用。

所以初乳被人们称为"第一次免疫"。妈妈一定要抓住给孩子喂初乳的机会。

初产妇头几天应有规律地把婴儿抱在胸部前，一是喂哺初乳，二是使婴儿习惯伏在胸前。每当婴儿啼哭时，可把他抱起靠近乳房，每侧乳房吸几分钟即可，这样乳头不会感到酸痛。

婴儿拒绝吸奶怎么办

婴儿拒绝吸奶的一个常见原因是哺乳的方法不正确。这最容易使婴儿出现呼吸困难。如果婴儿不能够通过鼻子呼吸的同时进行吞咽，这时妈妈就必须注意乳房是否盖住了孩子的鼻孔。

在采用正确哺乳姿势的前提下，如果婴儿还是拒绝吸奶，很可能是婴儿出生后没有及时用母乳喂养他，所以他可能不愿意再吸吮乳房了。所以，越早开始用母乳喂养越好。婴儿在出生后48小时内很快就能学会吸吮乳房，如果延误了开奶的时间，他就难以学会吸吮乳房了。但是，这并不意味着婴儿将永远不会吸吮乳房，而是需要母亲耐心指导并坚持下去。例如，如果婴儿是早产儿，母亲可以用自己挤出的乳汁来喂他，当出院回家时便可直接用乳房哺乳。

婴儿拒绝吸吮乳房的第三个原因可能是烦躁不安。如果他醒来,妈妈很想喂奶,但却发现他不理不睬、烦躁不安或动来动去,那么婴儿也许是由于太累而不吸吮乳房。在这种情况下,妈妈应把他紧抱在怀中,轻轻说话加以安慰,而不要试图用哺乳使其安静下来。

婴儿病中少给其吃甜食

婴儿有病,不少父母常常会给其吃甜食。其实,这样做很不利于婴儿的康复。

婴儿患病之后,消化道分泌液减少,消化酶活力减低,胃肠运动缓慢,消化功能失常,所以往往食欲下降。倘若让婴儿吃过多甜食,可使其体内大量的维生素消耗掉。人体缺乏了某些维生素以后,口腔内唾液、胃肠消化液就会减少,这样势必食欲更差。尤其是饭前吃较多的甜食,会引起血糖升高,更会使婴儿失去饥饿感,到吃饭时不想吃东西或吸奶。

食物与人体免疫力有密切关系。吃过多的甜食,会对婴儿免疫力产生不利影响。再者,吃过多的甜食对睡眠也有一定影响。

如何让婴儿接受新添加的辅食

家长在帮助婴儿养成良好饮食习惯的同时,还要让婴儿对新食物感兴趣、愿意接受。促使婴儿接受新食物的方法很多,如在餐桌上一次只增加一种新食品,量要少,应在婴儿饥饿时或精神好的时候哺喂;或把新食物和婴儿熟悉的食物搭配在一起吃;或者父母边讨论新食品的味道、颜色,例如边咀嚼新食品,边做出兴致很高的表情,以增加婴儿对新食物的感官了解和熟悉程度。如果婴儿接受了这种新食品,要给予适当的表扬,至少4~5天后,再让其尝另一种食品。

父母在为婴儿准备新食物时,应注意色、香、味、形,以增加其进食兴趣,使婴儿易于接受。如果初次被婴儿拒绝,可以暂且不去理会,切勿强迫他再进食或对他表示不满,要等以后有机会时,再试试其他的办法。如利用婴儿喜欢食用的某类食品(例如饺子、包子),把新食物加工成这类食品,以此达到让他接受新食物的目的。

婴儿不宜多吃蜂蜜

有些家长在喂婴儿的牛奶里加些蜜,以为这样既能增加营养,又能防止便秘,一举两得。

然而这种做法是会影响孩子健康的。虽然蜂蜜是营养丰富的滋补品,但蜂蜜在生产、运输和储存等一系列过程中,极易受到肉毒杆菌的污染。肉毒杆菌适应环境的能力甚强,既耐严寒,又耐高温,能够在连续煮沸的开水中存活6~10小时。因此,即使经过一般加工处理的蜂蜜,也仍有一定数量的肉毒杆菌孢芽存活。一般情况下,这些孢芽无法生长和释放毒素,然而这些孢芽一旦进入婴幼儿体内,尤其是进入免疫系统尚未成熟的1

岁以下婴儿体内,它们便迅速发育成肉毒杆菌,并释放出大量的肉毒素。

所以,婴幼儿最好不要多吃蜂蜜,尤其是1岁以下的婴儿尤其不宜。

妈妈患乙肝如何喂养孩子

乙肝病毒的母婴传播已为人们所重视,资料表明,母亲为乙肝病毒携带者,有10%的胎儿有宫内感染乙肝病毒的可能,其出生后的感染概率更高。患有乙肝的孕妇要慎防将乙肝病毒传染给孩子。

要做好这方面的预防,应从以下三个方面入手:

◎给新生儿注射乙肝疫苗或高效免疫球蛋白,以增强新生儿抵抗乙肝病毒感染的能力。

◎乙肝病毒携带者最好不要哺乳。凡是母亲血清呈 HB-SAg、HB-CAg 阳性者,其子女最好以人工喂养为宜。

◎适当采取母婴隔离措施,如患乙肝的母亲应与婴儿分床而睡,讲究卫生,生活用品分开存放和清洗。

1 岁以内婴儿的饮食宜忌

适合1岁婴儿的食品有:

◎含淀粉质的食物:面条、面包、通心粉、薯类、饼、燕麦粥等。

◎含蛋白质的食物:牛奶、脱脂奶粉、乳酪、蛋、肉、鱼、猪肝、豆类及其制品等。

◎蔬菜和水果:特别要多吃些红、黄、绿色的蔬菜和水果。

◎海藻类食物:紫菜、海带、裙带菜等。

◎植物油:花生油、芝麻油、菜籽油、核桃油等。

◎软质食物:如婴儿还不习惯吞咽硬食,可以比大人吃得软些、烂些,味道稍淡些。

下列食物不宜喂1岁以内的婴儿:

◎酒、咖啡、浓茶、可乐等刺激性比较强的饮料,会影响婴儿神经系统的正常发育。

海带

◎糯米制品(如元宵、粽子)、水泡饭、花生米、瓜子、炒豆等不易消化和易误入气管的食品,会影响婴儿消化系统的健康。

◎太甜、太咸、油腻、辛辣刺激食物,如肥肉、巧克力等会影响婴儿消化系统功能。

◎冷饮含糖高并含食用色素,易降低婴儿的食欲,引起消化功能紊乱。

科学给孩子断奶

随着孩子的消化功能和咀嚼能力大大提高,如果孩子的饮食已形成一定规律,辅食摄入量和品种增多,营养供应已能满足身体生长发育的需要,则应该考虑给孩子断奶。

◎断奶应该选择春、秋、冬三季,在天气凉爽时进行。

◎断奶必须选择孩子身体健康的时候进行,如孩子身体不适就应推迟断奶。

◎采用自然断奶法,逐渐减少喂奶时间和喂奶量,直到完全停止。避免采用药物或辣椒涂抹奶头的方法迫使孩子断奶,以免给其造成精神刺激。

◎断奶后必须注意为孩子选择质地软、易消化并富含营养的食品,最好为他们单独制作。在烹调方法上要以切碎、烧烂为原则。通常采用煮、煨、炖、烧、蒸的方法,不宜用油炸。

婴幼儿夏季饮食宜忌

夏季由于天气炎热,婴幼儿可能会不愿意吃饭,如若调养不慎,婴幼儿容易发生肠胃炎、中暑等病症。夏季婴幼儿的饮食应该注意以下几点。

◎食物适当咸些:夏季婴幼儿出汗过多,排出的盐分往往超过摄入量,易出现头晕、乏力、中暑等症。因此在菜肴中适当多放些盐,可补充婴幼儿体内盐分的丢失,但不宜使其吃盐过多。

◎菜肴适宜用醋:在烹调时放点醋,不仅能增加食欲,还有保护维生素 C 的功效,对夏季婴幼儿肠道传染病有一定预防作用。

◎用膳必有汤:夏季婴幼儿进食,更应该有菜有汤、干稀搭配。汤易于消化吸收,且营养丰富,并有解热祛暑等作用。

◎忌狂饮:婴幼儿大量喝水,能冲淡胃液进而影响其消化功能。

◎忌多吃冷食:夏天的高温会引起婴幼儿食欲缺乏,而食用冷食可使婴幼儿感到凉爽,并能调节消化系统的功能。但婴幼儿吃冷食过多会使胃肠骤然受凉,父母特别要注意不要让婴幼儿多吃。

给幼儿选择健康的零食

什么零食对幼儿有益呢?该怎么吃呢?

◎奶制品:各种奶制品含有优质的蛋白质、脂肪、糖、钙等营养素,幼儿应每天食用。酸奶、奶酪可作为一天中的加餐,牛奶可早上和晚上睡前饮用。

◎水果:经常吃水果能增进食欲,帮助消化,对幼儿的生长发育是极为有益的。所以,幼儿每天饭后应吃适量水果。要给幼儿选用成熟的、没有腐败变质的水果,不成熟的水果含琥珀酸,琥珀酸能强烈刺激胃肠道,影响幼儿的消化功能。

◎糕点:糕点含蛋白质、脂肪、糖等,因此糕点可作为幼儿下午的加餐,以补充热能。

但糕点不能作为主食,让幼儿随意吃。

◎山楂制品:山楂糕、山楂片、果丹皮等,能帮助消化,饭后适量进食山楂制品可帮助幼儿消化。

注意不要给孩子滥用营养品

孩子的生长发育是各种营养素共同作用下的平衡发展。若孩子平日不挑食、不偏食,能达到饮食的平衡,就不会缺少某种营养物质。若饮食结构、喂养方法不当,则会导致某些营养缺乏症。这样的情况应在医生的指导下调整饮食结构,改变不当的喂养方法,如粗细粮的合理搭配,一定不要滥用营养品来弥补这一不足。

营养品是不能等同于主食的,其功效也不像广告上宣传得那样神奇。而且市场上许多营养品是不合格产品,有的甚至含有激素,所以父母在选购时要认真挑选,以防影响孩子的正常发育。

哺育孩子的关键并不在于给他们吃什么样的营养品,而在于恰当地为他增添食物、调节品种,刺激他们的食欲,在日常饮食中达到营养摄取的平衡、合理。

根据孩子的体质选择食物

家长要根据孩子的体质情况,合理地为孩子挑选不同性质的食品。

体质偏凉的孩子常表现为胃肠道功能不良,大便不成形,不爱喝水,怕冷,尿多,性格偏静,舌苔白等,这类孩子稍受点凉或饮食不当就容易拉肚子,夏天吃冷饮容易肚子疼,多吃一点西瓜、梨等凉性的食物就会发生胃肠道不适或者腹泻。对于这类孩子,家长应该注意避免让孩子吃过多的寒凉性食品,如凉奶、生黄瓜、梨、西瓜等,并提醒自己注意给孩子补充水分。

体质偏热的孩子表现为喜欢喝水,大便偏干,小便偏黄,舌苔黄,有时嘴里有异味,怕热,性格多动等,这类孩子在稍多吃点橘子、荔枝、巧克力、油炸食物时容易出现嘴唇疱疹、口腔溃疡、大便干燥、牙龈肿胀、眼屎多、鼻子发炎等。对于这类体质偏热的孩子,家长应适当限制其温热性食品的摄入,如少吃火锅、油炸食品,不要大量吃荔枝、橘子等水果,平时应让孩子多吃凉性的蔬菜、水果。

婴幼儿的日常护理

不要随意清除新生儿的"胎毒"

胎儿出生后,由于光、空气、衣服、包布、尿布以及温度等刺激,皮肤上会出现鲜红色斑块,以脸部、躯干、肢体上多见,这叫作"新生儿红斑",一般3~4天会逐渐消退。在红斑消退时伴有皮肤少量脱屑或脱皮,这不是"胎毒",是新生儿的正常生理现象,不需要任何处理。

在一些地方,人们认为出现这样的症状是因为胎儿在母体中染了毒气,出生之后若不除去,将来会引发许多疾病,需要服用一些解胎毒的中药才行。这是不可取的,是药三分毒,乱服药会给新生儿的健康带来不可逆转的影响。

恰当地抚摸可以增加孩子的安全感

人类和其他哺乳动物一样,身体需要接触和抚摸,尤其是婴幼儿,这种需要更加强烈。科学家把这种需要称为"皮肤饥饿",可以通过搂抱、抚摸、轻拍等方法得到解决,当孩子得到家长温柔的受抚时,心理上会产生强烈地安全感,大脑的兴奋和抑制变得十分和谐,同时还能促进孩子大脑的发育和智力的提高。如果孩子长期得不到这种爱抚,便常常会采取其他的方法,如相互推拥挤压、逗打等来满足皮肤饥饿的需要,这对其成长是不利的。

因此,父母每天应搂抱婴儿几次,睡前可轻拍或抚摩背部,使其舒服入睡。拍背不仅能起催眠作用,还能刺激背部督脉的各个腧穴,促进内脏功能的加强和健全,改善肺部的血液循环,增强呼吸系统的抗病能力,有利生长发育和预防某些疾病。

新妈妈该如何护理新生儿黄疸

大部分新生儿在出生后一周内会出现皮肤黄疸,新生儿的生理性黄疸可自行消退,家长不必过分紧张。在护理时需要做到以下几点:

◎注意饮食卫生,忌酒和辛辣食品,不可滥用药物。

◎注意保护新生儿脐部、臀部的皮肤,避免损伤,防止感染。

◎注意观察新生儿的皮肤色泽,如黄疸过早出现或过迟消退,或黄疸逐渐加深,以及黄疸已退而复现等症状时,要及时请医生检查。

◎注意观察新生儿的全身症候,看其有无精神萎靡、嗜睡、吸吮困难、惊醒不安,双目斜视、四肢强直或抽搐等症状,也能及早发现黄疸加重的情况。

父母不要搂着孩子睡觉

有些年轻的妈妈,晚上睡觉时喜欢把孩子搂在怀里,以为这样是爱孩子、关心孩子,其实搂着孩子睡觉既不安全,又不卫生。这是因为:

◎孩子的头往往枕在妈妈胳膊上,妈妈多侧卧而睡,时间久了,手臂因长时间受压而麻木不适。此外,妈妈自觉或不自觉地翻身,还会把孩子弄醒,或不小心压伤孩子。

◎孩子容易吃着奶睡觉,可能会因此吸裂妈妈的乳头。

◎劳累了一天的妈妈很容易在孩子吃奶时睡着,若乳房堵住新生儿的口鼻,影响其呼吸,可使新生儿窒息甚至死亡。

◎孩子的头裹在被窝内,被窝内空气污浊,不利于孩子的健康。

家有"夜哭郎"怎么办

如果孩子白天睡觉的时间很长,而夜晚哭闹不安,即所谓的"夜啼郎",这时家长就要设法让他白天少睡些,晚上自然就能够睡好。此外,在孩子入睡困难时家长应注意是否发生了以下情况:

◎若孩子鼻尖上有汗珠,身上湿乎乎的,这时要注意开窗通气,降低室内温度,或适当松开包被,散散热,这样孩子很快就能安稳入睡了。

◎如果孩子的手脚发凉,则表示由于冷而睡不沉,可适当提高室温,加盖被子或用热水袋在包被外加温。

◎尿布湿了,没有吃饱等原因都会引起孩子睡眠不安,此时应当及时更换尿布,勤喂奶。解除了潮湿或饥饿感觉,孩子也就很快入睡了。

◎如果母亲怀孕时身体就缺乏钙和维生素 D,会导致新生儿形成低血钙,从而造成睡眠不安。这种情况要到医院进行诊断后,给孩子补充维生素 D 和葡萄糖酸钙后,就能使孩子睡得安稳。

清洗婴儿的外阴有讲究

◎清洁男婴外阴部时,可用一块湿布或棉球把残留在龟头内的尿液清除,并从大腿皱褶处向阴茎的方向清洁,不要强行将新生儿包皮往后拉。清洗其臀部时,应用一只手握住新生儿双脚,并提起来,清洁其臀部,直至干净。握小儿双脚时,要注意用一个手指垫在他的两足跟之间,以防他的两内踝相互摩擦。

◎清洗女婴外阴部一般在就寝前或者大便后进行,应用湿毛巾自前向后清洗,即先清洗尿道口、阴道口,最后清洗肛门口。如果方向相反,由后向前,很容易将肛门部粪便残渣中的细菌带入尿道口或阴道口,引起尿道及阴道部的炎症。

给婴儿洗澡时的注意事项

◎婴儿身体不舒服的情况下是不宜给婴儿洗澡的,比如不吃奶、呕吐、咳嗽厉害、体温达 37.5℃ 以上时均不宜洗澡。至于轻微的流鼻涕、打喷嚏、咳嗽等往往属于生理现象,只要婴儿情绪正常,可以照常为其洗澡。

◎对于婴儿来说,洗澡是要消耗体力的。因此,父母每次给婴儿洗澡时间不要太长。婴儿在水中浸泡的时间最好不超过 5 分钟,以洗干净为宜。

◎婴儿不能洗澡时,必须随时注意清洁卫生,婴儿生病或因其他原因几天不能洗澡时,可用海绵浴保持其皮肤清洁。

婴儿睡觉时要谨防摔落

婴儿从床上掉到地上,这是任何一个家庭都难免的。2~3个月婴儿的动作技能有了一定发展,尤其是腿脚喜欢乱蹬,会反复用脚蹬被子。身体会逐渐移到床边,甚至掉到地上。所以,当婴儿能用脚蹬开被子时,就必须注意预防婴儿的跌落。

◎婴儿睡的小床一定要有栏杆,如让婴儿睡在大人床上,成人要不断地给予照顾,离开时,一定要用东西挡上。

◎随着婴儿动作的发展,5~6个月的婴儿已经完全会翻身、移动身体,甚至滚动了,这时候从床上坠落的事也越来越多。因此,家长不能将婴儿单独留在床上、椅子上、桌上或沙发上去做其他的事。

◎在婴儿睡觉时,大人一定要将其床上的栏杆安好再离开房间。孩子玩耍时,可在地板上或地毯上,让孩子坐着玩耍,或学滚动、踢腿而不至于跌伤。

预防孩子踢被子有妙方

孩子在晚上睡觉时踢被子是常有的事,可以通过以下方法加以预防:

◎被子不要太重、太厚:睡觉时尽量给孩子少穿衣裤,更不能以衣代被,否则孩子会闷热出汗,影响睡眠质量。所以应选择柔软透气,吸湿性好的棉织物给孩子做衣服,被子应选用轻薄的。

◎要创造安静的环境:睡觉前不要过分逗引小孩、恐吓小孩,更不能讲恐怖的故事刺激小孩,白天也不要玩得太疲劳,否则孩子入睡后,大脑仍保持着兴奋状态,很容易踢被子、讲梦话等。

◎要培养孩子良好的睡姿:不要使孩子的头面部蒙在被子里,手不要放在胸前,最好采用侧卧位。

◎耐心哄孩子入睡:因身体不适,生病后烦躁,情绪不稳,易踢被子时家长要耐心、细致地看护好。

◎有可能的话做一个睡袋:把小孩放在睡袋里,这样家长就不必担心孩子踢被子后受凉感冒。

让孩子在摸爬滚打中成长

新生儿的按摩体操

下面这两节操可以疏通新生儿上肢和腹部的血脉,同时又可以使新生儿在妈妈的轻轻抚摸下产生舒适、愉快的情绪反应。

◎新生儿仰卧，双臂放于体侧。妈妈用双手指面从肩到手按摩新生儿胳膊4~6次。

◎新生儿姿势同上。妈妈用双手掌面按顺时针方向按摩新生儿腹部6~8次，然后再用双手掌面从孩子腹部中心向两肋腰间方向抚摸6~8次。

妈妈动作一定要轻柔，可以隔着一两层棉布按摩，以防擦伤新生儿娇嫩的皮肤。

这套体操可以从孩子出生1周以后开始做。注意在孩子不饿不饱、精神愉快的时候进行。做操时间可安排在喂奶前半小时或喂奶后1小时，每次做操时间不宜太长，一般不超过3分钟。

做完后应让孩子休息20~30分钟，不要马上抱出室外活动。孩子哭闹时，要将其哄逗安静，在情绪愉快的情况下做操。坚持每天给孩子做，持之以恒才能收效。

幼儿宜多玩游戏

3~6岁的孩子，正处于幼儿期，而幼儿最好的学习形式就是游戏，而不是死记硬背。对于幼儿来说，把记忆作为专门的有目的活动还是有困难的，故应把幼儿的学习活动融于游戏活动中。游戏不仅可以锻炼身体，而且可以发展幼儿的才智，有助于其身心健康。

游戏是幼儿参加社会生活的开端，孩子们在一起玩，就是学习和交往，他们在一起玩沙、玩水、玩皮球、搭积木、玩开汽车等，常把看到过的事情、动作再现出来，对记忆力的发展很有帮助。

游戏中，幼儿之间还会互相分工，扮演角色，通过孩子间的相互合作，相互帮助，并能逐步获得道德品质方面的教育。

引导孩子参加锻炼时应注意哪些问题

◎要引导孩子坚持锻炼；使孩子机体能稳定地接受刺激从而保证良好的效果。除因病或不能适应某项运动外，不要随意中断锻炼。

◎家长应科学地安排孩子的体育锻炼，活动量要由小到大，活动时间要由短到长，活动项目要由单一到复杂，活动内容要由浅入深，不能操之过急。

◎注意个别对待。比如年龄小者、体弱者，锻炼项目不宜过多，时间不宜过长。

◎体育锻炼会增加能量与营养的消耗，若忽视物质营养基础，将会导致体重减轻、营养不良等异常情况的发生。

◎锻炼前要有准备活动，锻炼后要有整理活动，这样有利于心血管、神经系统的正常工作。

◎家长要仔细观察孩子对锻炼有无不良反应。如锻炼中孩子出现面色苍白、口唇青紫等情形，应及时采取相应措施。

多带你的孩子亲近大自然

极少数孩子缺乏对大自然了解、认识的渴望，往往与其极少有机会亲近大自然有关。

家长必须激发孩子对大自然的兴趣。虽然儿童大多爱玩，但也有一些孩子性格内向、行事胆小，另有一些孩子则沉湎于玩具，不愿过多地进行户外活动。遇上这种情况，家长就更须有意识地加以引导了。

你可以从美丽的童话中激发他对大自然的兴趣，也可以从讲述自然常识入手，可以让孩子掌握若干知识后再带其走进大自然，还可以用提问的方式激发孩子对大自然的好奇。

家长需要注重孩子热爱自然、融入自然的渴望。一些家长以"平时工作较忙""孩子还是多读点书"等为理由，不主动给孩子走进大自然的机会的做法显然是错误的。只有将孩子彻底融入自然，才会使其真正体会到空气、阳光、山水是那么的令人珍视，让人热爱。

孩子不愿锻炼怎么办

家长硬逼孩子锻炼是不妥的，弊多利少。孩子情绪不好被迫锻炼，不仅达不到健身效果，还容易发生意外。那么，究竟应该怎么办呢？

◎激发和引导孩子的好奇心，利用孩子的好奇好动好胜的心理特点，引导他们进行适合的体育锻炼。特别是可以用锻炼与游戏、比赛相结合以及与小伙伴儿或父母一起共同锻炼的办法，激发他们对锻炼的兴趣和热情。

◎走出小天地，到大自然中去锻炼。公园、河边、林间、田野，对孩子有更大的吸引力。家长应该常带他们到那里去进行各种有趣的体育活动。

◎充分利用各种机会，带孩子观看体育竞赛和表演，观摩各种类型的运动会，并在电视中收看体育节目，订阅体育画报。

如何避免锻炼中可能出现的意外损伤

孩子在体育锻炼时发生的损伤，大多数是由于父母保护不当以及使用的场地和器材不符合要求所致，少数则是因为孩子的动作不正确造成的。如果能从以下几个方面注意预防，绝大多数的损伤都是可以避免的：

◎在孩子参加体育锻炼时，家长既要放手，大胆让孩子放开手脚，鼓励他们的勇敢精神，又要小心、细心，有选择性地认真保护，从而达到预防运动中发生的意外损伤。

◎要选好场地和器材。尤其是场地，在运动前应该先清扫和检查一遍，看地上是否有石块、钉子等异物？如有，要清理干净。对孩子的玩具也要经常检查，看看孩子是否用带尖、带刺的东西当玩具？带孩子到公共体育场所去玩滑梯、跷跷板、攀登架、木马前，都要先细心检查一下其结构是否结实？有无安全隐患？不能让孩子见到玩具或运动器械就随便去玩。

读懂孩子的心理，给孩子一个快乐的童年

如何辨别新生儿哭声里表达的语言信息

啼哭是新生儿的语言。孩子是伴着哭声长大的。这时的孩子还没有其他的表达方式，无论是饿了、冷了、热了、不舒服了、生病了，他都只能用哭声来表示。如何读懂这些哭声中所表达的信息呢？

◎当孩子饥饿时，他的哭声往往很洪亮，哭时头来回活动，嘴不停地寻找，并做着吸吮的动作。只要一喂奶，哭声马上就停止。而且吃饱后会安静入睡，或满足地四处张望。

◎孩子冷时，哭声会减弱，并且面色苍白、手脚冰凉、身体紧缩。这时把孩子抱在怀中温暖或加盖衣被，孩子觉得暖和了，就不再哭了。

◎如果孩子哭得满脸通红、满头是汗，身上也是湿湿的，被窝很热，或孩子的衣物太厚，那么只要减少被子或减少衣服，孩子就会慢慢停止啼哭。

◎有时孩子睡得好好的，突然大哭起来，好像很委屈似的，通常是尿布湿了，换块干的，孩子就安静了。如果尿布没湿，就可能是孩子做梦了，或者是孩子对这种睡姿感到厌烦了，想换换姿势可又无能为力，只好哭了。这时可以拍拍宝宝，告诉他"妈妈在这儿，别怕"，或者给宝宝换个体位，他就会又接着睡着了。

婴幼儿患病时更需要心理护理

不同年龄的孩子有着不同的心理反应，幼小的婴儿，依赖性较强，特别是对其母亲的依赖。当他身体不舒服时会烦吵或过分安静，四肢动作少，感觉迟钝，表情呆板。医生或家长都要重视婴幼儿的心理和生理需要，努力给予满足，如多给一些抚摸和怀抱等。

与此同时，要以和蔼可亲的表情、温柔的声音以及给予鲜艳的玩具、逗笑、说话等，提供婴幼儿与外界交流的机会，如果患病的婴幼儿能和家长或医生交流，则紧张的情绪已得到了改善。

婴幼儿患病时，即使住院，也需要母亲陪伴、喂奶，以增进母子感情，使平时的依赖关系继续，避免在感觉和发育上受到影响。天天快乐才有利于婴幼儿健康地发育、成长，尽快康复，所以婴幼儿生病时是非常需要心理护理的。

用你的拥抱让孩子尽早学会微笑

对于刚刚出世的婴儿来说，再也没有什么比母爱更珍贵、更重要了。这不仅是因为生活环境的改变，更重要的是他已是个懂得母爱，并能用哭泣和微笑来表达情绪的人了！

每当婴儿从梦中醒来时，他会目不转睛地盯着母亲，尤其是当母亲搂抱着他并且轻

柔地呼唤他时,他还会朝着母亲微笑。据研究,婴儿越早学会笑就越聪明,笑是婴儿对他人的音容笑貌、逗引、爱抚做出的主动回报。它将在婴儿身上产生一种愉快的情绪,这是婴儿心理健康的主要标志。

有的婴儿特别爱哭,只要把他抱起来摇一摇或踱一踱步,他往往就会安静下来。婴儿生来就是要人抱、要人照料、要人爱抚的,这时让婴儿锻炼意志还为时过早。只要婴儿乐意,就要对他多搂抱、多抚摸、多说话、多微笑。

孩子不合群怎么办

3岁左右的孩子长得聪明又活泼,但是,如果这时候的孩子表现出不太合群,可能是由于这个时期的孩子自我意识突出发展的结果。家长一定要帮助孩子把这个缺点改过来,教育孩子懂得建立友谊是非常重要的。

对于年龄较小或内向孤僻的孩子,家长可以邀请与其性格相近或有共同兴趣的孩子参加活动。一旦孩子喜欢和同伴相处了,那么父母就应该对他(她)强调朋友的价值,鼓励他们交往,不要鼓励孩子抱怨同伴,否则就会强化他的孤僻。

等到孩子有了来往密切的朋友以后,父母的作用便是指导孩子如何与其他小朋友相处,帮助孩子正确处理与其他小朋友的矛盾,鼓励孩子个人的成长和人际关系的协调发展。

父母应该理解孩子的脾气

人都是有情绪的,即使孩子也是如此。不良情绪长期抑郁于胸,可能诱发各种病症。所以,有了不良情绪就得设法宣泄,才有益身心。

我们可以利用适度宣泄有益身心的原理,来对待大发脾气的孩子。

正常的孩子发脾气,多是受外界刺激而有所感受的缘故。心理学家说,感受是无罪的。感受是对某事物直觉的心理反应,不必解释理由,也未必有理由。父母在孩子有所感受时,能够给他们安慰和鼓励,使他们用言语倾诉出来,气消了,心情自然也就安定下来了。孩子也可从中体会到自己产生的心理反应并没有什么过错,他们就会对自己的感受不那么强烈了。

父母不可放纵孩子的攻击性行为

攻击性行为形成的关键期是婴儿阶段,年轻的父母多是千方百计地满足孩子的各种需要,而且家庭中的食物也是优先让于孩子,甚至不让他人分享。这样容易导致孩子占有欲旺盛,加上家长的娇宠放纵、缺乏严肃态度,他们稍不如意便以攻击的手段来发泄不满情绪。

一般认为,攻击性行为有着明显的性别差异,即男孩的攻击性比女孩更强,男孩受到攻击后,会很急切地去报复对方,成年后,这种攻击性行为就可能转化为犯罪行为。

心理学家认为，攻击是宣泄紧张、不满情绪的消极方式，对孩子的发展极其有害，必须进行矫正。家长可以采用转移注意力的方法，来减弱其攻击力。如在日常生活中多用一些孩子感兴趣的事来转移其注意力，这样可以帮助孩子培养兴趣、陶冶性情，以达到改变其性格和气质的目的。例如，在孩子情绪紧张或怒气冲冲时，可以带他去跑步、打球或进行棋类活动。

呵护孩子的健康成长

少给孩子买爆米花

爆米花，还有爆豆，爆年糕片，都是孩子喜欢的零食。但大多数孩子并不知道爆米花中含有对人体有害的物质铅。经卫生部门抽样检验，每 1000 克爆米花中铅含量达 20 毫克以上，超过我国食品卫生标准规定含量的 20~40 倍。

这是因为，爆米花容器内有一层铅或铅锡合金。当铁罐加热之时，一部分铅就以铅蒸汽和烟的形式直接污染了食物，被变得松软的米花、豆花吸附。吃爆米花时，铅亦随之进入体内，从而产生危害。

人体长期摄入微量的铅，对神经系统、消化和造血系统都会产生不良影响。如身体抵抗力下降，生长发育迟缓，并表现出烦躁不安或食欲减退、腹泻或便秘等。孩子对铅尤为敏感，吸收率也较成人高。此外，孩子的大脑和神经系统发育尚未成熟，更易受铅其害，影响智力发育。所以，最好别让孩子吃爆米花，如果实在要吃，也应少吃为佳。

婴幼儿吃水果要适量

婴幼儿的消化吸收功能较差，如进食过多的水果，就会加重消化器官的负担，导致消化和吸收功能障碍。因为水果中的大量果糖、无机盐和有机胺等成分不能被身体所吸收，只能从肾脏排出体外，形成乳白色的"水果尿"，严重者还会引起肾脏病理性变化，这预示着消化功能紊乱和消化器官有了病变。

此外，婴幼儿吃梨过多，会因生寒而导致腹泻；吃橘子过多会患口角炎；吃荔枝过多会患"荔枝病"；吃柿子过多会发生便秘；吃香蕉过多会引起胃肠功能紊乱和血液中的镁、钙比例失调，对血管产生抑制作用，不利于身心健康。

总之，婴幼儿食水果不宜过量。

让孩子远离边吃边玩的坏习惯

孩子一边吃饭一边玩是一种很不好的进食习惯，既不科学又不卫生。正常情况下，人体在进餐期间血液会聚集到胃部，以加强对食物的消化与吸收。如果一边吃着饭一边玩,就会使得一部分血液被分配到身体的其他部位,从而减少了胃部的血流量,这样必然影响到各种消化液的分泌,妨碍对食物的充分消化,造成消化功能减弱,从而导致孩子食欲缺乏。另外,如果吃几口就玩一会儿,必然使得进餐时间延长,使饭菜变凉,会加重孩子的厌食。

为了改变孩子边吃边玩的习惯,家长要重视培养孩子定时、定地点吃饭的饮食行为,而且饭前 1 小时内不要给他们吃零食。如果两顿饭之间的零食吃得过多,孩子就不会有饥饿,他们就会在吃饭的时候心不在焉,坐不住。

有的家长为了使孩子在吃饭的时候能够坐得住,就在吃饭时允许孩子看电视,其实这样易使孩子的心思滞留在电视节目里。孩子不去用心咀嚼和吞咽,怎么还会有食欲呢?

不要给孩子的过多、过厚

有些家长总怕孩子着凉,总会给孩子多穿衣服。这是绝大多数家长的心态与做法,尤其是老人家更是如此。

俗话说,“多衣多寒”,就是指过度穿衣的做法是不可取的。过厚的穿着,会使孩子的皮肤得不到应有的耐寒锻炼,不利于机体的发育,而且过厚穿着,会使皮肤的通透性变差,使孩子容易发生汗斑、湿疹等。

俗话说,“忍三分寒、吃七分饱”,“四时欲得小儿安,常须两分饥与寒”。家长以自己身体的寒温感受来衡量孩子身体的寒温,这种做法也是不正确的。中医认为,成年人是阳气渐衰的,而孩子则为“纯阳之体”,生长发育正处于兴旺向上的趋势,故以成人的感受来指导孩子穿衣会有失偏颇。

儿童性早熟,可能进补过了度

近年来,儿童性早熟现象日益突出。这些性早熟儿童以外源性性早熟为主,而外源性最主要的生理性因素就是儿童在生长发育过程中盲目进补,过量摄入激素造成的。

促使儿童性早熟的激素,一般藏于“儿童益智增高”之类的滋补品以及高能营养食品中。调查表明,这些食品中含有雌二醇和睾酮等性激素。

引起性早熟的主要在于饮食。人工配制的保健食品再好,其营养也不全面。因为天然食品中存在的某些有益元素,是人工食品无法代替的。家长如果盲目给孩子进补保健食品,可能造成儿童产生肥胖、性早熟等不良后果。

孩子疾病的防治、责任在爸妈

有些孩子不宜进行预防接种

有的孩子好不容易被家长说服同意打预防针,但医生经过检查或查看以往接种的登记卡后却被告知不能接种。这是怎么回事呢?

一般来说,有以下几种情况的孩子不宜进行预防接种:

◎患某些皮肤病时不宜接种,如患脓疱疮、湿疹等皮肤病的孩子,不宜接种牛痘疫苗。

◎处于某些慢性病或急性传染病的恢复期时不宜接种,如肝炎、肾炎、肺结核、哮喘、急性扁桃体炎、肺炎乃至感冒患者,均不宜接种疫苗。

◎孩子发烧时,最好不要接种,因为这时接种会使体温进一步升高,加重原有病变。

如何从新生儿的哭声中辨别疾病

哭是新生儿表达要求的唯一方式。因新生儿不会说话,如身体不适、患病、饥饿、疼痛或不良刺激时,就会用哭声来告诉大人。健康的新生儿,当饥饿、尿布潮湿、过冷、过热、睡眠不足、受到强大声响刺激时,都会啼哭。不过这种啼哭一般声音洪亮,当需要得到满足或者消除不舒服的因素后,哭声马上停止,安稳入睡。这就是正常的啼哭。

非正常的啼哭,常常是哭闹不安,而带痛苦表情。具体来说,有以下几种:

◎在喂奶时哭声剧烈,同时出现痛苦表情,可能是患了口腔炎(口疮)或咽炎;吃奶时,耳朵贴近母亲哭闹或摇头不止,可能是耳道不适。

◎哭声嘶哑、呼吸困难、发热、咳嗽、嘴唇青紫,可能是患了急性支气管炎或肺炎。

◎反复剧烈哭闹、口角苍白、两手紧握、下肢蜷曲,伴有呕吐、腹泻等,可能是患了肠绞痛。

若发现以上不正常的哭声,应立即到医院诊治。

婴儿湿疹的防治与护理

湿疹又称过敏性皮炎,多为过敏体质所致。大多出现于额部、眉毛、两颊部、头皮及耳廓周围,有时也会蔓延全身。患了湿疹的儿童常因瘙痒烦躁不安,夜不能眠。

防治与护理婴儿湿疹应注意:

◎局部用药:可选用氧化锌软膏涂抹,痒感明显时可擦用炉甘石洗剂,不能用肥皂洗,并防止婴儿搔抓而继发感染。

◎全身用药:主要是抗组胺类药,如氯苯那敏、异丙嗪等,急性期可短期应用泼尼松,因其不良反应较大,停药后易复发,应慎用。此外也可用钙剂、维生素 C 等。

◎饮食护理:避免喂食过量,如怀疑牛奶过敏,可将牛奶煮沸使蛋白变性。

孩子咳嗽不要滥用止咳糖浆

孩子咳嗽时,家长往往给孩子服用止咳糖浆。由于止咳糖浆味甜,孩子喜欢喝,经常是用一种不行再换一种,或者两种药物合用,结果却适得其反,咳嗽久治不愈,这是什么原因呢?

咳嗽是人体呼吸道为免受外来刺激的一种保护性动作。通过咳嗽,可将气管、支气管以及肺泡内的病菌以及组织破坏后的产物排出体外,使呼吸道保持通畅和清洁。因此,这种有痰的咳嗽对人体是有益的,家长不必为孩子咳嗽过分着急。

对于一般的咳嗽,应以祛痰为主,不要单纯使用止咳药,更不要过量地服用止咳糖浆。止咳糖浆大多含有盐酸麻黄碱、桔梗流浸膏、氯化铵、苯巴比妥等药物成分,服用过多会有不良作用。尤其是摄取盐酸麻黄碱过多时,孩子会出现头昏、呕吐、心率增快、血压上升、烦躁不安甚至休克等中毒反应。因此,当孩子咳嗽时不要给孩子滥用止咳糖浆,要按医生的嘱咐给孩子服药。

如何调理和照护好腹泻的婴幼儿

婴幼儿腹泻一般是排出稀便、水样便,有时还有发热、呕吐。这会使婴幼儿体内水分和盐大量丢失,如不及时进行补充就可引起脱水。严重脱水如不能得到及时、正确的治疗,就会造成死亡。

为了判断脱水程度,通常用"一看二摸"的方法,即一看患儿精神状况是否好,是否明显消瘦,眼窝有无凹陷,哭时有无眼泪,口唇黏膜是否干燥,有无口渴,是否尿少或无;二摸患儿皮肤有无弹性。

对于腹泻而无脱水的患儿可在家治疗,原则是继续按原来方式喂养,补充液体,预防脱水。吃母乳的患儿继续喂养母乳,不吃母乳的 6 个月以下的患儿喂平时食用的奶或奶制品加水稀释 1 倍喂 2 天。

6 个月以上或开始添加辅食的患儿,可继续母乳或保持原来的饮食,但应适当减量,暂时不要添加新的辅食品种。

婴儿生病不要滥用抗生素

当婴儿生病时,很多家长迷信抗生素,坚持要给婴儿吃"消炎药",或要求注射抗生素。虽然抗生素能够杀灭或抑制危害人体的病菌,使很多疾病得到有效的治疗,但是抗生素也不是能包治百病的"万应灵丹"。如绝大多数婴儿感冒发烧,都是病毒感染引起的,抗生素对病毒性疾病没有疗效。反之,常用抗生素,还会使细菌产生抗药性,给疾病治疗带来困难。

滥用抗生素还增加了发生过敏反应和中毒的机会,有的婴儿就因为感冒发烧注射庆大霉素而造成了耳聋。滥用抗生素,还可能在原有疾病的基础上引发新的疾病。

注意卫生,预防蛔虫病

◎孩子睡觉时要给孩子穿满裆裤,避免孩子夜里不自觉地搔抓肛周,把虫卵抓到手里。

◎每天早晨起床后,先用热水和肥皂给孩子洗屁股,尤其是肛门皱褶处更要仔细清洗。

◎要教育孩子养成良好的卫生习惯,饭前便后要洗手,剪短指甲,剪过指甲后,要用流动水和肥皂把手彻底冲洗干净;改掉不良的卫生习惯,如吃手指头,用手抓食,坐在地上玩玩具等;孩子要单独用一条被子和褥单,经常清洗和暴晒衣物、被褥等。

◎每晚给孩子洗净屁股后,在其肛门里及周围涂上蛲虫软膏,这样可杀死肛门处的雌虫和虫卵,防止自身感染。

父母如何防治幼儿积食

幼儿的自我控制能力很差,只要是爱吃的食物,如糖豆、牛肉干、膨化食品就可能不住嘴地吃,最后吃得小肚子溜溜圆,引起消化不良,食欲减退,中医称其为"积食"。

幼儿积食的治疗,要先从调节饮食结构着手,还要适当控制进餐的量,食物应以软、稀、易于消化(米汤、面汤之类)为原则。一般经过6~12个小时以后,再进食易消化的蛋白质食物。

小儿化食丸对乳食内积所致肚子疼、食欲不好、烦躁多啼、大便干臭的治疗效果比较好,但不能久服,病除即止。鸡内金也是一种治疗幼儿积食的良药,可以在医师的指导下服用。

同时,还要让幼儿多参加户外锻炼,增加运动量,也会促进新陈代谢,增加一些体能的消耗,有助于对食物的消化、吸收。

幼儿尿床的防治

3岁前的幼儿夜间尿床是正常的,这是一种正常现象。但到4岁以后仍频繁在夜间尿床,那就是遗尿症了,需要进一步检查和治疗。怎样使孩子不尿床呢?

◎减少幼儿夜间小便次数。应逐步训练孩子尽量夜间不小便,或能自己起来小便而不尿床。

◎要给幼儿安排一个合理的生活作息表,使幼儿的饮食、排泄和活动形成一定的规律,保证幼儿得到充足的休息,以避免过于疲劳而在夜间熟睡后尿床。

◎晚餐进食不能太稀,少喝汤水,限制牛奶的摄入量,以减少尿量。晚餐的饭菜也不要太咸,以免睡前大量喝水,使夜尿增多。

　　◎幼儿睡前尽量排空大小便,在睡 2~3 个小时后,父母准备上床睡觉时,再叫醒幼儿小便。

　　◎一旦幼儿尿床也不要责备孩子,更不能恐吓孩子,以免造成紧张和恐惧心理。

旅游攻略

出行须知

离家旅游前的准备工作

1.到旅行社办理手续,或自行预订车票(机票、船票)。

2.准备好出门应带的证件。如果出国观光,要提前办好护照、签证、健康证书,还要兑换好外币。此外根据所去国家的法律要求打预防针。

3.愿意的话,可以进行旅行保险。

4.整理好你所需的行李,查看衣服是否干净、是否缺纽扣。最好准备一套适合旅行的服装和旅游鞋,便于轻松上路。不要忘带阳伞、雨鞋。上年纪的人,要带上你的手杖。行李包中,把重的东西放在下面,轻的东西放在上面,易碎的东西放在衣服中。

5.把"药品包"收拾好。要注意带好止痛片、消炎片、防晕药和医治水土不服的药。如果你患有慢性病需要持续用药,请在医生的指导下带好相应的药物。

6.照相设备要准备妥当。

7.检查眼镜是否完好,还要戴上一副备用的。最好准备一副太阳镜。

8.把旅行路线留给你的父母、配偶、孩子或任何希望与你取得联系的人。检查是否带好了与家庭、单位和有关亲朋好友联系用的电话号码。

9.家中若没有留人,通知停止一切对你家的投送(如牛奶、报纸、邮件等);将家中贵重的东西放入保险箱或其他安全的地方;关上自来水龙头、煤气开关,拔下家用电器的电源插头;家中常开着一两盏灯,如果安装黄昏自行点亮的自动灯更好;如有宠物、盆栽花木,托付一个亲近的好友代为照看、浇水;检查所有门窗的锁,拜托可靠的朋友或邻居不定时察看,你自己一定要随身带好钥匙。注意把所采取的措施告诉一位你信得过且遇事有责任感的人。

10.记好车票(机票、船票)上的日期、时间,安排好从家中到车站(机场、码头)的路线和交通工具。

乘坐交通工具时的禁带物品

旅行中携带物要少而精,必要的物品要带齐,违禁物品不要带,以免在乘坐交通工具过关卡时遇到麻烦。

1.飞机禁带物品:可燃液体、压缩气体、腐蚀液体、易燃液体和固体、毒品、氧化剂、易聚合物质、磁性物质、放射性物质、有害或有刺激物质以及可能损坏飞机结构或不适宜运输的物品、火器、刀剑和其他类似物品、动物。中华人民共和国运输过程中有关国家法律、政府规章和命令规定禁止出入境或过境的物品。

2.火车、轮船禁带物品:易燃、易爆、有毒、放射性等危险物品和政府限制运输的物品,妨碍公共卫生的物品、动物以及损坏污染车辆的物品。

旅行前如何挑选旅行社

1.要了解有关旅游行业的基本法规,具备关于旅行社方面的基本常识。目前,旅行社分为两类:国际旅行社和国内旅行社,前者可经营入境游、出境游、边境游、国内游,代办入、出境手续;而后者只能经营国内游及与国内旅游相关业务。所以外出旅游时,首先要弄清该旅行社的类别,而这一切均可向旅游质监部门咨询。

2.如在某旅行社设的门点(即分销点)买票的话,要确认其是否挂靠在该旅行社,是否有一照两证,即营业执照、经营许可证、质量保证金缴纳证书(一般均为复印件)。质量保证金是表明该旅行社向旅游局交纳了一定的保证金。如果旅行者与其发生争执,而旅行社又不服处理,旅游局可从保证金中强行扣款赔给旅行者。此外,这些门点应贴有投诉电话和咨询电话提示,游客也可通过电话确认。

3.凡正规旅行社均要与游客签订旅游服务合同,合同中涉及了旅行过程中的诸多细节,如日程、交通工具及标准、住宿、用餐等等。双方签字盖章生效后,游客可依此投诉。发给游人团队运行计划表、质量跟踪调查表,如无上述程序,便表明该旅行社经营不规范,质量难以保证。

4.要跳出只求价格低,不顾服务质量低的误区。不能简单地以价格衡量一个旅行社的优劣。一些旅行社报价看似便宜,但低质低价,往往导致埋怨多、投诉多。如果考虑旅游出了问题要用法律手段保护自己,游客便要于出游前在价格的选择上认真掂量,出游后看质量与价格是否相符。

找旅馆的学问

当你在一个完全陌生的地方下车并且出站后,最好不要跟那些为旅店拉客的人走,因为十有八九要上当。但是自助旅行者背着沉重的行囊一家一家地去寻找旅馆,也太艰辛、狼狈了些。怎样找旅馆?下面介绍一些经验:

下了车出站后,立即把多余的东西寄存在车站。只随身携带有效证件、相机、胶片、洗漱用品和一身换洗衣服——这点东西绝不沉重,充其量只能装满一个小包。然后拎着它或步行或乘车去观赏市容,浏览当地的风土人情,途中见到外观合乎自己选择标准的旅馆就进去问问价钱,看看条件,满意了就不妨住下。等洗完澡甚至睡足了觉之后再抽空去车站取自己的东西,这样就从容、舒服多了。

另外,在去一些大型风景区游览时,住在风景区门口往往比住在与景区相邻的城市(或县城)中要好(比如去黄山游玩就应该住在山门内而不应该住在黄山市内)。这样一是便于观景,二是大型风景区门口往往宾馆旅馆云集,会给游人提供特别充足的选择余地。到时你所能做的不是"货比三家"而很可能是"货比数十家",相信总会有一家适合于你。

出国旅游如何调整时差

有出国旅游却被时差问题困扰的经历吗?你可以试试以下方法:

1.上机后先将手表上的时间由搭机时间调整为当地时间。

2.利用眼罩遮光,据说可以调整时差。

3.机上即使想睡觉也要忍到晚上才睡。

4.到了夜晚,应消除身体的紧张及疲劳,放比平常更热一点的洗澡水,让身体放松;也可以喝一点酒或牛奶,按当地时间轻松地就寝。

一觉醒来后,时差的问题就不存在了。

火车旅游节支法

我国对火车的票价实行递远递减制。路程在 200 千米内不减价;201~500 千米减价10%;501~2 000 千米比基本票价降低 50%,因此直接买到旅程的最远点站,然后沿途签票游览,这样比较节省开支。但必须注意车票上规定的有效期,事先安排好旅程。

露营时如何选择营地

露营时营地的选择很重要,可以注意这几个重点:

1.不要太靠近水,以免河水暴涨,且蚊虫较多,晚上也较冷。

2.最好选在高过水面 5 米以上的地方,空气流通较佳,且可减少雾气。

3.地面斜度也需注意,要能够排除雨水,且土壤要有足够吸水力。不宜选择沙地,以免营帐钉不牢靠。

4.选择地势较高的营地,以免水淹,峡谷内就不宜扎营。

5.营门朝东,可以在早晨迎接太阳。

旅游登山时的装备

这里所说的登山,只是指一般的旅游胜地,风景秀丽的名山。虽然山不是很高,但一定不能轻视,要有相应的物质准备哟。

1.登山不宜穿皮鞋、新鞋、高跟鞋和凉鞋,穿着这些鞋不适宜走远路、高低不平的路以及湿滑的路。而且足底易起水泡,脚部皮肤易受伤。真正适宜登山的是较轻便的运动鞋、旅游鞋和胶底布鞋。

2.中老年人登山,要准备一根手杖(不必从家里带去,在山下捡得到),走山路时会有帮助。

3.山上的气温变化大,风也大,因此,上山时应带足衣服,尽管山下是烈日炎炎,也一定要带风衣或薄毛衣。南方的山区时晴时雨,因此雨具也是必不可少的。

4.穿厚袜子,不会磨出水泡。

5.带一些外伤药,如创可贴、紫药水等。蛇出没的季节还要带上蛇药。

旅途中的方向辨识方法

1.蚂蚁洞辨别方向法

在旅游中迷失方向,可找蚂蚁洞穴,因为蚂蚁总是把挖出来的土堆在北面,而洞口向南面。

2.岩石辨别方向法

岩石的北面苍苔遍地,南面干燥光秃,迷路者可据此确定方向。

3.星斗辨别方向法

满天星光的夜晚,仰望北斗星,沿着"勺柄"的第六颗或第七颗星的延长线的大约6倍距离处,最明亮的是北极星,可供迷路的人辨别方向。

4.树桩辨别方向法

树桩的年轮,南向宽,北向窄,旅游者可据此辨别方向。

5.树枝辨别方向法

单株树,朝南的枝叶茂盛,北向的枝叶稀疏,旅游者可加以观察以确定方向。

6.手表辨别方向法

把时针对准太阳,不管分针的位置,时针与"12"所形成的锐角的角平分线,就是南方。如早上"6"时对准太阳,那角平分线是"9",其所指的方向是南方;晚上"6"时,则"3"字所指的方向是南;中午"12"时,太阳的本身就在南方。

7.积雪辨别方向法

积雪可以作为方向的标志,树、山、建筑物上,凡是积雪很难融化的地方,朝向总是北面。

8.房屋辨别方向法

古庙等古建筑,以及自然村落大多是朝南的,旅游时可以用来辨别方向。

旅途中如何预测天气

1.远山可见,天晴;近山模糊,有雨。因为空气干燥,天气晴朗,远山才可看清楚。

2.可以很清楚听到列车的声响,会下雨。天气阴沉时,白天与晚上的温差变小,声音

容易传远。

3.看到猫洗脸,可能会下雨。猫用前脚洗脸,是因为将下雨时,湿度增高,跳蚤在猫身上活动起来。(注:猫很爱清洁,不下雨也会洗脸。)

4.青蛙鸣叫不停,会下雨。青蛙皮薄,能够感到湿度的变化,因此比平常叫得更激烈,表示湿度大,就会下雨。

5.早晨见蜘蛛网上有水滴,会放晴。天气好的时候,白天与晚上的温差就会变大,遇到冷空气的水蒸气,就变为小水滴。

6.鱼跃出水面,会下雨。远处天气转坏,迅速传到水中,鱼吃惊而跳跃起来。

7.燕子低飞,可能会下雨。天气转坏时,昆虫多近地面飞行,燕子想吃昆虫,所以低飞。(注:燕子低飞及蜻蜓低飞有雨这一说法不一定正确,这一现象只能说明气压低,有时就不会下雨。)

8.冬天雷鸣,会下雨。面临海岸,冬天有雷鸣时,西北季风吹来,会降大雨。

9.蚯蚓钻出地面.会下雨。天气转坏,湿度增加,地面变暖,蚯蚓就会钻出地面来。

10.霜受到朝阳照射,发出灿烂光彩,会天晴。霜的成因是夜晚寒冷,与白天温差大,白天温度高,会天晴。

对付雨天的小常识

将地图放在好拿的地方,如雨衣口袋或背包顶袋,并做好防水处理。若有戴眼镜,请先戴一顶前檐凸出的棒球帽再外罩雨帽,如此可令你视线较佳。遇雨马上穿雨具,勿因雨小而不穿,淋成落汤鸡再穿就来不及了!雨具以两截式雨衣为宜,雨裤有吊带支撑可防止下滑。

雨具永远要放在方便拿取的地方,如背包之侧袋、顶袋或主袋顶部。短绑腿可防止雨水从裤管滑进登山靴内部。雨中做记录是件苦差事,可用封口塑胶袋包装笔记本以防水。

千万记住,湿冷而裸露在外的皮肤远较贴着湿冷棉布的皮肤更为保温。不论背包厂商如何夸耀其防水性,在背包外加罩一个防水罩是必要的。背包内的衣物、睡袋等要用防水袋或塑胶袋包好,硬壳保鲜盒可用来装易碎易潮的食品、药材、底片或火柴等杂物。

森林旅游十大备忘

1.选择有接待能力的森林公园作为主要目的地。

2.精心选择游览路线。

3.弄清最佳旅游季节。

4.最好以家庭为单位或若干人组团前往游览。

5.科学安排游览和住宿时间。

6.做好防止蚊虫叮咬的准备。

7.鞋子要舒适防滑,衣服要贴身,避免树枝扯挂。

8.携带必要的食品、饮料,不要随便采食森林中的植物,以防中毒。

9.携带通信工具或简易报警器材(手电筒、哨子、喇叭等),带上救急药品。一旦迷路,应寻找大路往山下走;如果密林里没有明显的路径,则沿着溪水流下的方向走。

10.遵守森林公园的游览规定,不要随便狩猎、野外用火、采集标本、遗弃垃圾等。

旅途购物学问多

出门在外,买点地方特产和纪念品之类,体验异地消费情趣,是游人的普遍心理。怎样在旅途中购物,也可算是一门学问。

1.以地方特色作取舍

地方特色商品不仅具有纪念意义,而且正宗,有价格优势,值得购买。如杭州的龙井、海南的椰子、云南的民族服饰、西藏的哈达等,购买后留作纪念或送给亲朋好友,都称得上是快事。

2.以小型轻便为首选

有些特色商品体积笨重庞大,随身携带很不方便,不宜购买。人在旅途,游山玩水、乘坐车船并不轻松,行李包越少越好。有些物品还可能易碎,稍不小心中途摔坏,更是花了一笔冤枉钱。

3.切忌贪便宜

在某些风景区,经常可见有兜售假冒伪劣商品的,如珍珠、项链、茶叶之类,游客可要禁得住低廉价格和叫卖的诱惑。有时自以为捡了便宜,回来后经过一番鉴别,大呼上当者也不在少数。再去退货吧,反反复复折腾一番不划算,只有自认倒霉的份了。

4.相信自己的判断

现在的旅游市场经过净化,大部分导游都能遵守职业道德,不会动游客钱袋的脑筋。但是,有少数导游却想尽办法把团队拉到给回扣的商店,任意延长购物时间,乐此不疲地为游客介绍、选购物品,殊不知这一系列的安排是一个大陷阱,游客被温柔地宰了一刀却还被蒙在鼓里。

在异地购物不要盲目相信别人,切忌冲动从众,而要相信自己的判断,管住自己的钱袋,学会自我保护,做个成熟的消费者。

小孩老人出游的注意事项

带小孩外出旅游,让他们在小小年纪就能接触不同文化,既好玩又有教育意义,但在旅游途中有一些注意事项:

1.不要让孩子太操劳,行程要尽量轻松。

2.随身备外套风衣,以保暖、挡风雨。

3.尽量安排一些有趣的旅游点,让孩子不致觉得沉闷。

4.准备一两件孩子喜欢的玩具。

5.带着应急药物、驱蚊水等。

6.准备一些零食,如饼干、巧克力、饮品等。

7.最好携带佣人一起前往。

老年人在体力和身体状况方面不及年轻人,在旅游中应多加注意:

1.根据自己的喜好及条件,选择名胜古迹游或休闲度假游,注意量力而行,不宜过分消耗体力。

2.春夏旅游旺季,气候多变,带足衣服和避雨用具。

3.注意饮食合理和卫生。旅游时体力消耗较大,要带足食品,要选易携带、营养丰富、新鲜卫生的清淡食品,并多吃水果,防止便秘。旅游时免不了在外面用餐,注意不要吃生冷食品和不清洁的食品。

4.避免过度疲劳。老年人长途旅行最好坐卧铺或飞机,也可分段前往,旅行日程安排宜松不宜紧,活动量不宜过大,游览时,步伐宜缓,循序渐进,攀山登高要量力而行。若出现头昏、头痛或心跳异常时,应就地休息或就医。

5.保证住处舒适安静。为保证每天 6~8 小时睡眠,住宿条件不求豪华,但求舒适安静,选 2 或 3 人间。不要图省钱住潮湿、阴暗、拥挤的房间,以免影响睡眠,导致体力不支或诱发疾病。

6.旅游前宜做一次全面体检,体检合格才能出门旅游。有慢性病的老年人出门要备好应急药物,不可中断原有疾病的治疗。

7.在旅游中注意做好脚的保健,如要穿柔软合脚的鞋,每晚睡前用热水泡脚,睡时将小腿和脚稍垫高,以防下肢水肿,并可自我按摩双腿肌肉和脚心,这样能在旅游中无论行走还是爬山都会感到格外轻快。

野外求助方法

当自己和队伍出现需要借助外界的力量救助才能脱险时,应懂得基本的求救、呼救方法。

1.放烟火:燃放烟火是最常见的求救方法。白天用烟,即在燃火上放一些橡胶片、生树叶、苔藓、蕨类植物等,可以生成燃烟,以便通知外界。夜晚用火应在开阔地上,向可能有居民区的方向点三堆明火,用火光传达求救信号。

2.光信号:白天用镜子借助阳光,向可能有居民区的地方或空中的救援飞机反射间断的光信号,光信号可传 16 公里之远。方法是将一只手指瞄准应传达的地方,另一只手持反光镜调整反射的阳光,并逐渐将反射光射向瞄准的指向即可。夜晚用手电筒,向求救方向不间断的发射求救信号。

国际通用的求救信号是 SOS,即三长三短,不断地循环。

3.现代求救方法:随着时代的发展,各种现代求救设备逐渐普及,如信标机、无线电通讯机、卫星电话等设备,如果有条件可以逐步配备这些现代设备。

自驾车旅游装备小贴士

开车旅行的人,携带的行李容量比平常出行多一些,装备包括野炊、露营等所需物品,但一定不能用硬壳的旅行箱来装行李。当然也可以带上 CD、直排轮、无线对讲机等,这些东西能为旅行增添不少乐趣。出发前,千万别忘记带上以下物品:

1.文本：身份证、驾驶证、养路费及购置税/车辆使用税缴费凭证、公路地图、信用卡、保险单、笔记本和笔。

2.日用品：适时衣物、遮阳帽、手套、适宜驾驶的软底鞋、雨具、电筒、睡袋、保温水壶、餐具、照相器材、洗漱用品等。

3.药品：绷带、创可贴、消毒药水、消炎药、晕车药、驱蚊虫药水等。

4.车辆备件：整套随车工具、备用轮胎、火花塞、电线、绝缘胶布、铁丝、牵引绳、备用油桶、水桶、工兵铲等。

5.其他：多功能手表、指南针、移动电话、组合刀具、对讲机。

除此外，还需注意以下三点。

1.出行前需检查车辆：在进行自驾游的时候最好多邀请几辆车，同路而行，彼此有所照应。在出发前必须对车辆进行全面的检查，确保车辆处于最佳状态。每天的行程结束后，也要对车辆进行简单的检查，发现问题要及时处理。车上还应准备好修理汽车的常用工具，做到万无一失。

2.及时了解路况信息：驾车出行前，一定要提前掌握路况信息。如果觉得电视、广播提供的信息还不够及时，可选择电话咨询的方式询问气象台。特别是在起雾的季节，更应提前询问路况，掌握准确情况，避免遇到高速公路封闭、道路行驶困难等情况，给自己增添不必要的麻烦。

3.千万避免疲劳：驾驶在高速公路上，由于封闭的路面容易使车速过快，驾驶者长时间精力高度集中，驾驶姿势固定，操作也比较单调，很容易产生疲劳感。如果遇到天气不好，就更容易发生交通事故。所以，自驾游行程安排不能太紧张，驾驶者一定要得到充分的休息。

旅游安全

出游旅行途中巧藏钱

1.要找准"藏"钱的地点

钱的存放要化整为零，大票面的放在贴身的内衣裤外面的几个口袋里，并至少应分放在两处。元和角票是旅行中最频繁使用的，这笔钱宜分散放在上衣和裤子外面的几个口袋里，每处总数三五元即可。钱包和背包里原则上不应放钱。在公共车辆上，更切忌背在背上，而夹克、西装也应拉上拉锁或扣上扣子。

2.要掌握取钱的技巧

始终保持各种面值钞票的结构平衡。买5角钱的东西，就不要掏5元钱的口袋。掏小钱时不妨动作"毛糙"一点，一把全抓出来，乱七八糟不过三五元，即使小偷在旁，看你没什么"油水"也就不屑动手。在吃饭、购物等要花中等面额钱的时候，付款最好做到该付多少整数，就取几张整钱。零票花掉了，要及时在僻静处取出一张大票面的钱，在下一次消费中换成中小币值的票子,再分放到各个口袋里。

旅途中物品丢失后的应急措施

1.身份证丢失:由当地旅行社核实后开具证明,失主持证明到当地公安局报失,经核实后开具身份证明,机场、安检人员才会核准后放行。

2.财物丢失:财物丢失后,要向导游或领队求助,告诉他们丢失物品的形状、特征、价值,回忆丢失物品可能的时间和地点,积极配合导游人员寻找。

旅途中遭遇抢劫的应对方法

遇到抢劫时,应大胆、冷静。如果没有办法制服劫匪则应尽量不吃眼前亏,用理智躲避厄运,不要怨天尤人,在危险的情况下最重要的是保存性命。俗话说得好:"留得青山在,不怕没柴烧。"如有可能,应尽量记住歹徒的体貌特征,以便在脱身后立即报警捉拿劫匪。

坐火车"防扒"的几个小招数

自己财物小心管:

1.不要将装有钱、证件、手机等贵重物品的衣服挂在衣帽钩上。不要经常清点钱物,以免引起扒手的注意。

2.睡觉时要警醒一些,尤其是在深夜行车时,更要留神小心。

3.不吃陌生人给的食品。

4.不要委托陌生人帮补车票或看管行李。

危险时段需警惕:

1.开车前找座位、中途快到站和终点下车时都是小偷下手的时机,是容易被盗的危险时段。

2.当列车到前方中途站停车时,扒手会假扮旅客混入车厢中,乘机作案。

谨记扒手特征:

1.扒手大多穿得较少,喜欢随身携带书、报纸、杂志和小型手拎包等,用以掩护作案。

2.扒手的眼神与平常旅客不同,他们上车后不找座位,喜欢东张西望,重点是看旅客的行李和钱物。

3.扒手喜欢在车厢内频繁走动,不常坐在固定的座位上。

旅游时游泳除危的方法

游泳中常会发生肌肉痉挛,大多为腿部抽筋,这主要是因为未做好入水前准备活动,或受冷水的刺激,或在水中停留时间过长,或过于疲劳等所致。

发生抽筋时若在浅水区可马上站立并用力伸蹬,或用手把足拇指往上扳,并按摩小腿可缓解。如在深水区,可采取仰泳姿势,把抽筋的腿伸直不动,待稍有缓解时,用手和另一条腿游向岸边,再按上述方法处理。

有时因未掌握好游泳的呼吸动作,会发生呛水。呛水时不要慌张,调整好呼吸动作即可防止继续呛水。如发生在深水区又自觉身体十分疲劳不能再游时,也可呼叫旁人帮助上岸休息。

有的人在游泳时发生腹痛现象。一般来说,是因水温较低或腹部受凉所致。作为预防措施,入水前应充分做好准备工作,如用手按摩腹脐部数分钟,用少量水擦胸、腹部及全身,以适应水温,如水中发生腹痛应立即上岸并注意保暖,还可服藿香正气水,一般来说腹痛会渐渐消失。

在水中游的时间过长或恰好腹中空空,上岸时动作过猛,有的人会出现头晕、目眩、恶心等反应,个别人会突然晕倒,一般情况下这是疲劳缺氧所致。针对性措施是注意保暖,按摩肌肉,喝些糖水或吃些水果等,很快就可恢复。

在高山旅游景区应如何防雷

在旅游途中如果突遇电闪雷鸣,游客就应中止游览,及时返回住地;不能及时返回的,就应找到安全的地方躲避。但不应在以下地方停留:山顶、山脊、开旷的田野;各种露天停车场、运动场和建筑物顶部;避雷针及其引下线附近;孤立的树下、亭榭内;铁栅栏、架空线附近等等。

同时,在野外遇上雷雨时不宜打伞,绝不可使用有金属尖顶的雨具,此时无金属附着物的雨衣是最好的避雨工具。如果感到头发竖起来时应立即双脚合并、下蹲、向前弯曲、双手抱膝。在室内躲雨时,不应依着建筑物或构筑物的墙壁站立,宜保持一定的距离,雷雨天气上下车时,不宜一脚在地一脚在车,双脚应同时离地或离车。

对不幸遭雷击的游客,应采取及时救护措施。伤员若是停止了呼吸,应及时进行人工呼吸抢救工作,越早越好;伤员若是心脏停止了跳动,则要采用体外心脏按压法。

雷雨天气时,仍在野外的游客应关闭手机、小灵通及其他无线电通信工具,不宜手持固定电话话筒通话。

旅游登山时的安全措施

1.要量力而行:其一,不是任何人都可以登山旅游的。如心脏病、高血压、急慢性支气管炎、肺气肿、肾炎、贫血、肺结核、发热、急性感染、结石活动期等病人就不宜登山。其二,要根据个人的体力和身体素质做好判断,不要逞强好胜地一鼓作气爬上去,把自己搞得精疲力竭。

2.防跌伤:名山都有葱郁的林木,空气较湿润,地面多湿滑。因此,上山前一定要穿防滑性能好的鞋,如旅游鞋、运动鞋、深齿橡胶底鞋等。

3.防着凉:山顶雾气弥漫、晴雨无常。在这种气候条件下,登上山顶,如果所带衣物不足,极易受凉感冒,所以应尽量携带稍厚一点的衣物。

4.忌烟酒：登山时心跳加快、血压上升、氧消耗增加,而烟酒入体后更会加速心跳、提高血压,这就大大增加了心脏的负担,降低了心脏的功能,减弱了体力活动的能力,对登山、对身体有极大的害处,所以要忌。

旅馆火灾的预防与处理

现在酒店宾馆的消防设施已有很大改进,降低了发生火灾的可能性和发生火灾后的危险性,但事故的发生是人们难以预料的,一旦酒店宾馆发生火灾,旅游者的生命、财产就会遭到严重威胁。

为防止火灾的发生,旅游者应注意以下几点:

1.在客房内吸烟后一定要将烟头熄灭,不要随地乱扔。因为酒店地面多为地毯,很容易燃烧。

2.在客房内使用电器时要科学,不要将电器烧坏以致发生火灾。

3.不要使用自带的功率高的电器,以免超过整个酒店电压负荷而导致火灾。

4.到酒店后应做好一些应付火灾发生的准备,如熟悉楼层的太平门、安全出口和安全楼梯,仔细阅读客房门后的线路图。

当遇到火灾时,要注意以下几点:

1.要镇定,不要胡乱跳楼,当消防员前来援助时,要配合消防员,接受统一指挥。

2.不要走电梯,要走安全楼梯。

3.若被大火和浓烟包围,可用脸贴近墙壁、墙根或用湿毛巾捂住脸顺墙爬出去,或打开未燃烧一方的窗户等。

4.若被大火和浓烟围困,而卫生间还没有被蔓延,可考虑呆在卫生间里,用湿毛巾捂住口鼻等待援救。

5.看到救护人员时,要大声叫喊或边喊边摇动色彩鲜艳的衣物,救援人员来后要服从命令听指挥。

旅途中地铁遇险如何自救

1.地铁在运行隧道内突发事故,车厢内的乘客应立即按下车厢内壁上的红色报警按钮向司机报警。

2.火灾的烟雾和毒气会令人窒息,因此乘客要用随身携带的口罩、手帕或衣角捂住口鼻。如果烟味太呛,可用矿泉水、饮料等润湿布块。

3.车厢座位下存有灭火器,可随时取出用于灭火。

4.如果车厢内火势过猛或仍有可疑物品,乘客可通过车厢头尾的小门撤离,远离危险。

5.如果出事时列车已到站下人,但此时忽然断电,车站会启用紧急照明灯,同时,蓄能疏散指示标志也会发光。乘客要按照标志指示撤离到站外。

6.大量乘客向外撤离时,老年人、妇女、孩子尽量"溜边",防止摔倒后被踩踏。地铁逃生环境相对狭小,置身于拥挤的场所中,作为弱小的个体要时时保持警惕,个人应听从救援者的安排,遇到突发情况时,在组织者的疏导下有序撤离,做到互相谦让,特别是让老人、妇女、儿童首先撤离到安全的地方。最后,也是最容易被人忽视的一点是,如果出现拥挤踩踏的现象,应及时联系外援,寻求帮助。例如拨打110、120等。

如果在行进中,发现慌乱的人群朝自己的方向拥过来,应快速躲避到一旁,或者蹲在附近的墙角下,等人群过去后,至少要过5分钟再离开。如果身不由己被人群拥着前进,要用一只手紧握另一手腕,双肘撑开,平放于胸前,要微微向前弯腰,形成一定的空间,保证呼吸顺畅,以免拥挤时造成窒息晕倒。同时护好双脚,以免脚趾被踩伤。如果自己被人推倒在地上,这时一定不要惊慌,应设法让身体靠近墙根或其他支撑物,把身子蜷缩成球状,双手紧扣置于颈后,虽然手臂、背部和双腿会受伤,却可保护身体的重要部位和器官。

乘船出游遇险怎么自救

在旅游旺季,游船超载常常无法得到有效控制,而船舶超载是发生水上交通安全事故的重要原因之一,另外船体相撞、失火、下沉、遭遇暴风等事故也时有发生。因此,不管水性好坏,出发前最好在行囊中预备一个便携式气枕,或者充气式救生圈,尤其是携带儿童出游,只有有备而来才能心中有数。上船的第一件事就是留意观察救生设备的位置和紧急逃生路径。发现船上出现超载时要保持警惕,尤其是船体剧烈颠簸时,要高度戒备,换上轻装,将重要财物随身携带。

游船下沉逃生步骤:

1.船艇撞到礁石、浮木或其他船只,都可能导致船体洞穿,但是并不一定马上下沉,也许根本不会下沉。应该来得及穿上救生衣,发出求救信号,手机、信号弹和燃烧的衣物都可以发出求救信号。

2.除非是别无他法,否则不要弃船。一旦决定弃船,请在工作人员的指挥下,先让妇女儿童登上救生筏或者穿上救生衣,按顺序离开事故船只。注意穿着救生衣要像系鞋带那样打两个结。

3.如果来不及登上救生筏或者救生筏不够用,不得不跳入水里,就应迎着风向跳,以免下水后遭到漂浮物的撞击。跳时双臂交叠在胸前,压住救生衣。用双手捂住口鼻,以防跳下时进水。眼睛望前方,双腿并拢伸直,脚先下水。不要向下望,否则身体会向前扑摔进水里,容易使人受伤,如果跳的方法正确,并深吸一口气,救生衣会使人在几秒之内浮出水面,如果救生衣上有防溅兜帽,应该解开套在头上。

4.跳水一定要远离船边,跳船的正确位置应该是船尾,并尽可能地跳远,不然船下沉时涡流会把人吸进船底下。

5.跳进水中要保持镇定,既要防止被水上漂浮物撞伤,又不要离出事船只太远。如果事故船在海中遇险,请耐心等待救援,看到救援船只,要挥动手臂示意自己的位置。如果在江河湖泊中遇险,如果能很容易游上岸边,请尝试。如果水速很急,不要直接朝岸边游去,而应该顺着水流游向下游岸边,如果河流弯曲,应游向内弯,那里较浅并且水流速度较慢。请在那里上岸或者等待救援。

船上失火逃生步骤:

1.船上一旦失火,由于空间有限,火势蔓延的速度惊人。如果当时远离陆地,可能难以逃生,因此若是失火,必须当机立断,关闭引擎并大声喊叫"失火了!"

2.若是甲板下失火,船上的人需立即撤到甲板上,关上舱门、舱盖和气窗等所有的空气口,阻止空气进入,然后在甲板上或者其他容易撤退的地方进行扑救,如果无法迅速灭火,应该撤离火场,甚至弃船。

3.一旦发现火势无法控制,抓紧时间寻找救生设备,从船尾跳到水中或者撤到救生筏上,弃船然后尽快远离出事船只。

4.弃船后,有人会因为过度惊惶而丧命,请注意,均匀的深呼吸有助于保持镇静,游泳或者踩水时,动作要均匀舒缓。

专家提醒:

1.危急时刻人能想起的任何一个电话可能都有帮助,不管是110、120、119还是SOS或者家人的电话都可以拨打。打电话时尽量保持冷静,告诉对方自己的位置和出现的险情。

2.一旦出现险情,万不可盲目乱窜,不管情况多么紧急,都要听从指挥,保护船体平衡,如此才能延缓下沉速度,争取更多的救护时间。

3.万一掉进水里或者跳到水里,要屏气并捏着鼻子,避免呛水,因为人一旦呛水将失去方向感并变得更为惊惶疲惫。在放松身体的同时,试一试能否站起来,因为很多河流并不是很深。

4.为了节省体力,一般落入水中要脱掉沉重的鞋子,扔掉口袋里沉重的东西。不要贪恋财物。

5.由于溺水者往往惊惶失措,死命地抓住一切够得着的东西当成救命稻草,因此拯救者在进行救护时一定要注意观察,不要被溺水者抓住,除非万不得已,不要下水进行救护。不得已下水救护时,一般要先在溺水者的后脖颈处用手背砍一下,避免溺水者缠上身来。

乘机出游遇险如何自救

现代客机都比较安全,但由于飞机是在空中高速飞行,一旦出现故障,不能像其他交通工具那样随时可以停下来修理,因而势必要在飞行中采取紧急安全措施。

旅游者万一遇到飞机遇险的情况,千万不能惊慌失措,要信任机上工作人员,服从命令听指挥,并积极配合其进行救护工作。当出现飞机迫降的可能性时,应立即取下身上的锐利物品,穿上所有的衣服,戴上手套和帽子,脱下高跟鞋,将杂物放入座椅后面的口袋里,扶直椅背,收好小桌,系好安全带,用毛毯、枕头垫好腹部,以防冲击时受到身上锐利物品的伤害。

飞机迫降时,一般采用前倾后屈的姿势,即头低下,两腿分开,两手用力抓住双脚。身长者、肥胖者、孕妇或老人,可以挺直上身,两手用力抓住座椅的扶手,或用两手夹住头部。飞机未触地前,不必过分紧张,以免耗费体力。当听到机长发出最后指示时,旅客应按上述动作,做好冲撞的准备。在飞机触地前一瞬间,应全身紧迫用力,憋住气,使全身肌肉处于紧张对抗外力的状态,以防受到猛烈的冲击。

从遇险飞机脱出时,应根据机长指示和周围情况选定紧急出口。陆地迫降,一般在风上侧;水上迫降一般在风下侧。待飞机停稳,即解除安全带,然后在机务人员指挥下,依次从紧急出口处脱出。如果在水面上脱出,应先将救生衣充气,待急救船与机体连接好后再下,防止掉入水中。脱出后,应听从机务人员指挥,在指定地点集合。

随团旅游如何维护合法权益

时下,越来越多的人愿意参加旅行社组织的团队旅游,以省去安排行程、住宿的种种麻烦。但是,你知道在参加团队旅游过程中如何维护自己的合法权益吗?

首先,在出行前,你应该询问旅行社是否已经为你办理了旅游意外保险。因为按国家有关规定,你付给旅行社的费用当中,已经包括此费用。

保险的内容主要有人身安全、疾病治疗支出的医药费,以及你所携带行李物品丢失、损坏、被盗等赔偿费。

其次,在出行前,你还应与旅行社签订合同,明确对方应该向你提供的服务质量标准。如果旅行社故意或过失不履行合同,就应对旅客承担赔偿责任。其中包括旅行社在收取游客的预付款后,不能及时出行;所安排的餐厅食品质价不符;饭店和交通工具低于合同约定的等级。

另外,在旅游过程中,如果导游不按合同规定,擅自改变活动日程,减少或变更参观项目,擅自增加用餐、娱乐、医疗保健项目,增加购物次数,擅自安排你到非旅游部门指定商店中购买了伪劣商品,或者你购买了导游兜售的商品,你都有权要求旅行社按规定给予赔偿。当导游向你索要小费时,你可向旅游质量管理监督机构举报。

旅游保险的基本项目

1.投保:旅客可自行投保平安保险,而旅游业必须投保责任险和履约保险。

2.申请保险金:被保人因旅行中或保险期间发生意外,可在一个月内持相关文件向保险公司申报事故发生经过并要求赔偿。需准备保险单、理赔申请书、意外事故证明文件、受益人印鉴证明、相关单据等。

3.救援服务:寿险公司和国际救援公司合作,提供救援服务,包括免费求助电话,医疗咨询、转送,代垫住院医疗费用,出院返国接送,被保险人在海外需连续住院 14 天以上时,支付家属前往协助的机票。

4.黄皮书:即国际预防接种证明书,视各地流行病的不同,注射入境前疫苗.至于该注射何种疫苗可以询问卫生局或区卫生所。

购买"旅游保险"的三大误区

误区一:单纯依赖旅行社。专家指出,旅行社所买的是国家强制的旅行社责任险,它是指旅行社在从事旅游业务经营活动中,因疏忽或过失,造成其接待的境内外旅游者遭受经济损失而应由旅行社承担的责任,转由保险公司承担赔偿保险金责任的行为。而当意外的发生与旅行社没有关系时,游客就不能得到这种旅行社责任险的任何保障。

误区二:认为一般人身意外险包括所有的意外事故。然而,一般的人身意外险不包括高危险活动。如果要从事蹦极、攀岩、登山、滑雪等高危险活动,那么很有可能在发生意外后得不到赔偿。

误区三:上了普通的车辆险就不用再上其他保险了。一般汽车所上的保险是第三者责任险与车辆损失险,而车上人员的安全这类保险就无法保障,因此,出游前应充分考虑到可能发生的事故,根据需要上一些如投保车上人员险等,以更有效地使司机及同车人员有保险保障。

旅游保健

旅游食品的合理选择

人们在外出旅游之前,一般都会选购一些食品以备途中的不时之需。那么应选购哪些旅游食品比较好? 以下几种食品可供参考。

1.新鲜食品:旅游食品一定要选择新鲜的,让人一见便垂涎欲滴。有关专家认为,到绿色地带应选择偏红色的食品;黄土地带应选择偏蓝色的食品;城市灰色地区则应选择褐、绿色食品。如果食品的颜色同所处环境的色调一样,比较影响人的胃口。

2.多汁食品:选择含糖量较低的汽水、富含维生素的饮料以及水果等,既解渴又可以减轻旅途的疲劳。

3.风味食品:携带的旅游食品应具有多种风味,互相搭配,以促进食欲。可选择一些自己喜爱的食品,在饮食不习惯时派上用场。在风景区旅游可以选购当地的传统特色食品,品尝风味小吃,既可一饱口福,又可以得到美的享受。

4.柔软食品:一般在旅游中,人的体力消耗较大,容易口干舌燥,食欲不振。而柔软食品既新鲜,又易于消化。

旅游中如何进补

旅行中身体消耗很大,用中医的话来说旅游易"伤津耗气",身体急需补充气血津液。此外,旅行中生活规律性差,容易造成水土不服。中医认为:"血者,神气也"。即精神过用会损伤气血。旅游中出汗增多,而"汗为阴津所化",汗多即伤人体津液。尤其是许多新婚夫妻把旅游当成必不可少的内容,性生活的增加,中医认为更易伤"精"。

因此,要保证旅游活动的顺利进行,保证身体健康,人们在旅游中应吃点补药。那么应如何进补?

1.要分旅游项目:若旅游活动纯属锻炼身体,身体消耗很大,最好吃点人参或西洋参,因为二者均能补气生津。

2.要分季节：若是寒冷的冬天去旅游，当温补，可选用人参、肉苁蓉等；若是炎热的夏天去旅游，当清补，如西洋参、百合等。

3.要因人而补：老年人，体虚者，宜多补；年轻人，体强者，宜少补或不补，或只需吃得好点。

4.要分清气血阴阳：即气虚者补气；血虚者补血；阳虚者补阳；阴虚者补阴。总之要依症而补，不能盲目乱补。

旅游前备药应考虑的几个问题

1.要了解所到地区的卫生条件和特点。例如南方地区蚊蝇较多，易患肠炎、痢疾等传染病；北方山区温度低，气温变化大，易得感冒和呼吸道疾病。

2.要考虑旅游时的季节。夏季旅行时，途中炎热，应准备防暑药；由于夏季易感染肠道传染病，因此需多备一点防治肠炎痢疾的药品。

3.旅游携带药品应少而精，尽量不要携带水剂药品。

4.要考虑旅游时的交通工具和旅行方式，如果需要长时间乘车、飞机和轮船，应备晕车药。

5.还要根据自己以及团体内成员的身体状况和特殊用药来准备药品。冠心病患者，特别是以往有心绞痛发作史者，必须随身携带硝酸甘油片；高血压病人应准备降压药等。

总之，旅行期间医疗条件较差，尤其是去一些偏僻地区，往往会遇到许多不便。为此，出发前应周密考虑和准备，但也不必准备过多的药物，造成浪费。

旅游时需常备的药品

可根据不同情况加以选用：

1.抗生素类药物：如头孢氨苄胶囊、麦迪霉素、乙酰螺旋霉素片、复方新诺明等，另备黄连素片，专用于肠道感染。

2.抗病毒药物：如板蓝根、感冒清胶囊及感冒咳嗽药等。

3.解热、镇痛类药物：如阿司匹林、扑热息痛、去痛片等。

4.消化系统常用药：如胃舒平、胃复安、痢特灵、三九胃泰、易蒙停胶囊、开塞露等。

5.呼吸系统常用药：如康泰克、速效伤风胶囊、银翘解毒丸、藿香正气丸、咳必清、复方甘草片、维C银翘片、六神丸、牛黄解毒丸、草珊瑚含片、西瓜霜含片等。

6.镇静安眠类药物：如安定等。

7.心脏、血管类药：如硝酸甘油、心痛定等。

8.防晕车船药物：如乘晕宁、晕海宁、安定片等。

9.抗过敏药物：如扑尔敏、赛庚啶、息斯敏等。

10.防暑药：如藿香正气丸、人丹、十滴水、风油精、清凉油等。

11.外伤科药：如创可贴、红花油、云南白药、红药水、紫药水、碘酒、绷带等。

旅行时喝水的技巧

专家指出,旅游出行时要避免出现"水中毒",必须掌握好喝水的技巧。

1.在旅途中要经常喝一些淡盐水,这可以补充人体大量排汗带走的无机盐。最简便的办法是在500毫升饮用水里加上1克盐,并适时饮用。这样既可补充肌体需要,也可防止电解质紊乱。

2.喝水要次多量少。口渴不能一次猛喝,应分多次喝,且饮用量少,合理的方式是每次喝100~150毫升为宜,间隔时间为半个小时。

3.不要贪图一时痛快,暴饮冷饮。旅游出行过程中,人的身体会产生很多的热量,使体内的器官处在比平时热得多的状态之中。此时大量喝冷饮,会使喉咙、食管、胃等器官遇冷而急剧收缩,使人感到不适,俗称"炸肺"。专家建议,旅行者最好不要喝5℃以下的饮料,喝10℃左右的淡盐水比较科学。因为,这样既可达到降温解渴的目的,又不伤及肠胃,还能及时补充人体需要的盐分。

蒜在旅途中的6种小用途

蒜是我们菜肴中的调味品,它在我们的旅途中也会有不小的作用:

1.出发前,把大蒜切成一小片贴在肚脐上,再用胶布或伤湿止痛膏固定,能使晕船、晕车、晕机现象减轻或消失。

2.旅游途中如果天气炎热,不幸发生中暑,可将大蒜头捣成汁,用冷开水稀释后滴鼻,有醒脑益神之效。

3.因饮食不洁引起腹泻、肠炎、痢疾等疾病时,可取大蒜头一枚捣烂加温开水服用,对大肠杆菌、伤寒杆菌、痢疾杆菌有很强的杀灭或抑制作用,因而疗效显著。

4.旅游中不慎吃了有毒食物时,可内服大蒜3~5瓣,有一定的解毒作用。大蒜捣成泥状,混入蜂蜜,开水送服,对呕吐有良好疗效。

5.旅游途中,不慎被蚊虫、蜈蚣叮咬,一时又找不到解毒药时,可将蒜头咬碎敷患处,有解毒、消肿、止痛的作用。

6.如果旅游途中流鼻血,将大蒜头捣成泥状敷在足心涌泉穴,能够很快止血。此法对于各种原因引起的咯血、呕血也有疗效。当然,如果服大蒜产生难闻气味影响与他人接触时,可口嚼茶叶数片或口含当归、薄荷片一小片,即可解除口臭。

旅途食具消毒方法

夏季炎热,旅途中尤其要注意饮食卫生,谨防肠道传染病。这里为你介绍一种简易方法:旅游时随身携带一小瓶棉球,棉球用浓度为75%的酒精浸着,瓶要密闭。当你进食前,从瓶内取出几个棉球,迅速擦拭食具和手,擦毕,趁酒精未干,立即将棉球用火点燃,再对擦拭过的食具进行高温烧灼。

这是因为一切肠道传染病病菌,一旦接触到浓度为 75% 的酒精,便会遭受"杀身之祸"。这样,一个棉球用 2 次,就等于对食具进行了双重的消毒杀菌。

乘飞机前吃什么好

有的人比较容易晕机,要避免在乘坐飞机时出现不适感,需做到三忌:

1.忌吃得过饱

高空的条件可以使食物在体内产生大量气体。吃得过饱,一方面加重心脏和血液循环的负担,另一方面可引起恶心、呕吐、晕机等"飞行病"。

2.忌食用多纤维和容易产生气体的食物

人体在 5 000 米高空,体内的气体较地面时增加 2 倍,如果进食此类食物,飞行时就会加重胸闷腹胀的感觉。

3.忌食用太油腻和含大量动物蛋白质的食物

因为这些食物尽管进食不多,但其在胃内难以排空,飞行在空中,同样会使胃肠膨胀。

乘飞机的旅客,由于高度、气温、气压等因素的改变,飞行时人体会消耗较高的热量。所以,饮食中要注意摄取高热量的食品,才能保障健康。一般在上飞机前 1~1.5 小时,根据自身的具体情况可选食面包、点心、面条、酸牛奶、绿叶蔬菜、蜜饯、水果等。

长途旅行需"舒筋活血"

专家提醒,长假出游,不论您乘何种交通工具,旅途中别忘"舒筋活血",以免久坐不动带来下肢发麻、僵硬、血流不通畅等症状。特别是中老年人及糖尿病、高血压等心血管疾病患者,一旦血栓随血液循环到心脏,就会有致命危险。

医生建议,在长途旅行中最好采取以下预防措施:

一是定时起立行走,做做深呼吸与简单的伸展操。这样不仅可以舒缓肌肉痉挛,还可以振作精神。

二是踮脚尖。如果无法在过道上行走,就站在座位边,踮起脚尖,抬起后跟,每次动作持续几秒钟,做上 10~15 次。这样做可迫使腿部肌肉收缩,把血液压向静脉,避免产生血栓。

三是多喝水。旅行前和旅途中,要多饮不含酒精的饮料。因为脱水会导致血液变稠,从而容易形成血块。

四是有感冒症状的旅客在乘坐飞机时,为避免飞机起降时带来的耳内不舒适而造成中耳炎,登机前不妨使用一些血管收缩剂,再搭配嚼口香糖、吞口水等方式来平衡中耳腔与外界的大气压力。

此外,在旅途中如果感到腿部疼痛或肿胀,一定要站起来活动腿脚。

长途乘车不宜坐着打瞌睡

夏季来临,出外旅游的人逐渐多了起来,但有些人在旅游途中,会出现头痛的毛病。究其原因,竟是乘车时长时间坐着闭目养神所致。为此,专家提醒,当长时间乘坐汽车外出旅行、办事时,不要一直坐在车上闭目养神,因为这种做法对身体健康极为不利,甚至会引发一些疾病。

据专家介绍,乘坐汽车时,车身会剧烈地震动,这种震动如果长时间地作用于人体,会使脑部血管强烈地痉挛而收缩,产生头痛、目眩、恶心、耳鸣等症状。而此时人们如果是清醒的,大脑就处于兴奋状态,加上不断地接收窗外景物刺激,血液循环速度就会加快,震动所受到的影响就不会太大,头痛、目眩、恶心、耳鸣等症状产生的可能性就较小。因此,乘车如果想休息的话,最好还是将身体一半仰卧在座位上,或俯在前面座位上小憩片刻,但时间不宜过长,应该控制在20分钟之内。

旅途中出现腿痛怎么办

1.尽量创造条件让自己的双腿得到充分休息,避免强力运动,以免给双腿加重负担。睡觉前一定要用热水泡脚,可减轻疼痛。

2.取双腿抬高姿势,局部可以热敷、按摩或用随身携带的微型按摩器等进行治疗,同时也可服用一些治疗跌打损伤的药物,如沈阳红药2片,每日3次口服,外用好得快喷雾剂、松节油揉擦,以促进局部血液循环,加速废物排泄。

3.食用富含维生素C和维生素B、钙、铁、叶酸等的蔬菜、水果,多饮用白开水,加快代谢物的排泄。

旅途中冻伤急救法

冻伤的原因是因为身体循环系统的末端如手指、脚趾、耳朵、鼻子等,因长时间暴露在冰冷或恶劣的气候环境中,或者接触冰雪,因而产生皮肤或皮下组织冻结伤害。

冻伤的症状有患处刺痛并逐渐发麻,皮肤感觉僵硬,呈现苍白色或有蓝色斑点,患处移动困难或感觉迟钝。初期,是皮肤或深部冻伤,很难分辨出来,其症状相差不大。此外,冻伤可能伴随失温现象,急救时应先处理后者。若只有冻伤现象,应慢慢地温暖患处,以防止深层组织继续遭到破坏。尽快将患者移往温暖的帐篷或屋中,轻轻脱下伤处的衣物及任何束缚物,如戒指、手表等,可用皮肤对皮肤的传热方式温暖患处,或将患处浸入温水中,冻伤的耳鼻或脸。可用温毛巾覆盖,水温以伤者能接受为宜,再慢慢升高。如果在1小时内患处已恢复血色及感觉,即可停止"加温"的急救动作。其次,抬高患处以减轻肿痛。以纱布三角巾或软质衣物包裹或轻盖患部。除非必要,尽可能不要弄破水泡或涂抹药物。尽快送医。尤需注意不可摩擦或按摩患处,亦不可以辐射热使患处温暖。温暖后的患处不宜再暴露于寒冷中,也不要以刚解冻的脚走路。

旅途中如何防暑

高温时节出行必须掌握以下六大原则：

1.尽量穿浅色服装。旅游时应穿白色、浅色或素色衣服,这样可以最大限度地减少热量的吸收。

2.应戴隔热帽,草帽对阳光有折射作用。

3.出发时应提早,中午需休息,尽量避开最热的时间出行,最好在下午三四点钟以后再进行旅游活动。

4.多喝水,特别是盐开水。

5.随身携带防暑药物,如人丹、清凉油、万金油、风油精、十滴水等。

6.一旦发生中暑,应将病人抬到阴凉通风处躺下休息,给病人解开衣扣,用冷毛巾敷在病人的头部和颈部。让病人服些人丹或十滴水。如病人昏倒,可用手指掐压病人的人中穴或用针刺双手十指指尖的十萱穴位,然后送往最近的医院进行治疗。

旅途中如何防治腹泻

1.注意饮食卫生,养成良好的个人卫生习惯。只要在旅途中牢记"防止病从口入"这一警语并严格遵守,一般是不会与腹泻结缘的。

2.适当地服用药物。黄连素片是预防和治疗腹泻的良药,如果在旅途中感到进食后有胃肠不适,或觉得饮食的卫生不尽如人意,或进的食物不太新鲜,均可立即服用黄连素2~3片,定能起到预防作用。

3.如果不慎染上急性腹泻,就立刻采取治疗措施。急性腹泻治疗不及时,就会转变成慢性肠炎。慢性肠炎可反复发作,很难彻底治愈,虽不致危及生命,但可伴度终生。因此,急性腹泻一定要急治。

治疗方法可参考以下几点：

服黄连素片3片,1日3~4次。

或服痢特灵1~2片,1日3次,注意过量很可能引起胃痛和厌食。

或服易蒙停胶囊,首次2粒,以后每次腹泻后服1粒至治愈为止,但每天不得超过8粒。

如无随身携带的药物,可按摩治疗,效果亦十分理想,方法是让病人俯卧,两肘撑在床上,两掌托腮,用枕头或其他软物(约20厘米厚)垫在膝盖的大腿下使腰部弯曲;施治者用两拇指按在第2腰椎棘突(棘突即脊梁骨上突起的、能用手触到或可看到的隆起骨)的两侧,以强力朝脚方向按压2分钟。如此重复一次即可止泻。

生活妙招

巧除鱼鳞

按每公斤冷水加醋 10 克配成水液,把活鱼浸泡 2 小时再杀,鱼鳞极易除去。

巧发海带

用淘米水泡发海带或干菜,易胀、易发、煮时易烂,而且味美。

巧洗肉

　　猪油或是肥肉沾上了水或灰,可放在 30~40℃ 的温水中泡 10 分钟,再用干净的包装纸等慢慢地擦洗,就可干净了。若用热淘米水洗两遍,再用清水洗,脏物就除净了。

巧洗猪肝和猪心

　　猪肝和猪心都有一种秽气.可放些面粉擦一下,秽气即可消除。经过这样处理后,再进行加工烹调,味道鲜美。

巧洗墨斗鱼

　　墨斗鱼内含有许多墨汁,不易洗净,可先撕去表皮拉掉灰骨,将墨斗鱼放在有水的盆中,在水中拉出内脏,再在水中挖掉墨斗鱼的眼珠,使其流尽墨汁。然后多换几次清水将内外洗净即可。

巧去腌鱼咸味

　　为了减轻腌鱼的咸味,有人以为把咸鱼浸在清水里就能漂淡,其实并不是好办法。正确的做法是将腌鱼浸泡在淡盐水中漂去盐分。这样做不仅腌鱼表面接触水的部分盐得到溶化,而且还能使渗透进鱼体的盐分也慢慢地溶解出来。淡盐水的浓度是 1.5%,即三大杯冷水加 2 小匙食盐。

取食青鱼、鳕鱼等咸鱼干时,可将鱼干浸在淘米水中回软,这样既能防止鱼干天然香味和营养成分的逸失,还能去掉脂肪因接触空气发生氧化后产生的鱼干特有的气味。

巧去大蒜臭味

大蒜是烹调中经常使用的调味品,若去其臭味,可将丁香捣碎拌在大蒜里一起食用,臭味可除去。

墨斗鱼

巧洗冷冻食物

买回来的冻鸡、冻鱼等冷冻食物,在煮食清洗前,可先将姜汁浸洗 3~5 分钟,这样可起到返鲜作用,且能去掉一些异味。

巧发海参

干的刺参和泥芥参需要先放入冷水锅里煮沸,离火待水凉后捞出,顺肚豁开,再入冷水锅内煮沸,离火放凉,去参肚五脏,洗净,再放入冷水锅内煮几分,滚后,离火浸泡,每天煮泡一次,连续 3~4 天后便可以烹制。

巧泡干蘑菇

食用干蘑菇,先要泡发。在 40℃ 左右的温水中加入一把糖,然后将干蘑菇放入,泡开。这样浸泡的蘑菇烧菜,味道更加鲜美。

巧洗蔬菜

蔬菜上若有悻虫,可将其放入淡盐水中浸泡 3~5 分钟,然后再用水清洗,悻虫很易洗掉。

暖水瓶泡发海参

根据需要取海参数个,用冷水简单洗净,将所用暖水瓶倒空,把海参放入,加热水没过海参,盖上瓶塞放置 8 小时左右(根据海参大小和品种,可延长或缩短时间),然后将泡好的海参倒出,破肚取出脏物即可备用。

假如急等着用,可用上述方法再泡制 1~2 小时,如不着急使用,可将海参放入凉水浸泡 12 小时左右,就可收到满意的效果。

巧洗海蜇皮

将海蜇皮平摊在案板上,切成丝,泡入50%的盐水中,用手搓洗片刻后捞出,把盐水倒掉,再用盐水泡。这样连续两三次,就能把夹在海蜇皮里的泥沙全部洗掉。

巧洗猪肉

生猪肉粘上了脏物,用水冲洗时油腻腻的,越洗越脏。如果用温淘米水洗两遍,再用清水洗一下,脏物就除去了。也可拿来一团和好的面,在脏肉上来回滚动,就能很快将脏物粘下。

巧洗蘑菇

蘑菇表面有粘液,泥沙粘着,不易洗净。洗蘑菇时,在水里先放点食盐搅拌使其溶解,将蘑菇放在水里泡一会儿再洗,这样泥沙就很容易洗掉。

巧洗木耳

洗较脏的木耳时,可用少许食醋加入清洗木耳的水中,然后轻轻搓洗,这样就能很快地去除沙土。

炸鱼妙法

人们炸鱼时,往往容易损伤鱼皮,有时甚至连鱼肉也粘在锅上。既妨碍操作,又影响美观。下面介绍几种简易方法,以供选用:

第一,先把鱼晾干,待油滚沸后再放入锅中;

第二,炸鱼之前,先用生姜擦一遍油锅和鱼皮;

第三,将鱼放入酱油里浸一下,炸时既能上色,又能保护鱼皮;

第四,用布擦干鱼身,抓一小撮面粉涂在鱼皮上。

要求涂得薄而匀,外表看不出;油温适中时煎炸,鱼皮黄而完整。

羊肉去膻六法

萝卜去膻味法:将萝卜扎上几个洞,和羊肉同煮,然后捞出羊肉,再进行烹调,膻味即除。

绿豆去膻味法:每公斤羊肉放入5克绿豆,煮沸10分钟后,将水和绿豆倒掉,羊肉膻味即无。

甘蔗去膻味法：煮羊肉时，每 0.5 公斤羊肉加入剖开的甘蔗 100 克，可除去羊肉的膻味，并能增加羊肉的鲜味。

米醋去膻味法：把羊肉切块放入开水锅中加点米醋（0.5 公斤羊肉加 0.5 公斤水、25克醋），煮沸后，捞出羊肉烹调，膻味消除。

咖喱去膻味法：烧羊肉时，加入适量的咖喱粉同煮（每 0.5 公斤羊肉加入半包咖喱粉）。烧后即成没有膻味的咖喱羊肉。

药料去膻味法：烧羊肉时，用纱布包好碾碎的丁香、砂仁、草果（豆蔻），紫苏等药料同烧，不但可以去膻，羊肉还有独特的风味。

煮鸡蛋不破裂的窍门

我们在煮鸡蛋时，常会在烧煮过程中鸡蛋破裂，这是由于猛火使蛋内的气体急剧升温膨胀，蛋壳承受不住骤增的内压而造成的。如果我们在煮蛋前，先用针尖在鸡蛋的大端刺一个孔（但深度不得超过 3 毫米，否则会刺破蛋内薄膜，导致蛋白外溢），然后用文火慢煮，使蛋壳里的贮气缓缓外逸，就可以避免鸡蛋破裂。

巧煎荷包蛋

将鸡蛋打入油锅中煎荷包蛋时，如在蛋的上面和周围洒几滴热水，可使煎出的蛋嫩而四周光滑。

荷包蛋

巧腌鸡蛋

1.把生鸡蛋腌一段时间，煮几个尝一下，如果你认为达到了最佳咸度，就把所腌鸡蛋捞出来煮熟，晾凉，然后重新放入原来的咸水中，这样所腌的鸡蛋就会既不太咸，也不会变质，能保存久长时间。

2.将选好的鸡蛋在 60℃烧酒里一浸即捞出，再滚上一层盐，置于坛内或一个完好无损的塑料袋内，加盖封好或扎紧口袋，腌制约 40 天即可食用。

巧用高压锅炒花生

将花生放入高压锅内,用少许水滴把花生点潮,盖好锅盖,不加放安全阀;然后把高压锅放在火上加热,待气孔开始冒气时,把底火调小些,两手端锅做颠簸动作,把锅内花生发生翻覆,每1~2分钟颠簸一次。

从见气开始,颠3~4次(约7~8分钟),再把锅从火上端下,自然冷却7~8分钟,便可开盖食用。

巧煎鸡蛋

煎蛋前,在热油中撒点面粉,煎出的蛋黄光亮好看,且不溢油。

高压锅

巧炸馒头片

先准备好半碗凉开水,再加入适量细盐(依个人口味而定)搅匀,把馒头再切成片。炸时把馒头片用淡盐水稍浸,立即放入锅里炸,这样炸出来的馒头片颜色金黄外焦里嫩,既好吃又省油。

巧炖老鸡

老鸡在杀之前,先灌给鸡一汤匙食醋,要紧捏其嘴以防吐,然后再杀。用文火煮炖,就会熟得快些。如果加上1~2把黄豆同煮,老鸡肉更容易炖烂。

巧炒菜花

在炒菜花时,在菜上加入一匙牛奶,这样炒出来的菜既白净又可口。

巧炒花生米

用冷锅冷油炒花生米,酥而不变色、不脱皮,如油炸的一样。

开水煮饭好

煮饭时,如果用冷水或温水,维生素B要损失30%,所以最好用开水煮饭。

用茶水烧饭好

茶水烧饭、煮粥,不仅可使米饭色、香、味俱佳,而且有去腻,洁白,化食和提供维生素等好处。先将茶叶 0.5 至 0.7 克,用 500 克至 1000 克开水浸泡 4~9 分钟,取一小块洁净的纱布,将茶水过滤去渣后待用(隔夜茶水不宜用)再将米放入锅中,使之高出大米面 3 厘米左右,煮熟即可食用。

烹饪窍门种种

1.调拌牛羊肉馅时,泡点或煮点儿花椒水,可以去腥味和增加鲜味。

2.用淀粉上浆的肉丁、片等原料,在滑油时容易粘连,如果上浆后拌入凉的植物油,就不会出现粘连了。

3.烧茄子时,先将切好的茄块放在太阳光下晒一会(大约茄块有些发蔫),过油时就容易上色而且省油。

4.炸花生米时,可将花生米用清水或盐水浸泡 10 分钟,炸后会又香又脆久放不软。

5.炒豆腐时,可先把豆腐切成块,在开水里煮一会儿或蒸一会儿,炸时不容易碎,成菜时形状美观。

6.做拔丝菜的关键是熬糖的火候,其最佳火候可观察糖液,即糖液稍变黄,而且发泡时。

7.煮豆馅时,应该一次加足水,不要搅锅,否则豆馅会糊锅。

8.做枣泥馅时,将枣洗净放在案板上,用刀背一拍,枣核就取出来了。

9.将炒锅烧热再放油,油温后放肉片、肉丝、就不会粘锅了。

10.将打蔫的芹菜,香菜等放到加食醋的水中浸泡一会儿,很快就会复"鲜"了。

如何冲营养饮料

人参蜜、麦乳精、乳晶、多维葡萄糖等饮料,一般都是选用蜂蜜优质原料精制而成的,营养十分丰富。饮用这类营养补品时,不要用滚开的水冲调,更不要放在锅里煮沸,营养饮料中有不少营养素会在高温条件下分解变质,有些营养成分在 60~80℃ 时就会变质。使用变质的饮料很难获取全面的营养。冲调饮料最好是用 40~50℃ 的温开水。

巧用猪体各部位肉

猪体部位不同,肉质也不同,做法和味道也不一样。

脖肉:俗称槽头肉、血脖,肉老质差,肥瘦不分,一般用作制馅。

前排肉:肉质嫩,瘦中加肥,适合做米粉肉,炖肉。

夹心肉:质老有筋,吸水力强,适合制馅、做丸子。这一部位中有一排肋骨叫小排骨,适合做糖醋排骨、煮汤。

里脊：质嫩无筋，都是瘦肉，加工性好，可切片、切丝、切丁、炸、熘、爆、炒都可。

五花肉：有肥有瘦，适合红烧、白炖、清蒸。

奶脯肉：又叫下五花。质差，泡泡状肥肉。结缔组织多，只可用于熬油。

臀尖肉：质嫩，都是瘦肉，加工性好，可代替里脊肉。

坐臀肉：质老、纤维多，都是瘦肉，可做回锅肉、白切肉。在坐臀和后蹄膀之间还有一块弹子肉，都是瘦肉，质较嫩，可代替里脊肉。

后蹄膀：又名后肘。比前蹄膀质量好，可红烧、清炖等。

巧炒土豆丝

将切好的土豆丝先在清水中泡洗一下，将淀粉洗掉一些，这样炒出的土豆丝脆滑爽口。洗过土豆丝的水待淀粉沉淀后，将水慢慢倒出，剩下的淀粉放入小锅中加水加热，煮熟后加糖，其味道与藕粉相比。

巧吃松花蛋

松花蛋在腌制时放入了茶叶、石灰等物质，使松花蛋有一种碱涩味。用姜末和米醋配成的姜醋汁，含有挥发油和醋酸，不仅能除去松花蛋的碱涩味，还有很好的解毒、杀菌作用。

松花蛋

巧煮老牛肉

煮老牛肉的前一天晚上把牛肉涂上一层芥末，第二天用冷水冲洗干净后下锅煮，煮时再放点酒、醋，老牛肉容易煮烂，而且肉质变嫩，色佳味美，香气扑鼻。

巧炒牛肉

炒牛肉片（丝）时，光在牛肉片（丝）中下好佐料，再加上2~3匙生油拌匀泡腌20~30分钟，然后下锅炒，这样炒出来的牛肉，金黄玉润，肉质细嫩，松软可口。

巧食海带

将海带先放入一小匙醋的水中煮一下，使海带柔软，或把海带蒸半小时再用水泡，经过这样处理的海带，再做菜时，又脆又嫩。

巧蒸海带

把成捆的海带解开,放在蒸笼里蒸半小时左右,取出后再用清水泡一夜,捞出即可食用,或捞出晾干随吃随泡。这样处理的海带又脆又嫩,用来炒、炖、凉拌都可以。

快发馒头

每公斤面粉加醋 100 克,温水 700 克拌匀,放置 10 分钟后再加入 20 克小苏打或碱面,揉至无酸味为止。

烧茄子省油的妙法

茄子吃油,做茄子很费油。但有两种省油妙法可在家庭采用:一种是在烧茄子时把加工好的茄子(片或块),先用盐腌一下,当茄子渗出水分时,把它挤掉,然后再加油烹调。另一种是把茄子放入砂锅内干煸(不放油),直至把茄子的水分煸掉,肉质变软后,再用油烹调(注意煸时火力不能太旺,防止焦糊)。经过盐腌或干煸方法处理后,再来做菜,用油少而菜的味道好。

煎鱼不粘锅的窍门

先把炒锅洗净,放旺火上烧热,再用切开的生姜把锅擦一遍,然后在炒锅中放鱼的位置上淋上一勺油,油热后倒出,再往锅中加凉油,油热后下鱼煎,即可使鱼不粘锅底。

巧吃胡萝卜

胡萝卜的营养价值很高,含胡萝卜素多。胡萝卜素是脂溶性物质,只有溶解在油脂中,才能被人体吸收。因此,做胡萝卜菜时,一定要多放些油,特别是同肉类一起烧较好。胡萝卜烧肉不但味美,而且胡萝卜素溶在油脂中易被人体吸收。如果炒胡萝卜用油少,营养被人体吸收也很少。生吃胡萝卜,胡萝卜素大约有 90% 被排泄掉。

巧用高压锅烙饼

先在锅底抹点食油,锅热后放饼,盖上锅盖,不要扣限压阀,2 分钟后将饼翻个儿,再盖上锅盖,扣上限压阀,约 1 分钟饼就熟了。注意火要旺些,饼不要太厚。

巧用高压锅煮豆馅

将洗净的红小豆放入锅内,再添入适量的水,水能让豆子伸开腰就行,盖上锅盖,加火煮,开锅后扣上限压阀,煮 15 分钟豆子就烂了。

巧用生姜

生姜具有辛辣和芳香味道,溶解于菜肴之中,使菜的味道更鲜美。所以生姜有"植物味精"之称。炖鸡、鸭、鱼、肉时放入姜后,肉味醇香;做甜酸汤时兑姜汁,有特殊的甜酸味;用姜末、醋、酱油、小磨香油搅拌成汁蘸着吃,别有风味;冷冻肉加热前用姜汁浸渍,可使肉返鲜。

巧去土豆皮

当年出产的新土豆皮较薄且软,用刀削或刮皮既费时,又会将土豆肉一起削去。较简便的办法是:将土豆放入一个棉质布袋中扎紧口,象洗衣服一样用手揉搓,就能很简单地将土豆皮去净,最后用刀剔去有芽部分即成。当然,如用来制作色拉。一定要连皮一起煮熟后再剥皮,否则滋味大减。

巧去核桃壳

将核桃装笼用大火蒸 8 分钟,再入冷水泡 3 分钟,捞出,逐个破壳,即可得整个核桃仁。

巧制咸菜过咸

如果自己腌制的咸菜过咸了,在水中掺些白酒浸泡咸菜,就可以去掉一些咸味。

煮奶何时加糖

不少人在煮奶时,习惯于先加糖再煮沸,或者在煮沸时加糖,其实这样做很不科学,因为食糖与牛奶中的赖氨酸能在高温下发生反应,产生有害于人体的果糖赖氨酸。
正确的做法是:将牛奶煮沸后,移离火源,放至不烫手时再加糖。

牛奶的妙用

炖鱼或做鱼汤时,加点牛奶,不但鱼肉白嫩,而且腥味大减,味道鲜美。

用少许牛奶调鸡蛋煎蛋卷,煎出的蛋卷,色香味特佳,且鲜嫩而柔软。

擦地板时,在水中加发酵的牛奶,既可以去污,又能使地板溜光发亮。

衣服上沾染墨水,先用牛奶洗,再用洗洁精浸泡后搓洗,污痕可除。

用陈腐的牛奶擦皮鞋或其他皮革制品,可防止皮革干裂,并使其柔软美观。

晨起眼皮肿胀,可在牛奶中加少许醋,搅拌后搽在眼皮上,反复擦拭并热敷片刻而消肿。

巧使甜椒变辣法

圆辣椒往往比尖辣椒上市早,待尖辣椒上市后又比其价格低。但也有人嫌圆椒不辣却甜,为了吃辣味专买价格高的尖辣椒。用下法可巧使甜椒变辣,并且非常可口。油热至无沫时加入葱或蒜并依次放入干尖辣椒 1 至 2 个、五香粉、盐、圆椒、酱油、稍炒一会儿放入味精入盘。

牛奶饮用学问多

牛奶不可久煮。牛奶富含蛋白质,蛋白质在加热情况下发生较大变化。在 60℃,蛋白质微粒由溶液变为凝胶状;达到 100℃时,乳糖开始分解成乳酸,使牛奶变酸,营养价值下降。

牛奶何时加糖。牛奶含赖氨酸物质,它易与糖在高温下产生有毒的果糖基赖氨酸对人体健康有害。故牛奶烧沸后应等到不烫手时再放入糖。

牛奶忌阳光照。牛奶经阳光照射后,其营养价值及香味明显下降。据分析,牛奶在阳光下照射 30 分钟,维生素 A、维生素 B 及香味成分等损失近大半。

牛奶不要冰冻。牛奶冰冻后,其蛋白质、脂肪等营养发生变化。解冰后,出现凝固沉淀,及上浮脂肪团,使牛奶营养价值下降。

牛奶保存时间。牛奶在 0℃ 下可保存 48 小时;在 0~10℃ 可保存 24 小时;在 30℃ 左右可保存 3 小时。温度越高,保存时间越短。夏季牛奶不可久放,否则会变质。

牛奶忌放入暖瓶。保温瓶中的温度,适宜细菌繁殖。细菌在牛奶中约 20 分钟繁殖 1 次,隔 3~4 小时,保温瓶中的牛奶就会变质。

掺水牛奶忌饮。掺水牛奶多半掺有硝酸盐物质,其在人体内可还原成亚硝酸盐,亚硝酸盐可与食物中的胺类形成致癌物亚硝胺。

牛奶忌与酸质同食。有些父母让孩子喝完牛奶后,又饮一些酸质饮料,结果孩子面黄肌瘦,原因为牛奶中蛋白与酸质形成凝胶物质,造成孩子消化吸收不好,出现面黄肌瘦。

板栗快速脱皮小窍门

切开外壳,将毛皮栗子放沸水中煮一会儿,捞起,放入冷水中,极易剥皮。

北京烤鸭家中热小窍门

家庭加热烤鸭,如无烤箱,可用烙饼用的饼铛。

饼铛坐在火上,把火量调到比烙饼用的火量稍高一点,然后用铁丝折一个五角星做箅子,把烤鸭放在架子上,烤鸭与饼铛的距离约1厘米左右,再用铁盆或铝盆扣在上面,这样就形成了一个简易烤箱。20~30分钟后,烤鸭就可热透,如同刚出炉的一样。

巧去炸鱼油腥味

去除煎炸过鱼的油中腥味的方法有两种:

1.把腥油加热,投入一些葱段、姜片和花椒(都是解腥物质),炸出香味,促使油中的腥味分解掉一部分;然后端锅离火,抓一把面粉撒入,面粉受热在糊化过程中吸附了溶在油中的腥味物质而沉积,等油晾凉后,清除了油底子及葱、姜、花椒渣滓,把油倒出来,基本上就没有什么腥味了。

2.在腥油内加葱、姜、花椒炸出香味,随即淋入淀粉浆(干淀粉加水调匀),使其遇热炸爆,沉入油底,接着又成粉泡而浮出油面,这时可捞出,离火,把油澄清倒出,腥味即可去除。但在倒入淀粉浆时,应注意安全,防止油爆外溅伤人。

啤酒可去腥除膻

首先将牛羊肉或鱼类洗净,沥干,然后用啤酒加3片生姜将其浸泡2~3小时。待啤

啤酒

酒香入肉或鱼后再加2~3滴醋浸泡半小时,最后捞出,沥干,烹调。勾芡时,须用啤酒加适量水调淀粉。这样做出的菜不膻、不腥,而且清香可口,味道极佳。

散啤酒不宜装暖水瓶

有些人喜欢把散啤酒装在盛过开水的暖水瓶里，认为这样既卫生、又不跑气。其实这样做是有害的。因为盛开水的瓶胆里往往聚集着一层灰黄色的水垢，它易被啤酒所溶解，饮后危害健康。

巧煮挂面

当锅底冒小气泡时就下挂面，搅动几下，盖上锅盖煮至锅内的水开了，再适量添些凉水，沸后捞出挂面即可。这样煮出的挂面柔软耐嚼，汤清味正。如有人希望再煮软一些，可再煮一会儿。

凉拌海蜇有科学

凉拌海蜇是家庭中的美味佳肴，人人喜爱，但吃的方法不当，往往会引起"海蜇中毒"，出现腹泻、发热、呕吐等不同症状。这是一种附在海蜇身上的副溶血性弧菌在作怪。

海蜇

该菌最大的弱点是对酸敏感，一般在醋中浸泡5分钟就会死亡。该菌在淡水中也很难存活，根据该菌的以上弱点，我们在凉拌海蜇前先在淡水中将海蜇浸泡几天，吃前切好后用醋浸泡5分钟以上，这样处理可以杀死全部弧菌，您就可以放心地吃凉拌海蜇了。

巧洗香菇

先将香菇放入60℃的温水中浸泡1小时左右，然后用手朝一个方向旋转搅拌，约10分钟左右，被裹在里面的砂粒就随之徐徐落下沉入盆底。最后，将香菇捞出，再用清水冲洗干净挤去水，就可以烹制食用了。

巧除菜锅腥味

菜锅烧过鱼后会有一股腥味,这时,如果您放少量的茶水煮一会儿,锅内的腥味就会消失。锅内如有其他异味,用此法亦可除去。

巧去鱼粘液

鱼身上有一层粘液,刮鱼鳞粘糊糊的不好弄,如若在鱼盆中滴几滴生植物油,鱼身上粘液就会除去。

黄豆去腥

黄豆有一种豆腥味,如在炒黄豆或黄豆芽时,滴几滴酒,再放少许盐,这样豆腥味会少得多。或者在炒之前用凉盐水洗一下,也可达到同样的效果。

巧除鱼腥

人们在做鱼的时候放些生姜,为的是除去鱼腥味,但何时放姜最合适,未必人人都知道。加工鱼类时,最好先加热,等到鱼的蛋白质凝固了,然后再添加上生姜,这样可彻底除腥。过早地放姜,鱼体浸出液中的蛋白质能妨碍生姜除腥的作用,使得效果反而欠佳。另外,烧鱼时加醋也可除腥。

甲鱼巧除腥

甲鱼味道鲜美,营养丰富,但如何去掉甲鱼肉的腥味却不太容易。如果仅用姜、葱、酒,往往除腥效果不理想。有一种更简便、更有效的办法:杀甲鱼时,从甲鱼的内脏中拣出胆囊,取出胆汁,待甲鱼洗净后,在甲鱼胆汁中加些水,涂抹在甲鱼全身。稍放些水,涂抹在甲鱼全身。稍放片刻用清水漂洗干净。这样处理后的甲鱼,再烹制时就没有腥味了。

鲤鱼除腥

鲤鱼背上两边有两条白筋,这是产生特殊腥味的东西。在洗鱼时把白筋抽掉,烧出来就不会有那种腥气味。

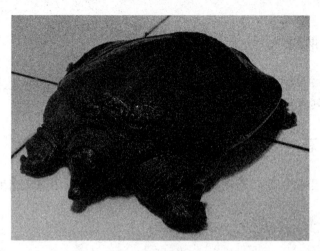

甲鱼

除活鱼腥味

把活鱼放在盐水里,1小时后,土腥味即可消除。如鱼已死,可放在盐水中泡2小时,也能去掉腥味;把活鱼剖肚洗净之后,放在冷水中,再往水中放少量醋和胡椒粉,或放些月桂叶,泡上一会儿,就可去腥;再有就是炸活鱼时,可先将鱼放在米酒中浸一下,就不会有土腥味了。

巧去咸肉异味

煮咸肉的时候,放十几颗钻了许多小孔的胡桃(核桃)在锅里同煮,就会使讨厌的异味消失,鲜姜味也会突出出来。

巧去虾仁腥味

在烹制之前,先把料酒、葱、姜一起浸泡。在用滚水烫煮虾时,在水中放一根肉桂棒,即可去腥,而且不影响虾的鲜味。

巧除菜锅油腻味

炒菜锅,洗净后烧开水,仍会有油腻味。若在烧开水的锅里,同时放入一双没有油漆过的竹筷子,则油腻味会大大减轻。

巧洗猪肺

将猪肺管套在水龙头上,充满水后再倒出,反复几次便可冲洗干净,最后把它倒入锅中烧开浸出肺管内的残物,再洗一遍,另换水煮至酥烂即可。

巧洗带鱼

带鱼油腻较大,洗起来比较费劲。如果您将鱼先放在热碱水中浸泡一下,然后再用清水冲洗,就比较容易洗干净,且鱼体变白,特别清爽。此外,手上也不会弄得粘糊糊的。

带鱼

巧炖猪肉

炖猪肉不可用急火,否则肉会紧缩不易炖烂。如果炖肉时放一点山楂,猪肉就能炖得很烂,即使牙不好的老人也可食用。

炒菜省油法

炒菜时先放少许油炒,待快炒熟时,再放一些熟油在里面炒,直至炒熟。这样,菜汤减少,油也渗透进菜里,油用得不多,但是油味浓郁,菜味很香。

巧煮红薯

先把锅中的水煮开,将红薯放入,使红薯的表皮在短时间内煮成半熟,然后改用文火煮,使锅中的水不沸腾。10分钟后,再改用旺火煮,这样煮出的红薯香、甜、软。

巧煮陈仓米

陈仓米,因存放多年,煮出的饭不仅不香,而且还有一股霉味。如果先把陈仓米用水洗净并浸泡一段时间,下锅煮时再滴入少量食油,煮出来的饭松软,异味少,和新米煮的饭差不多。

巧用菜籽油

菜籽油基本上不含胆固醇,适用于高血压、心血管疾病患者食用,也有助于防止皮肤和头发干燥,营养价值也高,但菜籽油有一种青气味。炒菜时,先在油锅里放几粒芸豆或少量米饭,炸成焦糊状后捞出,油中的异味便可消失。

巧去腌菜的膜

家庭腌制冬菜,表面容易产生一层白膜,而使腌菜腐烂变质。把菜缸、菜罐放在气温低的地方,在腌菜表面洒些白酒,或加上一些洗净切碎的葱头、生姜,把腌菜缸密闭3~5天,白膜即可消失。

巧洗海蜇

先将海蜇放入清水中涨发回软,然后用水洗净藏在海蜇里的砂粒,用刀切成粗丝,再将粗海蜇丝放入微滚的开水里浸烫一下,迅即捞出置冷开水里漂浸2~3小时,最后捞起控水,放入盆内加入调味料进行凉拌,即成清脆可口味美的佳肴。

巧调味

做菜肴时,要达到色、香、味、形俱佳,其中关键是调味。做菜肴时,要做到三个"准":口味拿得准,调料比例准,时间顺序准,比如,做鸡、鲜美虾、新鲜菜时,调味宜淡不宜浓,太咸、太酸、太辣、太甜都会失去原料本身的鲜味。又如,原料本味鲜美,但有腥膻味,调味时可酌情加酒、醋、葱、姜、糖等,除去异味,使鲜味突出。

巧辨油温

掌握好烹调时的油温,关系到菜肴制成后的色香味形。在菜谱上,油温常用"成"来表示。油温一二成时,锅底有一些小油泡慢慢泛起;三四成油温,油面开始波动,没有油烟产生;五六成油温,油面波动较大,有油烟袅袅升起;七八成油温,油面趋向平静,出现大量油烟;九成油温,油烟呈密集型上升。

巧用大料

大料属厚味调料,肉、禽类煮、炖时间比较长,大料和其他佐料可以充分水解,使肉的味道变得醇香。在红烧鱼和荤味素菜汤中加入大料,在腌制鸡、鸭蛋或香椿、香菜时加入大料,也是别具风味。

巧炖火腿肉

火腿是坚硬的干制品,很不容易煮烂。如果在煮之前在火腿上涂些白糖,然后再放入水锅中煮,就容易煮烂,且味道鲜美好吃。

夹生饭的补救

如果米饭夹生了,可往锅里撒点米酒再蒸一会儿,饭就会好吃些了。

热油巧消沫

油脂在炼制过程中,不可避免地混入一些蛋白质、色素和磷脂等。当食油加热时,这些物质就会产生泡沫。如果温度过高,油还会变为粘稠、黑色的胶状物,影响油的色泽和滋味,尤其是豆油含磷脂较多,容易起泡。如果在热油泛沫时,用手指轻弹一点水进去,一阵轻微爆锅后,油沫就没了。

巧炖骨头汤

将脊骨剁成适当段放入清水浸泡半小时后,洗掉血水,待沥去水分后,把骨头放入开水锅内烧开,将血沫滗去捞出骨头,用清水再洗干净放入锅内,一次加足冷水,适量加入葱、姜、料酒,先用旺火烧开,待10~15分钟再滗去污沫,改用小火焖煮约半至1小时,煨烂后,去掉葱、姜及浮油,加适量食盐,少许味精,溶匀就可盛入器皿内,再撒下蒜花、葱花或蒜泥食用。这样煨出来的骨头汤,其肉软嫩,汤色洁白,味道鲜美。

香椿的烹制

将洗净的香椿用开水焯一下,香椿就会不但浓香四溢,经久不变,而且颜色鲜艳、脆嫩,拌豆腐、炒鸡蛋会更有特色。

香椿

巧制清蒸鱼

烹制清蒸鱼时,先将洗净的鱼放入沸水中烫一下,然后再蒸,这有两个好处:一是可以去除腥味,而更重要的是,沸水可使鱼身表面的蛋白质迅速凝固,这样在蒸制过程中,鱼体内的水分不易渗出,有利于保持鱼的鲜嫩度。

巧熬猪油

将猪油用清水洗干净,切成块,放进锅里,加些温水(比猪油略少),再倒一点黄酒并放少许盐,然后盖好盖,放在文火上烧。待锅里发出咔嚓咔嚓的声音时,就是锅里的水分已近蒸发干,再稍熬片刻,待油渣变黄,将油渣捞出,把油倒进干净的容器里即可。

巧煮破鸡蛋

鸡蛋磕破了,在水锅中放一点盐再煮,破蛋就不会再往大处破,蛋白也会凝固。如果破口较大,可用一张柔韧的纸片粘在破口处,再放入盐水里煮,就可防止蛋液外流。

巧用大蒜

大蒜有调味和杀菌作用。炖鱼、炒肉、烧海参时放入蒜片或拍碎的蒜瓣,能去腥提鲜。

烧茄子、炒猪肝、做烩菜时放入蒜片,能使菜散发香味。

吃饺子时蘸香油、酱油、辣椒油、醋浸泡过的蒜汁,格外好吃。

用馒头蘸汁吃,既开胃口,又可防止胃肠疾病。蒜泥拌黄瓜、拌凉粉,菜味更浓。蒜末与葱段、姜末料酒、淀粉兑成汁,用于熘炒类佳肴,更出味。

巧煮花生米

在煮花生米时,先将花生米煮至七成熟,然后放入花椒、大料,并加适量食盐。在八成熟时放点碱面(每1斤花生米放入碱1.5克)。搅匀后5分钟捞出。这样煮的花生米粒大,颜色红润,香酥可口,存放时间长。

菠菜涩味怎样除

菠菜中含草酸,吃起来有股涩味。只要把菠菜放进开水中煮3分钟,捞出再做菜吃,便无涩味。

巧泡海带

为防止海带表层的甘露醇、碘等营养成分的损失,浸泡海带时用水不宜太多。1斤干海带用水不应超过5斤,待海带基本把水吸干即可加工制作。

巧制速冻饺子

将电冰箱的冷冻室底部铺一张白纸或塑料食品膜,把包好的饺子整齐地摆放好。然后开动速冻钮,冷冻大约15分钟,见饺子外皮已发硬,取出放入塑料食品袋中系好袋口,重新放入冷冻室内储藏,并将速冻钮拧回到原来的位置即可,待吃时再取出来。

巧煮绿豆

先将绿豆洗净,控干,倒入滚水中,水只没过绿豆一指即可。当水快煮干时,再放入滚开水,然后将锅盖严,煮上几十分钟,绿豆便可煮烂,且颜色仍然碧绿。

鲜鱼汤巧变白

想使鲜鱼汤做出奶白色来,可按下列方法。鲜鱼洗干净以后,千万不要加盐腌。这是因为过早地放了盐,鱼里面的蛋白质就会凝固了,鱼汤做出来就不会有奶白色。其次,鱼煎好后,不要加冷水,要加开水炖。这是因为鲜鱼在高热度时容易将蛋白质离析出来,如果用冷水等于降温,做出来的鱼汤只会是清汤。

炒肉片鲜嫩法

肉切成薄片后,加入少许酱油、淀粉、料酒拌匀。这样既除去了异味,又突出了鲜味。注意此时不要放盐,否则肉会变老变硬。待油热后即可放入,用锅铲轻轻拨散,见肉片伸展变色后加其他调料翻炒片刻,马上盛出。这样炒出来的肉片鲜嫩可口。

巧做猪肚

把猪肚烧熟后,切成长条或长块,放在碗里,加点汤水,然后放进锅里蒸,猪肚会涨厚一倍,又嫩又好吃。但注意不能先放盐,否则猪肚就会紧缩得像牛筋一样。

巧用花椒

1.炝锅。炒菜时,在锅内热油中放几粒花椒,发黑后捞出,留油炒菜,菜香扑鼻。

2.明浇。用花椒、植物油、酱油烧热,浇在凉拌菜上,清爽可口。

3.蒸煮鸡、鸭、猪肉时放入花椒,味道鲜美,还可除腥味。但由于鲜鸡、鸭肉内含有较丰富的谷氨酸钠,所以在蒸煮鲜鸡、鸭肉时就不要放花椒,以免遮盖鲜味。

4.制成花椒盐。将花椒放在勺内在火上烤黄,与精盐在案板上擀成细面,即成花椒盐,吃干炸丸子、干炸里脊时蘸食,味道很好。

5.腌制萝卜丝时放入花椒,味道绝佳。

巧用芥末

用芥末拌菜,是开胃通窍的调味品。但如调制不当,不但没有通窍的辣味,还会有难吃的苦味。下面介绍几种芥末调辣的方法。

1.芥末用水调匀(不能太稀),放到火上去烤,然后再盛放到蒸锅内稍蒸一下辣味即可出来。

2.用滚开水冲入芥末调和拌匀,然后加盖,放于阴凉处几小时,也可出辣味。

调好的芥末食用时,如能加点糖、香油等调匀,味道更好。

切肉的诀窍

1.牛肉要横切牛肉的筋腱较多、并且顺着肉纤维纹路夹杂其间。如不仔细观察,随手顺着切,许多筋腱便会整条地保留在肉丝内。这样炒出来的菜,就很难嚼得动。

2.羊肉要剔膜。羊肉中有很多膜,切丝之前应先将其剔除,否则炒熟后肉烂膜硬,吃起来难以下咽。

3.猪肉要斜刀。猪肉的肉质比较细,筋少。如横切,炒熟后变得凌乱散碎,如斜切,既可使其不破碎,吃起来又不塞牙。

4.鸡肉要顺切。相比之下,鸡肉显得更细嫩,其中含筋更少,只有顺着纤维切,炒时才能使肉不散碎,整齐美观。

巧去汤咸味

缝一个干净的小布袋,里面装上面粉或大米,扎紧袋口,放入汤中煮一下,让面粉或大米吸收掉一部分盐分,汤的咸味就会降低了,汤的味道不会改变。如若往汤里加水,往往会影响到汤的鲜味。

巧制干茄片

捡完好无虫吃的茄子洗净,切成条,挂在绳上晾干。将干透的茄条装在布袋里,挂在通风的地方,注意不能受潮。吃时,再用温水泡开,炒炖均可。

巧制糖蒜

把新鲜的大蒜去皮和毛根,先在清水中泡五六天,每天换一次水,然后将蒜头腌在10%的盐水里泡四五天,再放进糖水里(按每公斤蒜用红糖300克,用醋50克,加水300克),腌制10来天,就可食用了。

巧发面

1.蒸馒头时,如果面团发得似开未开,而又急于做出馒头,可在面团中间扒个小坑,倒进两小杯白酒,停十几分钟面就会发开了。

2.如果事先没有发面,而又想吃上松软的馒头,您可以每500克面粉,加醋50克,加温水350克揉好,过10来分钟,再加5克小苏打或碱面,揉至没有酸味时,就可做出馒头上屉,蒸出又白又大的馒头。

巧做馒头

1.做馒头时,往要发的面里撒上点精盐(或用盐水和面)蒸出的馒头会特别松软好吃。这是因为少量的食盐可以帮助酵母菌加快繁殖,产生更多的二氧化碳气体。

2.做馒头时,在发面里揉进一小块猪油,蒸出来的馒头就会膨松、洁白,而且香甜可口。

如何泡发玉兰片

将处理好的玉兰片洗净,放入开水中,浸泡 5 至 6 小时,待玉兰片回软后,用火煮 30 至 40 分钟,再捞出放入热米汤里直到发白为止。之后每天早、晚各煮开一次,连续 3 天即可。

如何泡发鱿鱼干

先用凉水将 50 克鱿鱼干泡软,撕去血膜,浸入碱水中(纯碱 50 克,凉水 1 千克搅匀)。压上重物,泡 4 至 5 小时就可发胀。再捞到清水中反复浸泡,直至厚大透明,按之有弹性时,放入清水中加适量天然冰备用。

如何清洗猪肚子

将猪肚子用清水洗一两次,然后放进水快开的锅里,经常翻动,不等水开就把猪肚子取出来,再把猪肚子两面的污物除掉就行了。

柿子如何脱涩

每 100 个鲜柿配上山楂、梨或者苹果 30 至 40 个,混放在缸内,放满后封闭缸口,置于 20 至 25℃的环境中,4 至 6 天可脱涩。

蛋清巧分离

将蛋打在漏斗里,蛋清可顺着漏斗流出,而蛋黄仍会留在漏斗中。或将蛋的大头和小头各打一个洞,大头一端略大一些,朝下,让蛋清从中流出,蛋黄仍会留在蛋壳内。待蛋清流完后,打开蛋壳便可取出被分离的蛋黄。

肉类解冻法

冻肉、冻鱼不可放在温水中解冻。如果想快一点解冻,可将冻的鱼肉、鸡肉、猪肉等放入淡盐水内解冻。这样不但解冻快,而且做成菜后味道更加鲜美。

巧做辣椒油

将要炸的辣椒面烘干,盛在碗内。然后将豆油(花生油、菜籽油、葵花籽油均可)放进锅内,等油烧开后,立即倒入盛辣椒面的碗里,同时搅拌几下,以防炸糊,待油凉后即可。

巧做甜姜

取嫩姜 1 千克,刮净外皮,洗净泥沙,切成薄片,用清水漂洗后滤干,加盐 3 克,白醋 15 克,白糖 300 克,腌制两天后,即成味甜、香辣、清脆的甜姜片。

巧腌青椒

选择鲜嫩、光洁的青椒,用清水洗净、晾干,按 1 千克青椒,加食盐 370 克、水 300 克的比例混合,放入缸内。可在青椒周围扎几个眼,并根据口味再放入其他调料,如花椒等,每天翻动两次,4 天后封好缸口,5 天后即可食用。

巧剥松花蛋

将松花蛋两头的厚泥除去,小头处只需露出一点壳,大头剥至松花蛋的最大直径处,在大头处将蛋壳也剥至最大直径,在小头处敲一小扎,然后用嘴自小头处一吹,整个松花蛋即会脱落,既不粘泥也不会碎。

巧驱苍蝇

夏天苍蝇较多,如果洗净的食品稍不注意,就会被苍蝇叮上,污染食品。如果在洗净的鱼、肉或豆制品上放几根洗净的葱,就会避免苍蝇叮咬。

巧切面包

切面包时有时容易切碎,如果将刀先烧热后再切,面包既不会粘在一起,也不会松散易碎,不论厚薄都能切好。

巧吃菠萝

菠萝里含有使人过敏物质,如果生吃菠萝,最好把切好的菠萝放在盐水里浸泡半小时,然后用凉开水洗去咸味,即可食用。

巧吃香椿

香椿具有浓郁的香味,但若不先作处理,就用来做菜其香味会很淡。如果在做菜前,将洗净的香椿用开水浇透或用开水略焯一下,香椿就会浓香四溢,鲜艳脆嫩,再用来拌豆腐、炒鸡蛋就会更具特色。

巧去蚕豆壳

将干蚕豆放入陶瓷或搪瓷器皿内，加入适量的碱，倒上开水闷一分钟，即可将蚕豆皮剥去，但去皮的蚕豆要用水冲除其碱味。

蚕豆

巧去莲菜皮

在锅内放适量的水，加热后放入少许食用碱，再倒入莲心，边烧边用勺子搅动，约10分钟左右，莲心皮皱起后，即可取出，倒入冷水内。这时只要用手轻轻搓揉，皮就可被全部去净。

油炸巧防溢

油炸东西的时候，有时被炸的食物含有水分，会使油的体积很快增大，甚至从锅里溢出来。遇到这种情况，只要拿几粒花椒投入油里，胀起来的油就会很快地消下去。

油锅巧防溅

炒菜时，在油里先略撒点盐，既可防止倒入蔬菜时热油四溅，又能破坏油中残存的黄曲霉毒素。

巧解白糖板结

绵白糖受热、遇潮或存贮时间太长，容易板结成块，食用很不方便。可取一个不大的青苹果,切成几块放在糖罐内盖好,过 1 至 2 天后,板结的白糖便自然松散了,这时可将苹果取出。

做菜何时放酒好

一般用急火快炒快煸的新鲜鱼肉菜肴。加酒的最佳时间是临出锅前。烹调不太新鲜的鱼肉时,一般应在烹调前先用酒浸拌一下,使酒中的乙醇充分浸透进鱼肉的纤维组织内,促使胺类物质全部溶解,在煸炒时可随乙醇一起全部挥发,达到去腥目的。清蒸鱼肉类菜肴,蒸煮时间较长,加热温度较低,一般开时就加酒,随着锅内温度升高,腥味和乙醇一起挥发,起到去除腥味,增加香、鲜味目的。

食糖保存妙法

夏季时,将食糖放入瓷罐或玻璃瓶内,用力压紧,把盖盖严,放下阴凉通风处,既可以防止食糖溶化或风干结块,也可防止蛀虫和蚂蚁。

腊肉的鉴别与保存小窍门

挑选腊肉,要先看颜色。若腊肉色泽鲜明,肌肉呈鲜红或暗红色,脂肪透明或呈乳白色,肉身干爽、结实、富有弹性,并且具有腊肉应有的腌腊风味,就是优质腊肉。反之,若肉色灰暗无光、脂肪发黄、有霉斑、肉松软、无弹性,带有粘液,有酸败味或其他异味,则是变质的或次品。

腊肉

存放腊肉时,应先将腊肉晒干或烤干,放在小口坛子里,上面撒少量食盐,再用塑料薄膜把坛口扎紧。随用随取,取后封严。这样保存的腊肉到来年秋天也不会变质变味。

油炸花生米保脆妙法

大家都会有这样的体会:油炸花生米放过一夜后,第二天再吃就不酥脆了,其实,有法让油炸后的花生米保持几天都酥脆,方法是:

当花生米用油炸熟,盛入盘中后,趁热洒上少许白酒,并搅拌均匀,这同时可听到花生米"啪啪"的爆裂声,稍凉后立刻撒上少许食盐。经过这样处理的花生米,放上几天几夜再吃都酥脆如初。

油炸花生米

巧使菜籽油变香

菜籽油有一股异味,许多人吃不惯。这里有一妙法,可以使菜籽油去掉异味而变香。以 500 克菜籽油为例,需要准备生姜、蒜、葱各 10 克;桂皮、白醋、料酒各 5 克;另外如果有大茴香、丁香可备少许。制作方法是:将菜籽油放入热锅中,烧热后改中火,放入葱、姜、蒜、桂皮、大茴香、丁香。炸出香味后,放白醋和料酒,再烧片刻即捞出调料,将油过滤,晾凉后盛瓶,随时可用。

用这种油炒菜,拌凉菜或炸食物,味道格外香,可以与香油媲美,而且这种油不易变质,宜于贮存。

巧防豆类生虫妙法

绿豆、蚕豆、红小豆保存一段时间,特别是春天以后,就容易生虫。为了防止生虫,可将买来的豆类先放到烧开的沸水中烫一烫,捞出,再用冷水浸泡一下,然后摊开晒干,放入容器中加盖封严,这样就不会生虫了。但要注意,烫豆的时间不要长,半分钟左右即可杀死虫蛹;烫时要不断搅拌,烫均匀些,使所有豆中的虫蛹都能杀死,效果才会好。

板栗贮存诀窍

把板栗浸入水里,7~10 天后,取出,将板栗用竹篮子挂在通风处让其自然风干,可经久不坏。

板栗

巧辨肉质量

新鲜肉:肌肉有光泽,红色均匀,脂肪整洁,有鲜味,外表微干或湿润,不粘手,有弹性。次鲜肉:肌肉色稍暗,脂肪缺乏光泽,有氨味或鲜味,外表干燥,新切面湿润,粘手、弹性差。变质肉:肌肉色暗,无光泽,脂肪灰绿,有臭味,外表极干,切面发粘,粘手重,无弹性。

巧晒茄片

将茄片洗净,按"之"字形切成茄条,把切好的茄条拉开挂在绳上晾干,干透为止。再用干净的布袋装好,挂在仓棚内,注意通风,不要受潮。吃时,用开水烫软,洗净,炒炖均可。干茄片是冬春季节人们喜爱的干菜。

巧存鲜蘑菇

鲜蘑菇含水分多,组织柔软,容易变质。一般家庭可采用清水和盐水浸泡法来保持

鲜蘑菇

蘑菇新鲜。这样可以隔绝空气,使蘑菇变色慢,体态丰满。它适合短期贮存,但要注意不能使用铁质器皿及含铁量高的水浸泡,否则蘑菇容易变黑。将鲜蘑菇放入0.6%的盐水浸10分钟,捞出沥干,装在塑料袋里,可保鲜3~5天。

花生油贮存窍门

将生盐炒热去水,凉后将少量(按40∶1之比)倒入油里,可保持油的色、香、味两三年。

花生油

巧存生姜

取黄泥晒干,选阴凉的墙角地,先将泥摊10厘米厚,再将生姜放泥上,然后再盖上黄泥至生姜上15厘米,摊平稍压紧即可。随用随取,从外向里,不得翻乱。

如何久存香菜的妙法

将香菜根部切除,择去烂叶,黄叶,摊开晾晒一两天,然后编成香肠一般粗细的长辫子,挂在阴凉通风处晾干。或选带根的香菜,将黄叶摘掉,洗净后把香菜逐棵挂在细尼龙绳上(最好不要用麻绳)放在通风处晾干,然后将香菜取下放在容器内贮藏。

食用时,用温水把香菜浸泡一会儿,香菜就依然保持绿色不黄,食之其味如初。

巧防食油变质

将一粒维生素 E 丸刺破,滴入 500 克植物油里,搅匀,可久存不变质。

保存食醋的窍门

醋里放些盐摇匀,醋长久不坏。

保管香菇的妙法

香菇是我国南北盛产的一种高等食用菌,营养成分高,有很高的食用价值。但夏季生长的香菇易生虫,保管不慎,到秋季全部会被虫蛀空。现介绍一种保管方法:

将香菇放在阳光下曝晒,晒至下午等干燥时,将香菇装入塑料袋内,喷几口白酒或酒精,扎紧袋口,不使其露气,这种保管法可以保证香菇几年不生虫,可随时食用。效果良好,可靠,请大家试用。

巧辨小磨香油质量

纯正的小磨香油呈红铜色,清澈,香味扑鼻。若小磨香油掺猪油,加热就发白,掺棉油,加热会溢锅;掺菜籽油,颜色发清;掺冬瓜汤、米汤,颜色发浑,有沉淀。

巧存豆腐

刚买回的豆腐用清水冲洗后,放在干净的盆里。将食盐化在沸水里,待冷却后倒入放豆腐的盆里(以全部浸没为好)。这样处理过的豆腐放半个月也坏不了。

贮存大葱的妙法

1.葱怕热喜凉。根据这一特点,要把葱整好,捆成把,根朝下,叶朝上,放在背阴的地方。下雨时用苦盖好,因为葱接触雨水后容易烂。如果放在朝阳通风的地方,葱容易干枯空心,不仅损失大,而且不好吃。

2.把葱栽在不太暖的地方,让它缓慢生长。

马铃薯的贮存窍门

一时吃不完的马铃薯如何贮存呢?

1.购买马铃薯时,要挑选外形完好,平滑坚实,芽眼少,无裂痕,无撞伤,无软烂,没有变色的。不要选"绿"色的马铃薯。

马铃薯

2.马铃薯贮存之前不要洗,因为着水后容易腐烂。干燥黑暗,温度 7～10℃ 的地方存放马铃薯最好,3 个月不会坏。温度高时马铃薯易发芽或皱缩,只能存放一个星期。马铃薯不能放在电冰箱里,因为在 4℃ 以下,它的淀粉质变成糖,吃起来太甜。如果马铃薯在太冷的地方存放烹调时颜色会变得深暗。

巧存蒜头

将要存的蒜头一粒粒剥去皮洗净后沥干水,然后放进一只干燥的广口瓶内,倒入色拉油至淹没,盖紧口置阴凉处,可长久保存,取用时也十分方便。

巧防大米生虫

大米有丰富的营养,又有一定水分,容易感染虫卵,虫卵遇到合适的温度、湿度,就要生虫子。用纱布小口袋装上花椒,放在米里,如大米较多,可多放几个口袋,把米袋或米缸扎紧或盖严,就可以防止大米生虫。

巧辨真假味精

若想辨别味精的真假并不难。可以取少量味精放在舌尖上。若舌感冰凉,且味道鲜美并有鱼腥味的,为合格品;若尝后有苦咸味而无鱼腥味,说明这种味精掺入了食盐;倘若尝后有冷滑、粘糊之感,并难于溶化,就是掺进了石膏或木薯淀粉。

巧存茶叶

茶叶的长期保存最好是放在锡制的罐中,应尽量不用铁制或木制茶罐。若用不锈钢

茶叶

容器装茶叶时,不妨用火在容器外烤一下。若用纸罐装茶叶,应先放少量茶叶吸收罐内气味。而且茶叶罐要放于通风处,并应避免阳光直接照射茶叶罐。另外,如果用低温储存,温度应保持在5℃最佳。

巧制酸白菜

把处理好的白菜放在开水中烫到五成熟,捞出来堆在一起,静放片刻,再用凉水洗净。放入缸中,加入凉水和一块面肥及少许白矾,用石头压住白菜,使水没过白菜,一周后即可食用。

巧存白薯

保存白薯的温度以10~15℃为宜。低于10℃会使薯块萎缩,薯心变软,肉味变苦,抵抗力减弱,易腐烂;高于15℃易使白薯腐烂。储藏时应注意通风。

巧存活鱼

用浸湿的纸贴在鱼眼睛上,可使鱼多活3~5个小时。因鱼眼内神经后面有一条死亡线,鱼离开水后,这条死亡线就会断开,继而死亡。买来(或钓来)活鱼不马上吃,可用此法保鲜。

红枣巧防虫

将红枣用沸水浸泡一下,迅速捞起,沥干水分在阳光下晒干,再装入防潮器皿中,可防虫咬。

巧辨绿豆芽

在农贸市场上,常有些用化肥发制的绿豆芽,如食用者不加小心,会引起食物中毒。现介绍几种鉴别方法:

绿豆芽

1.正常的绿豆芽略呈黄色,不正常的颜色发白,豆粒发蓝;
2.正常的绿豆芽不太粗,不正常的芽茎粗壮;
3.正常的绿豆芽水分适中,不正常的水分较大;
4.正常的绿豆芽无异味,不正常的有化肥味。
另外,购豆芽时选择6厘米长左右的为最好。

巧选葱

选购葱,软的部分宜扎实密致,绿色的部分最好能遍及其尖端,整根葱,以白、绿分明为最好。

巧选银耳

好的银耳呈黄白色,干燥,朵大、肉厚且有香味。

巧存干豆角

夏季豆角较多且便宜,将豆角干存后可到冬天缺菜时食用。

干存的办法是:将新鲜豆角摘去筋蒂,用水洗净后放进锅里蒸一下,然后用菜刀切成长条段,挂到绳子或摊在木板上晾晒,干透为止。

然后将干豆角拌少许精盐,装在塑料袋,放在室外通风处,吃时,用开水洗净,温水浸泡,待泡软后捞出控干水分,再做菜时,味道仍很鲜美。

木耳的鉴别

优质木耳表面黑而光润,有一面呈灰色,手摸干燥,无颗粒感,嘴尝无异味。假木耳看上去较厚,手摸时有潮湿或颗粒感,嘴尝有甜或咸味(一般用糖或盐水浸泡过)。掺假的木耳分量较重。

冬瓜保鲜妙法

冬瓜切开以后,剖切面上便会出现星星点点的粘液,取一张与剖切面差不多大小的干净白纸贴在上面,用手扶紧,可以保存 3~5 天不会变烂。用无毒干净的塑料薄膜贴上,存放时间会更长。

香蕉简易保鲜妙法

选完整无缺的香蕉放在食品包装袋或无毒塑料薄膜袋内,扎紧袋口,使之不透气,可保鲜一星期左右。

葡萄巧存放

选中熟期品种(如龙眼、巨峰等),用纸箱垫两三层纸,果蔓横卧,紧密相接地码在箱内,然后放置在阴凉处,温度保持在 0℃ 左右,可以放 1~2 个月。

巧存花生米

先将花生米摊晒干,去掉杂质,然后用密封的塑料食品袋装起来,每袋装五六百克,密封前放入几片干辣椒(或放入一包花椒),一起密封好,放在干燥、避光的地方。这种方法可使花生米一年内不坏,达到防潮、防霉、防虫的目的。

花生米

巧选虾皮

我们在选购虾皮时,如果用手紧握一把虾皮,然后再将虾皮放松后,虾皮能自动散开,说明其质量是好的。这样的虾皮清洁并呈黄色,有光泽,体形完整,颈部和躯体也紧连着,虾眼齐全。如果放松后,虾皮相互粘着不易散开,虾皮外壳污秽无光,体形多不完整,碎末多,颜色呈苍白或暗红色,并有霉味,说明虾皮已经变质。

虾皮

巧选烧鸡

做熟的鸡怎样证明是不是病鸡,从外部色泽已经看不出来,这时就要看鸡的眼睛,如果双眼半睁半闭状况,则不是病鸡。如果鸡的眼睛是全部闭着的,同时眼眶下陷,鸡冠显得十分干巴,就证明这是病死的鸡。而无病的鸡烧制后眼眶饱满,有的鸡虽然眼睛稍闭,但眼球仍明亮,鸡冠湿润,血线匀细、清晰。

巧选松花蛋

首先检查包蛋的料灰是否完整湿润，有无霉变现象。然后用食指敲打蛋的小头，感到有弹性颤动为好。再将蛋外的泥土料灰去掉，蛋壳灰白并带有少量灰黑色斑点的为最好。皮色越黑则质量越差。如果将蛋皮剥去，好的蛋蛋形完整，蛋白凝固光洁，晶莹透明，不粘壳，呈褐色、棕色或绿褐色，色泽光亮，富有弹性，表面有大小不等的松花纹。

巧存海味品

干鱼、海带、干虾放时间长了易发霉，收藏前，先将其烘干，把剥开的蒜瓣铺在罐子下面，把海味放进去，将盖旋紧不使其漏气，这样处理能使海味保存较长时间。

蒜苗保鲜法

蒜苗(青韭、蒜黄等)可用鲜大白菜叶子将其包住捆好，放到阴凉处，能保鲜四五天。但注意不要着水，以防腐烂。

冻鱼防干

将买来的鱼刮去鱼鳞，掏去内脏，用清水洗净，放入冰箱前，在淡盐水中浸一会儿，然后再用塑料袋装好放入冰箱内，这样处理过的鱼，不宜发干。

冻鱼

巧防茄子变色

茄子切成块或片后，由于氧化作用会很快由白变褐。如果将切成块的茄子立即放入水中浸泡起来，待做菜时再捞起滤干，就可避免茄子变色。

中国大百科

健康百科

马博⊙主编

导　读

　　健康是人生最宝贵的财富之一，健康是生活质量的基础。

　　现代健康的含义并不仅是传统所指的身体没有病而已。健康是指一个人在身体、精神和社会等方面都处于良好的状态。传统的健康观是"无病即健康"，现代人的健康观是整体健康，世界卫生组织提出"健康不仅是躯体没有疾病，还要具备心理健康、社会适应良好和有道德。"

　　健康是人类自我觉醒的重要方面，健康是生命存在的最佳状态，有着丰富深蕴的内涵。

　　保证健康，请撒下健康的种子！心理学认为：意识决定行为，行为产生结果。为了让人生健康快乐，请在思想中播下健康的种子。

　　保证健康，请保持健康的心态。心理学家说：心态决定健康！健康的心态，能调和五脏、增强免疫力、提高抗病力。为了给健康打好基础，请保持健康的心态。

　　保证健康，请养成良好的生活规律。生物钟是人体运转的调控器、健康的导航师。只有生活规律，生物钟才能运转正常。为了保障健康，请养成良好的生活规律。

　　保证健康，请坚持适度运动。运动既可促进代谢，又可排出废物；既可益心，又可健体。运动犹如一剂多效良药，既不苦口，又可养生保健。为了拥有健康，请坚持适度运动。

　　保证健康，请合理膳食。做到阴阳搭配、寒热搭配、酸碱搭配、五色搭配、荤素搭配、生熟搭配，一日三餐，定时定量，不暴饮暴食偏食。为了健康，请合理膳食。

　　保证健康，请好好睡眠。睡眠是休养生息，为生命加油。睡眠不是药却胜于药，它能使人精力充沛、健康延年。为了长寿健康，请好好睡眠。

　　保证健康，请多喝水。水和阳光、空气一样，是生命的营养素。它不仅能养阴润体，还能稀释血液，有利于代谢废物排出。为了健康长寿，请多饮水。

　　保证健康，请限酒戒烟。酒是一把双刃剑：少可活血，多则伤神志、损健康。吸烟既浪费金钱，又损害健康，有百害而无一益。为了健康，请限酒戒烟。

　　保证健康，请积极正确地防病治病。疾病来早或来迟，治疗不如预防，晚治不如早治。为了健康，请"预防为主，防治结合"。

　　健康是幸福，健康是快乐，健康是亲情，健康是财富，健康是幸福生活的基础。如何才能以健康的生活方式科学地生活？《健康百科》就是您健康生活的指南。

健康饮食

吃对食物，吃出强壮体魄

多吃绿色食物，养眼更抗衰

绿色蔬菜和绿色食品统称为绿色食物，包括油菜、空心菜、黄瓜、芹菜、韭菜、菠菜、苋菜、雪里蕻、小白菜等绿颜色的蔬菜以及绿豆、绿茶等绿色食品。绿色蔬菜有多种保健功

黄瓜

效，它们可以作用于肝胆，帮助肝胆舒缓压力，调节其功能，并且可清热及平息肝火，促进肝脏排毒，起到美容抗衰的目的。

新鲜绿色蔬菜中所含的叶绿素可以有效对抗自由基，有抗癌作用。叶黄素是一种绝佳的抗氧化剂，对人体非常有益，尤其可以起到保护眼睛、抵抗衰老的作用，这种营养素也大量存在于绿色蔬菜里。如菠菜就是叶黄素的最佳来源之一。现代研究表明，绿色蔬菜的颜色越深，所包含的叶绿素和叶黄素也就越多。

女性应多吃红色食物

红色食物包括红色蔬菜、红色五谷、红色水果等,是指红辣椒、西红柿等色彩艳丽、富含天然胡萝卜素的食物,最主要的,红色食物的优势在于它们都富含天然铁质。还有如我们常吃的樱桃、大枣等都是贫血患者的天然良药,也适合女性经期失血后的滋补。

红色食物可增加机体对疾病的抵抗能力,保护人体预防伤风感冒。如呛辣的红辣椒中含有辣椒红素,能激发人体的抗氧化能力,激发巨噬细胞的活力,帮助身体抵抗疾病。因此,多吃红色食物,免疫力可以大大增强。

黄色食物,食物里的抗癌高手

黄色食物如胡萝卜、柠檬、南瓜、大豆等,它们给人以清香、脆嫩的感觉,使人倍觉清新、味甜。黄色食物大多含有丰富的维生素 C,而维生素 C 是最好的抗氧化剂,具有延缓皮肤衰老、祛除色素沉着、美白肌肤的功效。

工作压力大的人可以经常吃黄色食物,不仅可以舒缓心情,并且能增加自身的幽默感,更重要的是可以作用于脾胃和肌肉,清除血液中的毒素。如玉米和香蕉等就是很好的人体垃圾清理剂,因为玉米和香蕉有滋养、强化消化系统与肝脏的功能,同时还能清除血液中的毒素,令皮肤变得细滑柔嫩。

白色食物,平衡人体内的营养

白色食物包括白萝卜、大白菜、菜花、荞白、莲藕、冬瓜等。白色食物中,牛奶的营养素最齐全,人体需要的营养素牛奶中几乎都有,是食物中最佳的平衡食物。

燕麦片与荞麦粉均有三降一抗作用:降血压、降血脂、降血糖,抗癌。亦可改善高血压、高血脂、糖尿病、结肠癌、直肠癌与便秘。

在白色食物中,大蒜被誉为"抗癌之王""杀菌之星"。此外,大蒜还含有 100 多种药用成分,对高血压、高血脂、糖尿病有改善作用。

黑色食物是老年人的最佳食品

黑色食品主要是指黑米、黑豆、黑芝麻、黑枣、黑木耳、香菇、海带、紫菜、发菜、豆豉、乌骨鸡和海参等食物。

黑米是米类珍品,含有多种氨基酸、矿物质和维生素。多食黑米可开胃益中、健脾暖肝、明目活血,还可缓解少年白发,对孕产妇有补虚养身之效。

多食黑豆、豆豉可降胆固醇,预防肥胖和动脉粥样硬化。以黑豆、甘草和生姜共煮可去热毒,可用于缓解心痛、膝关节痛等症。

黑芝麻中的维生素 E 十分丰富,所以多吃黑芝麻可延缓衰老。若用黑芝麻、粳米煮成黑芝麻粥加糖食用,有润五脏、强筋骨、益气力等作用。

黑木耳中含铁质最为丰富,常食能减少血液凝结,预防动脉粥样硬化,且可益气补血、改善痔疮、缓解便秘、降血压。

香菇外皮黝黑,因富含核酸物质,所以对胆固醇有溶解作用,多食可降血脂及胆固醇。

海带、紫菜、发菜含褐藻胶、硫、钙、甘露醇等成分,有助于降低胆固醇,软化血管,改善高血压、冠心病等症。

黑芝麻

紫色食物,血压的"好帮手"

紫色的食物,如紫茄子、扁豆、甘蓝、紫菜、苋菜等,富含花青素,可以改善血液循环,有效抗氧化,预防心血管疾病。

紫色食物能使人赏心悦目,且大多都是含碘丰富的食品,碘能够促进甲状腺分泌各种激素,以维持身体的正常健康状态。如紫菜中大量的碘可有效抵御甲状腺肿大,特别适合有甲状腺相关疾病家族史的人。紫葡萄对皮肤的养护和心脏的健康有极大作用,紫葡萄中富含 B 族维生素族,可以加速身体中的血液循环。至于葡萄酒更是对心脏和血液循环系统益处多多,每天饮用一杯可达到延年益寿的效果。

五色搭配,均衡营养

各种食物都具有各自天然的色彩,在日常生活中各色食物搭配食用,并不断变换花样,不仅能在视觉上给人以美的享受,而且还能做到营养均衡,保证身体健康。

尤其是食用蔬菜时不能光看颜色吃单一品种,因不同的蔬菜含维生素各有侧重,不可能一种蔬菜含有全部维生素。即使不同颜色的同一品种,其营养成分亦有差异。因此,日常生活中必须同时食用多种不同颜色的蔬菜,方能起到取长补短、互通有无的作用。最好每天要食用 4 份蔬菜、水果,其中 1 份为绿色叶菜,至少隔天吃 1 份黄褐色蔬菜或水果,这样才能"广吃兼收",得到均衡的营养。

血虚该吃些什么食物

体内血液亏虚不足,脏腑组织失于濡养,临床表现为面色苍白或萎黄、指甲淡白、头晕眼花、手足发麻、心悸失眠、虚劳、长期发热、月经不调、崩漏、闭经、不孕以及西医的营养不良、造血功能障碍、慢性消耗性疾病、神经衰弱或出血性疾病等。

心主血,肝藏血,心、肝两脏与血的关系最为密切。若心血虚,表现为心悸、失眠、多梦等症;肝血虚则表现为眩晕、耳鸣、视物模糊、手足震颤等。

补血虚的蔬菜有黑木耳、胡萝卜、菠菜等。这些食物可以供给人体丰富的铁、蛋白质、维生素 C,具有补血的显著疗效。

气虚该吃些什么食物

气虚是因机体脏腑功能衰退、元气不足引起,多见于久病体弱、年老体虚等多种情况。

气虚患者的临床表现以神疲乏力、少气懒言、呼吸气短、语声低微或头晕目眩、自汗、活动后诸症加重、舌质淡、脉虚细无力等为主。根据虚损脏腑的不同,气虚又可分为心气虚、肺气虚、脾气虚、肝气虚、肾气虚等症。

气虚体质者宜吃性平或性甘温且具有补肺气、益脾气作用的食物,包括扁豆、白萝卜、豇豆、百合、桑葚、山药、土豆、胡萝卜、黑木耳、香蕈等。

阳虚该吃些什么食物

阳虚是机体阳气不足的症候,主要表现有形寒肢冷、面色苍白、神疲乏力、自汗、口淡不渴、尿清长、大便稀溏、舌质淡、脉弱等,以脏腑虚损来分,又分心阳虚、脾阳虚、肾阳虚等。

阳虚之人宜吃属热性或温性的食物,食之有温中、补虚、除寒的功能,如白面、豆油、干姜、葱、香菜、胡萝卜、辣椒、枸杞子菜、韭菜等,以滋补阳气。

阴虚该吃些什么食物

阴虚是机体阴液亏损的症候,主要临床表现有午后潮热、盗汗、颧红、咽干、手足心热、小便短黄、舌红少苔、脉细数等。按虚损脏腑的不同,又可分为心阴虚、肺阴虚、肝阴虚、肾阴虚等症。

阴虚的人宜吃具有生津养阴、甘凉滋润的膳食,养阴的食物有菠菜、黑木耳、银耳、大白菜、油菜、黄瓜、甜瓜、丝瓜、西瓜、竹笋、茄子等。

不能以水果代替蔬菜

水果与蔬菜各有自己的特点和功用,水果不能代替蔬菜,蔬菜也不能代替水果。对此,古人有云"五菜为充,五果为助",早已准确地道出了蔬菜和水果在功用上和用量上的不同。

水果和蔬菜虽然都富含维生素 C 和矿物质,但在含量上还是有所差别的。除了含维生素 C 比较多的鲜枣、山楂、柑橘等外,一般水果如苹果、鸭梨、香蕉、杏等所含的维生素和矿物质都比不上蔬菜,特别是绿叶蔬菜。

吃蔬菜时通过合理烹调加工,还可以从盐、植物油、酱油等调料中获得其他一些营养物质,而吃水果在这方面就会受到限制。

吃维生素并不能代替吃蔬菜

从营养学的角度来看,吃维生素并不能代替吃蔬菜。因为蔬菜中除了维生素外,还含有蛋白质和钾、钠、钙、铁和锌等多种矿物质的微量元素,这些微量元素都是人体不可缺少,但是在其他食物中又难以摄取到的。而且长时间地服用维生素类制品还有可能会出现副作用,引发一些病症。所以在日常生活中,要多吃一些新鲜蔬菜。

吃蔬菜,把握时令更有营养

许多蔬菜的营养价值会随着季节的转换而变化。如蔬菜中维生素 C 等营养成分的含量通常在其大量上市的季节最为丰富。如 7 月份购买的西红柿,每 100 克可食用部分的维生素 C 含量,是 1 月份的 2 倍;黄瓜在夏季的维生素 C 含量同样也是冬季的 2 倍左右。

胡萝卜中的 β-胡萝卜素含量 6 月份时是隆冬时节的 1.5 倍;西红柿等蔬菜中的 β-胡萝卜素含量也在夏季明显增加;青椒中的维生素 C 和 β-胡萝卜素的含量虽然没有明显的季节差异,但最好也要在其正当时令时食用。

另外,菠菜在冬季食用最具营养,春夏季其营养含量则比冬季时要少 8 倍,这是因为春夏季的菠菜含水量明显增加,固体成分减少大约一半。还有一些冬令青菜,冬季时尤为好吃,甜糯可口,营养全面。

选择无污染的蔬菜吃

一般来说,从蔬菜外观的形状和颜色上是无法辨别农药是否超标的,要想减少污染物对身体的损害,首先要了解哪些蔬菜和水果更容易受到污染。

容易生虫、生虫后比较难防治的果蔬常常是农药污染较严重的品种。如水果中的苹果、梨、李子、葡萄、草莓、西瓜、橘子、香蕉等农药残留比较严重,而带壳的水果如荔枝、桂圆等污染较小。污染较重的蔬菜有叶菜和细菜,如小白菜、西兰花、鸡毛菜、韭菜、菠菜、油菜等,而根菜、瓜菜和果菜(如土豆、南瓜、黄瓜、苦瓜、西红柿以及洋葱等)受到农药的污染相对较小,并且这些蔬果的营养成分也较高。

生病时吃蔬菜有禁忌

在疾病发生时,必须避免食用一些可加重病情的蔬菜,如:
患肠胃炎时,不能吃辛辣刺激的蔬菜,如生姜、辣椒等。
患全身性红斑狼疮时,不能吃苜蓿等,否则会加重病情。
患痛风时,不能吃竹笋、香菇、黄花菜等卟啉含量高的蔬菜。

患糖尿病时，不能吃红薯、莲藕等。

患消化性溃疡时，不能吃芹菜、竹笋、空心菜、洋葱等。

患肾功能不良、尿毒症时，不能吃苋菜、油菜、南瓜等。

苦味蔬菜对人体有很多益处，比如可促进胃肠蠕动、清热解毒、利水消暑等。通常不同的苦味蔬菜也有不同的功能。

苦瓜：味苦，性寒。含有丰富的维生素C，有祛热、解疲劳、清心明目、益气壮阳的功

苦瓜

能。苦瓜还含有生理活性蛋白，能提高人体免疫力，有利于皮肤及伤口的愈合。再者，科学家还从苦瓜中提取出口服胰岛素类药物，故苦瓜对糖尿病有很好的疗效。

芹菜：是一种凉性蔬菜，能清热凉血、平肝祛风、祛痰消肿，还有降低胆固醇、降血压的功效。

莴笋：味苦，性微寒。具有清热化痰、利气宽胸、泻火解毒的作用。适用于咳嗽痰多、纳差胃胀、大便秘结者。

香椿：味苦，性平。富含蛋白质、胡萝卜素、维生素C和钙、磷、铁等矿物质。具有清热化痰、解毒消炎的功能。将香椿捣烂外敷，可缓解疮和肿毒。

马兰：是一种野生蔬菜，味苦，性大寒，具有清热解毒、凉血消斑的作用。

蔬菜混着炒，营养更均衡

蔬菜中含有丰富的维生素、矿物质、膳食纤维和果酸等，是人体所需营养的重要来源。如果将几种蔬菜混在一起炒，可起到营养互补的作用。比如维生素C在深绿色蔬菜中最为丰富，而大豆芽富含B族维生素，若将大豆芽和菠菜一起炒，则两种维生素均可获得。柿子椒中富含维生素C，胡萝卜中富含胡萝卜素，土豆中富含热量，若将三者合炒，则可营养互补。

此外，混炒蔬菜还能增进食物的色香味。红色、绿色菜肴可促进食欲。若在莴笋中放入胡萝卜片、鲜红辣椒，可使菜品色泽鲜艳；若菜中放入一些生香菜，则可使菜变香；西红柿还可使菜变成红色并有酸味，可促进食欲。

清除水果蔬菜"副作用"有招儿

吃生洋葱不消化：可吃半生的。方法是将切碎或切丝洋葱放在漏勺中，滚开水淋烫一下。这样不但可以消除一些引起不消化的硫磺化合物，而且吃起来仍有生洋葱的爽脆。

吃大豆放屁多：大豆中含有大量难以消化的物质，当它们达到大肠时，即发酵产生废气。为了减轻其影响，浸泡干豆的水不要用，用新水煮，且一定要煮熟。半生半熟的大豆更易产生废气。

西兰花

生菜花及西兰花使人口臭：这是因为它们含有大量的硫磺化合物，会黏附于人的体内和口中，导致呼吸时有口臭。最好的烹饪方法是用滚水快煮。

吃芒果会起皮疹：芒果皮内含有刺激性的松香，如果接触到皮肤，就可能会引起皮疹。为避免皮疹，应尽量挑选熟的芒果吃，因为它们含较少的松香。削皮的时候，最好戴橡胶手套。吃完芒果后，要彻底清洗双手。

慎食畸形果蔬

果蔬变形的原因主要有两种：营养不均衡和使用激素不当。现在很多果蔬是在温室和塑料大棚中栽培的，这些果蔬会因低温、干燥、氮磷肥喷施过多而缺钙，形成畸形。更有一些菜农为了让蔬菜果蔬菜提早上市，在种植过程中使用激素对果蔬进行催熟处理，最终造成果实空腔、畸形等。

农药、化肥、激素等广泛应用于果蔬种植中，会对人体造成伤害。食用了这些水果和蔬菜，人可能会出现乏力、呕吐、腹泻、肌颤、心慌等症状，如果农药长时间在体内蓄积，还可致畸、致基因突变、致癌。因此变形的果蔬不宜食用。

有些人不宜吃辣椒和大蒜

辣椒具有强烈的刺激性，如果过量食用，可引起胃中发烧或胃痛，也可能引起肛门发烧刺痛。因此，患有痔疮、疖肿、胃溃疡、食道炎、肺结核、高血压、牙痛、喉痛、红眼病等病的人均不宜过量吃辣椒。

大蒜性温味辛，如过食可致上火，影响视力。凡是口干、大便干燥、午后发烧、面红耳赤者应少食或不食。

患有慢性胃炎、胃和十二指肠溃疡的患者也最好不吃，因为大蒜能刺激胃黏膜，使胃酸增多，易加重胃病病情。

这些蔬菜有些人不宜吃

蔬菜是人人皆需、营养丰富的食品,但吃起来也要因人而异。

菠菜、葱、茭白等富含草酸,影响人体对钙质的吸收,所以肺结核患者不宜多吃、肾结石患者少吃为好。

扁豆含有酪氨酸成分,服用单胺氧化酶制剂的人不宜食用,以免引起高血压。

新鲜的黄花菜含有大量的秋水仙碱,食后易引起中毒。小儿应慎食。

西红柿含有大量的胶质、果质、柿胶酚和可溶性收敛剂等,空腹时不宜吃。

土豆中含有大量淀粉,所产生的能量比一般蔬菜高得多,故糖尿病患者不宜多吃。

别吃半生半熟的金针菇

金针菇必须完全煮熟才能吃,因为未熟透的金针菇中含有秋水仙碱,人食用后容易因氧化而产生有毒的二秋水仙碱,它对胃肠黏膜和呼吸道黏膜有强烈的刺激作用。一般在食用 30 分钟至 4 小时内,患者会出现咽干、恶心、呕吐、腹痛、腹泻等症状。如果大量食用还可能会引起发热、水电解质平衡紊乱、便血、尿血等严重症状。

另外,食用新鲜金针菇前,应先将其在冷水中浸泡 2 小时;烹饪时要把金针菇煮软煮熟,使秋水仙碱遇热分解;凉拌时,除了用冷水浸泡,还要用沸水余烫一下,让它熟透。

吃西红柿要挑对颜色

西红柿的吃法,因人们的喜爱而有所不同,有的人爱生吃,有的爱熟吃。一般来说,生吃宜选择粉红色,熟吃宜选择大红色。这是因为前者糖、酸含量较低、味道淡一点,后者则糖、酸含量都较高、味道也浓。橙色的西红柿含西红柿红素少,但胡萝卜素含量高一些。

因此,买西红柿前,应考虑是生吃还是熟吃。大红色的西红柿适宜炒菜、做汤,味道浓郁。因为大红色的西红柿中含有大量的茄红素,抗氧化功能强,而且还有预防癌症的功效,但这些茄红素只有通过加热,西红柿组织的细胞壁崩解后才能析出,而生吃西红柿却只能吸收其中的维生素 C。所以大红色的西红柿炒菜或做汤比较好。在制

西红柿

作热菜时,要注意西红柿下锅加热时间不要过长,以保证西红柿本身的鲜味及营养素不流失。

聪明吃水果，健康美丽自然来

想减肥，水果最好饭前吃

不论是宴会的上菜程序，还是大多数人的生活习惯，均是饭后吃水果以去油腻、助消化。营养专家认为，如果你想减肥的话，饭后吃水果不仅达不到预期的效果，反而还会导致体重超重。而饭前进食一定量的水果对身体健康有很多好处。

首先，水果中的许多营养成分均是水溶性的，有维生素以及可降低血液中胆固醇水平的可溶性植物纤维果胶等。这些营养成分在空腹时的吸收率要远高于吃饱后的吸收率。

其次，饭前吃水果有助于实现健康饮食"八分饱"。水果是低热量食物，其平均热量仅为同等重量面食的1/4，同等猪肉的1/10。如果先进食低热量的食物，就比较容易控制总的摄入量。

第三，水果容易被氧化、吸收，先吃水果可缩短其在胃中的停留时间，降低其氧化腐败程度，可以减少对身体造成的不利影响。

吃水果要看体质

对水果必须视体质不同和肠胃状态不同做适当的调整。有些水果不宜一次吃太多，而有些不宜空腹食用，应该依每个人身体状况的不同吃不同的水果。

体质不同要把握"正体质，反进补"的原则。寒性体质适合吃温热性水果及平性水果，吃多了寒性水果，会造成身体不适。热性体质适合吃寒凉性水果及平性水果，吃多了温热性水果会对身体造成不良影响。

肠胃不好的人吃水果要注意。最好选择"温和"一点的水果以及容易消化的瓜类。如水梨、苹果等，不要太甜，也不要太酸。中医辨证认为，虚寒体质以及有慢性肠炎、十二指肠溃疡或者有胃炎、胃溃疡的患者，最好少吃西瓜、香瓜等寒凉食物。

本身不宜过多食用的水果，即使体质适合也不宜一次吃太多。如荔枝，多吃会产生燥热、牙龈肿痛、口干、鼻子出血等情况；葡萄，多吃会令人郁闷、眼睛干涩、目滞发暗；桃子多吃令人上火；李子多吃易损伤脾胃。

另外，人的年龄大小、体质强弱不同，吃的分量也应有所不同。

西瓜好吃莫贪多

夏天适量吃些西瓜，对人体健康大有裨益。而过量食用或吃冷冻后的西瓜对人体不仅无益，反而有害。

西瓜

这是因为,西瓜吃得过多会伤脾助湿。凡是脾胃虚寒湿盛、消化不良、腹胀腹泻、食欲不振者以及肾功能不佳者均应慎食或忌吃西瓜;胃溃疡患者也不宜多吃西瓜,以免引起胃穿孔;糖尿病患者吃西瓜也不宜过多,以免痰湿阻盛、血糖升高。

即使是健康的人吃西瓜也不宜过多。一是会冲淡胃液,影响胃酸分泌,引起消化功能不良或腹泻;二是食之过多,脾胃湿阻过盛,容易引起胃纳欠佳;三是食之过多,易引起胃扩张。另外,老年人一般脾胃虚弱、脾胃功能衰退,食之过多不易消化吸收。

令人活力四射的 4 种热带水果

大自然给我们准备了大量的养生之物。例如,令人活力四射的 4 种热带水果:木瓜、菠萝、香蕉和芒果。这几种奇异的水果几乎含有对人体健康有益的所有维生素,而且是天然蛋白质的极好的来源。在消除慢性消化不良症方面,它们可使病情很快得到缓解,使消化系统逐步得到改善,恢复正常。

人们每咽下一口食物,就会有一种酶随之变成另一种酶的形式。当一种特殊的维生素或矿物质从食物中分离出来,就会被运转到需要能量的机体部位中去。木瓜、菠萝、香蕉和芒果这 4 种热带水果之所以具有恢复活力的力量,正是因为它们含有酶。

吃葡萄也要看身体状况

葡萄对慢性肝炎患者来说是极有益的食品,慢性胃炎、食欲不振者常食葡萄和葡萄干也是极有好处的。贫血及恶性贫血患者可持续饮用葡萄酒。因葡萄有安胎补气的作用,所以又是孕妇首取的上好果品。

但也有人认为,葡萄性偏于温,有利尿作用,阴虚内热、津液匮乏者忌食之,《医林纂要》曾载:"多食生内热。"

葡萄

水果罐头打开后应当一次吃完

水果罐头含糖、酸较多，一旦打开后没有吃完，就很容易被空气中的乳酸菌、酵母菌等微生物所污染。这些微生物繁殖迅速，它们在生长的过程中不断地把糖和有机酸分解为乳酸、醋酸、乙醇以及其他物质，从而使罐头内食品出现酸腐味和酒精味。若是铁盒水果罐头，吃剩的部分留在盒内，由于糖水中含有较多的有机酸，有机酸与铁皮接触很容易氧化，使之锈蚀，吃起来会有铁锈味。

而且，如果罐头密封不良，还易发生其他致病菌的污染。因而，经常吃罐头食品弊端很多，尤其对儿童、老人、孕妇更为不利。

老人吃水果应该有选择性

水果对老年人的健康好处多多，但也要有选择性地吃。

香蕉肉绵软味美，对牙齿功能欠缺的老人堪称理想佳果，而且还有润便功能。但香蕉性寒，含钠盐多，过多进食会影响肾功能。

柑橘性凉，胃肠、肾功能虚寒的年迈者不可多食。一般饭后吃 2 个橘子或广柑即可，既能促进消化，又不至于引起腹痛、腰膝酸软等病症。

梨具有祛火、止咳的作用，但梨汁性冷，脾胃虚寒的老年人一旦食之过量，会导致呕水、便稀等，同时还有可能引起血糖升高。

柿子味甘、肉厚，熟透的柿子甜如蜜汁，但老人过量食用会引起便秘。而且柿子中所含的单宁收敛力强，空腹吃柿子还易导致"胃柿石症"。

荸荠、菱角不宜生食

菱角、荸荠的果肉含有丰富的淀粉、蛋白质、脂肪、葡萄糖、B 族维生素、维生素 C 及矿物质等。但由于荸荠、菱角生长在水田里,容易被一种叫作尾蚴的幼虫污染,人吃后易患姜片虫病。这种病症会引起肚子痛,特别是饥饿时痛得更厉害,大便也会时稀时干,毫无规律。有部分人常常牙龈出血,一天天会消瘦下去,出现贫血、面色焦黄、全身浮肿等症状,严重时还会出现腹水。一旦肠内寄生虫的数量增多,就会堵塞肠道,引起剧烈的腹痛和呕吐,若不及时就诊甚至会有生命危险。小孩感染严重的,还会影响发育。因此,荸荠、菱角等尽量不要生吃。

吃菠萝要防过敏

菠萝酸甜可口,营养丰富,为营养佳果之一。但香脆可口的菠萝也可使人发生过敏症。尤其是过敏体质的人吃了或是进食的方法不对,都会引起过敏。这是因为菠萝汁中含有一种生物苷及菠萝蛋白酶,生物苷会刺激口腔及食管黏膜,使口腔发痒。

菠萝蛋白酶是一种异性蛋白,对此过敏的人吃了之后会产生过敏反应,有恶心、呕吐、腹痛、腹泻、头痛及口舌、皮肤瘙痒等症状,严重的还会出现呼吸困难,甚至昏迷死亡等症。

此外,菠萝汁中还有 5-羟色胺,有强烈收缩血管和升高血压的作用。每 100 克菠萝汁中含 5-羟色胺 2.5~3.5 毫克。过多摄入后的直接反应就是头痛。

水果未必比蔬菜营养好

不少人认为水果比蔬菜营养价值高,其实不然。蔬菜有它自己的特殊价值,比如含有一些调味物质,如挥发油、芳香物、有机酸等。而且蔬菜还能刺激食欲、促进消化、杀灭细菌,改变食物滋味。

蔬菜中含有大量膳食纤维,虽然不能被人体消化和吸收,但它可刺激肠蠕动,保持大便畅通。

医学专家认为,少吃或不吃水果不会对身体健康有太大的影响,而长期不吃蔬菜却会患某些疾病。可见,就人体需要来说,蔬菜比水果要好。

根据职业选水果

不同的水果含有的营养成分不同,适合不同职业的人食用。例如:

香蕉可以使服务行业从业人员对消费者的态度更好,因为它能缓和紧张的情绪,提高工作效率,缓解疲劳。

柿子对疲惫不堪的体力劳动者很有益处,因为疲劳在多数情况下是因为缺血造成的,而柿子里含有很多铁元素,可以刺激血红蛋白的生成,缓解疲劳。

橙子可以帮助经常吸入废气的司机排除体内的毒素。

菠萝最适合运动员食用,它有消炎和消肿的作用,能改善血液循环,促进肌腱炎症和外伤的康复。

经常坐在电脑前的白领应该多吃梨,因为梨含丰富的维生素 A、维生素 E 和 B 族维生素,对眼睛有益。

葡萄有祛痰作用,咳嗽的时候可以吃点。

木瓜可以增强精力,提高性能力。

芒果含有丰富的 β-胡萝卜素和独一无二的酶,可以令皮肤富有弹性,并且延缓皱纹生成,最适合爱美的女性。

橙子

别靠吃水果来减肥

水果被公认为是减肥圣品,尤其是一些爱美的女性,常用水果代替日常三餐,以为既可减肥,又能美容。

水果中含有丰富的维生素及矿物质,热量又不高,膳食纤维又多,的确对人体非常有益。但是,靠水果减肥的办法却并不科学,因为水果中含有大量的果糖,而蛋白质和脂肪的含量却很少。用水果代替正餐,在分量又没有节制的情况下,减肥自然无效。如果以水果代替米饭,一碗米饭的热量约等于 3 根香蕉的热量,如果再加几个柳橙,几个苹果,总共所吸收的糖分或热量可能不低于正常一餐所摄入的食物,说不定还会超过很多呢!

此外,人体需要均衡的营养,如果只吃水果而不吃含脂肪、蛋白质等的食物,可能会导致营养不良。此外,缺少油脂,身体就不易吸收脂溶性维生素,此种不均衡的饮食势必会造成营养不良,损害健康。

吃水果可调节情绪

吃水果可调节自己的不良情绪。

当情绪紧张时,可吃一些橙子或柑橘。这些水果颜色鲜艳、酸甜可口,所发出的气味还有助于缓解心理压力,能帮助缓解紧张的情绪,尤其是对女性的影响较大。

当感到忧郁时,可多吃些猕猴桃。猕猴桃中所含的天然肌醇能增强脑部活动,有助于走出忧郁的阴影。

当愁眉苦脸时,可多吃香蕉。香蕉被誉为"快乐之果",富含泛酸成分,可以帮人体减轻,心理压力,解除忧愁。

当害怕交际时,喝一点加有蜂蜜的果汁,可以缓解这类症状。

易怒时,可多吃些钙质丰富的水果或是其他食物。因为情绪不稳、易怒的人大多是因为长期缺钙所造成的。

如果感觉自己不够勇敢,平时可多吃些维生素 A、维生素 C 和 B 族维生素丰富的水果。因为胆小主要是由缺乏这几类维生素引起的。

能解酒的水果

西瓜:饱含水分与果糖、多种维生素、矿物质及氨基酸,可以改善中暑发烧、汗多口渴、小便量少、尿色深黄等症状外,有口腔炎、便血、酒精中毒者均适宜多吃,疗效显著。

杨桃:具有清热解毒、生津利尿的功效,适用于酒精中毒、风热咳嗽、牙痛、口腔溃疡、尿道结石、小便不利等症。但肾功能异常者千万不可吃。

甘蔗:具有解酒毒、清热润肺、生津止渴、利尿通便、除口臭的功效,可改善反胃呕吐、宿醉不醒症状。

梨:有生津止渴的作用,更是很好的解酒水果,据李时珍记载,梨可"解疮毒酒"。所以,贪杯的人可以通过吃梨解酒。

甘蔗

冬季可把水果热了吃

水果是人们日常生活的必需品,但冬季天气寒冷,水果冰凉,尤其是老年人和身体不适者更怕生冷。怎么办呢? 别担心,这里介绍几种水果热食的方法。

热橙:将甜橙用刀削去黄色外皮,放入炖盅内炖热或将原个甜橙放在口盅里,加温水烫热之。这种食法最宜采用。

熟蔗:将甘蔗洗净,切成小段,放入锅里,用蒸架垫高离水蒸煮 10 分钟,便成熟蔗,食味更觉清甜暖心。

热马蹄:将马蹄洗净煲热,食时容易剥皮,且觉甜中带韧。

炖熟木瓜:将熟木瓜去皮切块,加适量的冰糖,用炖盅炖热,有清热润肺之功。

炖雪梨:将雪梨削皮去心切块,加适量的糖,用炖盅炖热,有清心润肺止咳之效。

用苹果、雪梨煲汤:将苹果或雪梨削去皮心切块,加肉类煲汤佐膳,味道鲜甜可口。

选择水果有讲究

水果营养丰富,味道鲜美,是人们喜爱的食物。在琳琅满目的水果摊前,怎样选择水果呢?

即使人们吃同样一种水果,其味道也各不相同。有的甘甜,有的酸涩,有的细腻,有的粗糙。出现这种情况,原因在于水果也有"男女"之分,"雌雄"之别。

雌性水果的味道比雄性更胜一筹。若择雌而购,就能吃到味美的水果。苹果的雌雄之分主要是在果蒂。果蒂较大者为雌苹果，味甘美爽口，汁多皮薄。橘子和苹果一样。荔枝壳上的刺呈针尖状者为雌，壳薄，核小，汁水丰富且甜。其他如梨、桃等水果也是如此。

饥饿时不要用香蕉充饥

有些人饥饿时喜欢用香蕉充饥。其实，这是在无意中陷入了饮食的误区。

香蕉含有大量的镁元素，空腹食用香蕉可使血液中的含镁量骤然升高，造成人体血液内镁、钙比例失调，对心血管产生抑制作用，不利于身心健康。

值得注意的是，香蕉含钾盐、糖分较多，患有慢性肾炎、高血压、水肿和糖尿病的患者应慎吃。

汤水茶饮如何喝出健康与美味

需要及时补水的特别时刻

运动后：运动后都应适当喝水，这样可缓解疲劳。在有空调的环境中尤其需要补充水分。

怀孕时：女性怀孕时格外需要水，每天至少饮 2 升的水，但是避免在用餐时间喝水。

瘦身时：瘦身时特别需要喝水，喝水能把体内的脂肪代谢出来。

发烧时：发烧时水分流失大，多喝水可以及时补充水分。

搭乘飞机时：搭乘飞机时由于压力加大，缺水厉害，所以要多喝水。

"男奶女浆"中的养生哲理

牛奶和豆浆是人们最喜欢的两种高蛋白饮料，对男女来说，分别多饮用牛奶和豆浆也是养生诀窍之一。

大豆含有与蛋、肉、奶相似的蛋白质，且质量较好，还含有优良脂肪，有预防高血压和心脏病发生的作用。最新研究发现，豆浆含有大豆苷原，能较好地调节中老年女性内分泌系统，降低乳腺癌、子宫癌的发病率，减轻更年期综合征的不适。另外，豆浆补虚润燥、清肺化痰，能缓解虚劳咳嗽、哮喘及便秘等，并有降低血脂、防止动脉粥样硬化、改善心理状态、促进体态健美和抗衰延年等作用，女性常饮豆浆还能减少面部青春痘、暗疮的发生，使皮肤洁白润泽、容光焕发。

虽然，牛奶和豆浆都是好饮料，男女都应适量多饮，对改善饮食结构和提高身体素质很有益处，但针对男女性别特点，有所侧重很有必要，男性多喝牛奶会更健康强壮，女性多饮豆浆会更健康美丽。

不要用含乳饮料代替牛奶

我们讲的奶包括液体奶(如鲜牛奶、纯牛奶和各种配方奶)、发酵奶(如酸奶)和固体奶(如各种奶粉)。这些牛奶乳液或按说明调成的奶粉乳液中的各种营养成分应接近鲜

牛奶

牛奶。例如,每100克乳液中蛋白质含量不得低于2.5%。也就是说,各种商品名称的"奶"或"乳",必须确保其营养成分,如其中蛋白质含量不得低于2.5克/100克。否则,就只能称为含乳饮料,而不能叫"奶"或"乳"。

各种含乳饮料与"奶"或"乳"不同,从根本上讲它们是饮料,而不是奶。虽然其中包含了必备的牛奶成分,但其中更多的是水。通常情况下,含乳饮料的蛋白质等营养成分含量只相当于鲜牛奶的1/3左右。

很多家庭喜欢将口味较好、易于被儿童接受的含乳饮料当成牛奶给孩子喝;有些学校甚至选择含乳饮料作为学生奶给学生饮用,这样做势必影响儿童的体格和智力发育。

喝牛奶出现乳糖不耐受怎么办

不少人喝牛奶或食用奶制品后会发生腹胀、腹鸣不适,甚至出现腹痛和腹泻等现象。这一系列症状被称为乳糖不耐症。其主要原因是体内乳糖酶减少或缺乏造成的。

牛奶中含有的碳水化合物主要是乳糖。乳糖是一种双糖,不能被小肠直接吸收,必须在乳糖酶的作用下,首先被消化成半乳糖和葡萄糖两种单糖后,才能经肠道吸收。如果人体内乳糖酶不足,便会出现牛奶中乳糖不能被完全消化,从而发生上述不适的症状。哺乳动物生下来是以吃奶求生存的,人也不例外,绝大多数婴儿体内有足够的乳糖酶,有利于消化乳汁。因先天性乳糖酶缺乏,生下来就不能耐受人乳或牛奶的婴儿极为少见。

另外,即使对于已经发生乳糖不耐症的人也不应放弃喝奶和食用奶制品。据研究,大多数人每天仍能耐受10克乳糖。每100克牛奶含乳糖约3.4克,乳糖不耐受者每天仍然可以饮用牛奶300克,即仍然可以喝1袋鲜牛奶。但需要注意的是,每天应当将牛奶分

成几个时间段喝,并应安排在进食其他食物以后。

煲靓汤的 5 个妙招

1.汤变鲜:熬汤最好是用冷水,并一次加足,然后慢慢地加温,这样食材中的蛋白质才能充分溶解到汤里,汤的味道才鲜美。另外,熬汤不要过早放盐,否则会加快蛋白质的凝固,影响汤的鲜味。酱油也不宜早加,葱、姜和酒等佐料不要放得太多,否则会影响汤汁本身的鲜味。

2.汤变清:要想汤清、不浑浊,必须用小火烧,使汤只开锅、不沸腾。因为大滚大开,会使汤里的蛋白质分子凝结成许多白色颗粒,汤汁自然就浑浊不清了。

3.汤变浓:在没有鲜汤的情况下,要使汤汁变浓,一是在汤汁中勾上薄芡,使汤汁增加稠厚感;其二是加油,令油与汤汁混合成乳浊液。方法是先将油烧热,冲下汤汁,盖严锅盖用大火烧,很快汤就发白了。

4.汤变淡:只要把面粉或大米缝在小布袋里,放在汤中一起煮,盐分就会被吸收进去,汤自然就会变淡了。也可放入一个洗净的生土豆,煮 5 分钟,汤也能变淡。

5.汤变爽:有些油脂过多的原料烧出的汤特别油腻,遇到这种情况,可将少量紫菜置于火上烤一下,然后撒入汤内,可解去油腻。

喝豆浆 5 忌

豆浆对人体健康非常有益处,但喝豆浆不讲究科学也能由益变害,具体讲有 5 忌:

1.忌冲鸡蛋:鸡蛋中的黏蛋白容易和豆浆中的胰蛋白酶结合产生不被人体所吸收的物质,从而失去营养价值。

2.忌冲红糖:红糖中的有机酸能与豆浆中的蛋白质结合,产生变性沉淀物。而白糖无此现象。

3.忌不煮透:豆浆中含有蛋白酶抑制物,如煮不透,人喝了会发生恶心、呕吐、腹泻等症状。

4.忌装保温瓶:豆浆中的皂素能除掉保温瓶里的水垢,时间长了细菌会滋生繁殖,致使豆浆变质,对人体造成损害。

5.忌超量饮用:一次喝豆浆过多,容易引起过食性蛋白质消化不良,出现腹泻、胀满等不适症。

豆浆

大量出汗后不可狂饮

喝水也要讲科学,夏季大量出汗时,如果大量猛喝白开水对人体是很不利的。这是因为人出汗不但损失了水分,也损失了盐分。光喝白开水就会把血液里的盐冲得更淡了,血液为了维持一定的含盐量,就会把多余的水通过肾脏以尿的方法排出体外,另一部分则会跑到血管外的组织里,造成水肿。

因此,大量出汗后喝水,一方面会感到全身无力、恶心,甚至出现水泻现象。另一方面,大量猛饮还会增加心脏的负担,加紧推动血液循环,并冲淡胃酸,影响胃的杀菌功能,降低食欲和胃肠的消化、吸收功能。

饮用咖啡要注意

咖啡豆因品种的不同,内含的咖啡因也有差异,一般炒过的咖啡豆含咖啡因 0.65%~2.7%,而速溶咖啡中含咖啡因高达 4.8%。

咖啡因在医学上的应用很广泛,具有强心、利尿和提高人体基础代谢的作用,会使大脑兴奋,可以消除疲乏、提神醒脑。但是,过量饮用咖啡,会导致失眠、神经质,使人易发怒、焦虑不安,还会引起心律不齐与循环系统的障碍。尤其饮速溶咖啡要特别注意,它对中枢神经和心血管有较大的刺激作用,胃病患者不宜饮用。

残茶的妙用

隔夜茶中的鞣酸、氟含量丰富,具有杀灭病菌、防止毛细血管出血的作用。用其漱口可以清除口臭、固齿以及消除牙床红肿。用其洗涤伤口可防止疮口化脓、出血等。

如果眼睛因上火而出现红丝、红肿或流泪时,可清晨用隔夜茶冲洗,有助于消炎,使症状好转。

用隔夜茶洗头,可止痒、去头屑、乌发。

将残茶叶收集起来晒干、充填枕芯,不仅有利于入睡,还有清火安神的作用。

吃生蒜或大葱后,嚼一口残茶或用茶水漱口,既可除口臭,又可去口腻感。

用残茶水煮饭,米饭不仅色香味俱全,而且可消炎化食。

酸奶不宜蒸煮

有人觉得酸奶比较凉,冷天喝了易闹肚子,想加热再喝。其实这是不对的,因为酸奶经过加热后,就会失去它的特性,其物理性状等都发生了变化,特有的风味也消失了,营养价值也下降了。更重要的是,起特殊保健作用的乳酸菌经加热会部分或全部被杀死,所以酸奶是不能加热的。

如果感到酸奶太凉,可以把酸奶瓶放在温水里稍稍加温,加到热度与体温相仿就可以了。

留神"染"出来的果汁

随着果汁饮料需求的增加,果汁生产厂家迅猛增多。有关专家提醒消费者,果汁生产过程中或多或少都会加入一些人工合成的添加剂,这些添加剂由于质量参差不齐,对人体健康存在一定危害。

果汁等饮品的颜色部分来自原料本身以及在生产过程中所形成的特殊色泽。除此之外,有时也添加色素来模拟天然食物的色彩,但须严格执行国家卫生部门的使用规定。一般常用的有胭脂红、苋菜红、柠檬黄、靛蓝等,这些色素均为合成色素。因此,喝饮料时一定要注意果汁质量,否则喝下去的可能不是饮料而是染料。

碳酸饮料不宜多喝

盛夏季节,人们会喝一些清凉饮料,可乐等碳酸饮料就是人们青睐的饮料之一。但有的人却把可乐当成白开水喝,毫无节制,这对身体有害无益。

碳酸饮料

首先,碳酸饮料喝得过量,会导致体内钾离子缺乏。

其次,碳酸饮料、可乐饮料的基本成分主要是碳酸水、磷酸、咖啡因、柠檬酸等酸性物质及白糖、焦糖色、食用香料等,有些还含有人工色素等物质。除糖类能给人体补充能量外,可乐中几乎不含营养素。不仅营养价值低,其中的糖还给我们带来了大量的热量,易导致肥胖。

再次,碳酸饮料的成分大部分都含有磷酸,这种磷酸会潜移默化地影响骨骼,这主要是由于大量磷酸摄入影响了钙的吸收,引起钙、磷比例失调,从而影响到骨骼和牙齿。而一旦钙缺失,对于处在生长过程中的少年儿童身体发育危害非常大,缺钙就意味着骨骼发育缓慢、骨质疏松。有资料显示,经常大量喝碳酸饮料的青少年发生骨折的危险是其他青少年的 3 倍。

此外,长期大量饮用碳酸饮料,特别是奶及奶制品又摄入不足时,还容易引发骨质疏松。

五谷杂粮,打造健康一生

常吃发酵面食好处多

面团经酵母发酵会产生较多的活性植酸酶,可使植酸水解,使磷、钙、锰、钾、锌等从植酸中分解出来,形成矿物质形式,易被人体吸收利用。而且酵母菌在生长繁殖过程中,还能增加面团中 B 族维生素的含量。

因此,多吃用酵母发制的面制品,可以提高食物中矿物质和多种 B 族维生素的利用率,对人体健康十分有益。

常吃带馅面食好处多

带馅面食中营养素较齐全,符合人体需要。因为带馅面食中既有荤菜,又有素菜,含有人体需要的多种营养素,并能起到各种营养素互补作用,符合平衡膳食的要求。

另外,不爱吃荤菜的人,优质蛋白质的来源会大大受到限制;而偏食荤菜的人,又会导致热量过剩和各种维生素及矿物质的缺乏。而吃带馅食品荤素兼备,含有人体必需的多种营养素,可有效地改变偏食习惯。

五谷杂粮

常吃八宝粥、腊八粥对身体有益

任何一种米中的营养都是不完全的,而八宝粥、腊八粥在制作过程中,除大米、糯米外,还会加入小米、绿豆、红小豆、核桃仁、花生仁、大枣、山药、莲子等多种食材混合熬制成粥,营养丰富。一般谷类缺乏赖氨酸,而豆类赖氨酸含量比较高;小米中含亮氨酸比较多;各种坚果类富含人体必需的脂肪酸以及各种微量元素和多种维生素。五谷杂粮混合煮粥,可以充分发挥氨基酸的互补作用,相互取长补短,提高蛋白质的利用率,并且尽可能多地摄取到维生素及多种矿物质。

因此,八宝粥、腊八粥是营养比较全面的食品,有益身体健康。

熬绿豆汤最好别加明矾

熬绿豆汤时加少量的明矾,可使熬好的绿豆汤清澈透亮,并且绿豆容易蓬松,因为明矾有沉淀杂质和使食品膨松的作用。但加矾产生的问题也不少。

明矾的种类很多,主要有钾明矾(硫酸铝钾)、烧明矾和烧铵明矾等,其中以钾明矾最常用。加矾的绿豆汤口味变涩,不仅会失去原来的清香适口的味道,而且会使绿豆汤中的部分营养素遭到破坏。

此外,明矾在水溶液中加热能产生二氧化硫和三氧化硫等有害物质。故熬绿豆汤时不应该加明矾。

煮绿豆的火候也有讲究

生绿豆具有较强的清热解毒祛火作用,而其中的营养成分及所具有的药物功效经过加热后都会随温度的变化而改变。

为了最大限度地发挥绿豆的清毒功效,应将生绿豆加凉水煮开,大火再煮5分钟左右(汤汁绿而未红)即可。如果煮绿豆的时间过长,绿豆所含的各种酶由于过热而失活,营养素含量也会随之降低。同时,绿豆由生变至熟,这个过程中会发生某些物理和化学变化,其功效也发生了相应变化,清热解毒的功效也会随之下降。但对于脾胃虚寒的人来说,如果担心绿豆过于性凉,则可以等绿豆汤开后,多煮一个小时再饮用。

没有煮熟的豆类食物不宜吃

豆类食物是人们膳食中的主要食品,含有丰富的蛋白质、膳食纤维和维生素,是人们喜爱的食品。但食用没有煮熟的豆类、豆浆等,容易引起中毒。

未煮熟的豆类食物中含有皂素、抗胰蛋白酶因子和植物血球凝聚素等物质。抗胰蛋白酶因子可以影响人体对蛋白质的消化。皂素对消化道黏膜有强烈的刺激作用,可引起局部充血、肿胀及出血性炎症,使人出现恶心、呕吐、腹泻和腹痛等胃肠道症状;皂素还可以破坏血液中的红细胞,引起溶血性症状。植物血球凝集素具有凝血作用,可引起剧烈的呕吐反应。

豆类食物煮熟后,所含的中毒性物质一般都会被破坏失去毒性。因此豆类食物必须烧熟煮透,尤其是豆浆必须加热到95℃以上。

吃豆制品也要适量

在安排食谱时,适当吃一些豆类和豆制品是正确的,但也不要过量摄入。须知过量吃豆制品也是有害的,比如大豆,过量食用,其中的蛋白质会阻碍人体对铁元素的吸收,长时间过多地摄食就可能会导致缺铁性贫血。

此外,豆制品还含有较多的蛋氨酸,经常大量摄入豆制品,蛋氨酸会在酶的作用下转变为同型半胱氨酸,损伤动脉管壁内皮细胞,促使胆固醇和甘油三酯在动脉壁沉淀下来。豆腐中含有嘌呤较多,痛风患者和血尿酸浓度高者不宜多吃豆腐。

禽肉鱼蛋类如何吃更健康

产后吃老母鸡不利于下奶

产妇产后炖母鸡汤喝,不但不会催乳,反而会导致奶水不足。因为产妇分娩后体内雌激素与孕激素明显减少,有利于发挥体内催乳素的催乳作用,使乳汁分泌增多。但母鸡体内的卵巢分泌较多的雌激素,产妇吃炖母鸡,体内就会增加雌激素的含量,从而起到抑制催乳的作用,使产妇乳汁分泌量减少。

如若改吃炖公鸡汤,可有利于催乳,因为公鸡的睾丸含有雄激素,能对抗雌激素的作用,因而有利于发挥催乳素的催乳作用,使产妇的乳汁增加。

不同的鱼有不同保健功能

鱼的营养丰富,食之有味,对人体有着较强的保健功能。但鱼的种类繁多,不同的鱼具有不同的保健功能。

鲫鱼:有益气健脾、利水消肿、清热解毒、通络下乳等功能。除此之外,还可降低血液黏度,促进血液循环。

鲤鱼:有健脾开胃、利尿消肿、止咳平喘、安胎通乳、清热解毒等功能。

鲢鱼:有温中益气、暖胃、润肌肤等功能,是温中补气的养生佳品。

青鱼:有补气养胃、化湿利水、祛风除烦等功能。其所含锌、硒等微量元素有助于抗癌。

黑鱼:有补脾利水、祛淤生新、清热祛风、补肝肾等功能。产妇食清蒸黑鱼可催乳补血。

草鱼:有暖胃和中、平肝祛风等功能,是温中补虚养生的美食。

带鱼:有暖胃、补虚、泽肤、祛风、杀虫、补五脏等功能,可作为迁延性肝炎、慢性肝炎者的日常饮食。

鳗鱼:有益气养血、柔筋利骨等功能。

吃松花蛋要放姜、醋汁

鲫鱼

松花蛋大多用鸭蛋腌制,因而带有水草腥味,而且在腌制过程中加入了茶叶、石灰、碱等,以致松花蛋中有儿茶酚、氢氧化钠等碱性物质。同时蛋白质分解产生的氨气使松花蛋有一种咸涩味。

鲜姜含有姜辣素,米醋中含有有机酸。姜辣素和有机酸能够去除腥味,中和松花蛋中含有的碱性物质,除去咸涩味。而且用姜末和米醋配成的姜醋汁,能促进胃液分泌、增强肠道蠕动、促进食欲、帮助消化。

因此,吃松花蛋放姜醋汁是很有道理的。

煮熟的鸡蛋不要用冷水浸泡

刚下的鸡蛋因有蛋壳膜覆盖,不易被细菌侵入,蛋内水分也不易蒸发,因此鲜蛋在一定的时间内不易变坏。而鸡蛋煮熟后,蛋壳膜被破坏,同时由于鸡蛋壳和壳内的双层内膜上都分布着许多小孔,当冷水进入蛋内后,细菌、霉菌等微生物也会随之进入蛋内,并且与蛋内的酶一起分解鸡蛋内的容物,容易引起鸡蛋腐败变质。

另外,鸡蛋中有直径为4~11毫米的气室,煮鸡蛋时,由于温度升高,气室内的气压也随着升高,这时气室里的气体就会被"挤"出蛋外。当刚煮熟的鸡蛋投入冷水中时,温度急骤降低,气室内压力随之下降,这也会使蛋壳外的冷水和微生物通过气孔进入蛋内。

正确的方法是将煮熟的鸡蛋取出后,立即用干净的抹布揩净蛋壳表面的水,让其自然冷却,这样既好剥皮,又利于保存。

怎样去除羊肉的膻味

羊肉是冬令的滋补佳品,如烹调不得法,便会有很大的膻味,使人兴味大减。现介绍几种除膻的方法:

煮羊肉时先不放调料,按每5000克羊肉配50克绿豆,用水煮沸15分钟后,可将羊肉捞出,原汤和绿豆倒掉,将肉加入新水煮,可除膻味。

羊肉切成块,按1000克羊肉1000克水的比例将水先烧开,然后放入羊肉,随之放入25克醋,煮15分钟后,将原汤倒掉,再将肉放入新水内烹调,则可除膻。

煮羊肉时,同时放入白萝卜(每5000克羊肉放入500克白萝卜),煮15分钟后倒掉白萝卜和水,再进行烹制,也可除膻。

炖肉不宜一直用大火

如果炖肉一直用大火,肉锅必然从始至终大开大滚,肉中呈香味的物质挥发性很强,必然会随着肉锅的大开大滚而蒸发掉;同时,由于肉锅大开大滚,促使肉中蛋白质加速变性而变硬,不溶解于水,这就使得所煮的肉发硬难吃。

另外,一直用大火猛煮,肉中的含氮物质释放也大为减少,这会使肉的香味降低,肉中的肌纤维不容易煮烂。

炖肉的正确做法是:刚开始时用大火,尽快把锅烧开,以使肉块表面的蛋白质迅速凝固,防止其香味物质跑掉。一旦肉块挺实、撇去浮沫后,就要改用微火,火候以保持肉锅的水微开为好,直到把肉煮熟。这样,即使肉汤的浮油不易翻滚,又使锅内形成一定气压,保持了汤的温度,还使肉的香气不易挥发跑掉,肉不但熟得较快,而且肉质也松软好吃。

怎样健康吃涮火锅

使用火锅前,要检查火锅有否因多次使用摩擦导致铜质裸露在外,受空气与潮湿作用而生成硫酸铜。它对人体黏膜有很强的腐蚀性,轻者引起口腔、食道、胃肠道黏膜充血、红肿、刺痛、局部溃疡、恶心、呕吐现象,重者出现脱水、休克、溢血等严重症状。因此,一旦发现火锅上有锈斑,要立即擦洗干净,用温开水洗净后才能使用。

火锅底料中有较强的辣味与过高的温度,因易刺激患者全身血管收缩、心脏与脑缺血的发生,冠心病、高血压患者要慎食。患有痔疮、肛裂者也不宜吃火锅,以免辛辣食物加重病情;孕妇、慢性胃炎、胃溃疡患者,也应避免吃太烫的火锅。

另外,经常吃火锅对身体也是不利的,它能使食道上皮发生恶变,易导致食道癌的发生。

水产品,吃出充沛活力

吃海鲜,要选生猛的活海鲜

吃海鲜要确保其新鲜,味道鲜甜,最好应购买活海鲜来烹调。

龙虾、虾及蟹类买时要很活跃,捉拿时尾巴会卷向腹部。新鲜的小龙虾和长须虾摸起来应该干干爽爽的,至于那些又干又软的则不新鲜。

活的淡菜、蛤蜊、鲍鱼的壳应该紧紧合住。如果壳已打开、碰触时不会马上关起,这种表现是海鲜不新鲜或已经死了。

扇贝的壳纵使大开也可能是活的,只要触摸它的内膜时,其内膜会移动,就是活的。

蜗牛、螺蛳和其他腹足类动物只要一摸，它们就会躲回壳里。烹煮后，它们的壳都会打开，如果没打开一定不能食用。

龙虾

鳝鱼味鲜美，当心中毒

鳝鱼，俗称黄鳝，不论蒸、炒、炖或是油炸、红烧乃至火烤，其肉质都非常细嫩、味道鲜美。

鳝鱼虽是一种美食佳品，但吃鳝鱼是有一定讲究的，那就是一定要买活的，吃鲜的，死鳝鱼不可食用。这是因为鳝鱼一旦死亡，其体内所含的组氨酸便会在细菌的作用下分解，生成有毒的组胺，鳝鱼死亡时间愈长，其毒性愈重。

买水产品要"察言观色"

人们提着篮子上市场采购海鲜或到大排档品尝海鲜时，有没有想到，在不知不觉中就会误买或误食了带有甲醛的海鲜。

由于甲醛能固定鱼虾及禽畜肉类的蛋白质，杀灭和抑制细菌及微生物的生长繁殖，且无损于海鲜产品体表、鳞片、鳃丝和肌体，所以，一些不顾道德牟取暴利的商贩，就滥用甲醛作为防腐保鲜剂，用于各种肉食和水产品。

甲醛为原生质毒物，能影响人体的代谢机能，有一定的毒性和刺激性。它的毒性对呼吸道、消化道及神经系统等器官和组织都有严重危害，会引起呼吸困难、呕吐、胃痛、腹痛等症状。

有些人不宜吃螃蟹

螃蟹的肉质鲜嫩，味道独特，博得了"满桌佳肴蟹独鲜"的赞誉。但是，并非人人都宜食蟹。

螃蟹

螃蟹性寒，腥气浓重，并含有较多的蛋白质，蟹黄又含有较多的胆固醇（据分析，每 100 克蟹黄含胆固醇量高达 460 毫克以上），因此，高血压、冠心病、动脉粥样硬化和高血脂患者最好不要吃蟹黄。患伤风、发热、胃痛、腹泻的人不宜吃螃蟹。另外，脾胃虚寒的人、慢性胃炎、十二指肠溃疡、胆囊炎、肝炎活动期的人也不宜吃，以免引起病情恶化。

有过敏反应的人，在吃了螃蟹之后，皮肤出现风疹块，即荨麻疹，应立即停食。

此外，皮肤病患者以及老人、小孩、孕妇等，都不宜多吃螃蟹。

皮肤创伤者不宜吃海产品

有一种与溶血弧菌相似的弧菌,叫创伤弧菌,为嗜盐的弧菌属,属海湾及海岸海水正常生物的一部分,海产品上,如贝壳类、海鱼及海底沉淀物等常有这种弧菌。如人体皮肤损伤后接触海产品,可能会感染这种弧菌,导致皮肤伤口水肿,形成红斑,有剧烈疼痛,并通常发展迅速,侵及周围组织,最终诱发败血症。由创伤弧菌引起的败血症,若诊断治疗不及时,病死率高达 40%。

创伤弧菌感染有明显的季节性,约 85% 的疾病发生在比较暖和的 5~10 月份。因此,皮肤损害者在夏季不宜接触海产品,也不宜在有外伤时接触海水。

甜酸苦辣咸,五味有宜忌

炒菜该何时放盐最科学

炒菜时,应根据不同的菜肴来决定放盐的时间。

烹制将毕时放盐的菜肴:烹制爆肉片、回锅肉、炒白菜、炒蒜薹、炒芹菜时,在大火、锅热时将菜下锅,并以菜下锅就有"啪"的响声为好,全部煸炒透时适量放盐,炒出来的菜肴嫩而不老,营养成分损失较少。

烹调前先放盐的菜肴:蒸制肉块时,因物体厚大,且蒸的过程中不能再放调味品,故蒸前要将各种调味品一次放足;烧整条鱼、炸鱼块时,在烹制前先用适量的盐将其腌渍,有助于咸味渗入肉内;烹制鱼圆、肉圆等,先在肉茸中放入适量的盐和淀粉,搅拌均匀后再吃,能使其吃足水分,烹制出的鱼丸、肉丸就会又鲜又嫩。

食前才放盐的菜肴:凉拌菜如凉拌莴笋、黄瓜等,如果放盐过早,会使其汁液外溢,失去脆感,如能在食用前片刻放盐,略加腌渍,沥干水分,放入调味品,食之更脆爽可口。

烹烂后再放盐的菜肴:肉汤、骨头汤、腿爪汤、鸡汤、鸭汤等荤汤在热烂后放盐调味,可使肉中蛋白质、脂肪较充分地溶在汤中,使汤更鲜美。炖豆腐时也应在熟后放盐,与荤汤同理。

怎样正确使用酱油

酱油是我国独制的一种发酵调味品,它五味调和、营养丰富,并有抗癌防癌的功效。

但需要注意,酱油不宜在锅内高温烧煮,以免失去鲜味和香味,同时,酱油中的糖分在高温下会焦化变苦,食后对身体有害,所以,放酱油宜在出锅之前。

酱油要加热后再用。这是因为酱油在存放、运输、销售等环节中会受到各种尘菌污染,生食对身体健康不利。

炒菜,什么时候放料酒好

料酒甘甜味美,除有提香、提鲜、去腻作用外,还有较好的营养作用,是烹调中不可缺少的调味品,但使用料酒应注意投放时间。

烹调前加入:适用于一些新鲜度较差的原料,如鱼、肉等,由于其三甲基胺等腥味物质较多,应在烹调前加料酒浸拌。因为料酒具有很强的渗透性,能迅速渗入原料中的三甲基胺,并经加热与乙醇一起逸出,可达到除腥、除异味的作用。

料酒

随同原料加入:适用于加热时间较长,温度较低的清蒸鱼和烹煮肉类等菜肴。这些菜肴将原料与料酒一起加入,经加热后可与溶解后的脂肪产生脂化反应,使菜肴逸出浓郁香气,增加菜的复合味和鲜味。另外,料酒中的乙醇还是有机溶剂,可使肥肉鲜焦爽口、肥而不腻。

起锅前加入:适用于一些急火快炒的菜肴,由于温度高,乙醇在高温下易挥发,加料酒的时间以在起锅前温度低时为宜。

烹调中如何使用糖

用于祛腻除臭,矫正口味:糖可减少和抑制菜肴中原料的苦涩味,缓和辣味。尤其是在调制辣味菜肴时加点糖,可使辣味菜肴辣而不燥。

用于烹制红烧、卤、酱菜肴:汁卤稠浓,油润光亮以及色泽加深。

用于拔丝苹果、拔丝山药等:加糖可以改变、丰富菜肴口味,增加香气鲜美,使之柔和醇厚,突出特殊风味。

用糖拌腌凉菜时:加点糖少加些盐,可使凉菜更加鲜美。

用于腌肉时:加入适量白糖可改善成品的滋味,并可防止肉品褪色,阻止有害微生物的繁殖,有防腐作用。

炒菜时勾芡有讲究

勾芡是烹制菜肴中不可缺少的一环。勾芡不仅可防止营养成分蒸发流失,而且可使菜肴味道鲜美,外形美观,对一些不易入味的菜,还可增加风味。

根据菜肴的烹调方法和质量的不同要求,可用以下方法进行勾芡。

淋芡:即在菜肴将成熟时,一面将调匀的芡汁均匀淋入锅中,一面用勺铲推动菜肴,使芡汁和菜肴均匀结合,汤汁稍浓,适宜于红烧、烩菜等。

拌芡:即事先将各种调味品及芡汁放在一起调匀,使芡汁粘裹在原料上。主要适用于爆、炒、熘等。

浇芡:即菜肴成熟装盘后,将芡汁兑好与调味品一起加热搅拌做熟,再快速浇在菜肴上。此法宜于糖醋鲤鱼等。

不是每一道菜都要用味精

味精是我们烹调菜肴不可缺少的调味品,使用味精的目的是使菜肴增加鲜味,但如果使用不当,就会影响菜肴味道。

味精易溶于水,在汤菜会中很快溶解而产生鲜味,但当菜肴在锅中加热温度达到100℃以上时,大部分谷氨酸钠就会变成焦谷氨酸钠,不仅失去其鲜味,而且还会产生微量毒性。所以,炒菜时味精宜在起锅时添加,汤菜在汤烧好后另加为宜。

味精

但在某些菜肴或使用某种烹调方法时,使用味精起不到应有的作用,反而造成浪费。如炒、蒸鸡蛋,鸡蛋本身含有较多的谷氨酸和一定数量的氯化钠,遇热后自身会产生特有的鲜味,放味精也起不了什么作用。

烹调醋熘鱼片、糖醋排骨等带酸性菜肴时,味精的溶解度变小,几乎也起不到增鲜的作用。

干炒食物、菜时,加入的味精不会溶解,又会遇高温而使谷氨酸转变为焦谷氨酸钠,产生微毒。

一般凉拌菜因温度太低,水溶性也差,味精的增鲜效果也弱,放与不放效果基本一样。

吃好一日三餐,铸就健康盾牌

再忙也要吃早餐

"早餐要吃好,午餐要吃饱,晚餐要吃少",这是妇幼皆知的生活谚语。事实上有很多人因为早上赶着要上班,或是由于手里忙于工作而忽略早餐的重要性。其实这是不对的,再忙也要吃早餐。

清晨,人们从睡梦中醒来,各器官系统活动开始加强。前一天晚上吃的食物在胃内只能停6小时左右,如果不吃早饭,胃肠空空,整个上午活动所消耗的能量全靠前一天的晚餐提供,这就难以满足人体的需要,甚至会导致血糖过低出现头晕、眼花、出冷汗及肢体乏力等,影响工作、学习。

青少年活动量大,更要吃早餐,最好在上午10点左右再加上一餐,可避免课间有饥饿、头晕、胃痛及注意力不集中的现象。

胆结石也与长期不吃早饭有关。空腹过久,胆汁分泌减少,胆酸含量也减少,而胆固醇量不变,胆汁成分发生变化,形成高胆固醇胆汁。若空腹时间过久,胆固醇饱和而在胆囊中沉积,就会形成结石的核心物质。

忌在饭前饭后吃冷饮

饭前吃冷饮,由于冷的刺激会造成胃肠毛细血管收缩,影响消化腺的分泌,使消化过程不充分,日久则会影响消化功能。

另外,冷饮中含有大量蔗糖、牛奶,少量奶油和水,有的还加有淀粉等。饭前吃冷饮使血糖增高,食欲下降。

饭后吃冷饮,会使胃部扩张的血管收缩,血液流动减少,妨碍正常的消化过程。而且冷刺激还会使胃肠道蠕动加快,减少营养物质在肠道中的吸收。

因此,冷饮、雪糕之类不宜在饭前、饭后食用,在两餐之间最为适宜。

上班族自备午餐有讲究

有许多上班族因工作需要或上班单位离家较运,选择了从家自备午餐。

要自备午餐,首先就要注意营养。在经过一上午的紧张学习、工作和劳动后,人体能量消耗较大,而下午的工作也有赖于午餐来供应能量,这就使午餐具有补偿消耗、储备能量的双重作用,故午餐的热量应占全天热量的40%左右。因此,午餐一定要讲究营养和烹调方法。主食要粗细搭配,花样多变;副食要品种多样,营养丰富,供给足够的蛋白质、脂肪、维生素和矿物质。如果只考虑携带方便或怕麻烦,品种单调,长期下去则会营养不足,影响健康。

其次,尽量自带营养素流失少的菜品,如排骨、烧鱼、烧肉等,蔬菜应尽量在早晨上班之前现炒现装入饭盒,有条件者饭后可吃一些水果;也可带点生吃的经过清洗、消毒的蔬菜,如西红柿、黄瓜、白萝卜、胡萝卜,以补充维生素。

晚餐不必吃得太丰盛

早上忙于赶班车,中午在单位吃饭,晚上回来犒劳自己一顿,许多人就这样形成了早餐和中餐马马虎虎、晚餐丰盛的生活习惯。这种生活习惯是非常不科学、不可取的。

丰盛的晚餐,如鸡、鸭、鱼、蛋等,吃下去的最直接后果就是导致肥胖。因为这些多是高蛋白、高脂肪、高能量食物,这些热量会以脂肪的形式积累起来,晚餐后活动量又小,久而久之便会导致肥胖。

同时,丰盛的晚餐还是一些疾病的诱发因素。如危害中老年人健康的心绞痛、心肌梗死、糖尿病等都与长期进食丰盛的晚餐有着十分密切的关系。

另外,热量集中在晚餐摄入会降低肠胃对糖的处理能力,致使胰腺负担加重,使胰腺功能提前衰退,进而诱发糖尿病。

如何才能健康吃夜宵

很多人迫于工作压力,不能自我控制作息时间,常常奋战到凌晨。熬夜不仅会导致睡眠不正常,身体的其他系统也会随之发生变化。尤其凌晨往往是饥寒交迫的时刻,这个时候吃点夜宵,补充能量是非常必要的,不但可以让人工作更有精神,而且能避免产生由空腹引起的寒冷和劳累感。

适合夜宵的食物有全麦面包、汤面、牛奶、鸡蛋、坚果、苹果、西红柿等。这些食物大多清淡,富含优质蛋白质、维生素、膳食纤维、钙和铁等营养物质。尤其是富含 B 族维生素的食物,有助于缓解疲劳,保护肝脏,并能起到安定神经、提高注意力、舒缓压力的作用。

食品安全是家人健康的基石

选购食品注意区别保质期和保存期

在超市选购食品时,人们一般都会关注食品的保质期。在某种程度上,保质期直接影响着人们的购买结果。另外,国家对一些食品的保存期限也做了严格的规定,消费者在选购食品时请予以注意。

罐头

饮料:各类香槟保存期限为 6 个月,各类汽水为 3 个月,甜白葡萄酒为 3 个月,桶装和瓶装鲜啤酒为 7 天,瓶装熟啤酒为 2 个月。

罐头:铁皮罐头保存期限为 1 年,玻璃瓶罐头为半年。

奶粉:马口铁罐装密封充氮包装的保存期限为 2 年,非充氮包装为 1 年,瓶装为 9 个月,袋装一般为 6 个月。

蛋糕:一季度为 10 天,二、三季度为 7 天,四季度为 15 天,礼品大蛋糕为 3~4 天。

月饼:保存期一般为 15 天。

街头麻辣烫谨慎光顾

街头麻辣烫以其独特的风味风行于城市的街头巷尾。下班后的街头小巷,常常有男男女女三五成群地围在街头吃麻辣烫,吃得津津有味,有的干脆不吃晚饭,直到填饱肚子为止。

街头麻辣烫由于价格便宜,吃起来又省事,备受街头食客的青睐。然而,街头麻辣烫却一直存在着严重的健康隐患。如:

卫生问题:在外面吃麻辣烫很难保证食品原料的新鲜以及煮涮过程中的交叉传染问题。

油脂不新鲜:一些摊点使用反复加热后的油,或者检验指标不达标的油,造成油脂没有营养,甚至产生一些有毒物质。

调味品不合格:如使用化学水解酱油、配制醋等。这也是街头麻辣烫的一个普遍问题。

烫菜水反复使用:其中可能积累有害物质,比如亚硝酸盐和草酸的含量不断上升。

辣味过重:有人喜欢吃一些过辣的麻辣烫,岂不知这些过辣的麻辣烫却严重影响着呼吸道疾病、消化道疾病和各种慢性疾病患者的身体健康。

加热时间不足:有些摊主为了提高效率,加热时间不足,可能存在病菌存活的隐患。

食物容器不够清洁:盛放食物的容器未充分消毒;一次性筷子、餐巾纸的卫生不合格。

休闲食品不宜多吃

薯片、虾条、雪饼、果脯、话梅、花生、松子、杏仁、开心果、鱼片、肉干等休闲食品备受人们的青睐,尤其是女性和儿童。

话梅

然而,这些休闲食品如果过量摄食,容易打破人的正常饮食规律,影响消化功能,而且还会造成蛋白质、碳水化合物的摄入不足,从而影响体质。

休闲食品多是甜食,含糖量过多,无形中糖便随着休闲食品源源不断地进入人体,在没有任何感觉的情况下已经摄入过多的糖分了,长期摄入甜品会降低胶原蛋白的作用,从而使得人体骨骼发脆、皮肤发皱。所以,如果不想过早衰老,就一定要控制住休闲食品的摄入量。

食品安全要做到"净、透、分、防"

净:就是在原料处理过程中,要剔净、掏净、择净、洗净,通过粗加工,保证食品中没有杂质。

透：就是要在烹饪过程中，做到蒸透、煮透、炸透，通过热加工把食品内部的细菌全部杀死。

分：就是将粗加工和细加工分开；解冻用水与蔬菜洗涤分开；生熟食品用具分开；加工后的熟制品与半成品分开存放，半成品与未加工的原料分开存放。

防：就是加工后的熟食要注意防蝇、防尘；勿用手接触熟食，防止食品交叉和重复污染。

从一般来说，搞好以上几个方面，食品卫生安全就会得到基本保障。

食品加工，越简单越好

对于食物，重要的不在于每天吃多少，而在于所吃食物中脂肪和膳食纤维的含量。健康食品的主要特点是低脂肪和高膳食纤维。水果、蔬菜和粮食制品恰恰符合这一特点，且健康食品一般加工越简单越好，加工越简单通常就越有营养。

加工食品在制造过程中会严重破坏食物的营养成分，尤其表现在矿物质和维生素的损失上。稻米、小麦和食糖的加工食品是白米、面粉和白糖，它们所含的营养与相应的天然食物糙米、全粒小麦比较后会发现，前者的维生素和矿物质所剩无几。天然食物不仅营养丰富，而且对防癌有实效。专家认为，目前癌症的发病率日益上升，与加工食品的泛滥不能说没有关系。反之，如果食物不经加工精制，癌症的发病率会相应减少。

健康饮食，降低烟酒危害

米酒饮用夏冬有别

夏季米酒(有些地方又叫黄酒)可以冷饮，比如直接冰镇或在酒中加冰块。这样既能降低酒温，又能降低酒的浓度，同时饮用起来也爽口，给人以舒适的享受。

而在冬季如果能喝上一杯炽热的米酒，不但会使人体周身发热、祛风解乏，而且能促进人的食欲，的确是佐餐的佳品。

然而在冬季，米酒若凉饮，酒味淡薄，且饮后身体发冷。但米酒不宜温过头，以免破坏了酒中的乙醇成分。因此，只有将米酒加热到80℃时才味道纯正，清心爽口。可以在饮用前将酒倒入壶中放在炉子上加热，酒沸即可。

哪些菜适合做下酒菜

含蛋白质丰富的肉、禽、蛋类：饮酒会影响身体的新陈代谢，消耗身体里的蛋白质，因此，应选择烧排骨、清炖鸡、松花蛋等做下酒菜，以补充蛋白质。

属于碱性食品的蔬菜、水果：饮酒时，鸡、鸭、鱼、肉类的菜相对较多，这些都是酸性食品。为了保持体内的酸碱平衡，还必须选择蔬菜、水果等属于碱性的食品，如炒豆芽、醋熘白菜、橘子、苹果等。

加糖菜肴：酒经过肝脏被解毒后才能排出体外，因此会刺激肝脏，而糖对肝脏有保护作用。因此，应选择糖醋鱼、糖炒花生米、拔丝山药、糖醋里脊等当下酒菜。

加醋的菜肴：因为醋和酒精能发生化学反应，有解酒的作用。饮酒时多吃点醋熘白菜、多喝点放醋的汤为好。

豆腐：任何酒都含有乙醛，其是一种有毒物质。而豆腐中的胱氨酸是一种重要的氨基酸，它能解乙醛之毒，并使其排出体外。因此，人们在饮酒时或饮酒后吃点豆腐是大有好处的。

调整饮食结构可减少吸烟毒害

烟草的危害大多是通过某种原子团引起的，有效的"除氧剂"可明显减缓有害物质对细胞的侵袭，而维生素 C、维生素 E、β-胡萝卜素及微量元素硒等就属于这种"除氧剂"。

维生素 C 能提高人体免疫力，抑制癌细胞的形成。而吸烟者的维生素 C 消耗量比常人高出 30%，因此吸烟的人应当多食芥兰、西红柿、土豆、青椒及柑橘等富含维生素 C 的食物。

牛奶或鸡蛋中含有丰富的维生素 A，也是烟民所不可缺的食物。

绿叶蔬菜如菠菜等含 β-胡萝卜素极为丰富，土豆、白薯、芒果等也含胡萝卜素。另外，葵花籽油、全麦面包、蛋、鱼、绿叶菜等含有维生素 E 的食品，对烟民们也大有补益。

微量元素硒是某种酶的重要组成部分，成年人对硒的日需要量约为 50~70 毫微克，缺乏硒会导致肌肉及心脏功能障碍。另外，海鱼、粮食、奶及大蒜等食物中均含有硒，可有效降低烟草对人体的毒害。

剧烈运动后不宜喝啤酒

大多数人都喜欢剧烈运动或重体力劳动后喝上一杯清凉的啤酒，认为这样可以消除疲劳，而且感到非常痛快。然而，此举却有导致痛风的危险。

剧烈运动后的人立即喝啤酒，会使血液中尿酸浓度增加到运动前的 2.1 倍。当尿酸排泄发生障碍时，在人体的内脏和其他组织中就会发生尿酸结晶沉积，特别是沉积于关节部位，容易发生痛风症。

如果大量饮用冰镇啤酒还会影响消化功能。这是因为冰镇啤酒的温度较人体温度低 20℃~30℃，大量饮用会使肠胃道的温度急剧下降，血流量减少，从而造成生理功能失调，并影响消化功能，严重时甚至会引发痉挛性腹痛和腹泻。

为了避免诱发痛风、腹泻等不适，剧烈运动或重体力劳动后，应当休息一会儿，吃点水果和蔬菜，而不要急于喝啤酒，尤其不要贪图一时凉爽猛喝冰镇啤酒。可以适量饮用一些清凉饮料，多喝热茶、绿豆汤以及吃西瓜等水果。

厨房里的食物加工小窍门

胡萝卜最好高温爆炒

胡萝卜中含有叶酸、生物素及 β-胡萝卜素。其中叶酸和生物素有预防肺癌作用;β-胡萝卜素是维生素 A 的先生物,进入人体后,在肝和肠壁中转化为具有防癌作用的维生素 A。

胡萝卜

胡萝卜等蔬菜之所以有抗癌作用,是因为其中含有一种能抗细胞癌变和抗病毒感染的干扰诱生剂。人体内正常细胞不含有这种干扰素基因,一旦受到诱生剂的刺激,这种基因就能产生干扰素。干扰素能有效地干扰癌细胞和病菌生存,抑制恶性肿瘤的生成。但是这种有效成分必须高温爆炒才能溶出。

烧鱼不要过早放姜

鱼的食用方法很多,烹调时一般都要放葱、姜、蒜、料酒等调料,这样可去腥、杀菌,增加鲜味,但应注意不宜过早放姜。因为过早放姜后,鱼体渗出液中的蛋白质会使生姜不能发挥去腥作用。

因此,烧鱼时,应待鱼的蛋白质凝固后再加入生姜,以发挥其去腥、增鲜功能。

骨头汤不必久熬

骨头汤肉少、不腻、味香,而且富含钙质,是很好的滋补食品。但有人习惯煮骨头汤时间长些,认为煮的时间越长汤越稠,味越香,可以把骨头中的营养都给熬出来,营养越丰富,滋补效果越好。

其实,这是错误的认识。

煮骨头汤时间过长,会破坏骨头中的蛋白质,增加汤内的脂肪,这对人体保健并不利,所以骨头汤不宜久煮。

正确的熬骨头汤的方法是:用高压锅熬至骨头酥软即可。这样时间不太长,汤中的维生素等营养成分损失不多,所含钙、磷等微量元素也易被人体吸收。

烹调中把握火候的技巧

掌握火候是烹调的基本技巧之一,掌握火候需要把握 5 个技巧:一要根据原料形状的大小;二要根据原料质地的老嫩;三要根据原料用量的多少;四要根据加热的中介传导方法,五要根据使用的烹调方法。

具体来说就是:质老形大的原料要用小火,时间要长;质嫩形小的原料要用大火,时间要短;要求脆嫩的菜肴要用大火,时间要短;要求酥烂的菜肴要用大火,时间要长;要求外焦里嫩的菜肴要用大火,时间长短均可;用水传热,菜肴要求软、嫩、脆的,要用大火,时间要短;用蒸汽传热的,菜肴要求新鲜的,要用中火,时间长短均可;采用炒、爆烹调方法的菜肴要用大火,时间要短,采用炸、烧烹调方法的菜肴,须用大火,烹调时间要长;采用烤、炖、焖、煎、贴、塌、煨等烹调方法的菜肴,须用中小火,烹调时间要长;采用汆、烩、熬等烹调方法的菜肴,须用大火,烹调时间要短;采用熘、烹等烹调方法的菜肴,须用中大火,烹调时间长短均可。

炒菜时怎样保持菜的绿色

厨师们有句行语"色衰则味败"。这说明,叶绿素在烹妙中被破坏,不仅影响菜的美感,还会失去菜的鲜味。那么,烹调时怎样保持其绿色呢?

用淡盐水浸渍:对鲜嫩的蔬菜可用淡盐水浸渍几分钟,然后控去水分炒制,除保持色泽外,还可使菜质清新脆嫩。

热水浸烫:对于不需在沸水中汆烫的蔬菜,可用 60℃~70℃ 热水汆烫,这样可使叶绿素水解酶失去活性而保持鲜绿色。

适时盖锅:叶绿素中含有镁元素,它会被蔬菜中的另一种物质——有机酸替代出来,生成一种黄色物质。如果放上菜就将锅盖严,此种物质聚在锅内,会使菜褪色变黄。正确做法是先敞锅炒,使这种物质受热挥发后,再盖好锅盖。

加碱:炒菜时,为增加菜的美感,可在炒菜时加一些碱或小苏打。叶绿素在碱水中不易被有机酸破坏,可使蔬菜更加碧绿鲜艳,并能增加蛋白质溶解度,使原料组织膨胀,易于煮熟。但碱能破坏维生素,如非需要,则不宜添加。

烹调青菜时不宜加醋

醋有很多益处,如可以增进食欲、促进消化、防腐杀菌等,但在烹调青菜时却不宜加醋。

这是因为,青菜中的叶绿素在酸性条件下加热时极不稳定,其分子中的镁离子可被酸中氧离子取代,而生成一种暗淡无光的橄榄脱镁叶绿素,使其营养价值大大降低。因此,烹调青菜时,不但要大火快炒,而且不宜放醋,使其在中性条件下,既可保持鲜绿的色彩,又不会使营养遭受较大损失。

炒猪肝不宜过于鲜嫩

猪肝含有丰富的蛋白质、B 族维生素、维生素 A 及铁、锌等多种营养成分,适合于夜盲症、视力减退、缺铁性贫血等症者经常食用。

然而,猪肝是猪体内最大的毒物中转站与解毒器官。烹调前,应把猪肝在清水中反复浸泡,以除去存留的毒物。但只是单纯的浸泡并不能除去猪肝内所寄生的各种寄生虫和某些致病菌,而它们经长时间加热后,都可以被杀死。因此,爆炒猪肝时,炒的时间应稍长些,炒老些。炒得过于鲜嫩的猪肝不宜食用。

合理搭配,营养加倍

菠菜豆腐汤并不科学

豆腐是在豆浆中加入盐卤或石膏后制成的。豆腐中含有丰富的钙,盐卤中含有氯化镁,石膏含有硫酸钙。

菠菜中含有很多鞣酸,其对人体没有益处,而且可与豆腐中的氯化镁、钙、硫酸钙等发生化学反应,生成不溶于水的草酸镁或草酸钙的白色沉淀。钙是人体需要的重要营养素之一,但在变成不溶于水的物质沉淀后,人体便不能吸收了。因此,菠菜与豆腐同煮是不科学的,应分开加工。

炖肉的最佳配菜

牛肉配土豆:牛肉营养价值极高,并有健脾胃的作用,但牛肉纤维粗,有时会刺激胃黏膜。土豆与之共煮,不但味道好,且有保护胃黏膜的作用。

羊肉配生姜:羊肉补血温阳,生姜有止痛、祛风湿的作用。二者搭配,生姜既能去腥膻味,又能助羊肉温阳驱寒。

鱼肉配豆腐:鱼肉中蛋氨酸含量丰富,苯丙氨酸含量少,而豆腐则恰恰相反。二者合而食之,可取长补短。豆腐含钙较多,正好发挥鱼体内维生素D的作用,提高人体对钙的吸收率,非常适合老年人和孕妇使用。

鸡肉配栗子:鸡肉为造血疗虚之品,栗子重在健脾,二者同食,更有利于营养成分的吸收,使造血机能增强。

鸭肉配山药:老鸭既可以补充人体营养,又可补阴,并可清热止咳。山药的补阴之力更强,与鸭肉伴食,可消除油腻,补益效果更佳。

猪肉配洋葱:洋葱能够促进人体新陈代谢,降低血液黏稠度,减少猪肉高脂肪的"副作用"。

同类食品互换,调配丰富的三餐

生活应该是丰富多彩的,餐桌上更应该如此。各种各样的食品交换搭配,可调制出丰富的菜肴。调换口味,即同类食物互换,不仅可满足口福,更能增进健康。

那么，同类食品怎样互换呢？如大米可以与面粉、杂粮互换，馒头可以与面条、烙饼、面包等互换；大豆可与豆制品或杂豆类互换；瘦猪肉可与等量的鸡、鸭、牛、羊、兔肉互换；鱼可与虾、蟹等水产品互换；牛奶可与羊奶、酸奶等互换。

冷热搭配，体质平衡

吃东西时，要根据自己的体质来选用适当的食物。选食原则是："寒者热之，热者寒之，虚则补之，实则泻之。"

一方面，寒凉体质的人宜食温热性食物，温热体质的人宜食寒凉性食物，即"辨体施食"，冷热搭配。因为人的体质也有寒、热、温、凉、平之分。这样根据体质搭配食物，可以调整人体阴阳平衡（寒属阴，热属阳），起到维护人体健康的效果。

另一方面，冷热平衡还可以指食物与食物、食物与气候之间的一种平衡搭配。如夏天炎热，喝碗清凉解暑的绿豆汤；冬天寒冷，就喝红小豆汤；受了外感风寒，吃碗放上葱花、辣椒的热汤面；吃寒性的螃蟹一定要吃些姜末，吃完最好再来一杯红糖姜水；冬天吃涮肉，一定要搭些凉性的白菜、豆腐、粉丝等，这些都是寒者以热补、热者以寒补的平衡膳食的方法。

追求健康，从饮食习惯开始

进餐的禁忌

忌过饱：过饱时可加重消化道的负担。

忌过快：食物未经细嚼即吞咽，唾液没有充分和食物混合，不利于消化。

忌谈笑：进餐时谈笑风生，易使食物进入气管。

忌看书阅报：看书阅报会使大脑处于兴奋状态，致头脑血管充血，消化器官的血液减少而影响消化。

忌过热：过热可灼损口腔、咽喉、食道及胃黏膜，引起炎症。

忌饭前大量喝水：大量饮水会冲淡胃液，妨碍消化。

忌偏食：偏食会造成体内某些营养缺乏。

忌轻视早餐：不吃早餐会出现头痛、耳鸣、视力疲劳、记忆力减弱等症状。

忌精神创伤：吃饭时哭泣、愤怒可导致人体植物神经功能紊乱，致消化腺分泌减少和肠道吸收功能减弱，造成食欲不振。

一日三餐要有规律

"三餐制"的形成，使人体逐渐形成了进食方式上的条件反射，并建立起与之相适应的生理功能。

在每餐前，以胃为中心的消化系统都在这种反射的刺激下做好了接受和消化食物的准备。如果饥饱无时、食量不定，这些器官既没有准备好适量的消化液，又没有适合接受这种变化了量的"容器"，在被动的情况下勉强接受这种现实，疾病自然就容易发生了。

食物进食先后有讲究

饮食也要讲究食物入胃的顺序。乱了顺序，就会"苦"了肠胃。

各类食物中，水果的主要成分是果糖，无须经过胃来消化，而是直接进入小肠被吸收。米饭等淀粉类食物以及含蛋白质成分的食物，则需要在胃里停留1~2个小时甚至更长的时间，跟消化液胃酸产生化学作用，等完全分解后，才会被小肠所吸收。

如果进餐时先吃饭菜，再吃水果，消化慢的淀粉蛋白质就会阻塞消化快的水果，导致所有的食物一起搅和在胃里，尤其是水果在胃内容易腐烂产生毒素，引起身体不适。

至于饭后吃甜点，最大的害处就是会中断、阻碍体内的消化过程，致使胃内食物容易腐烂，产生胃气，形成肠胃疾病。

饭后喝汤的最大问题则在于会冲淡食物消化所需要的胃酸，所以，吃饭时最忌一边吃饭，一边喝汤，或是汤泡饭，或是吃过饭后，再来一大碗汤。这些都容易阻碍食物正常消化。

吃饭不要狼吞虎咽

食物入口后，要认真仔细咀嚼，以利于其他器官的积极工作和对营养物质的吸收利用。狼吞虎咽，囫囵吞食，不但会给胃增加消化的困难，引起胃消化功能的障碍，而且还会出现哽咽、粗糙食物划破食道、鱼刺卡嗓等事故。

俗语说："小口吃饭，细嚼慢咽。"食物经仔细咀嚼，唾液不但可以稀释食物，下咽方便，容易消化，而且唾液里含有多种物质和酶，可以杀死病菌。有些科学家研究表明，食物在口腔中如能咀嚼30下，一般的细菌可以杀灭。

进餐应有好气氛

营养学家认为，环境对人的食欲有很大影响。食欲好坏在很大程度上取决于进餐时的气氛。影响进餐时的气氛或影响食欲的因素主要有：

情绪波动太大：刚刚经历过大的感情冲击，马上进餐，会加重消化器官的负担。所以，最好不要在慷慨激昂或怒气冲冲之后进餐，以免降低食欲。

心不在焉：虽然吃饭，但心里老是惦着其他事，进餐时难以对可口的饭菜产生浓厚的兴趣。

疲劳过度：体力或脑力劳动消耗过大时，身体尚未恢复，进餐时会嚼而无味。

良好的进餐气氛，应该是愉快、温暖而又安静的，家庭的全体成员在规定的时间坐在一起,不再考虑任何事情,把全部注意力都集中在进餐上。吃饭时看书、看电视或进行冗长的讨论,都是无益的。

山楂和山楂制品酸甜可口,开胃助消化,是儿童最喜爱的小食品。许多家长们也乐意买给孩子们当零食吃,觉得可以帮助孩子消化,多多益善。

山楂的确有促进胃液分泌的作用,因而能帮助消化,但山楂及山楂片等对进食的各种食物并没有直接的消化作用。此外,山楂含有多种有效成分,具有强心、扩张血管和兴奋等作用,对痢疾菌有相当的杀灭作用。

但是,过量进食山楂及山楂制品并不会带来更多的好处,反而因此而造成浪费与害处。由于小儿进食山楂时,吃进了较多的糖和淀粉,这种较高的糖和淀粉经消化吸收后会使小儿的血糖维持在较高的水平,如果这种高血糖水平维持到小儿该吃饭的时间,会使小儿没有饥饿感,影响正餐。这样,由于山楂及山楂制品提供的能量有限,营养单一,久之会导致小儿营养不良、贫血等。因此,饭前饭后少量吃数片,可增加小儿食欲,帮助消化,但不可当零食过量食用,以免影响正常进食。

吃出活力,吃出健康

根据肤质吃对食物

干性皮肤的人:宜多食用含维生素 A、脂肪等的食物,这样可滋润皮肤。但千万要注意不能随便服用过量维生素 A,以免造成头发脱落。

油性皮肤的人:宜多食用含蛋白质高的食物,少食促进皮肤分泌的食物,如甜食、淀粉等;尽量不食用含油脂高的食物,如牛肉、猪肉、羊肉和奶油等食物;不宜食用辣椒、辣酱等。

黑色素易于沉淀的人:宜多食用维生素 C 或含维生素 C 的食物,不宜多饮咖啡。

皮肤易于发红的人:不宜多食刺激和扩张毛细血管的食物,如大蒜、辣椒、韭菜、酒类等。

皮肤发黄的人:不宜多食橘子、胡萝卜、南瓜等。

一般性皮肤的人:宜多食含水分高的食物,如牛奶、瓜果等。但需切记多喝水不能代替牛奶、水果。

吃能制造垃圾,吃也能排除垃圾

吃能制造体内垃圾,同样我们也可以通过吃来排除体内垃圾,关键是一定要吃对。

海带:海带中的胶质成分能促进体内的放射性物质随尿液排出体外,从而减少放射性物质在人体内的积聚。

绿豆汤:绿豆可解百毒,能帮助体内毒物的排泄,促进机体的正常代谢。

黑木耳和其他菌类植物:黑木耳有良好的抗癌作用,黑木耳和其他菌类含有丰富的硒。经常食用可降血压、降胆固醇、预防血管硬化、提高机体免疫功能。

猪血汤:猪血的血浆蛋白经胃酸和消化液分解后,能产生一种有润肠作用和解毒作用的物质。

新鲜果汁、生鲜蔬菜:新鲜的水果和蔬菜是人体内的"清洁剂",能清除体内堆积的毒素和废物。

这食物可以帮孩子长高

每一个家长都希望自己孩子"高人一等",想要男孩长得高大、英俊,女孩长得苗条、健美。

专家指出,营养是影响身高的重要因素。儿童身高增长有两个高峰,一个是 4 岁以前,每年生长速度可达到 15~20 厘米,另一个是青春期,每年可增高 10 厘米左右。到 20 岁左右,生长速度几乎下降到零。注意营养,尤其是保证这两个阶段的营养非常重要。

促进长高的食品,主要包括牛奶和豆制品,这二者含有骨骼生长必需的钙和磷。另外,鱼虾、瘦肉、禽蛋等含有丰富的蛋白质、维生素 A、维生素 D 和多种矿物质;各种新鲜蔬菜和干鲜果品,如青菜、萝卜、菠菜、西红柿、黄瓜、柑橘、苹果、大枣、柿子、山楂、核桃、银杏、栗子和杏等含有丰富的维生素。这些营养元素对孩子的生长发育十分有益。

饮食不可违背四时节律

一年之中,由于四时气候存在着春温、夏热、秋凉、冬寒的特点,人的生理、病理必然会受到这种气候变化的影响。因此,无论是健康的人或是患病的人,都应注意所选择的食物与气候相适应。

春季,阳气生发,饮食宜清淡,不宜过食油腻烹煎动火之食物。可常选食一些梨子、荸荠、橘子、甘蔗等水果,常吃些绿豆汤、绿豆芽菜等,取其清淡、甘凉,这样可避免使热气积在体内。

夏季炎热,皮肤毛孔开泄,出汗多,常使人贪吃生冷,但吃生冷之物太过,则易伤脾胃。因此,夏季切忌过吃生冷,更不可多吃油腻厚味,饮食宜选甘寒、利湿清暑、少油之品,可吃西瓜、冬瓜、绿豆汤、酸梅汤等。

秋冬季节也有各自的气候特征,食物的选择也要符合秋冬季节的特点,这样的饮食才符合养生之道。

健康睡眠

谁偷走了你的睡眠

大便不通畅会影响睡眠

我们知道,进食后大约13～20小时,食物的残渣就变成大便排泄出去。在小肠中被消化了的呈半液体状态的食物,到了大肠后,水分被逐渐吸收,就会变成比较硬的塑状物。

正常情况下,粪便在大肠里停留的最长时间约为6小时,粪便在大肠里停滞的时间越长,水分被吸收得越多,就越坚硬,也就越难排泄;如果粪便在大肠里发酵还会产生臭屁,甚至粪便中某些有害物质还会被血液吸收,以致进入大脑而扰乱其正常的睡眠,引起全身不适。

因此,大便的通畅与否,与睡眠有一定的关系。

用脑过度会引起失眠

长时间用脑过度,会造成神经长期处于兴奋状态,从而导致失眠。为了防止脑力劳动过度而造成的失眠症,选用最佳用脑时间和设定时限则是有效的方法之一。

科学家研究认为,人脑的活动在白天也有潜在的周期,与夜间睡眠周期相似,基本上是2个小时一个起伏。因此主张脑力劳动者持续工作2小时后就需要休息一下。

当然,休息并不一定是闭目养神,也可以采取积极的休息方式,如参加文体活动、散步和各种消遣等。若要改换思考内容,交叉用脑,也要经过一刻钟的轻松,因为连续地更替大脑活动内容,就会出现一种叫作"后摄抑制"或"前摄抑制"现象,不是前项思考干扰后项内容,就是后项内容干扰前项思考,不仅影响思维,而且易使大脑疲劳。

如果长期过度地从事脑力劳动,不考虑用脑的时限性,就有可能出现超负荷状态,除了导致失眠以及伴随的神经衰弱外,还可引起紧张性高血压、过性脑供血不足等后果。

科学的跑步有助于睡眠

跑步时，头脑只是清醒，但不兴奋。身体只是发热，但不出汗。这样的跑步状态，跑后较容易进入睡眠状态。跑步后到上床睡觉的间隔时间以 15~20 分钟左右为宜。这时，脉搏可以基本上恢复到安静时的状态。如果间隔时间太短，脉搏没有恢复时，上床睡觉会感到气喘、难受，从而影响入睡。

想用睡前跑步促进睡眠，必须掌握适当的强度、距离和睡眠间隔的时间才行。

床的摆放直接影响睡眠质量

床的摆放会影响人的睡眠。从科学角度看，床的摆放有以下不宜：

不应摆放在窗下：床摆放在窗下会增加睡眠者的不安全感，如遇大风、雷雨等天气，不安全感觉更为强烈。

床头不宜设在卧室门或窗的通风处：否则稍有不慎就会着凉感冒。

床上方不能放置吊灯：由于吊灯的造型和重量都容易给人带来不安全感，因此床的正上方最好安装轻型灯具。

睡床或床头不宜正对房门：睡觉时最讲求安全、安静和稳定，房门是进出房间必经之所，因此门不可正对睡床或床头，否则床上的人容易缺乏安全感。

睡前饮茶和咖啡易致失眠

茶、咖啡类饮料等含有中枢神经兴奋剂——咖啡碱，晚间饮用可引起失眠。即使是在白天，摄入过多的咖啡和浓茶，也会导致夜里睡眠不深。

年过 50 岁的人，消化系统功能会降低，这样咖啡因就会在体内待的时间更长，可以持续到 10 个小时。

因此，要把一天喝的浓茶或咖啡限制在两杯以内，而且不要在睡前 6 个小时内引用。如果还是会引起失眠，那就要减少摄入咖啡因的总量了。

咖啡

睡觉的 6 个坏习惯

1.一定要睡满 8 小时，才不会影响身体健康：每个人都有自己的睡眠时钟，其实在强迫自己入睡的情况下躺得越久，睡得就越差。

2.把睡前当成每天检讨的时间：一边做着隔天的行程计划，越想越多当然睡不着。

3.曾经失眠过，可能睡不好：一到天黑便开始担心。其实睡眠是正常的生理需求，越想越睡不着。

4.半夜失眠，拿起闹钟来看时间：结果时间分秒过，自己就真的睁眼到天亮了。

5.常在床上念书、吃东西、看电视：越是这样，就容易培养不想睡的气氛。要清楚，床是让人睡觉的地方。

6.白天活动少：白天的活动不多，睡眠的需求自然就不大，睡多了自然睡不着。

过饥或过饱都不利于睡眠

饮食与睡眠有一定的相关性，人类的午睡可能也与午餐有关。通常情况下，慢性失眠者基本上都是身体消瘦者，如果睡眠好转后，体重会迅速恢复。而大多数焦虑、抑郁者常有食欲下降、体重减轻、失眠等症，其体重与睡眠情况的改善往往就是这种疾病好转的征兆。

睡眠还与食物的营养结构有关。据研究，高碳水化合物、低脂肪的膳食与营养成分平衡、低碳水化合物、高脂肪的膳食相比，后者的睡眠质量差。

另外，如果很饿，可以吃一些富含碳水化合物的零食，可帮助人体释放出一些化学物质复合胺，让人松弛下来。还可以吃几块饼干，或是喝一碗燕麦粥，并配一些牛奶或一片鸡肉，后两者都富含氨基酸和色氨酸，它们都有催眠作用。

创造有利于睡眠的环境

孩子单独睡觉更健康

孩子和大人一起睡很不卫生，大人在社会上活动的范围要比孩子广泛，传染各种病菌、病毒的机会也比孩子多得多。而孩子的各种器官都比较娇嫩，抵抗力弱。如果晚上与大人一起睡，病菌、病毒等就容易传染给孩子。如果大人身患传染病，那更会危害孩子的健康。

此外，大人身体的热量多，和孩子一个被窝睡，容易使其感到太热而出汗多，有时大人翻身，被窝漏了风，还会使孩子着凉感冒。

所以，从卫生与健康的要求来说，父母应该让孩子从婴儿期就和大人分床睡觉。

选择一个健康的枕头

在选择枕头时，应注意枕头的高度、硬度和弹性。

枕头以仰卧时高15~20厘米，侧睡时高20~25厘米为宜。与成年人比起来，孩子的枕头以平躺时高一拳，侧睡时高一拳半为宜。枕头过高或过低，都不利于身体健康。

在硬度和弹性的选择上，则要注意枕芯的质量，具有良好支撑度和弹性回复力的枕芯能保护颈椎不受伤害。使用过硬的枕头，头部与枕头接触面积过少，压力太少，会使人觉得不舒服；太软的枕头难以保持枕头的高度，易因过于松软，导致头部与枕头接触面积太大，造成压迫，以致影响血液循环。

枕头

枕芯用料有讲究

茶叶枕芯：对减轻高血压、神经衰弱、头晕目眩、视觉模糊、鼻炎、感冒头痛和暑热头晕等症状有良好的效果。

绿豆枕芯：散热性良好，夏天使用，不仅清凉舒适，同时还能缓解头痛症状，有镇痛明目的作用。

用菊花、决明子等原料做的枕芯：对高血压患者的症状有一定的缓解功效。

蚕沙枕芯：可以头部的湿度及头部的压力，使枕内药物有效成分缓缓释放，同时桑叶的香气沁人心脾，还可作用于头项部的颈脖和穴位，使全身的经络舒通，气血流畅，脏腑安和。

苦荞麦枕芯：主要填充材料为苦荞麦壳，其经过特殊工艺处理并经高温辐射杀菌消毒，具备防霉变、防生虫的特点。专家指出，苦荞麦壳是做枕芯的最佳保健用品之一，它具有清热除淤、平血降压、消湿解毒，缓痛健脑，调节人体内血液循环等功能。

如何改善高血压并发的失眠

首先，要控制喜、怒、哀、乐，锻炼自己的意志，做到能控制自己的情绪，使精神始终保持轻松愉快，可以经常听一听轻松的音乐，练练书法。临睡前，不要看激动人心的电视节目、书刊，保持情绪稳定，以利于睡眠。

其次，高血压患者应该注意劳逸结合，不可过度疲劳。同时，要根据病情的不同程度进行适当的锻炼。晚饭后、入睡前可以散散步或打打太极拳，这样可以有助于睡眠。

另外，高血压患者的晚餐宜清淡、少盐、勿过饱，肥胖的患者应该限制糖和脂肪的摄入，以减轻体重。还要多吃水果、蔬菜，尤其是芹菜，既可以降低血压，又可以助睡眠。

最后，高血压的患者一定要保持大便通畅，否则，"胃不和则卧不安"。

颈椎病患者睡眠中的讲究

颈椎病患者对卧具十分讲究，枕头的高度以保持颈椎前凸的生理体位为佳。由于白天工作时头颈前屈过度，若在夜间睡觉时又使用较高的枕头，这样就等于同白天工作时一样，头颈仍处于前屈状态，这必然会增加颈部劳损的概率。

所以，颈椎患者在睡觉时使用枕头不宜过高，可用直径12～13厘米的圆枕，要有适当硬度，且以中间低、两端高的元宝形为佳。枕放颈后，在仰卧时既可保持颈部正常的生理曲度,对头颈部可起到相对的固定作用,同时亦起到牵引作用,以减少在睡眠中头颈部的异常活动。

床的选择应从符合脊柱的生理弯曲要求着手。只要在木板床上面垫一个较厚的软垫,就能使脊柱基本上保持正常的生理状态。北方的土炕具有与木板床类似的优点,冬季加温后,既能抗寒,又对痉挛与疼痛的肌肉、关节有热疗作用。炕面上的褥垫应稍厚,以减少对骨关节等突出部位的压迫。

腰肌劳损者睡眠时要注意的细节

腰肌劳损的患者应注意劳逸结合,保证充足的睡眠。因为充足有效的睡眠有利于损伤的腰部肌肉的恢复。

对于腰肌劳损的人来说,一般安静躺卧着休息常会使腰痛减轻,但若睡在软绵绵的海绵垫上或弹性不好的弹簧床、钢丝床上时,虽然起初会感到比较舒服,久之无论是平卧还是侧卧,都会因重力的作用导致脊柱弯曲,使得腰部肌肉、韧带及腰背筋膜等都受到长时间的牵拉,出现痉挛、疲劳而引起腰痛。

床的软硬要适度

从科学的理论来讲,床品太硬或太软,对身体都不好。因此一定要掌握尺度,软硬适中。

床褥若太硬,坚硬的床面不适应人体曲线的需要,人躺在上面会使腰部悬空,无法很好地承托腰椎,必须靠腰背肌肉支撑脊柱,使脊柱处于僵挺紧张状态。这样不但达不到让脊柱休息及肌肉放松的目的,反而会对身体造成严重损伤。合适的床褥应该要填满腰背部后方与床面之间出现的虚位。

床垫也不是越软越好。床垫太柔软,人体受压部位容易变形,使脊椎弯曲或扭曲,从而改变人体正常的脊柱弧度,使相关肌肉、韧带被绷紧,长时间得不到充分放松和休息,出现腰酸腿痛的感觉。长此以往,会加快肌肉劳损变性和脊柱骨骼的老化增生。

布置一个色彩淡雅的卧室

不同的颜色对人的心理影响不同,如蓝色和绿色是大海和树木的颜色,对于安定情绪有很好的效果,适宜作为卧室墙壁窗帘的颜色。

卧室内色彩应淡雅,应该避免红和黑、黑和白、黄和黑等强烈的对比配色,像紫色、草绿色等令人炫目的颜色,以免引起情绪不安而难入睡。

卧室的设计应在隐秘恬静、便利、舒适、健康的基础上,寻求优美的格调,使身处其中的人能在愉快的环境中获得身心的满足。

当然,选用颜色时除了从心理学角度考虑以外,当然还要根据卧室主人自己的喜好和习惯。

先睡心,后睡眼

4 种方法让你改善因精神紧张引起的失眠

1.要缓解情绪过度的紧张,多进行一些轻松的运动或娱乐,使精神放松,消除心中的种种顾虑及杂念,这是得以安眠的重要前提。

2.要纠正对睡眠的种种误解,消除对失眠的畏惧心理。即使一时难以入睡,也千万不要着急;否则,越急就越难入眠。

3.认清病因,进行自我放松。要认识自己的失眠是由于白天精神紧张所致,以最短的时间放松身心。

4.对他人期望不要过高,对自己也不可过分苛求,不仅要学会自己疏导情绪,也要学会"屈服"于别人。

合理用脑,预防失眠

脑力劳动过度,极易产生失眠、疲劳等症状。而科学合理地用脑,不仅能提高工作与学习效率,更能防止产生失眠等症状。

首先,应掌握自身"生物钟"的变化规律。有人早晨特别精神,有人晚上才能集中精力,应选择精力充沛、精神集中的最佳时刻,全力用脑,做到暂时"与世隔绝",尽可能使学习工作环境安静,以免受噪声干扰,影响效率。

其次,要保证大脑的活动节律,用脑应做到有张有弛,有劳有逸,忌打疲劳仗。

再次,饱饭后或饥饿过度时忌过度用脑,以免因脑供血不足而使效率下降。

此外,用脑时忌饮酒吸烟,因为酒能抑制大脑的高级机能活动;烟叶中的一氧化碳和血液中的血红蛋白结合,影响大脑的携氧能力。

消除杂念,自然安睡

许多失眠者之所以失眠,是因为躺在床上后脑子里就开始不停地想这想那,静不下心来。要想安心入睡,可以试试以下方法:

躺在床上把这些问题分类为 1、2、3 大类,然后把 1、2、3 大类再归为一个"睡"字来概括,当杂乱思潮出现时,就用"睡"字来打断这些"杂念"。"睡"也是总结,也是要睡的意思,明天的事不就是一个"睡"字吗?睡吧。

经验表明,此法对消除杂念有效。如果 30 分钟过去了,还睡不着,不要躺在床上"翻烧饼"了,起床做一些放松的事,如听听轻松的音乐,或翻一翻杂志,或喝一杯热牛奶,也许就能帮助入睡了。

让音乐伴你入睡

音乐可以对人的生理和心理状态产生一系列的影响,乐曲的节奏、旋律、音调、音色不同,对人体能起到兴奋、抑制、解郁、镇痛等不同的作用。一些古典曲目都具有舒心、轻缓、柔美、宁静、清新、雅致等特点,失眠者听后会感觉心情平静,没有了烦躁紧张,可以轻松自然地进入甜蜜的梦乡。

这类音乐如《春江花月夜》《梅花三弄》《高山流水》《金陵十二钗》《双飞燕》等;或者一些国外经典曲目如《致爱丽丝》《雪绒花》《摇篮曲》等。另外,还有一些其他类型的曲目,如各种宗教音乐、流行的瑜伽音乐、各种轻音乐……失眠者可以根据自己的睡眠情况、身体状况、性格特点等选择自己喜欢的音乐,帮助改善睡眠。

调整身心,获得满意的睡眠

要想获得满意的睡眠,就要学会调整身心。对任何事情,都要保持平和的心态,防止过忧过喜,避免情绪异常波动;平时多做些力所能及的活动和体育锻炼;睡前不要谈论、回想会引起心情不快的事,也要避免过于喜悦;不要为自己的失眠担心,顺其自然;为了使心情平静,睡前还可以在室内外漫步或静坐。这些心理上的调理,对于睡眠都有一定的帮助。

必要时,还可寻求专业心理医生帮助,找出造成失眠的心理因素,用心理学的方法进行疏导治疗,消除心理障碍,增强心理适应能力,重建心理平衡。

放松疗法可让自己安然入睡

睡前放松疗法可使人体全身的骨骼、肌肉、韧带、血管、神经放松,辅以轻松的音乐与合适的温度,可以调节紧张的心理,调节神经系统兴奋与抑制的平衡性,达到身心松弛,使身体的自主神经系统的活动性朝着有利于放松和睡眠的方向转化,从而改善睡眠。

让自己处于一个安静的环境中,舒适地躺在沙发或床上,安静休息 10~15 分钟,排除杂念,身心保持松弛状态,然后想象一幅记忆清晰的令人松弛和愉快的自然风景,轻闭双眼,从头顶开始按顺序一个部位一个部位地想象并放松:头顶、前额、眼眉、眼睑、眼球、鼻子、嘴唇、面部、下颌、颈部、双肩……大腿、膝关节、小腿、踝关节、两脚。

为加强放松效果,可在想象到每个部位时默念"松"字,也可同时播放轻音乐。如果做了一遍还达不到平静情绪的效果,可再做一遍。经过一段时间的练习,便能够在很短的时间内进入全身放松状态,达到自我调节的目的。

要养成科学的睡眠方式

充足的睡眠需要"积极休息"

许多人在通宵达旦的娱乐后,就倒头猛睡,认为只要把睡眠补上就能恢复体力。其实并非如此。因为这样做只能算是"消极休息",是一种被动的休息。

人体需要的不是"消极休息",而是"积极休息"。只有"积极休息"才是合理的休息,才能起到迅速恢复体力的作用。所谓积极休息,指的是用另外一种活动来促使疲劳部位的体力恢复。例如,当跑步运动员两腿疲劳时,可用引体向上、俯卧撑等臂力运动来缓解腿的劳累感。

积极而恰当的休息,不仅能帮助缓解疲劳,而且还可放松神经,提高工作与学习的效率。

睡姿的选择因人而异

你知道吗,错误的睡姿不但睡不好觉,还会影响健康。

仰卧是最常见的睡姿,四肢可自由伸展,体内的各个器官也较为舒适,对血液循环有利。但仰卧有时则不利于全身放松,尤其是腹腔内压力较高时,容易使人产生憋闷的感觉。同时要注意,仰卧时不要将手放在胸部,否则容易做噩梦。

俯卧的人较少,一般也不提倡这种睡姿。因为俯卧会压迫胸部,影响呼吸,可使心脏受压,增加肺工作量,不利于健康。

从有益于人的生理健康角度而言,侧卧是最为理想的。

当然,睡眠姿势也不是一成不变的,绝大多数的人在睡眠中都会不断变换着姿势,这样更有利于解除疲劳。

不同的人有不同的休息和睡眠方式

休息不单指睡眠休息,不同的人有不同的休息和睡眠方式。

假如你是一位体力劳动者,疲劳主要是由体内产生大量酸性物质引起,如果十分疲劳,应采取静的休息方式。可以躺下来,通过睡觉把失去的能量补充回来,把堆积的废物排除出去。如果不是很累,也可以在床上先躺一躺,闭目静息,让全身肌肉和神经完全放松后,再起来活动活动。

假如你是科研人员,脑力经常高度集中,大脑皮层极度兴奋,而身体却处于低兴奋状态,对待这种疲劳,可进行适当的体育锻炼,如做工间操,倒背双手散步,深呼吸几口室外的新鲜空气,或者听听音乐,哼哼小曲,品茶谈天等,都能放松神经和肌肉,恢复大脑的再创造力。

假如你是空闲较多的人员,体内机能代谢缓慢,也会感觉很疲劳,这时最好的休息方式就是锻炼或参加劳动了。

顺应生物钟的节律按时入睡

如果我们每天按时上床睡觉,准时起床,定时去迎接每天早晨的阳光,那么体内的生物钟就会准时运转。研究表明,按照生物钟的规律按时作息是提高睡眠质量的关键要素之一。

体温是影响生物钟的运行的因素之一。人的体温波动对生物钟的节律有很大的影响。人的体温下降就容易引起睡意,这是利用体温调节生物钟的有效方法。如果体温调节失控,就会引起睡眠生物钟发生紊乱。控制体温的方法很多,例如睡前洗澡或睡前做20分钟的有氧运动等,睡觉的时候体温就会有所下降。

总之,形成习惯之后,人就会按时入睡,可见,养成良好的睡眠习惯是最重要的。

有利于催眠的简单疗法

调好睡眠的生物钟

要想提高睡眠质量,除了早睡早起外,还要调节好睡眠生物钟的变化,尽量与自然周期同步。由于太阳光是影响人体生物钟的重要因素,所以调节生物钟应设法从改变光线的亮度入手。

我们每天应尽量在户外度过黄昏时光,在太阳还未下山时就去户外散步、侍弄花草等,使身体能感受到阳光而推迟困倦的感觉;而中午则应避免光线的刺激,中午外出散步最好戴上太阳镜,因为光线主要是靠眼睛来感受的。尽量使人的生物钟与自然周期同步,使睡眠与夜晚同行。

如何降低熬夜带来的损伤

熬夜之后应尽快"补觉",如果没有长时间补觉,也要利用午间休息或其他时间"见缝插针"地睡一会儿。此外,经常打羽毛球、爬山,多去户外走动,也有助于身体健康和精神愉快,也是摆脱熬夜后萎靡状态的好办法。

如果必须要熬夜,就必须提前安排好一日三餐,保证身体摄入足够的热量、优质蛋白质、矿物质和维生素等,并应控制盐的摄入量。熬夜过程中要注意补水,可以喝枸杞子大枣茶或菊花茶,既能滋补身体又有祛火功效。

穴位按摩,帮你改善睡眠

由于药物会对肝脏造成损害,所以,对改善睡眠不踏实的现象,人们常常希望不通过服用药物就可以改善。那么,下面就介绍几种效果显著的镇静催眠按摩术:

运百会:百会穴位于头顶部正中线上,距前发际5寸,或两耳尖连线与头部正中线之交点处。按摩时取卧位,两手轮流以食指、中指指腹按揉百会穴1分钟。手指用力不能太重。能定神安眠。

揉神门:神门穴位于掌后腕横纹尺侧端,尺侧腕屈肌桡侧缘凹陷处,揉神门穴时可以取坐位,左手食指、中指相叠加,按压在右手神门穴上,按揉5分钟,然后再换手操作。可宁心安神。

按涌泉:涌泉穴位于足掌心,当第二跖骨间隙的中点凹陷处。按涌泉时取平座位,两侧中指指腹分别按压在两侧涌泉穴上,随呼吸的节奏而有节律地按压。每次操作3分钟,能起到交会阴阳、平衡气血的作用。

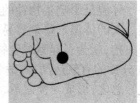

涌泉穴

以上方法,可在睡前1小时内进行自我按摩,若能持之以恒,可以对改善睡眠有一定的疗效。

运动是缓解各种睡眠问题的最佳方法

可促进睡眠的常用运动有以下几项:

体育锻炼的项目很多,如篮球、排球、乒乓球、康乐球、高尔夫球、门球以及游泳、健美操、跑步、竞走等。以上体育锻炼项目可以根据自己的爱好、习惯、年龄、性别、体力以及客观环境条件,选择1~2项坚持锻炼,时间久了对于改善睡眠确有较好的疗效。

太极拳锻炼是一项非常有益的健身运动,只要能够长期坚持,不仅有健身作用,并且还有调节神经、精神状态和改善情绪、睡眠、大脑功能等多重功效,有不少的失眠者就是通过打太极拳而使病情好转或痊愈的。

气功有助于精神放松,情绪安定,注意力集中,能够增强人们的自我控制能力、忍耐力以及对疾病的抵抗力和对外界环境的适应力。这些对失眠患者来说都是十分重要的。只要失眠的人能够坚持科学的练习气功,大多会取得不错的效果。

你的睡眠缺氧吗

缺氧是无法用肉眼来确诊的,大多数人也无法自我察觉,很多人甚至不会想到睡觉还能"睡"出病来。其实,睡眠缺氧即是"睡"出来的疾病。那么,如何判断你的睡眠是否缺氧?

比比看,你的日常生活中是否有下述一条或者几条表现:

打呼噜,鼾声大作,有时隔壁或全楼的人都能听到鼾声,给别人的感觉是睡得好"香甜"，其实，只要我们留心就可发现他们睡眠爱醒，不踏实，不老实，睡眠时的"毛病"特别多，比如睡眠多汗，肢体抽动、抖动，哼哼，用嘴吹气等，而且总也睡不够。

有心慌、心跳、胸闷、憋气、心前区疼痛不适等感觉，夜间排尿次数和尿量的增加，甚至一些人夜尿可达3次以上。

晨起有咽干、嗓子疼、口干口苦、咽喉部有黏液附着的感觉，懒得起床，睡后有疲劳、不解乏的感觉。

白天多有头脑不清醒、乏力、精力不足、头晕、记忆力减退、注意力难以集中、反应迟钝、智力下降、工作学习效率降低等症状。

以上诸多问题，你的"命中率"越高，患睡眠缺氧的风险就越大，建议你尽早到医院咨询一下医生，是否需要进一步治疗。

走出睡眠的误区

睡眠时间不是越长越好

在传统观念里，8小时被视为正常而理想的睡眠时间。睡眠不足8小时即代表休息不够充分，甚至失眠了。为此，很多人每天都要睡8个小时以上，甚至把所有空闲时间都用来睡大觉。岂不知，这样是极其有害的。

睡眠时间过长，身体长时间处于无活动状态，久之全身肌肉张力就会减退，心脏收缩的力量必然下降，心脏生理负担也就加重了，物质代谢也相应地遭到破坏，由此不仅会导致肥胖病，还会带来更多的疾病隐患。所以睡眠过多，不但不会健康长寿，而且是造成短寿的重要原因之一。

睡眠时间的长短，因每个人的身体状况、工作量、家庭负担、生活习惯所不同而各不相同。不少"猫头鹰"习惯在夜深人静时工作、学习便说明了这一点。

睡眠有8忌

1.忌仰卧：睡眠时宜侧身屈膝，若仰卧，则胸肌肉不能放松，手易搭胸，会影响呼吸，多生噩梦。

2.忌睡前忧虑：睡下以后不要胡思乱想，更不要忧愁焦虑，否则会导致失眠。

3.忌睡前恼怒：凡情绪变化均会引起气血紊乱，故睡前不可恼怒，应保持平稳的情绪和良好的心态去睡眠。

4.忌睡前进食：临睡前最好不要进食，否则容易增加胃肠的负担，导致消化不良，既影响安然入睡，也不利于身体健康。

5.忌睡前言语：睡觉前不要长时间聊天，免得引起大脑兴奋，影响睡眠。

6.忌睡眠时张口：睡眠张口呼吸会使肺脏受冷空气和灰尘等的刺激，胃内也易进入凉气,对健康不利。

7.忌睡眠掩面:睡眠时若以被掩面,会导致呼吸困难,且易吸入自己呼出的二氧化碳,对健康不利。

8.卧处忌受风:入睡后,人体对环境的适应能力降低,最易受风邪的侵袭,如背受风则咳嗽,肩受风则臂疼。

失眠者有 10 戒

一般失眠者若做到以下 10 戒,可逐渐恢复正常。

1.戒睡得太早或太晚,避免经常性地熬夜,睡眠要定时。

2.戒在入睡时谈论过于兴奋的事,也不要思考过多过难的问题,以避免激动,保证入睡前心情舒畅。

3.戒入睡前看令人激动的书刊、电视,入睡前心境要放松。

4.戒入睡前进行剧烈的体育活动,可先在室外散步,多吸点新鲜空气。

5.戒入睡前吸烟、喝茶、饮咖啡,免得兴奋大脑,但睡前要刷牙、漱口。

6.戒入睡前从事繁重的劳动,过度疲劳会影响睡眠。

7.戒卧室关窗和开灯睡觉,卧室应保持安静、空气流通、温度适宜,光线应暗些。

8.戒睡眠时手压于胸前和蒙头而睡,要穿宽松的睡衣,床铺要平,全身肌肉要放松。

9.戒过分依靠安眠药,如果失眠,适当适量服用安眠药是可以的,但不能过分依赖安眠药。

10.戒长期紧张或情绪忧郁,要合理安排工作、学习和生活。对失眠要正确对待,不要过分紧张,偶尔失眠一两夜,对健康无太大影响。

打鼾是不是一种病

打鼾不但影响他人的休息,而且也影响自己的健康。响度在 60 分贝以下的鼾声往往属于正常的生理现象,而超过 60 分贝的鼾声会妨碍上呼吸道气流的通过,部分严重者发生憋气缺氧时,甚至可能危及生命,发生意外。

打鼾时反复发生的呼吸暂停可引起低氧血症和高二氧化碳血症,长期如此会导致大脑严重缺氧,最终可引起心、脑、肺多系统脏器的功能损害,可并发高血压、冠心病、脑卒中、心肌梗死和夜间猝死等。

所以,打鼾可能和诸多疾病相关,必须充分重视。尤其是肥胖的中年男性,如果有习惯性打鼾史,特别是曾经发生过睡眠呼吸暂停现象者,应及时到医院诊治。

合理膳食,吃出好睡眠

多吃有助于睡眠的食物

小米:小米中所含的色氨酸能促进大脑分泌 5-羟色胺,使大脑的思维活动受到暂时的抑制,使人产生困倦感。如小米熬成粥,临睡前食用,可使人安然入睡。

桂圆:桂圆具有补心益脑、养血安神的功效。临睡前饮用桂圆茶或取桂圆加白糖煎汤饮服均可,对改善睡眠有益。

核桃:核桃能缓解和改善神经衰弱、健忘、失眠、多梦等症。取粳米、核桃仁、黑芝麻,用慢火熬成稀粥食用,可用白糖调味,在睡前食用。

大枣:其对气血虚弱引起的多梦、失眠、精神恍惚等有显著疗效,如取大枣去核,加水煮烂,加冰糖、阿胶用小火煨成膏,睡前吃 1~2 匙。

蜂蜜:蜂蜜具有补中益气、安五脏、和百药之效,对失眠患者疗效显著。可每晚睡前取蜂蜜 50 克,用温开水冲服。

牛奶:牛奶对体虚而致神经衰弱者的催眠作用尤为明显。因此,临睡前可以饮一杯温牛奶。

葵花子:葵花子含亚油酸、多种氨基酸和维生素等,能调节人脑细胞正常代谢,提高神经中枢作用。每晚吃一把瓜子,可起到安眠作用。

吃富含 B 族维生素及钙、镁的食物促睡眠

有些科学家认为,B 族维生素及矿物质钙、镁等可以帮助睡眠。这种说法确有道理,但也有前提条件。

人的神经系统动作确实需要 B 族维生素,如果缺乏将会影响神经系统的正常运作,可能会使人白天没有体力,晚上难以入睡。但若不是因为缺乏 B 族维生素而影响睡眠的人,多服用 B 族维生素对促进睡眠是没有帮助的。需要提醒大家的是,不要太过迷信复合维生素的效力,其实,在日常生活中只要饮食均衡,就可获得充足的维生素,神经动作自然正常,晚上也就容易入睡。

钙与镁的补充也是同样的道理。钙可以促使肌肉收缩,镁则可使肌肉放松及维持心跳规律。与其说它们可以帮助睡眠,不如说充足地摄取这些营养,才能让你的肌肉与神经有最适当的运作,借此提升睡眠品质。

促进睡眠的 3 款食疗方

1.冰糖百合:取新鲜百合 1 个,冰糖适量,将百合煮熟后加入冰糖即可,还可以加入大

枣。此法不但可以帮助入睡,减少噩梦,还有美容养颜的作用。

2.小麦大枣粥:取小麦 50 克洗净,加热水浸涨,粳米 100 克、大枣 5 粒洗净,桂圆肉 15 克切成细粒。将其一起放入砂锅中煮成粥,起锅后加入白糖 20 克即可服用。可补益脾胃,养心安神。

3.猪脑木耳汤:将黑木耳 15 克用清水泡发洗净,入热油锅翻炒 3 分钟,加米酒 1 匙,盐少许,清水适量,焖烧 5 分钟后,放入洗净的猪脑 1 个,小火烧 30 分钟,再加葱花、味精少许即可。可滋肾补脑,安神益智。

猪脑木耳汤

健康心理

给自己的不良心境安上一个调节阀

发泄焦虑的 6 种方法

当情绪焦虑时,以下方法有很好的宣泄效果:

1.发泄焦虑:有了焦虑,可以向自己信任的亲朋好友等倾诉自己的内心痛苦和压抑,也可以选择适当的场合大声痛哭或呼喊。

2.要以一种平常的心态去对待:无论做什么事情都应该顺应自然,积极主动地接纳自己,接受现实。一个人要学会在烦恼和痛苦中树立战胜自我的理念。

3.进行必要的自我放松训练:如果必要,可以在心理医师的指导下进行训练。

4.确定目标:无论学习还是工作,没有目标就会让人茫然不知所措。所以,一定要根据不同的发展阶段确立自己的目标。

5.经常回忆或讲述自己最成功的事或最得意的举动:这样做可以很容易引起愉快情绪,忘掉不愉快的事,很快消除紧张、压抑的心理状态。

6.患有焦虑症的人应多听听音乐:研究表明,音乐能影响人的情绪行为和生理功能,不同节奏的音乐能使人放松,具有镇静、镇痛作用。

学会自我放松

生活中每个人都有安慰别人或得到别人安慰的时候,可重要的是要学会自我放松。自我放松能抚慰自己因失败、挫折、不幸而痛苦不堪的心灵,使暗淡的心理图景上闪现出心灵之光,以便重新荡起生活之舟。

要学会说"不"。当你遇到挫折流下眼泪时,应对自己说:"不要哭,勇敢地面对生活。"

要为自己留下一点时间,去散散步,避免一切干扰。

去找知心朋友谈谈天,把心中的苦闷诉说出来,不要让它留存在心里。

参加一次集体组织的旅游活动。

不嫌弃自己,对自己的性格能够宽容,才能乐观、自信地面对生活。

放松身心，常言道，心底无私天地宽，只要你心底无私，干起事来便无可畏，不必患得患失，就可始终保持乐观舒畅的心情。

不苛求他人。能够宽厚待人，也是自我放松的一种有效途径。

朋友是最好的心理医生

在日常生活中，人们都有这样的体验：当心里不痛快时总想找知心朋友谈谈，倾吐内心的苦衷。找朋友谈心，胜似吃药。如能把心里的积怨对自己信任的朋友诉说，将会使自己的心态有所改观。

然而，目前人们调节情绪的方式大多是采取抑制、转移等方法进行调节。但心理卫生学家不主张人们无限制地压抑自己的情绪，此时，如能把心里的积怨对自己的朋友诉说，将会对自己的心态有所改观。

事实也是如此，人们都愿意把自己心中的苦闷、忧虑、悲伤以至愤懑告诉知心朋友。甚至包括夫妻之间发生的不愉快和烦恼，也愿意向知心朋友诉说，而且，朋友也正是解决这些令人头痛问题的能手。在这方面他们很像一些内行的心理医生，不仅会帮助你摆脱不良情绪的困扰，而且还能帮你卸下精神包袱，尽快进入良好的心境。

自我暗示，让心灵走向阳光

运用自我暗示法缓解压力和调整不良情绪，主要也是通过语言的暗示作用。

比如，在发怒时提醒自己"不要发怒"，"发怒会把事情变坏"；忧愁时，提醒自己"愁也没有用，还是面对现实，想想办法吧"；着急时，警告自己"不要着急"，等等。

遇到挫折时，不妨先坐下来理一理头绪，看　看问题究竟有多少，切不可让它充塞在头脑里而成为一堆乱麻。应该时刻想到："我能胜任！"或"只要坚持下去，一定会成功！"

不论遇到什么样的阻力，都要保持自信的精神状态，要坚信："别人能办到的，我也能办到！"自我暗示法一般是用不出声默念；你还可以将提示语写在日记本上、条幅上，贴在墙上、床头上，压在玻璃板下等，以便经常鞭策自己。

缓解期盼性焦虑的4个妙招

1.开怀大笑：人在开怀大笑时，处于紧张心态的心脏、躯干和四肢会得到迅速放松。在开心笑过之后，由于血压、心跳和肌肉的紧张有些缓和，全身有一种如被卸掉重担似的格外轻松感。

2.和盘托出：将心中的焦虑坦率地说出来，能使你感到踏实。特别是当对方是一位有相同经历的长者时，他更能帮助你。如果羞于启齿，不妨在信中写下自己的内心感觉，寻求对方的帮助。

3.洗澡解愁：研究表明，洗澡能起到解乏，消除忧愁的作用。

4.深呼吸：人在焦虑时心跳加快，呼吸急促，因此缓慢地做深呼吸可以使人镇静下来。

深呼吸的时间短则 2 分钟,长则 10 分钟。

疏散注意力,营造良好的心境

转移:离开这个环境、这件事,将注意力转移到其他方面,将不良情绪的狂涛,理智地引向平静的彼岸,使大脑形成另一个兴奋点,不愉快的情绪会得到缓解。

倾诉:敞开心灵窗扉,把心中烦恼、忧郁、委屈、愤怒,向明智的知心朋友倾诉,该说就说,想哭就哭,决不能憋在心头,尽量将不良情绪发泄出来,以减轻心理负担,求得心理平衡或借他物转移。

欢乐:欢乐是一种天然镇静剂,是祛病健身的灵丹妙药。当你完全进入角色时,眼前的不快和烦恼,都会涣然冰释,心理会很快恢复平衡。

自劝自慰,换一个坦然胸怀

为不使愁云遮眼,烦事绕身,要经常用"心底无私天地宽""知足常乐"等格言,自我陶冶,自我解救,以使心理乐观豁达、淡泊人生,对名利不争、不攀、不嫉、不馋,事事自重自爱。

还可以想想康德所说的:"生气是用别人的错误惩罚自己。"冷静想一想,此事已发生,或怒发冲冠,或苦思冥想,或愁云满面、长吁短叹,又于事何补? 此事与身体健康孰轻孰重? 何必自寻烦恼! 尽快地松弛下来。当冷静下来后,会起到意想不到的效果。换一种随遇而安、坦然的心态面对生活。

小不忍则乱大谋

人的欲望是无止境的,以有限的生命追逐无限的欲望等于自戕。故遇事要克制,要忍耐,做到"欲不可纵,志不可满,乐不可极"。忍让是一种美德,是一种修养,往往是"忍一步海阔天空,让三分风平浪静",能忍心会安,小不忍则乱大谋。

无论是处理与同事之间的关系,还是家庭内部的关系,一定程度的克制与忍让是非常必要的。

例如在单位里,如果与同事发生冲突,你适度忍让,表面上看可能是输了,但实际上是赢得了大多数人的尊重;在家庭里,夫妻之间、婆媳之间的冲突会更多,如果没有克制和忍让,是很难解决矛盾的,特别是婆媳之间的冲突,作为媳妇,有时适当的忍让会获得婆婆日后更多的理解。

告别烦恼的 5 种方法

1.不要对人喋喋不休、诉说不如人意的事:遇事不分对象地拼命诉说、发牢骚的结果是越说越气。可以将精力放在其他感兴趣的事情上,尽可能撇开不愉快的思路,去想其他的事情。

2.利用运动来忘掉不如意的事:活动身体能使身体舒畅,具有安心定神的效果。

3.大声喊叫:假日和友人到海边或空旷的山上,以声音发泄内心的不满。

4.倒立两三分钟:对外界的事物不妨和倒立的身体一样反过来看,尽量去想其他高兴的事,可以使心境平静下来。

5.改变常走的道路:每天走同一条路上班的人,不妨改变一下路线,产生新的刺激,会让心情变得舒畅。

心情别随信息走

现在是信息爆炸的时代,通过电视、广播、报纸等途径,人们每天将获得大量的信息。研究表明:人对信息的吸收成平方数增长,但思维模式却不能同步调整接受如此大量的信息,因此,容易造成自我强迫,出现类似焦虑症的症状。

信息焦虑综合征也称为知识焦虑综合征,是心理不适应的一种反应。记者、广告员、信息员、网站管理员、情报人员等是该综合征的高发人群。发病时,会出现突发性恶心、呕吐、焦躁、神经衰弱、精神疲惫等症状。医学专家认为,这是一种身心障碍。

信息焦虑综合征并不可怕,只要能意识到病因并通过正确处理是可以缓解的,不用担心会转变为精神疾病。在接收信息时,切忌搞“填鸭式”和疲劳操作,要训练大脑,对信息进行分类,使信息更具条理化、层次化、兴趣化。

人要有大气量

屠格涅夫曾经说过:“生活中不会宽容别人的人,是不配得到别人宽容的。但是,谁能说自己是不需要宽容的呢?”

因此,我们凡事要多设身处地为别人着想,在待人接物时,时刻不要忘记宽恕与谅解。

俗话说:“壶小易热,量小易怒。”动辄发脾气、动肝火是胸襟狭窄、气量太小的表现。

心理学家忠告说:“气量大一点吧,如果我们每件事情都要计较,就无法在这个大千世界上生活下去。”

那么,应如何扩大气量呢?

一方面,凡事要从长计议,不要鼠目寸光。另一方面,凡事要先考虑后果,不可只顾一时痛快。尽管“忍”字心上插着一把刀,但是,莫大之祸,常常起于须臾之不忍。因此,在情绪激动、缺乏自制的时候,切莫冲动行事。

防治心理障碍，让阳光洒进心灵

走出令你自毁的6种心理陷阱

"我怎么会这样？""我怎么总是一事无成呢？""我为什么始终得不到我想要的?"如果你总是充满痛苦地发出这样的呼声，那无异于自毁前程。仔细对照下面的6种最常见的心理陷阱，看自己是否已沉溺于这些漩涡中无法自拔。

1.求败的性格：有些人的性格天生就具有"求败"的倾向。他们一再地自陷于受欺辱、被打击的绝境，而且一筹莫展，就是眼前摆明了有退路、出口，他们还是视而不见，拒绝利用。就算是能够胜任的工作，他们也一再失败。

2.自恋狂：自恋狂常常需要别人不停地赞美、爱慕，为了让对方喜欢自己，常不顾及自己的能力答应别人的所有要求，失败当然在所难免。

3.缺乏自信心：总认为自己会失败，存在着错误的心理预期，无法正确地评价自己，在困难面前退缩不前。

4.期望过高：志大才疏，对自己的才能和潜力不能做出明智的估测，对自己要求过高，生活目标极不现实。不切实际地空想，不会取得实际的结果。

5.过于自卑：自卑感严重的人由于自尊心作祟，有时会做出荒诞之举以证明自己的价值，结果却适得其反。

6报复心强：易意气用事，怨气冲天，一旦急火攻心，常只顾着发泄情绪而不听劝诫，无法泰然面对挫折，造成人际关系紧张，麻烦不断。

积极调解自我，走出挫折的漩涡

遭受挫折并不可怕，关键是用积极的行为方式去自我调节，从消极的挫折心理中得以解脱。

总结法：面对现实，承认挫折，进而科学地分析，找出导致挫折的关键所在。这样，使挫折心理处于乐观的、理智的、积极的状态之中。

补偿法：如果你有一个和睦温暖的家庭，有一位温柔体贴的妻子或通情达理的丈夫，不妨将苦闷向他们倾吐出来，爱情的力量可使一个人从挫折中解脱出来。

转移法：如果你爱好文艺或体育，不妨去听听音乐，跳跳舞，打打球，借以松弛一下绷紧了的神经。工作之余，应常到公园游玩或赴郊外散步，欣赏乡野风光。

倾吐法：与志同道合的知己促膝交谈，把受挫的经过和目前的心境和盘托出。俗话说旁观者清，在交谈中，烦恼的心情会随之消散。

抛弃完美主义的思维方式

一个事事追求完美的人如何克服自己的完美主义倾向呢?

明白这种思维方式的弊端。比如:会造成精神极度紧张而难以胜任工作;会因怕犯错误而不敢创新、不敢尝试新事物;总是因发现自己的瑕疵而惶惶不可终日;常常感到目标过高而信心不足,以致总无法行动起来,等等。

完美主义者应求佳不求优。在做事过程中,设立的目标要实际一些,精神压力和受挫感就不会那么大,获得成功的信心就强些。你也许会发现,不想刻意写一篇杰作时,倒能写出佳作来。

在晚上临睡之前,列举每天所做的如意之事,看看自己累积起来的成就,只要坚持两周,你就会改变自咎自责的习惯。

调理灰色心态的健康处方

灰色心态不同于更年期综合征,其特征是:在心理和性格上发生突变,时常感到无聊、空虚、精神萎靡不振、郁郁寡欢或焦躁不安、疲乏无力,遇事犹豫不决,而自己却矢口否认自己有任何毛病。

心理学家们开出了一系列简单可行的饮食处方:

均衡营养,合理饮食:营养和热量过剩,以及为了节食导致某些营养和热量的不足,都会引起灰色心态。

补充维生素:从事文字工作或经常用电脑者,要多吃富含维生素 A 的食物;常坐办公室的人要多吃海鱼、鸡肝等富含维生素 D 的食物。

补钙可安神:工作中难免会有不顺心的时候,这时可有意识地多喝牛奶、酸奶等食物。

应酬之后多食清淡食品调理:如蔬菜、水果、豆制品、海带、紫菜等。

碱性食物抗疲劳:可多食用以水果为主的碱性食物,如西瓜、桃、李子、荔枝、哈密瓜、樱桃、草莓等。

常笑老来少,常愁白了头

人忧愁时,情绪低沉,大脑皮层处于压抑、郁结的状态,气机不能舒畅,生理机能受到阻碍,故常感到肺部压抑、胸闷气短、精神不振、茶饭不思。长期处于忧愁状态,会造成体力过分消耗、肌肉麻木、手疲足软、四肢无力、身体免疫功能低下、大脑功能紊乱、内脏功能失调等疾患,易引起未老先衰。

然而,人的一生不如意之事十有八九,要保持心情舒畅,就必须学会化解忧愁。当苦闷不堪或烦恼不安时,千万不要一个人闷头发愁,此时最好听听音乐,看看电影、电视,或读一本能吸引自己的书。也可以出外走走,找朋友谈谈心,把自己的委屈和难处向朋友倾诉,定能得到对方的安慰和规劝,即使对方说的是一些无济于事的话,你的忧闷得到了宣泄和安慰,也能减轻心头的重压,使心情得到调节。

工作是排忧的良药

人们在空闲的时候,往往并不快乐,一些无端的烦恼常常会缠绕心头。相反,工作忙碌的人,往往是最快活的人。

因此,摆脱忧愁、烦恼的最好方法,是找事情干,让各种工作占满你的时间表,自然没有时间去追忆痛苦和烦恼了。

人的情绪是互相排斥的,任何人不可能同时为两种情绪所占据,不能一方面紧张地工作,一方面又始终为一件不愉快的事烦恼,即使有时出现不快,也会因工作的思考和忙碌所代替,一闪即逝。同时,工作能使人获得满足感和自尊感,这也可抵挡忧愁情绪的侵袭。所以说,工作是一种医治不良情绪的灵丹妙药。

心理养生,百病不生

让心脏快快乐乐,笑口常开

心脏也有"生气"的时候,那恰恰是它的主人大发雷霆的瞬间。有人对正在暴怒者的心脏进行过测试,发现这时心跳急剧加快,有的还变得不规律。心脏不太健康者在暴怒之时骤然停跳送了性命的报道并不少见。由此可见,人在情绪极度兴奋时,对心脏的危害有多大!不仅如此,任何恶劣的情绪,如极度或持续性紧张、苦闷或焦虑、悲痛或忧愁等,均会危及心脏的健康。这些恶劣情绪如果长期出现或反复发生,常成为心律失常或引起心脏病发作的诱因。因此,平时要学会控制自己的情绪,积极消除紧张因素,这对身体健康非常重要。生活中难免遇到烦心的事情,可以用倾诉的方法来缓解忧郁的情绪。对朋友可以畅所欲言,遇到问题要想到求助,不良的情绪要善于转移。要知道,许多事情靠发脾气是得不到解决的,反而会将事情弄得更糟。

在身体健康方面,情绪因素是非常重要的,同等生活条件下心情舒畅的人,食欲好,消化功能好,营养吸收相应地也很好。相反,心情郁闷,整天愁眉苦脸的人,食不甘味、睡不安寝,消化功能肯定低下,自然会导致营养缺乏,甚至疾病缠身,更谈不上美容和美貌了。在生活中,很少有一帆风顺的,努力从困难逆境的磨砺中锻炼出良好的心理素质来,这些经历可以成为一生宝贵的财富。做一个心胸开阔、情绪乐观的人就不难拥有靓丽的容颜。

当人们心情舒畅、笑口常开时,心脏是最快乐的。心脏的功能会处在稳定状态,心血管调节系统的功能活动也变得更协调,从而有利于心脏健康。研究表明:文明、健康、有规律、愉快、和谐的生活,是维持心脏健康必不可少的条件。资料证实:生活规律、情绪稳定、精神愉快的人,心脏的患病率显著低于生活紊乱、情绪波动和精神不佳的人。

心理养生有"8 戒"

现就养身与养心的关系,提出心理养生"8 戒":

1.戒疑:疑神疑鬼,总以为别人在暗算自己,在背后说自己坏话,在做对自己不利的小动作。

2.戒妒:自己的能力与别人有落差,却妒忌别人的成就,只希望别人栽跟头,最后却反倒折磨了自己。

3.戒卑:觉得自己处处不如旁人,在人前仿佛矮三分,猜想别人会嘲笑自己,不愿和人交谈,不喜欢与人共事,性格越来越孤僻,脾气越来越古怪。

4.戒傲:处处自以为是,一派老子天下第一的作风。周围的人对他敬而远之,他却自鸣得意。

5.戒躁:既自卑又清高,随之而来的是暴躁、容易发脾气,毁坏物件等。

6.戒愁:整天愁容满面,心事重重,凡事总往坏处想。

7.戒惧:时时提心吊胆,怕说错话,怕办错事,怕得罪人,惊恐不已。

8.戒怒:常想着生活中曾发生的一些不幸的事,不觉悲从中来。

拥抱现在,学会遗忘

有的老年人总是喜欢回想当年,抚今追昔,感慨万千,对一生所遇到的坎坷、挫折以及不幸忧忧怨怨;有的老年人对自己的一生充满遗憾和悔恨,唏嘘感伤,沉湎于过去,精神萎靡而不能自拔;还有的老年人对生活失去信心,乃至于自卑自贱、自暴自弃。

可是,为了一些无能为力的事情唏嘘不已有什么用呢? 那些不可改变的就让它过去吧。

日本心理学家井上胜为此提出了一个老年人幸福生活的准则:"为今天而生。"老年人既无须为过去懊恼,也不必担心未来,而应牢牢地把握现在,过好每一个"今天"。

生活如此精彩,当我们用积极主动的眼光来重新看待它,就不会觉得生活枯燥无趣,只要过好每一个"今天",老年人一样可以拥有灿烂、愉快的生活。

换位思考,心安神定

人体的疾病,很多是想出来的。养生的最佳方法,就是驾驭自己的情绪,善于自我排忧,自我解脱,以达调摄心神、开阔胸怀,使心里恬淡虚无、乐观平和,以免疾病缠身,呻吟求医之苦。

当你发怒、忧虑或情绪不佳时,思维方式往往主观片面,只见树木不见森林,"我"成为思维的全部重心,全部强调自己的所谓"理由"。这时,最好来一个换位思考,忘掉自我,设身处地站在事物另一方;或者身处事外,站在旁观者角度,客观、全面地分析事物的因由和全貌,静心思过。这时,你会轻而易举地找到客观、公正的答案。

只要人们静心有方,且持之以恒,则可达到情绪安定,意志调畅,身轻气适,体魄健壮的目的,永享康寿之福。

澄心静坐,还大脑轻松活力

长时间的精神紧张或脑力劳动,会使人精神疲劳,头昏脑涨,记忆力减退,注意力不集中,甚至情绪低落,此时不妨澄心静坐一段时间,可以使人重新精神焕发。能使思维意识、呼吸和血液循环在一种平静轻松的环境中达到和谐统一,使人感到头脑清晰,耳聪目明,精神健旺,记忆增强。

选择一个比较安静的环境,坐在一个舒适的位置上,使自己产生一种即将入睡的意向,但不要躺下。双目微合,自然地进行深腹式呼吸,并抛开各种杂念,先默记呼吸的次数,腹式呼吸的关键要深、自然、慢而轻,并且呼吸均匀,保持一定的节律。默记呼吸次数,可集中思想,排除杂念,使腹式呼吸这种生理动作与专心记数这种心理功能有机地结合起来,达到心身统一。然后再默念"松、松、松","安静、安静、安静",持续一段时间后,精神便可为之一变。

静坐可采取多种姿势,可跪坐、盘膝坐或端坐椅上,关键在于要坐得稳,全身肌肉要放松。双目微合,似闭似睁,既要避免外界干扰,又要避免内心产生杂念。

小事糊涂更健康

常言道:"大事清楚,小事糊涂",意即对原则性问题要清楚,处理要有原则,而对生活中无原则性的小事则不必认真计较。生活中的种种矛盾在所难免,如果一个人遇事总是过分计较,一味地追根问底,硬要讨个"说法",烦恼和忧愁便会先自"说法"而来,久之则不利于身心健康。

医学研究表明,人若经常处于烦恼和忧愁的漩涡之中,就会频频激发人体的"应激反应",这样不仅会加速人的衰老,而且会引起高血压、心脏病、糖尿病、消化性溃疡及过敏性结肠炎等疾病。而小事"糊涂",既可使矛盾"冰消雪融",又可以使紧张的气氛变得轻松、活泼,岂非养生的妙法?

摆脱烦恼与忧愁"3步走"

烦恼和忧愁对人没有任何好处,不仅对解决问题于事无补,而且还会影响心态和行动,甚至会对身体造成不利的影响,《红楼梦》中的林黛玉就是个很典型的例子。

那么如何才能摆脱烦恼和忧愁呢?

1.要选好看问题的角度。任何问题都有好的方面和不好的方面,有时一件事情从某个角度看可能是件不好的事,但从另一个角度看,可能就会变成一件有利的事了。

2.要用积极的心态面对生活。生活中有喜也有忧,有幸运也有不幸,这是正常的,也是不可改变的事实。面对生活中的困难、烦恼，要有积极的心态，只有抱着积极的心态去做事，才能发挥自己最大的潜力，才能尽力把事情做好。无论做什么，都不要带着消极的情绪去做，而要有积极乐观的心态，这样才能快乐、高效地做事。

3.要有良好的心态。一个人的心态决定着他看问题的角度。人之所以会产生烦恼，是因为把什么都看得太重，什么都放不下，一旦遇到挫折更会加重自己的烦恼，这样的心态是不正确的。不要把得失看得太重，不要什么都不肯放下，这样只会加重自己的负担。培养良好的心态是帮助人们摆脱烦恼的关键。

争强好胜应有度

一个人具有好胜心和竞争意识是好事，这样可以督促他不断进步，但是，争强好胜不应无度。争强好胜的人总有一种高人一等的心态，总要处处把别人比下去，否则就会感觉心理不平衡，导致烦恼。当争强好胜的心态太过，而环境、条件又不允许时，就有可能挫伤自己的锐气、压抑自己的个性、损害自己的健康，进而影响心理稳定，这也是心理不成熟的表现。如果好胜心过强，还会使自己患得患失，并产生嫉妒心理，不仅不利于个人的身心健康，而且还会影响到正常的人际关系。

我们要积极运用有利的方面，来使自己在激烈的社会竞争中立于不败之地。

生活除了竞争还有许多值得我们去做的事情。对于那些争强好胜的人来说，首先要改变的是对待成功的态度。生活中并不是每一件事情都需要争出强弱、分出胜负。适当地学会妥协，不仅有利于保持平和的心态，也会带来良好的人际关系。周围人也要宽容地对待那些喜欢争强好胜的朋友，多给他们提些建设性的意见，而不是一味地针锋相对。

心理失衡，百病滋生

你的性格、你的病

现代行为医学根据性格和行为特征，将人群分为四类：

A 型性格者：即"急躁好胜"型，表现为易冲动、好发脾气，其血胆固醇、甘油三酯往往比较高，平时精神紧张度本身就高，稍遇刺激就会心跳加快、呼吸加快、血压升高。这类人易患动脉硬化、高血压、冠心病等。所以，A 型性格人群应积极矫正不良情绪，可以通过体育锻炼、音乐治疗、强制性休假等方法，达到放松宣泄的目的。

B 型性格者：表现为安于现状，不思进取，比较没有主见，但往往健康状况良好。

C 型性格者："忍气吞声型"，表现为常常过度克制自己，压抑自己的悲伤、愤怒、苦闷等情绪，不让发泄。工作中没有主见，不确定性多，对别人过分耐心，尽量回避各种冲突，屈从于权威，工作中总是感到压力很大。不良情绪长期作用于大脑会导致内分泌紊乱，降低人体免疫功能，从而给癌症以可乘之机。这类人群应学会自得其乐，及时疏导和发泄不良情绪,增强自信心。

D 型性格者:即"孤僻型",表现为时常沉默寡言,消极忧伤,易患心脏病和肿瘤。这类人应培养兴趣爱好,改变独处习惯,学会向他人倾诉。

不同疾病患者的性格特征	
老年痴呆症患者	缄默寡言和抑郁、不善与外界交往、经常处于信息低负荷状态
背痛患者	被压抑、有逃避的愿望
荨麻疹患者、神经性皮炎患者	渴望得到同情、有罪恶感、常有自我惩罚倾向
神经性皮炎患者	精神紧张、忧郁、脾气暴躁、较固执己见
高血压患者	好高骛远、好争强、忙碌、固执保守
偏头痛患者	死板、内心冲突、易烦恼、习惯于把怨恨埋在心里
哮喘病患者	易焦虑、暗示性高、幼稚、依赖、敏感且懦弱
结肠病患者	抑郁、吝啬、较刻板、谨小慎微、顺从
溃疡病患者	依赖、攻击性强、情绪被压抑、雄心勃勃并有挫折感
十二指肠溃疡病患者	情绪不稳、因循守旧、过分关心自己,不好交往
冠心病患者	急躁、没耐性、易激怒、慌慌张张
癌症患者	心理矛盾、好生闷气、压抑懊丧、性急、好胜

备注:性格分类法不是固定不变的,也不是一个人只有一种性格特征,所以在判断时要灵活运用、抓住重点。

防怒制怒的 5 个有效方法

1.转移法:在将要发怒时,快快退出现场,离开此情此景,出去走走,听听音乐,找朋友聊聊,这样可获得情绪上的稳定,慢慢安静下来。

2.避免法:发现自己在怒气冲天时,应避免陷入太深,矛盾不能靠一场大吵大闹解决,冷静下来商谈,才是上策。

3.自我安慰法:多进行自我安慰,使大脑冷静下来,用理智来制怒是最好的方法。

4.暴露法:实在不可控制时,应找爱人或知心朋友谈心,发泄出来,以减轻发怒时的不良后果。

5.忘却法:发怒时,可不停地去做其他的工作,帮助你摆脱怒火。

不惑之年如何安度"危机期"

不少男人在不惑之年会出现不稳定的情绪和恐惧心理,表现出对前途悲观失望,对来自家庭、社会各方面的压力和复杂的人际关系无所适从;为填补心灵空虚,常常沉醉于各种自我毁灭性的活动,染上一些恶习,如迷恋打牌、摆"长城"、上歌舞厅、赌博酗酒、有家不思归、寻求婚外情等。

作为妻子,当你发现丈夫有这种危机的表现时,首先要给他以足够的时间和空间,让他喜欢家庭生活。家庭是避风避雨的港湾,作为妻子,应该耐心地倾听丈夫的诉说,夫妻间的彼此沟通是消除中年危机的一把金钥匙。

常生闷气危害大

人的感情无论怎样压抑,最终都要经过各种途径宣泄出去。夫妻长期把气闷在心里,并不会使闷气自消自灭,反而会使夫妻感情出现裂痕乃至感情的完全破裂,毁掉一个本该幸福的家庭;或是气结于心,肝郁气滞,使一方或双方引起严重的疾病。

夫妻间不应用生闷气的方式去处理矛盾。有话讲到当面,把心里的不痛快和怨气全部发泄出来,只要方式得当,并不会伤害夫妻间的感情。因为经常交换意见,既是维系双方感情的重要纽带,又是保持夫妻双方身心健康的重要手段。

性情急躁易患胆石症

胆囊炎、胆结石的发生与胆汁淤滞、胆汁成分改变及体内胆固醇代谢失调有关。而精神因素可以造成胆汁各成分间比例失调,加速胆结石的形成。可以说胆石症的发生与精神情绪有着密切的关系。

精神紧张、急躁、易怒,可以使儿茶酚胺的分泌量增加,导致血脂、胆汁成分等发生异常,促进胆结石的发生和发展。

情绪波动和精神刺激,通过植物神经系统,影响胆囊或胆总管平滑肌舒缩功能,使胆囊排空受限,胆汁流动缓慢,胆汁分泌平衡失调,胆囊内蓄积的胆汁日久即可形成胆结石。

有胆结石的人因为负面情绪的影响还可以进一步促进胆结石的发展,或发生急性胆绞痛,或导致胆结石移动。

不良情绪是疾病的"活化剂"

科学家们研究发现,在疾病的发生过程中,心理因素起着"活化剂"的作用。

假设致病因素在周围环境中随时随地存在,正常情况下,由于人体免疫功能的控制,使其不能发生作用。而这个外因,可通过某种个性特征的内因,使人产生孤寂、愤怒、悲哀、绝望等负面情绪。

当一个人长期处于这种负面情绪状态下,就会导致神经内分泌紊乱,器官功能活动失调,从而使机体的免疫能力降低,使病症突然发生或加重。

不良情绪是许多人祸不单行、遭受精神打击后又患恶症的原因之一。

情绪紧张是胃溃疡的"肇事者"

情绪紧张是胃溃疡的发病诱因之一。其原因是精神过度紧张或强烈的情绪激动，引起大脑皮层的兴奋与抑制过程不平衡，导致胃收缩增强，胃液分泌增多，胃黏膜随着胃紧张收缩，抵抗力下降，胃屏障受到破坏引起溃疡病。

对正常人来说，可以通过以下方法进行自我调节，达到情绪稳定，来防止溃疡发生。

要对生活充满爱，要有生活目标，并努力去实现它，热爱自己的工作，有上进心。

要正确处理人与人之间的关系，要学会"谈心术"，同他人搞好关系。

要自寻快乐，使自己感到悠然自得，情绪松弛而不紧张。并积极锻炼身体，保持精力充沛，使心理和身体都保持良好状态。

注意控制自己的情绪，避免情绪失控。

精神紧张、焦虑易患肠易激综合征

肠易激综合征是一种常见功能障碍性胃肠道疾病。不少患者在肠症状发作之前会精神紧张，还有一些患者与意外事故刺激，焦虑或抑郁症状等心理障碍有关。该病女性多见，约为男性的 2~3 倍，并且是以 20~40 岁的青年女性为主。

女性相对于男性来说，心理素质和承受能力较低，遇事容易产生紧张、焦虑情绪。性格内向者则容易将心事存于心中而产生抑郁症状。由于精神心理障碍导致皮质下中枢神经信号紊乱，结肠动力与分泌功能的不协调，因而患者便出现了便秘、腹泻症状，或便秘与腹泻症状交替出现，并常发生腹胀、食欲减退、体重下降，以及烧心、吞咽不适等症状。

预防肠易激综合征，首先要消除思想顾虑，减缓紧张、焦虑情绪。抑郁症状明显者可请心理医生给予心理治疗、催眠或生物反馈疗法，使心理障碍消除。许多患者经过上述调整治疗，无须再用对症药物治疗便可使症状改善或消退。

在饮食方面，肠易激综合征患者要增加食物纤维的摄入，无论是便秘还是腹泻，宜补充含纤维丰富的食物，如水果和蔬菜，以及海带、紫菜等海产品，但应限制碳酸饮料、酒精、豆类、苹果、葡萄等食品的摄入，以减少肠胀气的产生。

防癌，从"心"开始

良好的心理因素不仅能有效地预防癌症，还有利于癌症及其他疾病的治疗。负性心理会损害人体的免疫系统，诱发癌症。

一份调查报告显示：66.9%的癌症患者发病前有负性情绪，许多人患病前经历了重大生活事件，如亲人去世、婚姻破裂、工作受挫等。重大生活事件引起的负性情绪如果得不到及时调整，很容易形成"癌症性格"。人体一旦受到"癌症性格"的干扰，就会导致神经内分泌系统功能紊乱，组织器官活动失调，免疫能力降低，免疫监测功能削弱，丧失识别和消灭癌细胞的监测作用,易导致癌细胞转化和突变。

预防癌症的最终目的是降低发生率和死亡率,除建立合理的饮食结构和良好的生活方式外,保持健康的心态是十分重要的。

独具特色的心理疗法

多吃零食也可以改变坏心情

吃零食的目的并不仅仅在于满足肠胃的需要,更重要的是它可以缓解和消除紧张情绪、内心冲突。

当食物与胃部皮肤接触时,它能够通过皮肤神经感觉器将感觉信息传递到大脑中枢神经系统而产生一种慰藉,使人通过与外界物体的接触而消除内心的孤独。另一方面,当口腔接触食物并做咀嚼和吞咽动作时,可使人对紧张和焦虑的注意中心得到转移,在大脑的摄食中枢产生另一个兴奋灶,从而使紧张兴奋区得到抑制,最终使身心得以放松。

当人处于紧张、焦虑、忧郁和疲劳状态时,吃点水果、点心、瓜子或喝杯饮料等,都有助于消除紧张和疲劳,保持心理平衡。

眼泪是解除精神负担最有效的良药

人在哭泣的时候,会不间断地长吁短叹,这大大有助于提高呼吸系统和血液循环系统的工作效率。

随着现代医学的发展,这种"带哭的呼吸"已经被运用到一些对治疗气喘和支气管炎的试验中,研究发现它既有利于增强和锻炼肺功能,改善呼吸,又有利于呼吸道纤毛的运动,增强呼吸道纤毛排除异物的能力。

不同病人戒猛烈的精神刺激

冠心病:冠心病患者受到精神刺激,可出现心跳加快,血压升高、冠状动脉痉挛等,轻则引起胸闷、心前区不适、头晕,重则导致心肌缺血、缺氧而诱发心绞痛、心肌梗死而危及生命。

高血压:高血压患者受到突然猛烈的情绪刺激时,血压会突然升高,出现暂时性头痛、头晕或是突然意识丧失,甚至出现脑出血、蛛网膜下腔出血等脑血管意外,严重时会导致偏瘫。

胆囊炎:剧烈的情绪刺激使人体各部位血管收缩,导致大量血液流入肝脏,引起肝管中的胆汁流入胆囊,胆囊中的胆汁只进不出,使胆囊内压力不断增高,从而诱发慢性胆囊炎急性发作,甚至引起胆绞痛。

糖尿病:糖尿病患者一旦受到突然强烈的不良情绪刺激,会导致血糖增高和尿糖增加,从而诱发病情加重甚至恶化。

哮喘:这类患者由于情绪波动会使支气管平滑肌痉挛,诱发或加重哮喘。

癌症:经常受到强烈刺激会干扰人的免疫系统,减少抗体产生,导致抗病能力减弱,使病情迅速恶化。

人体养生

运动系统

骨骼

生理解析

　　人类的骨骼是由 206 块骨头所组成,其中头盖骨 29 块,脊椎 26 块,肋骨和胸骨 25 块,肩、臂、手骨 64 块,骨盆、腿、脚骨 62 块。骨骼是组成人体的基本建材,同时它还负责保护脑部内脏等等脆弱的内部器官。

　　206 块骨头可依形状分为五种,分别是长骨(手脚等的长型骨头)、短骨(手背和脚背等的小骨头)、扁平骨(形成头盖骨等部位的薄板状骨头)、含气骨(上腭骨等有空洞的骨头)、混合骨(像额骨这一类扁平且带有空洞的骨头)。其中构成骨骼外形的,一般都是手臂和腿部这类的长骨。

　　骨是由硬脆的无机物和柔韧的有机物组成的。骨中不同成分的含量随着人的年龄的增长而变化,有机物含量越高,柔韧性越大。

骨的主要功能

　　支撑:骨支撑着躯体,并维持着柔软的内部器官的位置。

　　保护:脑和脊髓分别由颅骨和脊柱保护,而胸廓保护着心脏和肺。

　　运动:全身肌肉附着于骨,骨起着杠杆作用,使肌肉能够运动。

　　贮存矿物质:钙和磷贮存于骨,当躯体需要时会释放出来。

　　生成血细胞:有些骨,如胸骨的骨髓腔是生成红细胞的部位。

日常护理

　　适量饮茶,能够提高人体脂肪分解酶的活性,抑制脂肪的产生,达到一定的减肥、美容效果,但过量后就会起到相反的作用。由于茶叶含有氟,毒理试验表明,过量饮用茶牙齿会出现凹凸不平的斑点,而且会发黄。骨质的毒理试验也证实,含氟过多还会影响骨内部组织结构,从而容易引发骨刺、骨折等。经过临床反复验证,成人每天饮茶最佳的量应是每天冲泡 2 次,每次 2 克茶叶。

　　吸烟会增加血液酸度,使骨质溶解;酗酒可导致溶骨的激素分泌增加,使钙质从尿中丢失。

饮食中蛋白质含量过高,会加速骨质流失,专家认为每天摄入大量蛋白质,每日超过140克(相当于1天吃450克鸡肉、鱼肉,牛肉或猪肉,或是吃1100克的坚果),会对骨骼构成威胁,因为过量的蛋白质会导致人体内钙的排出而不是吸收。

咖啡因会令人体在未利用钙质前就将钙质排出。每喝下360毫升的碳酸软饮料、每喝下120毫升咖啡,就应补充20毫克钙。

对女性来说,骨质疏松是从闭经后急剧增加的疾病,这个时期,雌激素急剧减少。而雌激素有加强骨质的作用,它的减少自然会加快骨质流失的速度。对这种情况置之不理就很容易出现骨折。经绝期前的女性,每日摄钙量应在1000毫克,经绝后不服用激素的女性每日摄钙量应在1500毫克。从食物中获得上述量的钙是完全可能的,但一定要吃低脂或无脂的食物,不能以增重的代价去获取钙质。每1杯低脂酸乳酪或1杯去脂牛奶含有大约300毫克的钙,因此每天只需喝4~5杯牛奶就可获得足够的钙。

颈

生理解析

颈是头部和躯干的连接部,有三个主要的器官经过颈部:脊髓、气管、食管,同时,颈部包含着的重要内分泌腺——甲状腺,对调节人的新陈代谢具有重要作用。颈部的7块颈椎由肌肉和韧带提供支持,颈部肌肉分布多而密,主要有浅层的颈阔肌、胸锁乳突肌、舌骨上下肌群和深层的头前直肌、头侧直肌、头长肌、三斜角肌等;颈部韧带主要包括前纵韧带、后纵韧带、黄韧带、林间韧带、项韧带等。

日常保健

随着年纪的增长颈部的问题可能就会从日常生活的磨损中发生,尤其是伏案工作者容易患颈椎病。下面介绍几种颈部保健的方法。

颈部保健操

第一节:俯卧,将头抬起,尽量后仰,保持这一姿势15秒钟,然后分别以左侧卧、右侧卧和仰卧的姿势重复这一动作,颈部向身体两侧拉伸。

第二节:仰卧,后脑勺用力下压枕头,然后翻身俯卧,额头用力下压枕头。呼吸保持均匀。

尽量让下巴靠近胸部,接着将头尽量后仰。

第三节:肩关节连续由前至后做划圆动作,然后反方向由后至前做划圆动作,注意速度不要太快,重复4~6次。

第四步:脖子向前探,并努力使下巴靠近胸部,然后将头大幅度后仰,连续做2~6次。

改变不良身姿应注意的细节

别躺在床上或靠在一张矮沙发上看书,因为那样你的脖子会承受太多的压力。

不要趴在床上看书,那样会使你的脖子不得不后仰。

在电影院看电影的时候或者上课的时候,不要坐的太靠前,那样你就不得不抬起头,让脖子感到压力。

选个合适的枕头。人生的三分之一是在床上度过的,枕头的高低软硬对颈椎有直接影响,最佳的枕头应该是能支撑颈椎的生理曲线,并保持颈椎的平直。枕头不合适,常造成落枕,反复落枕往往是颈椎病的先兆,要及时诊治。合适的枕头要有弹性,枕芯以木棉、中空高弹棉或谷物皮壳为宜。不同的卧姿对枕头的高度要求也不同,侧卧时,枕头高度应为 10 厘米左右,仰卧时,枕头的高度应为 5 厘米左右。

肩

生理解析

肩关节由肩胛骨的关节盂和肱骨头构成,属球窝关节。关节盂周缘有纤维软骨环构成的盂缘附着,加深了关节窝。然而,肩关节能过大范围活动是以牺牲稳定性为代价的,关节囊薄而松弛,韧带薄弱松弛,球窝关节的窝槽又很浅。因此,在全身关节中,肩关节是最容易脱位的。

日常护理

经常伏案工作,就有可能感觉自己的肩部沉重、酸疼,通过下面几种方法可以让你远离这些烦恼:

坐在椅子上,双臂尽量向身体两侧伸展并做后拉动作,使胸部得到充分伸展,五指张开,双腿向前自然弯曲,头部稍向后仰,同时配合深呼吸,呼气时加大伸展活动。

身体自然趴在硬板床上,利用腰部做支撑点(可用衣服或毛巾作为垫子),腰部始终紧贴于床上;双臂交叉于胸前呈 90 度,上身缓慢做上行挺身运动,肘关节距离床面 10 厘米即可。

站立,两肩胛骨尽量向脊柱的中间靠拢,可配合低头、仰头及向左右转动头部的动作。

加强日常的肩部锻炼,避免剧烈运动,避免高强度、长时间过度的肩部肌肉紧张。在进行运动之前进行充分的准备活动,尤其是肩部的准备活动,以避免损害肩部。

沉重的书包、错误的背包方式、不正确的走路姿势、不正规的坐姿、长时间的伏案看书、长时间玩电脑等都会对孩子肩部造成损伤。为了防止斜肩,很多人提倡学生背双肩包。在背双肩包时,应尽量向上背书包,靠近后背上方。有的孩子为了轻松一点,往往把沉重的书包放在后腰部,走路时就会撅着屁股,胸部和颈部就会往前倾,很容易形成驼背。

在家休息时,随手按摩一下肩部可以舒缓肩部。

手腕

生理解析

构成手腕的骨头,每只手有 8 块,它们是:与桡骨相连的近侧列的舟骨、月骨、三角骨、豌豆骨以及与掌骨相连的远侧列的大多角骨、小多角骨、头状骨、钩骨。这 8 块腕骨虽借关节和韧带连结构成一个整体,但并不处于同一额状面上,背侧面凸隆,而掌侧面凹隐,叫作腕骨沟。腕骨沟的上方由于腕横韧带跨过,而形成一管,称为腕管,内有屈指肌腱及神经血管等通过。

日常护理

长期使用鼠标、键盘造成的腕部神经压迫，会导致肌肉或关节麻、胀、疼、痉挛。要想保护手腕，应注意以下细节：

移动鼠标时不要使用腕力，而尽量靠臂力做，这样能够减少手腕用力；每工作 40 分钟到 1 个小时，就停下手中工作做一些握拳、手指用力张开等动作，可以大大降低"鼠标手"的患病概率。

每次上班或打字之前，先互摩擦自己的手掌及伸展一下自己的手指、手掌及手腕，给手腕做个热身。

打字时不要敲得太用力，鼠标也是一样，轻松就好，不要太用力。

打字时不应该让手腕放置在桌面上或任何东西上，应要让手腕架空在一定的高度上。

另外，还可联系一些动作，训练腕部力量和手指灵活性来缓解肌肉持续的僵硬。

按顺时针和逆时针转动手腕 25 次，可缓解手腕肌肉酸痛感觉。

手握带有负重的水杯，首先手掌向上握水杯，做从自然下垂到向上抬起动作，然后是手掌向下握水杯，做从下到上的运动，各 25 次，可预防和改善腕关节骨质增生，增强手腕力量。

舒展身体各部位时，也要用力展开双手的五指，每次 20~30 秒钟，做 2~3 次，可增强关节抵抗力，促进血液循环。

双手持苹果或是其他物体，上下翻动手腕各 20 次。物体的重量可依自己力量而定，可增强手腕力量，锻炼肢体协调能力。

腰

生理解析

腰部是指躯干下部与腹部相对的背后，脊柱的两侧，上起第 12 肋骨，下至髂骨嵴这一区域，通俗的解释是系腰带的地方。腰部是上下躯体活动的枢纽，人体借助腰部活动才能做许多动作。腰部由脊柱腰段和软组织构成，脊柱腰段是脊柱活动度最大的部分，软组织中又以皮下脂肪最为重要。

日常护理

选择合适的腰带：应以柔软、舒适为佳。

多做令腰部感到舒适的动作，不做容易伤害腰部的动作：如果感到某个动作或姿势使腰部重力加大或加重疼痛，就应立刻停止，否则就容易造成病痛。有人在锻炼时，长时间做一些不符合生理的动作，本来是想锻炼身体，却适得其反，比如常见的压腿动作，特别是幅度较大的时候。

尽量弯膝不弯腰：不论平时或持重时均应减少弯腰。因为向前弯腰时腰椎间盘后移，若反复弯腰，一旦保护髓核的纤维环磨损，可能发生椎间盘变性甚至断裂，特别是在后外侧的薄弱处更应小心。如果必须做弯腰动作，这时可以用弯膝下蹲动作来替代。

用盆洗脸时先屈膝后弯腰：洗时应先膝部微屈下蹲，然后再向前弯腰，这样可以在一定程度上减小腰椎间盘所承受的压力。洗脸盆的位置不要放得太低，以免腰椎过度前屈而加重腰部负担。

站姿或坐姿要正确：脊柱不正，会造成椎间盘受力不均，这是造成椎间盘突出的潜在根源。正确的姿势应该"站如松，坐如钟"，胸部挺起，腰部平直。同一姿势不应保持太久，适当进行原地活动或腰背部活动，可以解除腰背肌肉疲劳。经常保持坐姿的人可以用双手从上而下捋一捋、顺一顺，可以安抚腰部神经，放松腰部肌肉，消除疲劳，减轻疼痛，促进全身血液循环。

腰部要保暖：寒冷时节，不能为追求时髦而少穿衣服，甚至露腰。风和冷气会使血管收缩，血流减缓，尤其是吹过"过堂风"后，容易刺激神经，引起疼痛，特别是有伤病的部位，容易旧病复发。

洗衣时注意腰部保护：洗完衣服不要立即直腰，应稍微活动一下，如用手捏捏腰，然后再直腰。洗衣盆最好预备几个替换着用，不要弯着腰来回拿衣服、端水，防止腰扭伤，诱发腰椎间盘突出。如果有条件，最好坐在凳子上洗衣服，以减少对腰椎的压力。需要注意的是，凳子的高度应以大腿与上身的角度大于 90 度为宜，保持直腰、含胸、拔背的姿势最好。

为了对抗使腰椎间盘长期受压的重力，应时常做一些使腰部放松的运动：长时间保持坐姿时，可双臂上举，抻动腰部向上提升。也可以把住门框或单杠、双杠，放松腰部，身体向下沉，来回伸一伸、拉一拉、沉一沉、晃一晃。

用上肢提拉或甩物时，腰部决不要放松，有时只要轻轻一甩，就可造成腰椎间盘突出。当腰部用力时，要屏住气，这时腹肌要同时收紧，支撑腰部肌肉，这样就能有效保护了腰部。

打喷嚏时最好采取直腰、挺胸、手扶腰部的姿势，可以保护腰椎。

腿

生理解析

双腿的股骨是人体中最大的长管状骨，可分为一体两端。上端朝向内上方，其末端膨大呈球形，叫股骨头，与髋臼相关联。下端为两个膨大的隆起，向后方卷曲，分别叫作内侧髁和外侧髁。较长的股骨为运动髋关节和下肢的许多肌肉提供了附着点。胫骨和腓骨共同构成了小腿的骨架。胫骨较腓骨长而壮，承受躯体的大部分重量。胫骨与上方的股骨、下方的脚踝及侧面的腓骨形成关节。

日常护理

改变不好的走路姿势

内八字走法：这种走法长久下来会造成 O 型腿。

外八字走法：这种走法会使膝盖向外，感觉没有气质，腿形也会变丑，甚至产生 X 型腿。

踢着走：有些人因为怕地上的脏水或脏东西弄脏鞋子或裤子，会有一种习惯，就是踢着走。踢着走的时候身体会向前倾，走路时只有脚尖踢到地面，然后膝盖就一弯，脚跟就往上一提。

所以,走路的时候腰部很少出力,很像走小碎步一般。这种走法很容易使腿变粗。

压脚走:与踢着走很类似,但是这种压脚走的方式却是双脚着地的时间比提脚走的人长。走的时候身体重量会整个压在脚尖上,然后再抬起来。如果长久如此下去,会导致腿肚的肌肉越来越发达,可能出现萝卜腿。

跷"二郎腿"不健康

有些人喜欢跷起"二郎腿",这样显得悠然闲适。但老是跷着"二郎腿"不放下,会引起腰腿痛的。跷着"二郎腿"时很容易造成腰椎与胸椎压力分布不均,从而引起原因不明的腰痛。跷着"二郎腿"久坐,双腿互相挤压,腿部血液循环会受到妨碍,时间一长,就会造成下肢静脉曲张,严重者还会造成下肢血液回流不畅,青筋暴突、溃疡、静脉炎、出血或其他疾病。另外,如果单侧跷"二郎腿"过久,受压肢体的神经会因长时间受压而缺血,神经的营养障碍必然导致运动和感觉功能受损,从而会出现很多症状,如肢体麻木等。

长时间走路后小腿的放松方法

长时间走路,小腿又酸又痛。回到家中,可以双腿向前伸直的状态坐下,用脚尖用力向自己的方向拉,然后再尽量向反方向拉直(如下图)。

膝关节

生理解析

膝关节是人体最大最复杂的关节,由股骨下端、胫骨上端以及前方的髌骨包以关节囊形成的,属滑车关节。为了减少摩擦和震动,使压力均匀分布,人体便在两骨关节面之间加了软骨"垫片"——半月板,在运动时,是人体最易受伤的部位。在股骨与胫骨两关节之间,还有两根粗壮的交叉韧带;在关节的周围有关节囊和侧副韧带附着。因此,膝关节不容易发生脱位。

日常护理

注意行走姿势:行走时,是大腿和身体适当前倾,这样重心快速移动的时候,脚抬得不高,膝盖弯曲不大,这样走路对膝盖的震动最小。

注意下蹲姿势:下蹲姿势容易造成膝盖损伤,经年累月的下蹲容易使膝盖损伤,到老年时则引起膝关节发炎。

注意运动时的落地姿势:运动时正确的落地姿势可以预防膝关节损伤,落地时前脚掌先着地,膝关节弯曲,身体微微向前倾,尽可能避免膝关节侧向前后。

加强腿部锻炼:腿部锻炼对保护膝关节也很有帮助,直腿抬高就是一个简单易行的方法:平躺在床上,把腿伸起,让大腿上的肌肉收紧、绷直,与床成45度夹角,让伸直的腿停留在半空中,再慢慢放下,如此重复50下。

踝

生理解析

踝关节又叫距骨小腿关节,由胫腓骨下端夹骑于距骨之上而成。胫骨下端向内和向下突出的部分分别称为内踝和后踝,腓骨下端的突出部分则被称为外踝。踝关节将脚和腿相连,并使之活动自如,相连处形成踝关节两侧的突起,突起的内部是由韧带、跟腱和肌肉组成的网状结构,这种结构对踝关节起着保护作用。从另一个方面说,踝关节有时是十分脆弱的,每次走路,脚接触地面的时候,对踝关节都是一次震动。当伸足、脚尖向上的时候,由于较窄的距骨滑车后部进入关节窝内,做轻微的侧方向运动,致使关节不够稳定,踝关节扭伤多发生于这个时候,即下山、下楼梯等运动过程中。

日常护理

选择平坦场地进行运动:做跑步等运动的时候,应该选择平坦的路面,跑步时步子要小,频率要快,避免踏在坑洼的地方。

溜冰时的踝关节护理:溜冰时极容易崴脚。这是因为,冰刀与冰面的接触十分狭小,人的重心不稳,脚就容易左右晃动发生踝关节扭伤。因此溜冰前要做好准备活动,活动开各个关节。

运动时带上护踝:慢跑、伸展肢体等活动,能够加快血液循环,使肌肉韧带得到逐步伸展。踝关节比较松弛者,最好带上护踝,以固定关节。

如何处理踝关节扭伤:踝关节既负重,又活动,韧带又多,容易发生关节扭伤、韧带损伤。韧带、软骨本身血运营养差,损伤后不易愈合,易形成肿胀和慢性疼痛,行走困难。因此出现踝关节损伤后要及时治疗,避免遗留一些慢性症状。

脚

生理解析

脚的外形包括:脚趾、脚背、脚心、脚弯、踝骨、脚跟、腿肚等几个部分。脚的骨骼由26块骨骼组成,其中有跗骨7块,跖骨5块,趾骨14块。脚是依靠足弓的结构和附着的韧带而产生弹性。人在站立或行走时,脚的内、外弓和后横弓始终保持弓形状态。有趣的是,每个人脚掌的大小并不是固定的。一般来说,夏天比冬天大,右脚比左脚大;早晨和晚上脚掌大小可相差5%,清晨较小,午后稍大一些;体育活动后,脚掌会比原来大一些。

日常护理

缓解脚疲劳:如果你的工作需要长时间站立,就免不了感到双脚又累又痛,教你一招缓解脚部疼痛:脱掉鞋,把一个网球大小的球状物顶在脚心,来回滚动1~2分钟,这样能帮助你防止足弓抽筋或者过度疲劳;也可以原地伸屈双脚,即跷起脚后跟,然后再放下来。

选择一双合适的鞋:你的鞋子决定了你可以走多远,去买一双合适的鞋子吧。鞋子大小需要合脚,买鞋的时间最好选在下午。

剪趾甲：趾甲只要略微与甲床脱离，就可能受到真菌的感染，解决的办法就是勤剪趾甲，以免趾甲意外断裂。另外，剪趾甲不要留下一个尖，而且两个边角处不要剪得太短，否则趾甲就能穿破皮肤而向肉里生长。

热水泡脚：人的双脚处于人体最下端，远离心脏，受到全身重量的压力，血液供应少而慢，加之脚部脂肪层薄而保温能力差，天气转冷后最容易感到脚冷。每天用热水泡泡脚，可以使脚部的毛细血管扩张，可以改善心脏的供血，促进血液循环和新陈代谢，消除一天工作后的全身的疲劳感和下肢沉重感，促进睡眠。还可以有效防治老年性下肢麻木、浮肿、风湿病和脚的冻疮。

缓解走路疲劳的方法：用大拇指按压位于脚底部、脚拇指和第2指之间的指缝；接着用力按压拇指和第2指根部周围的脚底隆起部分，可缓解脚部疲劳。

循环系统

心脏

生理解析

心脏位于胸腔的中部，偏左下方，在两肺之间。心脏的外形略呈倒置的圆锥形，大小约相当于本人的拳头。心尖朝向左前下方，心底朝向右后上方。作为人体血液循环的动力器官，它昼夜不停地收缩和扩张，以推动血液在血管中的循环。人体心脏内腔被完整地心中隔分为互不相通的左、右两半，每半心又被分为后上方的心房和前下方的心室。因此心脏被分为右心房、右心室、左心房和左心室。

心脏

日常护理

合理饮食：合理的饮食结构不但能够降低冠心病、心绞痛和心肌梗死等疾病的发病率，还能预防肥胖和高脂血症。饮食应以清淡饮食为主，尽量减少脂肪的摄入量。平时应戒烟酒，忌食膏粱厚味和暴饮暴食。

控制体重：心脏为了负担人体沉重的体重，也必须消耗更多的能量。这种能量消耗直接或间接加重了心脏的负担。

控制情绪，避免暴怒：暴怒时交感神经高度紧张，导致心跳过快，血压飙升，冠状静脉挛缩，形成"栓子"，堵住冠状动脉血管，使心肌获不到足够的血氧供应。

午间小憩：上班族午间睡上半个小时，可减少患心脏病概率37%，其中对男性的影响尤为显著。

血管

生理解析

人体的血管是指血液流过的一系列管道。人体除角膜、毛发、指（趾）甲、牙齿及上皮等处外，血管遍布全身。按血管的构造功能不同，分为动脉、静脉和毛细血管三种。动脉是把血液从心脏输送到身体各个部分去的血管；静脉是把血液从身体各个部分送回心脏的血管。动脉的管壁厚、弹性大，管内血流速度快；静脉与动脉相比，管壁薄、弹性小、管腔大，血流速度慢。毛细血管是联通于最小的动脉与静脉之间的血管。毛细血管数量大、分布广，遍布全身，但内径狭窄，血流速度最慢。

日常护理

注意饮食：在日常饮食中要注意优质蛋白质、维生素 A、维生素 E 的摄入。优质的蛋白质是血管基本的结构所需的，同时血管的弹性也是由弹性蛋白排列组合后形成的；在血管受到各种有害物质的攻击时，维生素 A 可以保护它尽量避免氧化应激带来的损伤；维生素 E 是修复人体瘢痕的能手，对已经产生的瘢痕，如果你体内的维生素 E 充足，那么修复会顺利进行。

加强体育锻炼：适当的体育运动也是保持血管年轻的良方之一。适度的锻炼，可变脂肪为热能，不仅能健体强身，而且还能增加血管弹性，保持血管软化。

多喝点茶：经常饮茶有助于保持动脉的畅通。红茶和绿茶中都含有一种抗氧化物，这种抗氧化物有利于中和游离原子团，而这种游离原子团会损坏动脉，增厚动脉内壁，引起动脉梗塞。

血液

生理解析

血液是由血浆和血细胞（红细胞、白细胞和血小板）组成的。血浆和血细胞的容积，大约各占全血的一半。

血浆

血浆中含有大量的水、少量的蛋白质、葡萄糖、矿物质等。血浆的主要功能是运载血细胞，运输养料和废物等。

红细胞

每立方毫米血液里红细胞的数量，男性平均为 500 万个左右，女性平均为 420 万个左右。红细胞之所以呈现红色，就是因为其中含有血红蛋白。血液里红细胞过少，或是血红蛋白过少，都会造成贫血。

白细胞

白细胞对人体起着防御和保护作用。当我们受伤而导致病菌侵入时，白细胞就会穿过毛细血管壁聚集到受伤的部位吞噬细菌，伤口部位就会"发炎"。

血量

成年人的血量约为体重的 7%～8%。人体内的血量只有维持相对稳定,才能保证人体的正常生理活动。如果一个健康成人,一次失血超过体内血量的 30%(1200～1500 毫升),就会危及生命。如果一个人一次失血不超过体内血量的 10%(约 400 毫升),所丧失的血浆成分和血细胞,还能在一定时期内相继得到补充而恢复正常。

血型

通常所说的血型就是红细胞的血型,是根据红细胞上的抗原与血清中抗体确定的。已知人类的红细胞有 15 个主要血型系统,其中最主要的是 A、B、O 血型系统,其次是 Rh 血型系统。

日常护理

血液保健有"三防"

一要防血液变"酸":正常血液宜保持酸碱度呈中性、略偏碱性的状态。血液中酸性成分过多,常成为多种疾病的温床。要防止血液变酸,就要注意改变呼吸方式和调整好饮食的结构。

二要防血液变"脏":近年来,医学发现,人体血液中污染物、毒素积聚过多,超过自身的解毒能力,是诱发过敏、衰老及癌症的重要因素。因此,要注意绿化,常开窗户,常到户外,保持通风;坚持锻炼身体,促进汗液排出。

三要防血液变"黏":如果血液过于黏稠,流速必然减慢,从而导致动脉硬化、高血压、冠心病等心血管疾病。要养成常喝水的习惯;少吃高脂、高糖食物;坚持常运动,促进血液循环和新陈代谢。

献血的注意事项

献血前应做健康体检,包括体重、血常规、肝功能、艾滋病及乙型肝炎表面抗原等特殊的血液检查项目。患各种传染病期间或是病原携带者,如乙型肝炎、丙型肝炎、艾滋病患者或病毒携带者等,都不能献血,以免造成医源性感染,贻害他人。但某些传染病,如结核、细菌性痢疾等,痊愈后可以献血。年龄超过 55 岁或不满 18 岁,有器质性疾病者不宜献血;体重不足 45 公斤,贫血、血脂过高、身体暂时不适的人,应待身体状况改善后再献血。

献血前不要服药,如服用阿司匹林在 3 天内会降低血小板的凝血功能,所以在献血前 3 天不要服用。

食物应少脂肪,献血前 1 天和当天可按往常的习惯进餐,但以低脂肪为宜。

不饮酒,尤其是不饮烈性酒。

献血后 1～2 周内,最多不会超过 1 个月骨髓就能生成新的、足够的血细胞,使献出的血液得到完全代偿。一般主张献血后 1 周内避免从事剧烈体育活动。

要保护好静脉穿刺部位不受感染,至少在 4 小时内不要取去穿刺孔上的敷料。在 24 小时内不要被水浸润穿刺部位,更不要在此部位搓揉。

连续献血者,两次献血的间隔时间一般不能少于 3 个月。献血后应检查刺孔部位有无渗血或出血,如有出血应抬高手臂并继续压迫局部。

献血当天不要从事高空作业、高温作业、驾驶车辆、体育比赛、通宵娱乐等活动。

呼吸系统

肺

生理解析

肺位于胸腔内,左右两肺分居纵膈两侧,横膈以上,呈叶片般形状。右肺在体积和重量上均大于左肺,右肺与左肺重量之比,男性约为10:9,女性约为8:7。肺表面有脏胸膜覆盖,光滑、湿润有光泽,透过脏胸膜,常可见到若干多边形小区,即肺小叶的轮廓。由于肺内的小支气管、肺泡内含有大量空气,肺内含有大量弹性纤维,质软而轻,富于弹性,呈海绵状,故可浮于水中。

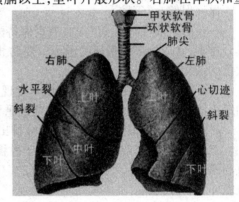

肺

日常护理

不要吸烟,也不要被动吸烟:烟是肺部健康的第一杀手,吸进的烟雾进入肺部,产生了许多黏液使呼吸道充血,而且烟雾中的二氧化碳可以吸收血液中的氧气,烟雾刺激破坏肺泡,而肺泡是无法修复的。

大笑宣肺:笑是一种健身运动,它能使胸廓扩张,肺活量增大,胸肌伸展。还能宣发肺气,调节人体气机的升降,清除疲劳,驱除抑郁,解除胸闷,恢复体力,使肺气下降,与肾气相通,增加食欲。

健康饮食养肺:如果没有适当保暖、避风寒,或者经常吃冷食物,就容易损伤肺部机能而出现疾病。因此饮食养肺应以"滋阴润燥"为原则。平日可以多吃玉米、黄豆、甘薯、猪皮、海参、黑豆、冬瓜、南瓜、莲藕等。

生理解析

气管位于食管正前方,由14~17个"C"字形的气管软骨以及连接各环之间的平滑肌和结缔组织组成。气管长11~13厘米,向下进入胸腔后分为左右支气管,然后继续分支呈树枝状,直至肺泡。气管和支气管是呼吸气体进出的通道。支气管内的黏膜内含有黏液腺,分泌黏液。当呼吸道发生炎症时,分泌物增多,故病人咳出的痰量也增加。

日常护理

让儿童远离这些东西:鱼刺、骨头、瓜子、花生、山核桃、果冻、硬币,这是医生列出的常见气管异物。这些食物很容易把气管整个盖住,手术时又很难取出,十分危险。

关注哮喘:哮喘是一种慢性病,多由对花粉、灰尘、螨虫、动物的皮屑,以及一些食物过敏引起。对于哮喘,我们应注意保持所处环境的通风条件,使用空气清新剂,保持空气质量良好。

避免烟雾和异味刺激：哮喘患者应禁止吸烟，饮食清淡，多吃水果蔬菜，避免可能诱发哮喘的食物，如鱼、虾、蛋等。

鼻

生理解析

鼻子是个立体的结构，呈现锥形，分为：鼻根、鼻梁、鼻尖和鼻翼四部分。鼻腔主要有呼吸、嗅觉等机能。鼻腔是呼吸空气的主要器官，有调节吸入空气的温度、湿度的作用，以帮助下呼吸道黏膜适应生理要求，有利于肺泡内氧和二氧化碳的交换。含气味的气体分子随吸入气流到达鼻腔嗅沟处，与嗅黏膜接触，刺激嗅细胞产生神经充动，再到达延髓和大脑中枢产生嗅觉。

日常护理

擤鼻涕有学问

咳嗽和打喷嚏不会使鼻膜黏液跑到鼻窦中，但是擤鼻涕却会使鼻窦里充满鼻膜黏液，从而让鼻窦变成病原菌滋生的温床。所以为了健康起见，应该科学擤鼻。

用手指先轻按一侧鼻孔，轻轻擤出对侧开放鼻腔内的鼻涕，然后再按同法擤出另一侧鼻腔内的鼻涕。同时擤两个鼻孔，容易造成头颅内压力不平衡，使听力受到影响。

若鼻涕黏稠难擤，可在鼻内先吸入少许净水，再采用上述的做法。这两种方法均不会使鼻腔内达到很高的压力。如果鼻腔和鼻咽部承受的压力过大，容易将鼻腔分泌物经鼻窦开口挤入鼻窦，或经咽鼓管挤入中耳，而引起化脓性鼻窦炎或中耳炎。

修剪鼻毛以不外露为宜

鼻毛在鼻腔前庭交织成网，可以阻挡灰尘；鼻毛的运动会帮助鼻腔排泄分泌物。如果将鼻毛剪得太短，就会使冷空气直接进入咽腔或肺，对组织器官造成刺激，诱发咽炎和气管炎。没有鼻毛的过滤与排泄作用，还容易降低人的免疫能力，引起上呼吸道感染或其他疾病。另外，常拔鼻毛会破坏毛囊结构，一旦细菌侵入则引起毛囊发炎，导致鼻腔前庭炎或鼻腔疖肿。

有了鼻痂如何处理

人鼻腔内的鼻毛有过滤、清洁作用，能阻挡随空气进入呼吸道的粉尘及其他异物。在风大、干燥的秋天，粉尘颗粒在鼻腔内积聚，很容易形成鼻痂。这时，最好不要用手指挖鼻子，以免损伤鼻黏膜的血管，使其破裂出血，甚至引起炎症。如有鼻痂形成，可以按住一边鼻孔，用另一边的鼻孔轻轻地擤一擤；如果鼻痂较硬，可以点一两滴香油或橄榄油后再擤。

洗脸时别忘了洗洗鼻子

大气中的灰尘在鼻腔内留下了太多污垢，在得不到有效清洗的情况下，粉刺、雀斑使鼻子变得面目全非。因此，要经常给鼻子"洗洗澡"。冷水浴鼻是专家推荐的方法之一。尤其是在早晨洗脸时，用冷水多洗几次鼻子，可改善鼻黏膜的血液循环，增强鼻子对天气变化的适应能力，预防感冒及各种呼吸道疾病。

神经系统

脑

生理解析

脑位于颅腔内,成人脑的平均重量约1400克,一般可分5个部分:端脑、间脑、中脑、后脑和延髓,人们习惯上把中脑、脑桥和延髓3部分合称为脑干。延髓向下经枕骨大孔连接脊髓。其中,大脑最发达,有两个半球构成,大脑半球的表层是灰质,也叫大脑皮层。大脑皮层是调节人体生理活动的最高级中枢。小脑位于脑干背侧,大脑的后下方,其主要功能是使运动协调、准确,维持身体平衡。脑干聚集了许多维持人类基本生命现象的神经,颇受瞩目的"脑死亡",指的就是脑干坏死。

日常护理

缓解大脑疲劳的方法

首先要合理膳食,如多吃菌类食物,能减少血液黏稠度,从而有利于提高血流速度和输氧能力,而且还可提供一定量的蛋白质,具有很强的抗氧化作用,对于缓解大脑疲劳很有帮助。其次是适当运动,缓解大脑疲劳的较好方法是适当运动,如打球、做操、散步等。但活动强度不宜过大,时间不宜过长。大脑可以在运动中得到放松,消除疲劳。

提高记忆力的方法

记忆时只要聚精会神、专心致志,排除杂念和外界干扰,大脑皮层就会留下深刻的记忆痕迹而不易遗忘。如果精神涣散,一心二用,就会大大降低记忆效率。改变生活习惯,尝试用另一只手写字、刷牙,制定一个全新的工作计划,这会刺激你的大脑,使神经细胞增加,对于你讲笑话时妙语连珠是很有帮助的。

多吃健脑食物

很多人认为益智游戏有助于健脑,实际上,吃对了东西可达到同样的效果。美国科学家推荐了数种健脑食品,它们均有助于保护娇弱的脑细胞及防治年龄增长对血管带来的损害。当然,国家不同,食物结构亦有差别,这份食单仅供参考。

菠菜:菠菜具有极强的抗氧化能力,有助于减缓因年龄增长造成的认知障碍和中枢神经系统损坏。菠菜是含抗氧化剂维生素C的佼佼者。

深色绿叶菜:深色绿叶菜中维生素含量最高。

深海鱼:每周至少吃一顿鱼。特别是三文鱼、沙丁鱼和鳕鱼等深海鱼。吃鱼还有助于加强神经细胞的活动,从而提高学习和记忆能力。

葡萄汁或葡萄酒:常饮葡萄汁有益于延长寿命。适当饮用葡萄酒也有同样效果,但由于酒精会对神经产生麻痹作用,因而葡萄汁是更好的选择。葡萄汁中的抗氧化物质含量高过其他任何水果和蔬菜,且可以提高神经系统的传输能力。除了益寿延年,葡萄汁还可以在短期内提高记忆力。

热可可:热可可不但能暖身而且对健脑同样有效。两匙纯可可粉冲出来的饮品,抗氧化物质含量几乎是等量红酒的 2 倍。可可中的抗氧化物质可以保护脑细胞。

全麦制品和糙米:增强机体营养吸收能力的最佳途径是食用糙米。糙米中含有各种维生素,对于保持认知能力至关重要。其中维生素 B_6 对于降低同型半胱氨酸水平最有作用。

杏仁和核桃:干果,特别是杏仁和核桃是如今的常用食品,不仅美味,而且同样含有丰富的抗氧化物质。杏仁和核桃由于含有 $\omega-3$ 系列脂肪酸,具有更明显的功效。中国素有"吃核桃补脑"的说法。

橄榄油:橄榄油中含多种不饱和脂肪酸,有预防动脉粥样硬化的作用。因此,提倡在食用油中加入一部分橄榄油、红花油等植物油。

大蒜:大脑活动的能量来源主要依靠葡萄糖,要想使葡萄糖发挥应有的作用,就需要有足够量的维生素 B_1。大蒜本身并不含大量的维生素 B_1,但它能增强维生素 B_1 的作用,因为大蒜可以和维生素 B_1 产生一种叫"蒜胺"的物质,而蒜胺的作用要远比维生素 B_1 强得多。因此,适当吃些大蒜,可促进葡萄糖转变为大脑能量。

感觉系统

眼睛

生理解析

眼睛是人体的一个重要感觉器官,人所感受的外界,80%以上是来自视觉。眼睛可以分为 3 部分:眼球、视觉通路和眼附属器。眼球接受外界光线的刺激;视觉通路把视觉冲动传至大脑的视觉中枢,获得视觉形象;眼附属器则主要对眼球及视觉通路起保护作用。

日常保健

电视机前护眼四则

高度:电视机应尽量放在光线比较柔和的角落,高度也要合适,不要太低或太高,电视机的屏幕中心最好和眼睛处在同一水平线上或稍低一些。

距离:眼和电视机屏幕要保持合适的距离,距离过大,不易看清,距离过小,看起来模糊不清,容易使眼睛疲劳。一般说来,电视机和人的距离应该是屏幕对角线的 4~6 倍。另外,看电视时,最好坐在屏幕的正前方。

对比度:电视机的对比度也很重要,对比度太小,图像色彩不分明。对比度太大,极易使眼睛疲劳。

亮度:关掉房间的灯看电视会造成四周黑暗的环境和屏幕的亮度对比鲜明,长时间观看,眼睛不舒服。相反,房间里的光照很亮就会使屏幕上的图像显得灰暗,也看不清楚。所以看电视时,房间里的光亮要适中,可以开一盏柔和的小灯,眼睛就不容易疲劳了。

选择太阳镜时的注意事项

镜片材质:市场上主要有两种材质,玻璃和树脂。玻璃镜片容易碎,而且重量大,树脂镜片不易碎,重量小,而且透光性好,所以最好选择树脂镜片。水晶镜片缺点较多,更不宜选择。

镜片功能:如果太阳镜不能阻隔同等量的紫外线而只能挡住强光的话,佩戴者受到紫外线的照射将会比不戴太阳镜时更多,而紫外线的危害要大于强光的危害。因此选用的太阳镜应具有防紫外线功能。

镜片表面:镜片表面要光滑,无条纹、无杂质、无气泡、无磨痕。简便的鉴别方法,是将太阳镜置于眼前,透过镜片观察远处目标,再将眼镜上下前后移动,目标不应有摆动及波浪形变形。

镜片颜色:应以戴上后看周围环境的颜色不失真、对不同颜色信号灯能有效识别为原则。一般以中等深度为好,如淡茶色、淡灰色、淡绿色等,这些颜色的太阳镜能够较好地吸收红外线、紫外线。

怎样买护眼产品

在购买滴眼液时,经常会在产品包装上发现"国药准字×××××"(以下简称准字号)或"×卫消证字(200×)第××××号""×卫消备字(200×)第××××号"(以下简称消字号)的审批文号。准字号和消字号有着本质的差别,后者仅属于卫生消毒用品范畴,仅有消毒功能,根本不具备其他作用;而前者才是真正具备疗效的药品,是专门由国家食品药品监督管理局(SFDA)审批的。

实际上,早在 2005 年 5 月卫生部便下发了《关于消毒产品标签说明书管理规范》和《关于调整消毒产品监管与卫生许可范围的通知》。文件规定,自 2006 年 1 月 1 日起,新生产的此类眼部护理产品不得再以消字号销售。所以消费者千万别相信消字号产品的大肆鼓吹。

小心化妆出眼病

很多化妆品在生产、销售过程中,总免不了出现污染问题,会使眼睛感染,产生眼疾,因而又称之为"化妆性眼病"。

角膜真菌病:睫毛膏中常发现有茄病镰刀菌污染。一支新的睫毛膏在还没有使用的时候,其污染率非常低,而在使用过程中就会使其污染率急剧上升到 60% 左右。这种茄病镰刀菌极易引起人们的角膜真菌病,严重者可导致双目失明。

角膜灼伤:冷烫精是用于烫发的一种碱性极强的化妆品成分。在使用中,如果不注意的话,眼睛里就可能溅入冷烫精,轻则将角膜灼伤,严重时会发生眼球萎缩、角膜混浊,甚至会由此诱发白内障等眼科疾病。

结膜染色:在使用胭脂、口红、香水等有颜色的化妆品时,一定要小心行事,谨防这些化妆品进入眼内。

结膜炎:在使用化妆品时,如果不留神的话,就会有粉尘颗粒落入眼内,这样眼睛就有可能发炎、红肿,还极有可能发生过敏性结膜炎。

耳

生理解析

耳朵的主要结构可以分为3大部分：外耳、中耳和内耳。外耳包括耳廓和外耳道两个部分，它可以收集声波，同时还可以保护耳深部的结构免受损伤。中耳的主要功能就是通过鼓膜和听骨链组成的传音装置增益声压，弥补声音传播过程中的能量损失。内耳结构复杂，其功能是通过耳蜗毛细胞将声波振动转换为电信号，然后通过听神经向大脑听觉中枢传输，从而产生听觉。

日常护理

关于挖耳

不少人有定期挖耳垢的习惯，以止痒和清洁。事实上，耳朵是身体内很奇特的器官，挖耳并不是好习惯。通常工具会把细菌带入耳道，可能引起耳部感染。而且用手指甲、挖耳匙掏耳朵，即使非常小心，也有可能造成肉眼难以看见的隐性破损，导致感染。稍不注意还会把外耳道皮肤刺破，导致外耳道发炎、肿胀，诱发真菌感染，甚至影响听力。

少量耳垢，可以随运动、咀嚼等振动自行排出，不需要特别清理。如果要清理，用毛巾或面纸抹去便可。

用生油。若是耳垢太多，堆积在耳道内成硬块，可用2滴生油、橄榄油或婴儿油，滴进耳内，令耳垢软化，随皮肤移动出来。

使用化耳油药水。这类化耳油药水，一定要经医生指导使用，不可随便购买，胡乱依标签指示滴进耳内，因为如果滴这种药水的次数太多的话，会刺激皮肤，产生外耳炎。

游泳时对耳朵的防护

游泳时，要戴上耳塞，不要让水进入耳内，在淋浴及洗头时最好都戴上。

跳水时要选择正确的姿势，否则，一旦入水时耳膜被震破，污水从耳膜穿孔处进入中耳，可引发中耳炎。

如果耳朵进水，可在上岸后，将头偏向一侧，用手掌反复压耳屏和单腿跳等方式排出外耳道的积水。如果担心水没有排干净，可以用棉签蘸少许乙醇或白醋放在耳朵里蘸一蘸。

慢性中耳炎患者、鼓膜穿孔或正在流脓者，都不宜游泳，以免加重病情。只有在耳膜仅有小的穿孔、又很久没有流脓的情况下才可以游泳，但下水游泳前应用涂有凡士林的棉球塞住外耳道口，使水不能进入。即使如此，下水后患者仍需谨慎。

耳机

正确使用耳机

不科学地使用耳机收听音乐，可能对我们的耳朵造成潜在的威胁。有些人经常在睡前戴着耳机收听音乐，并于不知不觉中睡着了，整宿都没有关机，持续的声音长期刺激人耳，可能造成耳蜗内负责感受声音的细胞和螺旋神经损伤，最终导致耳鸣和噪声性耳聋。如果耳机声音过大，超强的声音直接作用于自己的听觉系统，使我们的耳朵长久暴露于高强度的噪声之下,久而久之会使得一部分人听力下降。发病早期的轻度噪声性耳聋在及时摆脱噪声环境之后症状多会很快消失,我们称之为暂时性阈移;如果听力在2~8周内仍无明显好转,则可能发展为永久性阈移,听力恢复的希望较小。正确使用耳机需要注意以下几点:

音乐声强最好能控制在80分贝以下,以感觉舒适悦耳为宜,一旦声响超过85~90分贝,即超过了国家制定的噪声防护标准,应视为噪声。

耳机要选择质量佳、杂音小、音量可自由灵活调控的,一旦遇到声响过大等情况应及时调整。

戴耳机收听的时间不应过长。每个人对噪声的敏感程度是不同的,人群中约有5%为噪声的易感者,此类人群应特别注意噪声防护。

皮肤

生理解析

皮肤披覆于人体体表,直接与外界接触,对维持体内环境稳定极其重要,同时,皮肤又是重要的审美器官。皮肤的组成大概包括表皮、真皮和皮下组织,还有皮肤附属器(毛发、皮脂腺、汗腺、甲)和血管、淋巴管、神经、肌肉等。皮肤是人体最大的器官,其总重量为人体的16%。

日常保健

关于洗澡

忌空腹或饱食洗澡:空腹洗澡易发生低血糖,会使人感到疲劳、头晕、心慌,甚至虚脱;饭后洗澡则会妨碍食物的消化和吸收,时间一长还可引起胃肠道疾病。

温水洗澡最润肤:温水洗澡,可以更好地洗去身上的汗液并溶解皮脂,而且通过温水的浸泡,能够治疗某些疾病。

泡澡时间不宜过长:水温高于体温时,泡澡时,心脏搏动加快,负荷加大,血压也会升高,易使心脏病发作,一般来说,夏季洗澡时间以20分钟左右为宜,春秋季以半小时左右为宜,冬季则以45分钟为宜。

控制洗澡频率:如果洗澡过于频繁,皮肤表面上的皮脂会减少,细菌会生长和侵入人体,中老年人易因此引起皮肤瘙痒。

忌过度搓擦:因为皮肤表面有一层厚度仅为0.1毫米的角化细胞,能阻挡有害射线和病原体,这层皮的更换速度缓慢。最快也需十几天,洗澡时狠搓,会破坏这道防线,容易使皮肤感染,引起毛囊炎。

洗澡后补充水分:洗澡本身会令皮肤和体内水分流失,所以洗澡后一定要慢慢喝一杯温水,这样可以帮助补充体内水分。

空调房里护肤法

多喝水:空调房间比较干燥,为防止皮肤因酸碱度不平衡受到影响,每天至少喝足8大杯凉白开,同时要多吃新鲜蔬果。

选用保湿护肤品:由于空调房里比较干燥,所以应用具有保湿作用的护肤品。

放置绿色植物:空调房里通常都是关窗的,没有充足氧气,皮肤会缺氧。因此,空调房内应放置一些绿色植物。

增加户外运动:这样可以使人体增氧,保持皮肤健美。

如何正确使用香水

使用的季节:春夏和夏秋交替的时节是最适合使用香水的,因为此时空气清爽,人体嗅觉比较敏感,使用香水最能突出个性美。而夏季是最不适合使用香水的,因为这时天气热,出汗多,香水与汗水混合,会产生难闻的怪味。

喷洒部位:如果香水直接与皮肤接触,香水会与皮肤出的汗液起化学作用,会大大降低香气,还容易使皮肤受到刺激而感到不适。因此,最好洒在衣服或手帕上。

消化系统

口腔

生理解析

口腔是消化道的起始,不仅具有重要的生理功能,还具有一定的心理和社会功能。口腔由上下颌骨、肌肉、血管、神经、唾液腺、黏膜和皮肤等组成。口腔的最前面是上下嘴唇,唇的正中有唇系带,能控制上下嘴唇的活动。嘴唇的红色部分叫唇红,其毛细血管十分丰富而又分布很浅。

日常护理

舌头是许多口腔黏膜疾病的易发部位,可以在刷牙时顺便刷刷舌头。具体方法为刷牙时轻轻刷拂舌背,切忌用力过大或使用刷毛过硬的牙刷,否则会给舌头带来损伤。

平时饭后可用清水或淡盐水漱口进行自我保健。

咀嚼食物能促进食物味觉分子的释放,增强与味蕾的接触。人的味蕾有很强的适应能力,因此第一口食物的味道最足。换菜时最好搅搅舌头,这样就能避免你的味蕾麻木,从而最大程度地享受饮食带来的快乐。

食管

生理解析

食管作为人体消化系统的一部分,是食物通过的一个管道,在进食时,依靠食管肌的顺序收缩和舒张,产生蠕动,推动食物从咽到胃。食管全程由咽下口起始至胃的贲门为止,长约25~30厘米,共有3处较狭窄,这些狭窄的部位异物容易滞留,也是肿瘤的好发部位。

整个食管管壁较薄,仅0.3~0.6厘米厚,所以容易发生穿孔,饮食时应注意。

日常护理

合理膳食：据粗略计算，人的一生中至少有 20 多吨食物、饮料，通过食管进入胃中。因此，养成良好的生活习惯，合理均衡膳食，做好食管的保健，有利于减少食管疾病的发生，降低恶性肿瘤的发病率。

不要饮用过热的水：温度过高的水，会将口腔、咽部、食道及胃黏膜烫伤而致充血，久而久之可导致炎症。

服药后不要马上睡觉：有的人服完药后马上就睡觉，特别是当饮水量又少的时候，往往会使药物黏着在食管上而不是进入胃中。有些药腐蚀性较强，在食管溶解后，会腐蚀食管粘膜，导致食管溃疡。

胃

生理解析

胃，居于膈下，腹腔上部，中医将其分为上、中、下三部。胃的上部称上脘，包括贲门；中部称中脘，即胃体部位；下部称下脘，包括幽门。它上承食道，下接十二指肠，是一个中空的容器：它可以忍受冷热、软硬、酸碱食物的刺激，且每天不断地分泌、收缩及蠕动，将食物变成食糜，送入小肠做进一步的消化及吸收，使我们产生能量。

日常护理

别让自助餐苦了肠胃

"既然花钱了，就要拼命吃回来"，据一项调查显示，近半数人在吃自助餐时有这种想法。很多人吃到最后，都是硬塞进去，不但会使摄入的总能量增加，还会导致胃容量增高，出现腹胀、食滞、消化不良等。

另外，吃自助餐时，人们往往喜欢选取肉食或海鲜等比较贵的食物。但过量的蛋白质和脂肪食物，一则营养素含量比较低，二则会抑制胃液的分泌和胃的蠕动，并使肾脏超负荷运转，造成肾脏功能受损。此外，海鲜等蛋白质含量过高的食物，对某些人来说比较危险，比如正在发烧、发炎、起疹子的病人。

为了把自助餐吃饱，又吃得健康，专家建议，取菜时最好先在全场转上一圈，了解一下情况，然后再装盘。如果乱装乱吃一通，难免会本末倒置，咸甜相克，令自己吃得既不畅快也不舒服。最好每次只取一小点，待尝之后，觉得它可以，再去取。饭前先喝一点汤，把胃垫一下，不但有利于消化，还能减少大量脂肪、蛋白质的摄入。可以适当多吃生蔬、水果、凉菜，它们维生素含量丰富，容易消化吸收。另外，蔬菜中所含的纤维素还能促进肠的蠕动。经营者出于成本方面的考虑，在烹调肉、海鲜时，不会选取太好的原料，而更多用调味品来调味，还会放很多盐，所以，吃肉食最好不要超过 100 克。

出行时肠胃的养护

预防急性胃肠炎：尽量争取到卫生条件较好的餐馆用餐，少吃凉拌菜，吃卤菜、熟食时要保证干净新鲜，不能吃半生不熟的海鲜；吃饭时最好吃几瓣生大蒜，适当喝点醋，都有杀菌作用。出发前应备足抗肠道细菌感染的药物，如氟哌酸、氟嗪酸、黄连素及氨苄青霉素等，如果出现胃肠症状，应立即开始服用。

预防晕车造成的肠胃不适：有晕车、晕船史的人应在即将启程当晚睡好觉，启程前半小时服药预防;车船上吃饭不宜吃得过饱;上车或上船后尽量选择空气新鲜、无气味(如汽油味)、震动较小(如汽车前部)、噪声小的地方休息;车船上要尽量少变动体位,闭上眼睛不要看窗外快速移动的物体。

菌群失调性腹泻:可能与环境改变而致的菌群失调有关的腹泻,用抗菌药治疗无效,可用酸牛奶或口服双歧杆菌、整肠生等治疗。

护理细节

改变饮食习惯:按时就餐,坐着吃饭,不要站立或蹲着。

养成良好的生活习惯:少吃多餐,饭只吃七分饱,"早吃好,午吃饱,晚吃少"。忌暴饮暴食。

注意保暖:天凉之后,昼夜温差变化大,患有慢性胃炎的人,要特别注意胃部的保暖,夜晚睡觉盖好被褥,适时增添衣服,以防腹部着凉而引发胃痛。

保持平和的心境:胃病的发生与发展,与人的情绪、心态密切相关。因此,要讲究心理卫生,保持精神愉快,避免紧张、焦虑、恼怒等不良情绪的刺激。

注意饮食酸碱平衡:当胃酸分泌过多时,可喝牛奶、豆浆,吃馒头或面包以中和胃酸,当胃酸分泌减少时,可用浓缩的肉汤、鸡汤、带酸味的水果或果汁,以刺激胃液的分泌,帮助消化。

小肠

生理解析

小肠是食物消化吸收的主要场所,盘曲于腹腔内,上连胃幽门,下接盲肠,全长约3~5米,是消化管中最长的一段。分为十二指肠、空肠和回肠三部分。十二指肠上端起自幽门、下端在第2腰椎体左侧,续于空肠,长约25~30厘米,呈马蹄铁形包绕胰头,是溃疡的好发部位。肝脏分泌的胆汁和胰腺分泌的胰液,通过胆总管和胰腺管在十二指肠上的开口,排泄到十二指肠内以消化食物。

日常护理

肠道屏障主要是由外来的有益菌组成,而其中最重要也最大量的就是双歧杆菌,占所有肠道有益菌的70%以上。双歧杆菌能分泌出一种免疫球蛋白A,它能阻止细菌、毒素附着在肠膜细胞上,其能力是其他免疫球蛋白的7~10倍。双歧杆菌的磷酸壁与肠道的黏膜细胞结合,在肠道表面形成一片生物屏障,阻挡了外来致病物质的入侵。所以,应该好好地补充双歧杆菌,保护好肠道的微生态环境。

英国剑桥大学一项研究分析了10多个国家的人的饮食习惯和癌症之间的关系,结果发现,食用淀粉类食物越多,小肠、结肠和直肠癌的发病率越低。比如,以肉类食物为主食的澳大利亚人,结肠癌发病率是以淀粉类食物为主食的中国人的4倍。所谓淀粉类食物,主要指富含碳水化合物的主食,如大米、玉米、小麦以及根茎类蔬菜,如土豆、山药、薯类等,此外,还包括各种豆类和香蕉等含淀粉比较多的水果。

避免各种刺激性食物,如烈性酒、浓咖啡、生蒜、芥末等,同时避免吃过硬、过酸、过辣、过咸、过热、过冷及过分粗糙的食物。可选用温和食谱,除去对胃肠黏膜产生不良刺激的因素,创造黏膜修复的条件。食物要细、碎、软、烂。烹调方法多采用蒸、煮、炖、烩与煨等。

要注意用微波炉加热的食物,中心的温度够热才可进食。微波本身没有杀菌的能力。

如果发现罐头食物的容器有所损坏,或罐头内的食物有异,即应丢弃。

对于隔餐的饭菜和从市场买回来的熟食,须重新热透再吃。

经常打扫室内外环境卫生,消灭苍蝇、蟑螂等。

坚持每天晨起空腹饮上1大杯水,如有条件饭后可躺10分钟,效果更好,既充分起到"内洗涤"的作用,又刺激肠道,促进及时排便。

坚持食后以手按摩腹部数百遍,以促进腹腔内血液循环,加强胃肠消化功能,对消化不良、慢性胃炎、慢性肠炎、胃肠神经官能症等疾病都有较好的治疗作用。

每天进行仰卧起坐锻炼2~3次,每次10分钟。

肝

生理解析

肝是人体最大的腺体及消化腺。肝的血液供应极为丰富,故活肝体呈红褐色。肝的质地柔软而脆弱,易受外力冲击而破裂。肝具有分泌胆汁、参与代谢、储存糖原、解毒、吞噬、防御等功能,在胚胎时期还有造血功能。肝分泌的胆汁,能促进脂肪的消化和吸收。

日常护理

不要吃太多糖

2006年德国研究人员公布的动物试验结果表明,吃糖过多会损害人类的肝脏,并引发肝病。他们发现,喝糖水的老鼠食量减小,但它们摄入的总热量更高,体重增加更多。他们还发现,脂肪肝症状在喝糖水的一组老鼠中更为常见,特别是摄入果糖的老鼠。

春季养肝别错过

按中医"四季侧重"的养生原则,春季应以养肝为先。春季养肝要多吃以下食物:糯米、黑米、高粱、大枣、桂圆、核桃、栗子及肉类食品,如牛肉、猪肚等。另外,春天虽然天气逐渐转暖,但是仍然有冬天的余寒,所以,还应适当吃一些温补阳气的食物,如韭菜、大蒜、洋葱、生姜、大葱等。菠菜为春天的应时蔬菜,具有滋阴润燥、舒肝养血等作用,对肝气不舒并发胃病的辅助治疗常有良效。

饭后,特别是吃荤之后别立即喝茶

茶叶中含有大量单宁,会能与蛋白质合成具有收敛性的沉淀物,这种物质能使肠道蠕动减慢,容易造成便秘,增加了有毒物质对肝脏的毒害作用,从而引起脂肪肝。

别饿着自己

饥饿能引起肝脏的严重疾病。营养不良的人,身体里的蛋白质常处于"赤字"状态,由于身体仍需消耗,那就只得动用肝脏里有限的蛋白质了。而足够数量的蛋白质,是使肝脏功能正常的重要因素之一。所以平时应注意在饮食中补充蛋、奶、豆制品等食品。

保持心情舒畅

实际上无论养护身体任何器官都离不开精神方面的养护。就护肝来说,我国古人早就懂得"怒伤肝"的道理。

酒后吃碗热汤面可保肝

酒后及时补充足量的碳水化合物，可以减少酒精性脂肪肝的发生，在各种碳水化合物当中，热汤面的功效最大，它好消化，能立刻中和酒精，从而抵制酒精对肝脏的损害。另外，对于迫不得已需要应酬的人来说，选择晚上饮酒要好于中午饮酒，因为人体肝脏中乙醇脱氢酶的活性是有时间规律的，中午的活性很低，中午喝过酒后，很容易醉酒，晚上乙醇脱氢酶的活性升高，酒中乙醇容易被代谢掉，因此，晚上饮酒更有助于酒后身体的恢复。

大肠

生理解析

大肠分为盲肠、阑尾、结肠、直肠和肛管5部分，是消化道的最后阶段，它本身没有消化作用。虽然小肠液中的酶有可能随食糜一起进入大肠，但其消化作用极为微弱，进入大肠的已经是食物的残渣了。大肠的主要作用是吸收水分，形成和排除粪便。大肠黏膜腺体能分泌弱碱性的浓稠黏液，有保护肠黏膜和滑润粪便的作用。大肠的另一重要功能是从粪便中吸收水和钠，正常人每天从大肠吸收水分500~800毫升。

日常护理

现在用餐时，粗粮蔬菜乏人问津，人们面对大鱼大肉却频频下筷。再加上现代生活节奏加快，很多人都是吃饱了不动，或者是没有时间运动，造成食物在体内滞留的时间不断延长，增加了患大肠癌的概率。另外，现在一些年轻人喜欢吃油炸的或者是腌制的食品，这些也是大肠癌的发病诱因。日常生活中，要控制体重，有规律地参与体力活动；戒烟限酒，防止烟草中的二甲基肼大量沉积诱发肿瘤；而酒精则可能通过改变人们的饮食习惯，增加致癌风险。

泌尿系统

肾脏

生理解析

肾脏是泌尿系统器官中非常重要的一部分，肾脏由肾单位、肾小球旁器和肾间质三部分组成。肾单位是肾脏结构和功能的基本单位，每侧肾约100万个。因受肝脏影响，左肾较右肾低1~2厘米。新鲜肾脏呈红褐色，质柔软、表面光滑。肾脏的大小因人而异，重量134~148克。

肾脏有3大基本功能：产生尿液，排泄代谢产物，机体在新陈代谢构成中产生多种废物，绝大部分废物通过肾小球过滤，随尿液排出体外；维持体液平衡及体内酸碱平衡，维持内环境的稳定；内分泌功能。

日常护理

吃海鲜别喝啤酒

鱼、虾、蟹等海鲜中富含的一些成分在啤酒的作用下，会大大提高人体血液中的尿酸含量，在诱发痛风的同时，也逐渐损害肾脏。

学会喝茶

很多人喜欢喝茶，在喝茶时做些小改变会更健康。新西兰科学家公布的研究成果表明，在茶水中添加牛奶比喝清茶更有助于人体吸收，更有益肾脏健康。只喝清茶，会增加人体内草酸的成分。虽然草酸一般都能随尿液排出体外，但对少数特殊体质的人而言，部分草酸会残留在体内，长期积淀后会形成肾结石。牛奶中的钙可以与草酸有效结合，有助于多余草酸排出体外。因此，喝茶时适当加些牛奶更有利于健康。

不乱吃药

许多止痛药、感冒药和中草药都有肾脏毒性，不要不经医生诊治与指导自行服用，否则很可能在不知不觉中损害肾脏。此外，有药物过敏史及肾病史者，就医时也要向医生及时说明。

注意保暖

临床发现，天气较冷或气温变化明显时，新发肾病患者和病情加重者明显增多。这与气温下降或变化使血管收缩，影响肾脏血流有关。感冒等呼吸道疾病同样损害肾脏，可导致急性肾炎或加重原有病情。所以，天气变化时应注意防寒保暖，避免感冒等呼吸道疾病，并注意控制血压。

不憋尿

因为尿液经常长时间滞留在膀胱，易造成细菌繁殖，使细菌通过膀胱、输尿管感染肾脏，造成肾盂肾炎。

远离重金属和毒物

铅、铬、汞等重金属，苯、甲苯、酚等有机溶剂以及蛇毒、生鱼胆、毒蘑菇等生物毒素，均可严重损害肾脏，要避免接触这些物质，若因工作原因不可避免，一定要做好防护。

不暴饮暴食

暴饮暴食会加重肾脏负担，经常如此，有损肾脏，已有肾病者更应注意。

韭菜

补肾的明星食物

山药：性平，味甘，为中医"上品"之药，除了具有补肺、健脾作用外，还能益肾填精。凡肾虚之人，宜常食之。

干贝：又称江瑶柱。性平，味甘咸，能补肾滋阴，故肾阴虚者宜常食之。

鲈鱼：又称花鲈、鲈子鱼。性平，味甘，既能补脾胃，又可补肝肾，益筋骨。

栗子：性温，味甘，除有补脾健胃作用外，更有补肾壮腰之功，对肾虚腰痛者，最宜食用。

羊肉或羊脊骨：小火慢炖，加枸杞子、何首乌更佳，补精力、壮阳。

黑豆：补肾阳。

韭菜：补肾阳。

红参（熟，药店售，用时不可同食螃蟹、萝卜及寒性食物）：经常用来炖羊肉，肾虚者食用。补精力，长阳气。每人每次不得超过 5 克。正常人慎食。

黑芝麻（生熟均可，超市有卖）：当作零食吃，补肾阴虚。

灵芝（紫色为佳）：增长精力、维护肾的健康，并有抗肿瘤、保肝解毒之功效。

尿道

生理解析

尿道是从膀胱通向体外的管道。男性尿道细长，长约 18 厘米，起自膀胱的尿道内口，上于尿道外口，男性尿道兼有排尿和排精功能。女性尿道粗而短，长约 5 厘米，起于尿道内口，经阴道前方，开口于阴道前庭。由于女性尿道短、宽、直的生理特性，容易引起逆行尿道感染；男性尿道兼有排尿与排精功能。

日常护理

性生活后马上排尿

性交后女性应马上去洗手间，即使细菌已经进入膀胱，也可以通过排尿将它排出体外。

及时排尿

如果膀胱中注满尿液，细菌容易在里面繁殖，而排尿时，尿液将尿道和阴道口的细菌冲刷掉，有天然的清洁作用。

避免污染

引起细菌感染最常见的是大肠杆菌。正常情况下，它寄生在肠里，并不引起病症，但如果由肛门进入尿道口，就会导致尿道发炎。所以大便后用纸擦拭，要按从前往后的顺序，以免污染阴道口，如果洗手间有冲洗设备，最好认真地冲洗肛门部位。

补充维生素 C

维生素 C 能提高尿液的酸度，使各种诱发尿道感染的细菌不易生存。所以多喝橙汁、柠檬茶、猕猴桃汁之类富含维生素 C 的饮料十分有益。

膀胱

生理解析

膀胱形状、大小随年龄、性别、尿液的充盈程度不同而异。正常人的膀胱容量为 350~500 毫升，超过 500 毫升时，因膀胱壁张力过大而产生疼痛。膀胱最大容量可达 800 毫升。女性膀胱容量较男性小。由于夜间肾脏处于放松状态，尿液的产生速度大致相当于白天的 25% 左右。冷天气也会刺激排尿。在排尿时，环状的括约肌放松，膀胱壁肌肉收缩，尿液被挤入尿道，通过此路径到达体外。

日常护理

男性排尿时的注意事项

男性排尿时,尽量把裤子脱得足够低,以免压迫尿道,阻碍尿流。阴囊处是尿道最宽也最有可能寄存尿液的地方,所以在排尿结束前,最好在阴囊下面轻轻地压一压,将可能残存的尿液都排出来。

不要憋尿

不要养成憋尿的习惯,如果尿液滞留过多,超过膀胱的储量,便会向输尿管回流,时间长了可能导致尿毒症,膀胱的括约肌也会因此变得松弛。

这样避孕损害膀胱

有的男士为了达到避孕效果,射精前用手指压住会阴部的尿道,不让精液射出。那精液流到哪里去了呢?精液发生倒流进入膀胱,在房事后第一次排尿时会在尿液中发现有白色混浊物,就是精液。经常这样做除造成性功能障碍外,还容易发生逆行射精现象,就是即使不压迫尿道,也会无精液射出。

戒烟

研究表明,香烟中含有尼古丁、焦油、烟草特异性亚硝胺等多种毒性致癌物质,经常大量吸烟的人,尿中致癌物质的浓度比较高。

生殖系统

子宫

生理解析

子宫是孕育生命的摇篮。它像一个前后稍扁的倒置的梨子,长7~8厘米,最宽径4~5厘米,厚2~3厘米。宫体和子宫颈之间有个最狭窄的部分,称为子宫峡部。未妊娠时,峡部仅1厘米长;妊娠后,就可随着子宫的增大而逐步变长,以容纳胎儿;到足月妊娠时,可达7~10厘米;妊娠结束后,子宫会迅速缩小,但会略大于未孕子宫。所以,子宫峡部对妊娠、分娩来说,是很重要的部分。

女性到了一定的年纪黄体萎缩,雌激素和孕激素分泌量下降,子宫内膜逐渐萎缩、脱落、出血,表现为月经来潮。月经初潮多在青春发育期出现,一般年龄为12~18周岁,极少数早于10岁或迟于18岁才来月经。

日常护理

保证安全的性交,这有助于预防传播性疾病和子宫颈癌。如果你发现性交疼痛,不正常的或者有恶臭的阴道排出物,性交后流血、骨盆疼痛或者意外出血,应考虑去医院检查。

不正规接生、不正规堕胎容易造成子宫破损、继发感染者或其他疾病,应该避免。

妊娠初期和临产前2个月应该禁止性生活,否则易引起流产或早产,对子宫造成损害。

保持卫生的性生活，性生活不讲究卫生，病原体可经阴道进入子宫腔内，引起子宫内膜感染。男性包皮垢对宫颈的刺激是引起子宫癌的因素之一。

在怀孕期间，养宠物易造成畸胎，畸胎和多胎容易发生难产，从而危及生命安全。

随着工作环境的逐步改善，电脑渐渐普及起来，但是长时间对着电脑工作的职业女性的生殖健康更容易受损，她们同医护人员、化工人员、实验室工作人员一样，很容易患子宫肌瘤、子宫内膜异位等疾病，导致不孕。

生产后应注意休息，产后不注意休息，经常下蹲劳动或干重活，使腹压增加，子宫就会从正常位置沿着阴道向下移位。

平常经常按摩三阴交穴，对女性病有预防作用，三阴交穴位于内脚踝上方 3 指宽处。按摩时，双手抓住小腿，用双手拇指抵住穴位周围，然后拇指逐渐用力向下按压、揉搓穴位周围。

阴道

生理解析

阴道是前后略扁的肌性管道，长约 8 厘米，前有膀胱，后有直肠，连接着子宫和外生殖器，是导入精液、排除月经和分娩胎儿的管道。阴道在静息时关闭，在性交或分娩时会伸展开。成年女性的阴道常向后、向上倾斜，并有由肌肉和纤维组织形成的阴道壁。

日常护理

不要过度清洗阴部。有些女性每天要清洗外阴 2~3 次，每次还用冲洗器或手清洁阴道。其实，这种做法是错误的。因为阴道内环境呈弱酸性，又有许多菌群共同存在，菌群间的相互制约作用能抑制某种菌群过度增长而致病，这是人体的一种自然防御系统。清洗阴道无疑将阴道的弱酸环境和菌群间的相互制约关系破坏了，使阴道上皮的抗病力下降，引起念珠菌或其他细菌所致的阴道炎。

上厕所前也应该洗手，不滥用不洁卫生纸，排便后擦拭外阴时宜从前向后擦。

每日清洗外阴，换洗内裤并放于通风处晾干；自己的盆具、毛巾自己专用；内裤与袜子不同盆清洗。

不穿化纤内裤，不借穿他人内衣、内裤等。

使用公共厕所时尽量避免坐式马桶；提倡淋浴，不洗盆浴；浴后不直接坐在浴室座椅上；不在消毒不严的泳池内游泳。

常吃具有清热利湿功效的新鲜水果与蔬菜，如西瓜、橘子、柠檬、梅子、梨、苹果、青菜、萝卜、冬瓜、西红柿等。

补充维生素 B_2。当维生素 B_2 缺乏时，可影响到人体腔道的黏膜细胞失调，令黏膜变薄，血管脆性增加，甚至出现脆裂，这对于中老年女性的生殖器官造成的伤害更为明显。由于阴道壁干涩、黏膜充血，故会在性生活时出现疼痛。

前列腺

生理解析

前列腺是男性特有的性腺器官。前列腺如栗子，底朝上，与膀胱相贴，尖朝下，抵泌尿生殖膈。前列腺腺体的中间有尿道穿过，扼守着尿道上口，所以，前列腺有病，排尿首先受影响。

儿童的前列腺甚小，腺组织不发达。性成熟期腺组织迅速成长，老年期腺组织退化萎缩。前列腺的生理功能主要可概括为四个方面：外分泌功能、内分泌功能、控制排尿功能、运输功能。

日常护理

关于自慰。现代医学及性心理学家的研究认为，适度的自慰对前列腺有积极意义。当一个男性较长时间内不发生射精行为时，精囊会持续处于一种满盈的高张力状态；另一方面，一个性发育正常的男性，会不可避免地经常有性冲动的发生，生殖系统同样随着每次性冲动而发生相应的变化。男子每次性兴奋时，前列腺和精囊都发生高度充血，直到射精后才可逐渐恢复正常。

要注意的是，频繁自慰会使前列腺长期充血淤血，前列腺的正常分泌、排泄功能会受到严重的影响，可能成为诱发前列腺炎的原因。

秋冬季节天气寒冷，因此应该注意防寒保暖，预防感冒和上呼吸道感染的发生；不要久坐在凉石头上，因为寒冷可以使交感神经兴奋增强，导致尿道内压增加而引起逆流。另外，男性的阴囊伸缩性大，分泌汗液较多，加之阴部通风差，容易藏污纳垢，局部细菌常会乘虚而入。这样就会导致前列腺炎、前列腺肥大、性功能下降。若不及时注意还会发生危险。因此，坚持清洗会阴部是预防前列腺炎的一个日常环节。

多吃点易消化的豆制品，如豆腐、豆皮等。如果家里有条件，最好备有豆浆机，每天早晨喝一杯现榨的豆浆，长期坚持可降低前列腺癌病发率。

经常服用维生素 C 或维生素 E 的人，能够让前列腺癌罹患风险降低 23%。如果经常服用矿物质锌，还能够让前列腺癌罹患风险降低 45% 之多。所以平时应有意识地补充这两种维生素。

多喝水就会多排尿，浓度高的尿液会对前列腺产生较多的刺激，所以多多喝水，以稀释尿液的浓度。

生活压力可能会增加前列腺肿大的机会，临床显示，当生活压力减缓，通常前列腺症状多会舒缓。

学会自我按摩。睡前仰卧在床上，用手按摩肚脐（神阙穴）部位。天天坚持按摩，可促使膀胱排空，减少残余尿量。

阴茎

生理解析

阴茎是男子的交媾器官。阴茎体由阴茎海绵体和尿道绵体组成,具有丰富的血管、神经、淋巴管。阴茎冠状沟处神经分布最丰富,敏感性最高。阴茎冠状沟一旦接受了性刺激就会通过初级勃起中枢形成完整的神经反射弧,使阴茎随意或不随意地勃起,而且能持续相当长的时间,完成性交活动。人的阴茎和身材高矮、胖瘦、五官大小等一样存在着众多的差别,长短不一,粗细不齐。

日常护理

少吃脂肪类食物,多吃一些富含膳食纤维的食物能够避免阴茎损害,增强它的起搏能力。因为大量脂肪可能造成阴茎动脉的阻塞。

经常参加体育锻炼,体育锻炼能够保证足够的血液和氧气流入阴茎和整个身体。

加强骨盆部运动。锻炼骨盆能够促进这个区域的血液循环,每天扭扭腰或是转转呼啦圈都是个好办法。

戒烟。长期吸烟后,供应阴茎血液的动脉,尤其是直接有关的阴部内动脉和阴茎海绵体会发生硬化和狭窄,由此即会显著减少对阴茎的血供应量。

许多药物如降压药、利尿药等对性能力有影响。如果发现正在使用的药物使你的阴茎不再活跃的话,可以试用其他药物。

长期的过量饮酒可能导致体内激素和大脑化学物质的变化,降低性欲。

不要为偶尔的性交失败而焦虑。因为没有人每次都能达到最理想的状态。

现在不少年轻人喜爱穿着紧身衣裤,有些人连内裤也偏好紧身款式,长期下来阴茎容易被压迫而导致弯曲。

尽量选择步行。勤于步行的男人,其勃起障碍的发生概率,只是惯于久坐的男人的一半。

对男人的身体而言,打哈欠和阴茎勃起都是由一种叫作氮氧化物的化学物质所掌控的。氮氧化物在他的大脑中扩散开后,既能到达控制呼吸的神经处,也能沿着脊索下行至给阴茎输送能量的血管。因此多打哈欠有助于疏通阴茎的主要神经通路,使勃起更强劲。

学会自我放松,减轻压力。男人的性欲直接产生于自己大脑皮层的某些兴奋中枢。任何一种造成精神紧张和心理疲劳的活动,都会令男人大脑里的兴奋中枢受到严重的抑制,不能像往常那样产生性欲。

保证充足睡眠。睡眠充足的男性勃起能力和坚持时间比睡眠长期不足的男性要好一些、要长一些。充足的睡眠给阴茎在夜间勃起以获取营养的机会。

卵巢

生理解析

卵巢位于盆腔内,呈扁圆形,是产生卵子和分泌雌激素、孕激素的器官。成熟的卵子突破卵巢表面排至腹腔,再经输卵管腹腔口进入输卵管,在管内受精后移至子宫,植入子宫内膜发育成为胎儿。成熟的胎儿在分娩时,出子宫口经阴道娩出。卵子在输卵管内如未受精,即被排出体外。

卵巢的大小和形状随着年龄的增长而变化,幼女的卵巢较小,表面光滑。性成熟期卵巢较大,此后由于多次排卵,卵巢表面形成瘢痕,显得凹凸不平。

女性在 35~40 岁时卵巢开始缩小,50 岁左右随月经停止而逐渐萎缩。

日常保健

平时经常食用富含植物性雌激素的食物,例如黄豆、扁豆、谷类、小麦、黑米、葵花子、洋葱等。每天用黄豆、红豆、黑豆打豆浆喝,是非常安全的补充植物性雌激素的方式,应长期坚持。

选择鲜奶或更年期专用奶粉,来预防因卵巢功能下降引起的骨质疏松。

不要吸烟,也不要被动吸烟。

加强体育锻炼。瑜伽、游泳及健步走被认为是释放身心压力、保养卵巢及增加骨密度的重要方式。

每天按最大摄入量的一半补充维生素 E 胶囊。事实证明,维生素 E 不但具有增强卵巢功能的作用,还具有抗细胞氧化、防细胞脂质过氧化的效用,最终起到抗衰老的效用。

适量的运动有助于降低女性患卵巢癌的危险,但是剧烈运动却没有这种预防效果。

保持,心情舒畅,过分抑郁可能导致卵巢功能早衰。卵巢功能早衰是指处于性成熟期的年轻女性(一般指 40 岁之前)提前出现内分泌衰退、月经停止、生殖器官萎缩等更年期症状,往往还伴有潮热、出汗、情绪异常烦躁等症状。出现这种症状的女性多是受到强大的外部压力或刺激,比如刚刚换了一个高强度的工作、受到重大感情挫折或是亲人去世等。

劳逸结合,保证睡眠,加强自我调养、自我保健。在生活上有规律地安排起居生活,坚持适当体育锻炼和劳动,以改善机体血液循环,维持神经系统的稳定性。

饮食上做到平衡合理,有目的地选择一些禽肉、牛羊肉等,配合蔬菜烹调食用,以起到补肾益精、健脾养血的作用。

乳房

生理解析

乳房为哺乳动物特有的结构。男性不发达,女性乳房于青春期后开始发育生长,妊娠和哺乳期的乳房有分泌活动。

乳房位于胸前部,在胸大肌及其筋膜的表面,上起自第 2~3 肋,下至第 6~7 肋,乳头

平第4肋间隙或第5肋。

未生育的成年女性的乳房呈半球形,紧致而富有弹性。乳房中央有乳头,其顶端有输乳管的开口。乳头周围有颜色较深的环形区域,称为乳晕。乳晕表面有许多小隆起,其深面为乳晕腺,可分泌脂性物质润滑乳头。乳头和乳晕的皮肤较薄弱,易损伤。妊娠后期及哺乳期乳腺增生,乳房明显增大。停止哺乳后,乳腺萎缩变小。女性到老年时,乳房萎缩更加明显。

日常护理

青春期乳房的养护:青春期乳房开始发育时,不要过早地戴乳罩。乳房充分发育后可开始佩戴乳罩,但松紧度要适当,不可因害羞而过紧地束胸。乳房发育过程中,有时可出现轻微胀痛或痒感,不要用手捏挤或搔抓。可坚持早晚适当地按摩乳房,促进神经反射作用,改善脑垂体的分泌。女性在青春期时不能片面地追求曲线美而盲目地节食、偏食,适量蛋白质食物的摄入,能增加胸部的脂肪量,保持乳房丰满。

孕产期乳房的养护:孕妇的乳房随着胎儿的增长而不断增大;分泌奶汁的乳腺管增多,脂肪也相应增多。在乳房的皮下可以见到青筋暴露的蓝色血管。由于肥大的双乳下垂,有的孕妇用乳罩将其束起来,这种方法是不可取的。这样就会影响乳房的泌乳。正确的保护方法应该是用宽松的大乳罩将乳房托起来,减少孕妇因乳房悬垂而产生的不适感。在哺乳前,可揉一揉乳房或用热毛巾敷一下乳房,有利于刺激排乳。哺乳时,一定要将乳头及乳晕的大部分放入婴儿口腔中,这样吸吮对母亲乳房的牵扯较小,婴儿也容易很快吃饱。哺乳后,可用少许自己的乳汁涂抹在乳头上,由于人乳有丰富的蛋白质,可对乳头起到保护作用。

更年期乳房的养护:女性进入更年期后由于体内雌性激素的减少,其乳房发生了一些变化,如乳房体积变小、松软下垂、皮肤皱褶增加等。乳腺癌的高发年龄段是在45岁以后,因此,更年期女性的乳房保健及防癌意识应该更强。这时,应坚持每月一次的乳房自我检查,每年一次到专科医生处进行体检,随时注意乳房的细小变化。有不少女性习惯于晚上睡觉的时候戴着乳罩,以为这样能保持胸部健美。其实,这种做法对人体健康是极为有害的。这样会使乳房没有放松的机会。而且乳罩会压迫乳房的淋巴腺,使得在此处产生的毒素不易被排出,日积月累就易发生癌变了。

中医保健

《黄帝内经》说人体

《黄帝内经》的养生观

《黄帝内经》的养生观是"天人合一",具体的养生原则如下:

人类生活在自然界中,时刻受到自然环境的影响,人类只有适应环境的变化,保持机体内环境的稳定,才能避免衰老和疾病的发生;还要顺应四时气象调养五脏之气,即顺应春夏秋冬的季节变化,与天地阴阳保持协调平衡,达到人和自然统一;远离各种致病因素,避免受外界致病因素的侵袭,调节情志,避免被情志所伤,起居有常,房事有度,饮食有节,是减少疾病的重要途径,是延缓衰老的重要环节;精、气、神为人身三宝,精是气与神的物质基础,阴精阳气是健康长寿之根本,精生于先天,养于后天而藏于五脏,所以先、后天并重,精、气、神兼养,才能达到颐养天年、防病抗衰、益寿养生的目的。

生、长、壮、老、已的基本规律

生、长、壮、老、已的影响因素

生命一般都要经历出生、成长、壮盛、衰老和死亡5个时期。但这种生命历程不同的人有长、短、寿、夭的不同,这种不同主要取决于3个方面:性别、体质和后天养生。性别对生命过程的影响,就像我们所说的"男七女八",因为男女的性成熟期不同,男性与女性成长的生命过程有很大差异,一般女性衰老来临较男性为早。而《黄帝内经》对黄帝传奇一生"生而神灵,弱而能言,幼而徇齐,长而敦敏,成而登天"的描述,恰是一个完美生命过程的写照。

黄帝一生下来就跟一般人不一样,很神灵、很神奇。在他刚生下来的时候就能够说话,在他幼小的时候做事情就非常迅速、果断,长大了之后,非常敦实,非常敏捷,这样的体质和素质使黄帝登上了天子之位,达到了人生的最高境界。不必去做天子,不管做什么,能够达到行事的一个最高的境界,登上人生的最美境界,却是我们每个人所追求的理想人生过程。但黄帝的一生却告诉了我们体质和素质对人的生命过程的影响。而后天是否善于养生则与人的衰老密切相关。正如《素问·上古天真论》篇所言,善养生者,"年半百而动作不衰"，甚至还能"年老而有子"，延缓衰老的进程。黄帝正是由于注重养生，并且长期坚持修养，因此，他才能得以保全"天真之气"，所以活到120多岁的高龄。

生、长、壮、老、已的决定因素

《素问·上古天真论》明确指出了肾中经气盛衰是人的生、长、壮、老、已的决定因素；人的齿、骨、发的生长状态是观察人的生长发育状况和衰老程度的客观标志。《灵枢·天年》也指出，"人生十岁，五脏始定，血气已通，其气在下，故好跑。二十岁，血气始盛，肌肉方长，故好快步走。三十岁五脏大定，肌肉坚固，故好慢步。四十岁，五脏六腑皆大盛已平定，故好坐。五十岁，肝气始衰，目始不明。六十岁，心气始衰，善忧悲，血气懈惰，故好卧。七十岁，脾气虚，皮肤枯。八十岁，肺气衰，故言善误。九十岁，脏腑经脉空虚。百岁，五脏皆虚，神气皆去，形骸独居而终"。

由此进一步可知人体的生长与衰老，与脏腑精气旺盛虚衰密切相关。而调养元气，保持人体精气的旺盛，是维持脏腑功能正常，祛病延年的关键。

由于人体元气之衰，始于肝经，年过五十，肝气始衰，所以易出现眩晕、肢麻，甚至跌仆等症。这时调肝即可助精气的生成。有眩晕、肢体麻木等肝阴不足症状者，日常可以选用首乌菊花茶：取制首乌、桑葚各10克，山楂、菊花各6克，开水冲泡之后饮用。年过六十，心气始衰。心主血脉，为五脏六腑之主。心气不足则可见心神不宁，心悸失眠，形体懈惰等不适症状。有心悸、乏力或失眠等心气不足症状者可服用柏子养心丸或麦冬、五味子、人参、黄芪等药物。年过七十以后，脾气渐衰。脾是人体元气升降出入的枢纽，又是气血津液生化的源泉。有身体开始虚胖，气短乏力，咳喘多痰的老年人可用白术10克，半夏、陈皮、生姜各6克，加水煎煮之后取药汁。在药汁中放入洗净的大米煮成健脾粥食用。

《黄帝内经》的脏腑整体观

五脏、六腑、奇恒之腑相辅相成

脏腑，是内脏的总称。根据脏腑的生理特点和形态特征，可将脏腑分为脏、腑和奇恒之腑三类。《黄帝内经》中藏象学说的特点是以五脏为中心的整体观。这一整体观体现在以下几个方面。

脏腑相合

脏为阴，腑为阳，一阴一阳相为表里，并经过经脉相互络属联系，密切配合，构成整体。如，心合小肠，肺合大肠，脾合胃，肝合胆，肾合膀胱，心包合三焦。此外，脏与脏之间，腑与腑之间也在生理功能上紧密相连。

五脏与形体诸窍关系密切

五脏各有外候，五脏与形体诸窍有着特定的联系。心其华在面，其充在血脉，开窍于舌；肺其华在毛，其充在皮，开窍于鼻；脾其华在唇四白，其充在肉，开窍于口；肝其华在爪，其充在筋，开窍于目；肾其华在发，其充在骨，开窍于耳和二阴。

五脏应五时

以五脏为中心的五个功能系统在生理功能和病理变化方面受到四时阴阳的影响，

肝、心、脾、肺、肾五脏分别与春、夏、长夏、秋、冬相应,体现了人体与自然环境的统一。

统治身体的中央——五脏

藏象学说以五脏为中心,那么五脏在我们身体中就像一个朝廷的中央。例如,心居胸中,位膈上,属上焦,外护心包,上罩两肺,下邻胃腑,联通血脉。心为君主之官,是五脏六腑的统治者,精神的居所。心脏主管人体中所有的血液,包括主生血和主行血两大方面的主血脉和主神志的功能。

统治身体的地方政府——六腑

六腑在身体中就像隶属于一个小朝廷的下属机构或地方机关。例如,三焦为一腔之大腑,孤腑,有名而无形。三焦者,决渎之官,是负责水道通行的"漕运总督",其功能为通行诸气,为气运行的通道,气化的场所,即通行水液,为水液运行的通道。

辅助治理的特派员——奇恒之腑

奇恒之腑,即脑、髓、骨、脉、胆、女子胞(子宫)。具有类似于五脏贮藏精气的作用,即似脏非脏。

脑、髓:脑居颅内。髓汇而成,上联目系,下通脊髓。髓的生成与先天之精、后天之精都有关系,其功能有养脑、充骨和化血三个方面。

骨:骨有贮藏骨髓和支持形体的作用。肾主骨生髓,若精髓亏损,骨失所养,则不能久立,行则振掉之症。

脉:脉的生理功能可概括为两个方面:一是气血运行的通道,即血脉对血的运行有一定的约束力,使之循着一定方向、一定路径而循环贯注,流行不止。二是运载水谷精微,以布散周身,滋养着脏腑组织及器官。

胆:胆附于肝,与肝直接相连。胆与肝又互为表里。胆的生理功能是贮藏和排泄胆汁。胆汁有助于食物的消化,为六腑之首。

女子胞(子宫):女子胞,为女性的生殖器官。居小腹中央,位膀胱之后,下通前阴,督脉、任脉、冲脉均起于胞中,肝脏的经脉抵小腹过胞宫。女子胞主要功能为主持月经和孕育胎儿。

经络入门

经络的概念及分类

经络是人体经脉和络脉的总称。经,有路径之意,经贯通上下,沟通内外,是经络系统的主干。络,有网络之意,络脉是经脉别出的分支,较经脉细小,纵横交错,遍布全身。经络沟通于脏腑与体表之间,在内连属脏腑,在外则连属筋肉、皮肤、肢节,将人体脏腑、组织、器官连接成一个有机的整体。从而使人体的各部分功能活动保持相对协调平衡的状态。

十二经脉

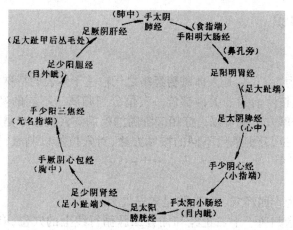

十二经脉

从胸部走向手指末端的经络有手太阴肺经、手厥阴心包经、手少阴心经，从手指末端走向头部的有手阳明大肠经、手少阳三焦经、手太阳小肠经；从头部走向足部的有足阳明胃经、足少阳胆经、足太阳膀胱经；从足部走向胸部的有足太阴脾经、足厥阴肝经、足少阴肾经。十二经脉之间相互联系，相互沟通，彼此衔接，围绕人体周流不断，并且各条经脉循行流注方向固定。

十二经别

十二经别是十二经脉在人体头、胸、腹部的支脉，遍及人体各个部分，它们沟通脏腑，连接脏腑内外，加强十二经脉同头面、心的联系，扩大了十二经脉的主治范围。

奇经八脉

奇经八脉是别道奇行的经脉，包括督脉、任脉、冲脉、带脉、阴维脉、阳维脉、阴跷脉、阳跷脉，共8条。这8条经脉与脑、髓、骨、胆、子宫等有密切联系，能够沟通十二经脉之间的联系，将部位相近、功能相似的经脉连接起来，起到统摄经脉气血、协调阴阳的作用，同时对十二经脉气血起到渗灌和蓄积的作用。

络脉

络脉是人体内经脉的分支，包括别络、浮络、孙络三类。别络是较大的分支，十二经脉和任、督二脉各自别出一络，加上脾之大络，共计15条，故又称为十五络脉。十五络脉具有沟通表里经脉之间的联系，统率浮络、孙络，灌渗气血以濡养全身，补充十二经脉循行不足的作用。浮络是络脉中浮行于浅表部位的分支，孙络则是络脉中最细小的分支，它们没有固定的循行路线和主治病候。

十二皮部和经筋

十二皮部是以十二经脉在体表的分布范围，即十二经脉在皮肤上的分属部分而划分的，它反映的是经脉气血在皮肤的分布。十二经筋是十二经脉之气濡养筋肉骨节的体系，其主要作用是使关节活动。

穴位基础知识

穴位的概念
中医穴位也称为"腧穴",是人体脏腑经络之气输注于体表的特殊部位。人体穴位是疾病的反应点,也是按摩治病的关键部位。穴位分别归属于不同的经络,经络又归属于不同的脏腑,所以按摩穴位就可以治疗相应脏腑的疾病。穴位按摩是根据患者不同的临床症状,配合多种穴位,分别采用不同的按摩方法,对穴位加以刺激,从而达到治愈疾病的目的。

穴位的分类
人体的穴位分为十四经穴、奇穴、阿是穴三大类。

十四经穴。是指归属于十二正经和任督二脉循行线上的穴位,有固定的名称、固定的位置和归经,具有主治本经病症的共同作用,是穴位的主要部分。国际上承认的人体经穴共有361个。

奇穴。也称"经外奇穴",是指十四经穴之外具有固定名称、位置和主治作用的穴位,与经络也有密切联系。

阿是穴。又称"压痛点",这类腧穴既无固定名称,也无固定位置,也没有固定的主治病症,只是以疼痛部位或与病痛有关的压痛点、敏感点作为穴位。"阿是"来源于当医生按压这个穴位时,患者发出"啊"声。

穴位的命名
穴位名称的由来比较宽泛,主要以天体、人体、地体、宫体和卦体的结构布局为参照。具体来看:

根据穴位所在的人体部位命名,如心俞、肺俞、脾俞、乳根、大椎、曲骨等。

根据动、植物的名称命名,可以更好地说明穴位所在部位的特点,如鸠尾、鹤顶、犊鼻等。

根据建筑物、街、道、市等通路、处所来形容某些穴位的形态或者作用特点命名,如天井、印堂、地仓、气街、风市、水道等。

根据天文学的日、月、星、辰以及地理名称山、川、沟、泽等,同时结合穴位所在部位的形态和气血流行的情况而命名,如太白、天枢、上星、合谷、阳溪、涌泉、曲泽、小海等。

根据气血、脏腑、阴阳等生理功能以及经脉交会等命名,如三阴交、阳陵泉、气海等。

取穴的方法
根据人体体表标志取穴
有些穴位是以人身体上的部位而定的,可直接寻找到人体体表标志而取穴。例如印堂在两眉中间;鱼腰在头额部,眼睛正上方,眉毛中线处;膻中在两乳中间;大包在侧胸部,腋正中线上,第六肋间隙处;神阙在腹中部脐中央;大椎在俯首时第七颈椎棘突下。

根据手指尺寸定位取穴
以被按摩者本人的手指作为标准度量取穴,称为"同身寸",分为拇指同身寸、中指同身寸、目横寸和横指同身寸。其中,横指同身寸又分为三指横寸和四指横寸。

拇指同身寸。被按摩者本人的拇指中节的宽度为1寸,适用于四肢部取穴。

中指同身寸。被按摩者本人的中指中节两侧横纹头的距离为1寸。

目横寸。被按摩者本人的目内眦角至目外眦角的距离为1寸。

三指横寸。被按摩者本人的中指、食指、无名指并起来,其中间宽度为2寸。

四指横寸。被按摩者本人的食指、中指、无名指、小指并起来,其中间宽度为3寸。

根据人体骨节定位取穴

利用人体的骨节作为标志测量全身各个部分的大小、长短,并依其尺寸折合成比例作为定穴的标准,亦称为"骨度分寸"法。

取穴的注意事项

取穴后按压,如果被按摩者感觉局部酸、麻、胀、痛,并且疼痛得到缓解或疲劳得以消除,就证明找到了正确的穴位。

除了人体正中央的穴位外,其他穴位都是左右各一个,但由于每个人的体形、体格并不是完全一样,所以左右穴位并不完全对称。

经络的祛病养生作用

经络养生的基础

据国家卫生部统计,全国平均每天有15000多人因为慢性疾病而死亡。在疾病生成的各种因素中,60%的原因是自己造成的。因为这些患病的人大都缺乏健康观念,不懂得养生方法。因此,如何养生、如何树立正确的健康观念就显得尤为重要。中华养生文明源远流长,有着五千多年的历史,从《黄帝内经》开始就提出了饮食节制、七情调和、起居有常等养生方法,后世医家又进一步扩充,提出了二十四节气养生、四季养生、房事养生、经络养生等。

经络养生就是在中医经络理论的指导下,通过针刺、灸法、推拿按摩、气功、导引等方法调理人体的经络系统,使气血通畅、脏腑功能协调、机体处于阴阳平衡状态,从而达到防病治病、强身益寿的目的。

经络养生的基础包括中医理论和西医理论两方面的基础。中医认为,养生的重要原则就是天人相应,而天人相应是靠经络实现的。自然界的许多变化总是先影响经络,进而影响机体。经络依靠体内的经气维持机体与自然界无形之气之间的某种平衡,这种平衡由体表经络上的穴位来决定。如足底涌泉穴,当人体劳累虚弱时,按压这个穴位就会感觉疼痛。

西医利用现代的科技手段一直想要找到经络的实质,但是迄今为止仍然没有取得突破性的进展。目前只是出现了四大主流学派及各自的学术主张:神经生理学派——神经传导学说,生理生化学派——体液循环学说,生物物理学派——生物场学说,整体间隙学派——结缔组织结构学说。但无论是哪个学派,都一致认为经络养生是科学的。因为经多方研究总结,发现,穴位经多种方法刺激后,不但能够促进血流通畅,而且可以促进人体分泌"脑内吗啡",同时还可以提高机体的免疫功能,从而起到养生保健的作用。

经络的祛病养生作用

联络沟通、传导功能。体表感受病邪和各种刺激,可传导至脏腑;脏腑的生理功能失常,亦可反映于体表,这些都是经络联络沟通作用的具体表现。

运行气血、营养全身。气血是人体生命活动的物质基础,全身各组织器官只有得到气血的温养和濡润才能完成正常的生理功能。经络是人体气血运行的通道,能将营养物质输送到全身各组织脏器,使脏腑组织得以补充营养,筋骨得以濡润,关节得以通利。

抗御病邪、保卫机体。营气行于脉中,卫气行于脉外。经络"行气血"而使营卫之气密布周身,在内和调于五脏,洒陈于六腑;在外抗御病邪,防止内侵。卫气充实于络脉,络脉散布于全身而密布于皮表,当外邪侵犯机体时,卫气首当其冲发挥其抗御外邪、保卫机体的屏障作用。

穴位的祛病养生作用

治疗近部疾病。按摩穴位能够辅助治疗穴位所在部位的疾病。例如,后顶穴可以辅助治疗颈部肌肉痉挛;睛明穴可以辅助治疗眼睛疾病;天突穴可以辅助治疗咳嗽、咽喉肿痛、打嗝、失言等。

治疗远部疾病。按摩穴位能够治疗本经经脉所行走的远部部位的疾病,尤其是十二经脉在四肢肘、膝关节以下的穴位。例如,百会穴不仅能辅助治疗头部疾病,还能辅助治疗子宫脱垂、痔疮、脱肛、痢疾等;合谷穴不仅能辅助治疗手部疾病,还能辅助治疗头部、颈部的疾病;迎香穴不仅能辅助治疗鼻塞、急性鼻窦炎、慢性鼻窦炎等鼻部疾病,还能辅助治疗胆道蛔虫病。

特殊治疗作用。按摩某些穴位治疗疾病,对机体的不同状态具有双向调节作用,如按压气海、滑肉门、天枢、腹结等穴,既能辅助治疗腹泻,又能辅助治疗便秘。另外,有些穴位是辅助治疗某种疾病的特效穴位,如曲池穴是辅助治疗皮肤病的重要穴位,人迎穴有显著的降压效果,尤其在降低收缩压方面效果更显著。

整体治疗作用。针灸或按摩某些穴位,可对某方面病症起到整体性的调治作用,进而调治全身疾病。例如,心动过速者,针灸、按摩内关可减慢心率;心动过缓者,针灸、按摩内关可加快心率;针灸、按摩足三里、关元、膏肓俞可增强人体免疫力。

刮痧

刮痧是根据中医十二经脉及奇经八脉,遵循"急则治其标"的原则,运用手法强制刺激经络,使局部皮肤发红、充血,从而起到疏通经络、解毒祛邪、清热解表、行气止痛、健脾和胃的作用,达到防病治病的目的。刮痧部位通常多在受术者背部或颈部,刮痧时,受术者应取舒适体位,充分暴露其被刮部位,并用温水洗净局部。通常采用光滑的硬币、勺柄、瓷碗、药匙或特制的刮痧板,蘸取刮痧介质进行,既可减少刮痧时的阻力,又可避免皮肤擦伤,并能增强疗效。

刮拭顺序

整体刮拭的顺序是自上向下，先头部，接着背部、腰部、胸部、腹部，最后四肢。背部、腰部及胸部、腹部可根据病情来决定刮拭的先后顺序。每个部位一般先刮拭阳经，再刮拭阴经；先刮拭身体左侧，再刮拭身体右侧。

刮拭方向

颈、背、腹、上肢、下肢的刮拭方向应从上向下刮拭，胸部则从内向外刮拭。刮痧板与刮拭方向一般保持在45°~90°之间。刮痧板一定要消毒。刮痧时间一般为每个部位刮3~5分钟，最长不超过20分钟。另外，对于一些不出痧或出痧少的受术者，不可强求出痧，以受术者感觉舒服为原则。刮痧次数一般为第一次刮完后3~5天至痧退后，再进行第二次刮治，不可连续刮痧。

持板方法

手握刮痧板，大拇指及其余四指弯曲，分别放在刮痧板两侧，用于治疗时，刮痧板的底边横靠在手掌心部位，刮痧板厚的一面对着手掌；用于保健时，刮痧板薄的一面对着手掌。刮痧法按手法可分为直接刮法和间接刮法。

直接刮法

用热毛巾擦洗被刮部位的皮肤，然后均匀地涂上刮痧介质，用刮痧工具直接接触受术者皮肤，在体表的特定部位反复进行刮拭，直到出现痧痕为止。

间接刮珐

在受术者要刮拭的部位上放一层薄布类物品，然后用刮痧工具在布上刮拭。此法有保护皮肤的作用，主要用于儿童或高热、中枢神经系统感染开始出现抽搐、年老体弱和某些皮肤病患者。

常用的刮拭方法

正确的刮拭方法可以提高刮痧的疗效，缩短愈病的时间。常用的刮拭方法有：

轻刮法

轻刮法是初学者常用手法之一。刮痧时，刮痧板接触皮肤面积大，移动速度慢，下压刮拭力量小。一般受术者无疼痛或其他不适感。多应用于儿童、女性、年老体弱者，还可应用于面部的保健。

重刮法

重刮法是一种针对骨关节软组织疼痛性病症所采取的一种手法。在刮痧时，刮痧板接触皮肤面积小，移动速度快，下压刮拭力量较大，以受术者能承受为度。多适用于年轻力壮、体质较强者或背部脊柱两侧、下肢及骨关节软组织较丰满处。

快刮法

刮拭的次数每分钟 30 次以上，力量有轻重之别。力量重、刮速快，多用于体质强壮者，主要刮拭于背、下肢或其他明显疼痛的部位；力量轻、刮速快，多用于体质虚弱或需整体保健者，主要刮拭于背、腰、胸腹、下肢等部位，以受术者感觉舒适为度。

慢刮法

刮拭的次数每分钟 30 次以内，力量也有轻重之别。力量重、速度慢，多用于体质强壮者，主要刮拭于腹、关节和一些明显疼痛的部位；力量轻，速度慢，多用于体质虚弱或面部保健者，主要刮拭于背腰的正中、胸、下肢内侧等部位，以不让受术者感觉疼痛为度。

直线刮法

利用刮痧板的上下边缘在体表进行直线刮拭。一般用右手拿住刮痧板，拇指放在刮痧板的一侧，四指放在刮痧板的另一侧，与体表呈 45°，刮痧板薄的一面 1/3 或 1/2 与皮肤接触，利用腕力下压并向同一方向直线刮拭，要有一定的长度。这种手法适用于身体较平坦的部位。

弧线刮法

刮拭方向呈弧线形，刮拭后体表会出现弧线形的痧痕。操作时，刮痧板多依照肌肉走行或骨骼结构特点而走。对胸部肋间隙、颈项两侧、肩关节前后和膝关节周围进行刮痧多用此法。

拍打法

用刮痧板一端的平面拍打体表部位的经穴。拍打时一定要在拍打的部位先涂上刮痧润滑剂，多用于四肢，特别是肘窝和膝窝处。此法可改善四肢疼痛、麻木等症及心肺疾病。

按揉法

用刮痧板角部以 20°倾斜按压在穴位上，做柔和的旋转运动。刮痧板角平面始终不离开所接触的皮肤，速度较慢，按揉力度应深透至皮下组织或肌肉。常用于对脏腑有强壮作用的穴位，如合谷、足三里、内关以及后颈背腰部全息穴区中的痛点。

点按法

将刮痧板角部与穴位呈 90°垂直，然后进行点按，由轻到重，逐渐加力，片刻后猛然抬起，使肌肉复原，多次重复，手法连贯。这种手法适用于无骨骼的软组织处和骨骼凹陷的部位，如人中、膝眼。

面刮法

用手持刮痧板，刮拭时，用刮痧板的 1/3 边缘接触皮肤，刮痧板向刮拭的方向倾斜，利用腕力多次向同一方向进行刮拭，有一定刮拭长度。这种手法适用于身体比较平坦部位的经络和穴位。

角刮法

用刮痧板角部在穴位上自上而下刮拭，刮痧板面与刮拭皮肤呈 45°倾斜。这种刮法多用于肩部肩贞及胸部中府、云门等穴。

摩擦法

将刮痧板的边、角或面与皮肤直接紧贴或隔衣、隔布进行有规律地旋转移动或直线往返移动,使皮肤产生热感为度,并向深部渗透。其左右移动力量大于垂直向下压按的力度。操作时,动作轻柔,移动均匀,可快可慢,一个部位操作完成后再进行下一个部位。多用于麻木、发凉或隐痛部位,或肩胛内侧、腰部和腹部。另外,在使用其他刮法前也可使用该法,皮肤有热感后再继续其他操作即可。

刮拭要领

刮痧时除了向刮拭方向用力之外,更重要的是要有对肌肤向下的按压力。因为经脉和全息穴区在人体有一定的深度,需使刮拭的作用力传导到深层组织才有改善作用。

在刮拭经络时,应有一定的刮拭长度,如需要治疗的经脉较长,可分段刮拭。一般以穴位为中心,上下总长度为13~16厘米,在穴位处重点用力。在刮拭过程中,一般一个部位刮拭完毕后,再刮拭另一个部位。

点、面、线相结合的方法是刮痧的特点,也是刮痧简便易学、疗效显著的原因之一。点即穴位;面即在刮痧治疗时刮痧板边缘接触皮肤的部分;线即指经脉循行路线。经络、穴位相比较,重在经络,刮拭时重点是找准经络,宁失其穴,不失其经。只要经络的位置准确,穴位就在其中,要始终重视经脉整体疏通调节的效果。

在治疗过程中,可根据病情和刮拭部位,选择合适的刮拭方式或结合几种刮拭方法来灵活运用。

按摩

按摩作为一种非药物的自然疗法、物理疗法,是指按摩者运用自己的双手作用于被按摩者的体表、受伤的部位、不适的所在,依据人体经络、特定穴位,运用推、拿、按、摩、揉、捏、点、拍等形式多样的手法进行治疗,达到疏通经络、理气活血、散淤止痛、祛邪扶正、调和阴阳的功效。

按摩常用手法

推法

以按摩者的指掌或肘部着力于一定部位进行单方向的直线推动,推动时用力要沉稳,速度要缓慢,着力部位要紧贴皮肤。适用于经络或经络上的穴位。

拿法

用大拇指和食指、中指或大拇指和其余四指对称用力,捏拿一定的部位和穴位,进行一紧一松地拿捏。拿的动作要缓和,有连贯性,不要断断续续,用力时要由轻到重,不可突然用力。适用于颈、肩部或四肢的穴位或经络。

按法

这是用手指、手掌或握拳时手指的背屈侧以敏捷轻快的手法,用轻重不同的力量在患者的患部或特定的穴位上进行按压。适用于全身各部经穴。

摩法

用掌心、大拇指或其他手指在患者身上的疼痛部位或周围以及特定部位有规律地抚擦。

点法

以屈曲的指间关节突起部分为施力点,按压于某一治疗点上。它由按法演化而成,可属于按法的范畴,具有力点集中、刺激性强等特点。点法主要有拇指端点法、屈拇指点法和屈食指点法三种。

揉法

以指腹、掌根等部着力,按定于病灶处或某一穴位,做温柔和缓的环旋活动,1分钟50~90次。使用广泛,适用于全身各处。

捻法

用拇指和食指罗纹面捏住患者的手指等小关节部位进行对称性地反复交替捻动。操作时动作宜匀速、灵活。

搓法

用双手掌面夹住一定部位,相对用力,来回快速搓揉。常用于四肢,属于一种放松手法。

击打法

用手指或辅助器具等敲打穴位或经络。

滚法

用手背的近小指侧部压按在一定的体表部位上,以腕部作前、后、左、右连续不断的滚动的手法。常用于肌肉丰厚之处。

抹法

单手或双手拇指罗纹面紧贴皮肤,做上下或左右往返移动。常用于颜面部穴位。

拔罐

拔罐法,古称"角法",这是一种以杯罐为工具、借热力排去其中的空气,产生负压,使其吸着于皮肤,造成淤血现象的一种疗法。本法具有行气止痛、消肿散结、祛风散寒、清热拔毒等作用,且无痛无创、使用安全、应用极为广泛,可用于内科、外科、妇科、儿科、皮肤科等各科病症。

拔罐疗法是祖国医学遗产之一,在我国民间使用已久。据史书记载,我国晋、唐时代已流行火罐,那时是用挖空的兽角来吸拔脓疮,以此进行外治。火罐的材料及使用方法各有所异,常用的有竹罐、陶罐、玻璃罐、塑料抽气罐等。

拔罐法通过排气造成罐内负压,使局部红细胞发生溶血现象,通过神经系统对组织器官的功能进行双向调节,增强机体的免疫力。负压的强大吸拔力可使汗毛孔充分张开,从而使体内的毒素、废物得以加速排出。罐口紧紧附着于皮肤表面,牵拉了神经、肌肉和皮下的腺体等,起到调节血管收缩功能的作用,从而改善局部血液循环。同时,拔罐局部的温热也能加速局部的血液循环和淋巴循环,对人体起到保健作用。

吸拔方法

火罐法

火罐法是利用火焰燃烧时的热力排去空气,使罐内形成负压,将罐吸着于皮肤上。常用的有下列几种方法:

投火法

将薄纸卷成纸卷或裁成薄纸条,燃到 1/3 时投入罐里,将火罐迅速扣在选定的部位上。投火时,不论使用纸卷还是纸条都必须高出罐口 3 厘米左右,等到燃烧 3 厘米左右后,纸卷或纸条都能斜立罐里一边,火焰不会烧着皮肤。初学投火法,可在被拔部位放一层湿纸或涂点水,让其吸收热力以保护皮肤。

闪火法

在长镊子或较粗铁丝的一头缠绕脱脂棉并用棉线固定,做成酒精棒。使用前,将酒精棒蘸 95% 浓度的酒精,点燃后,将带有火焰的酒精棒一头伸入罐底绕 1~2 圈,迅速撤出,马上将火罐扣在应拔的部位上,此时罐内已形成负压,即可吸住。一般情况下,闪火法罐内无火,比较安全,是较常用的拔罐方法之一。需注意的是,操作时千万不要烧罐口,以免烫伤皮肤。

滴酒法

向罐内壁中部滴入 1~2 滴酒精,将罐体转动一周,使酒精均匀地附着于罐内壁上(不要沾到罐口),然后用火柴将酒精燃着,将罐口朝下,迅速扣在选定的部位上。这种方法简便易行,但酒精量难以掌握,若过多则容易烫伤皮肤。

贴棉法

用 1~2 厘米见方的脱脂棉 1 小块,厚薄适中,蘸少量 75%~95% 浓度的酒精,紧贴在罐内壁中段,点燃后马上将罐扣在选定的部位上。此法多用于侧面拔,需防止酒精过多,以免滴出烫伤皮肤。

架火法

准备一个不易燃烧却易于传热的块状物,如塑料瓶盖,放在应拔的部位上,上置小块酒精棉球,将棉球燃着,马上将罐子扣上,立刻吸住,可产生较强的吸拔力。此法较安全,不易烫伤皮肤。

水罐法

水罐法一般使用竹罐。先将罐子放在锅内加水煮沸,使用时将罐子倾倒,并用镊子夹出,甩去水液或用折叠的毛巾紧扣罐口,趁热按在皮肤上,即能吸住。此法适用于任何部位,其吸拔力小,操作需快捷。

抽气法

使用底部有橡皮活塞的特制拔罐。操作时,先以罐口贴附于治疗部位上的皮肤,再用吸引器或注射器从罐底活塞处抽成负压,使罐吸着于皮肤上。该法吸附力较强,并可随时调节负压大小。

拔罐法的运用

单罐法

用于病变范围较小的部位或压痛点。可按病变大小或压痛的范围大小,选用适当口径的火罐。如胃病,可在中脘穴拔罐;冈上肌肌腱炎,可在肩髃穴拔罐等。

多罐法

用于病变范围比较广的疾病。可按病变部位的解剖形态等情况酌量吸拔罐数。如某一肌束劳损,可按肌束的位置成行排列吸拔多个罐;如腰肌劳损,可在肾俞、腰眼和腰痛明显的部位纵横并列吸拔几个罐。

闪罐法

罐拔上后,立即起下,如此反复吸拔多次,至皮肤潮红为止,即为闪罐法。多用于局部皮肤麻木或功能减退的虚证。闪罐大多采用火罐法,所选用的罐不宜过大。

走罐法

一般用于面积较大、肌肉丰富的部位,如腰背部、大腿部等,须选口径较大的罐,罐口要求平滑、厚实,最好用玻璃罐。先在罐口涂一些润滑油,或在走罐所经过的皮肤上涂以润滑油脂。将罐吸拔好后,以手握住罐底,稍倾斜,朝推动方向的后方着力,前边略提起,慢慢向前推动,这样在皮肤表面上下、左右或循经来回推拉移动数次,至皮肤潮红为度。

留罐法

拔罐后要使罐在皮肤上留置一定的时间,一般留置 5~15 分钟。需要注意的是,罐大、吸拔力强的罐法应适当减少留罐时间;在夏季或在肌肤薄处留罐,留罐时间也不宜过长,以免起泡而损伤皮肤。

起罐法

施术者先用左手轻轻按住罐口,使罐向右倾斜,然后用右手食指、中指二指按准倾斜对着罐口的肌肉处,轻轻下按,使罐口漏出空隙,透入空气,以此使罐的吸力消失,从而达到使罐子自然脱落的目的。

灸法

什么是灸法

灸法就是指把艾绒或其他药物放置在体表的穴位或特定部位上烧灼、温熨,借灸火的温热力以及药物的作用,通过体表经络的传导,起到温通气血、扶正祛邪的作用,达到缓解疾病和预防保健目的的一种外治方法。灸法一般可分为艾灸法和非艾灸法两大类。

灸法的作用

温经散寒。通过热灸对经络穴位的温热性刺激,可以温经散寒,加强机体气血运行,从而达到临床治疗的目的。所以灸法可用于改善由血寒运行不畅、留滞凝涩引起的痹证、腹泻等疾病,并且效果非常显著。

行气通络。灸治一定的穴位,可以起到调和气血、疏通经络、平衡机能的作用。

扶阳固脱。凡大病危疾、阳气衰微、阴阳离决等症,用大炷重灸,能祛除阴寒、回阳救脱,此法为其他穴位刺激疗法所不及。说明凡出现呕吐、下痢、手足厥冷、脉弱等阳气虚脱的重危患者,如用大艾炷重灸关元、神阙等穴,即可缓解病情。这是由于艾叶有纯阳的性质,再加上火本属阳,两阳相得,可以起到扶阳固脱、回阳救逆的作用。

防病保健。我国古代医家早就认识到预防疾病的重要性,并提出了"防病于未然""治未病"的学术思想,而艾灸除了有治疗的作用外,还有预防疾病和保健的作用。比如经常灸命门、气海等穴可加强人体抵抗力等。现在,灸疗已成为重要的防病保健方法之一。

灸法的禁忌证

凡属热证、邪热内炽等证,例如患高热、肺结核晚期者或出现大量咯血、呕吐等患者以及皮肤痈疽疔疖并伴有发热者,均不宜使用艾灸疗法。

心功能不全及精神分裂症患者皆不宜使用艾灸疗法,并且孕妇的腹部也不宜施灸。

面部、颈部及大血管走行的体表区域、黏膜附近均不宜施灸。

灸法分类

艾炷灸
直接灸

直接灸是将大小适宜的艾炷直接放在皮肤上施灸。

若施灸时需将皮肤烧伤化脓,愈后留有瘢痕,称为瘢痕灸。

若不烧伤皮肤、不让其化脓、不留瘢痕,称为无瘢痕灸。

间接灸

在艾炷下垫一衬隔物放在穴位上施灸的方法,称间接灸。因其衬隔药物的不同,又可分为隔蒜灸、隔盐灸等。其火力温和,具有艾灸和垫隔药物的双重作用,受术者易于接受,较直接灸法更常用,尤其适用于慢性疾病和疮疡等患者。

艾条灸
艾条灸是艾灸法的一种,是一种用特制艾条在穴位上熏烤的方法。如在艾绒中加入辛温芳香的药物制成的药艾条施灸,则称为药条灸。常用的有温和灸、雀啄灸和回旋灸。

温针灸

温针灸是针刺与艾灸结合应用的一种方法,适用于既需针刺留针、又需施灸的疾病。操作时,将针刺入腧穴得气后,留针于适当深度,然后将针柄上穿置长约 1.5 厘米的艾卷点燃进行施灸,或将纯净细软的艾绒捏在针尾上点燃施灸。待艾绒或艾条烧完后,除去灰烬,再将针取出。

灸时嘱受术者不要移动体位,并在施灸下方垫一纸片,以防艾火掉落灼伤皮肤或衣物。温针灸可使艾绒燃烧的热力通过针身传入体内,使其发挥针与灸的双重作用,达到缓解疾病的目的。

温灸器灸

温灸器是一种专门用于施灸的器具,用温灸器施灸的方法叫温灸器灸。温灸器是用金属特制的一种圆筒灸具,底部及筒壁有数十个小孔,筒壁有长柄,上部有盖,可随时取下,内部有一个小筒,用于装置艾绒和药物。

施灸时,施术者点燃艾绒后,先将温灸器盖好,用手持长柄将温灸器置于拟灸的穴位或患病部位上来回熨烫,直到局部发红为止。本法多用于灸治各种慢性病症者以及女性和儿童等惧怕灸治者。

中药常识

中药食疗特点、优势及分类

中药食疗源远流长,古代关于"神农尝百草"的传说,反映了早在远古时期中华民族就开始探索食物和药物的功用,故有"医食同源"之说。周朝的宫廷医生中的"食医",就是通过调配膳食为帝王的养生保健服务。

我国现存最早的药学专著《神农本草经》就记载了许多既是药物又是食物的品种,如大枣、芝麻、淮山、葡萄、核桃、百合、生姜等。

东汉医圣张仲景在《伤寒杂病论》中亦载有一些药膳名方,如当归生姜羊肉汤、百合鸡子黄汤、猪肤汤等,至今仍有实用价值。

中医汉方食疗是在中医理论指导之下,单纯由食物或由药物和食物相结合,采用传统的饮食烹饪技术或现代的加工方法,制造一种既有养生保健、又有食品美味,还可以防病缓疾、强身益寿的特殊食品。根据使用特性又有单方独味、中药复方、中药经方、中药验方、民间偏方、中成药、药膳食疗等。

中药食疗的优势

防治兼宜,效果显著。利用食疗自疗既可缓解病症,又可强身防病,这是有别于药物治疗的特点之一。药膳多是平和之品,但其缓解疾病和健身养生的效果却是比较显著的。

良药可口,服食方便。由于中药汤剂多有苦味,故民间有"良药苦口"之说。有些人,特别是儿童多畏其苦而拒绝服药。而药膳使用的多为药、食两用之品,并有食品的色、香、味等特性；即使加入了部分药材，由于注意了药物性味的选择，并通过与食物的调配及精细的烹调，仍可制成美味可口的药膳。

中药食疗的内容与分类

食疗中药是指具有辅疗疾病或保健康复作用的饮食，又称为"食用中药疗本草"或"食物中药"等。这类食疗中药包括谷物、水果、蔬菜、调料、禽兽、水产等。

食疗药膳

药膳是由具有保健作用的药物、食物和调料配制而成的膳食。药膳既可单独由食用中药加工制成，又可以中药材和食品为原料，按照一定的组方加工烹调而成。根据其形式和加工制作方法，可分为以下十类：

鲜汁

鲜汁是指新鲜水果等食用中药或与某些新鲜中药材一起洗净、压榨出的汁。如五汁饮中的荸荠汁、鲜芦根汁、鲜藕汁、梨汁及麦冬汁。

药茶

药茶也被称为"代茶饮"，是指含有茶叶或不含茶叶的药物经粉碎、混合而成的粗末制品（有些药物饮片不经粉碎亦可）。药茶中常含有瓜果蔬菜类食用中药，一般不用过苦的药材。药茶用开水沏后或加水煎煮后即可像日常饮茶一样频频饮之。如辅疗风寒感冒的姜糖茶，即由生姜、红糖组成。

饮品

饮品是一种液体食疗剂型，一般是用食用中药或与部分药材一起，加水略煎煮，去渣取汁而成，作为饮料日常饮服。如辅助治疗肝硬化腹水的复方玉米须饮。

药酒

药酒是中药与酒相结合的一种液体剂型，可用浸泡法或酿制法制备。其中的药物，也常选食用中药。如用于支气管哮喘缓解期的参蛤虫草酒等。

汤品

汤品是将食用中药、药材和溶媒（一般用水，也可用酒、蜜等）混合煎煮而得的液体，即汤剂药膳。如（《伤寒论》之当归生姜羊肉汤。

药粥

药粥是由药物或药汁与米同煮而成具有辅疗或保健作用的粥。如百合、薏仁、桂圆、红小豆、白扁豆、大枣之类的食用中药，可与米一起淘洗干净后同煮；若用其他药材，可先将药加水煎煮，去渣取汁，再与米同煮成粥；也可在粥将熟时加入药物细末或药汁，再稍煮即可服食。

蜜膏

蜜膏亦称膏滋或煎剂，是将食用中药或与中药材一起加水煎煮，去渣，取汁、浓缩后，加入蜂蜜或蔗糖而制成的稠厚状半流体制剂。如用于支气管哮喘的贝母梨膏。

药糕

药糕是由具有辅疗或保健作用的食用中药或与有关药材一起研为细粉，再与米粉、麦粉或豆粉相混合,或加适量白糖、食用油做成糕,再蒸熟或烘制而成的熟食。如用于辅疗慢性肠炎的八珍糕。

药饼

药饼是将具有辅疗或保健作用的食用中药或有关药物一起研为细粉,与麦粉、米粉或豆粉混合,或加适量枣泥、白糖、食用油等做成饼状,经蒸、烙、烘烤或煎等法而制成的熟食。如辅疗虚寒型慢性胃炎、消化性溃疡的温中健胃饼。

菜肴

菜肴是药膳的一个大类,包括各种具有治疗或保健作用的荤素菜肴,是由鸡、鸭、鱼、蔬菜等与药物及调料烹调而成。其烹调加工方法有炖、焖、煨、蒸、煮、熬、炒、烧等。如用于支气管哮喘缓解期的虫草乳鸽、用于早期肝硬化的归杞甲鱼等。

中药的性味归经

药性

中药具有寒、热、温、凉四种药性,也称之为"四气""四味"。除此之外,还有一些中药药性平和,作用和缓,温热寒凉不明显,所以称之为"平性"。"四气"中温热与寒凉属于不同的性质,温次于热,凉次于寒。

寒性、凉性药物能够减轻热证,如板蓝根、黄芩属于寒凉性药物,对发热、口渴、咽痛等热证具有清热解毒作用。

温性、热性药物能够减轻或消除寒证,如附子、干姜属于温热性药物,对腹部冷痛、四肢冰凉等寒证具有温中散寒作用。

一般来说,能够清热泻火、凉血解毒、缓解热证的药物,属于寒性或者凉性;能够温中散寒、补火助阳、辅疗寒证的药物,属于温性或热性。

药味

药味是指中药的真实滋味。药物的滋味不止五种,辛、甘、酸、苦、咸是五种最基本的滋味,另外,还有淡味、涩味。一般来讲,涩归附于酸,淡归附于甘,所以中药的药味习惯称作"五味",也就是辛、甘、酸、苦、咸五种滋味。

辛

辛味的药物一般具有发散、行气、行血等作用,多用于辅疗表证、气血阻滞。如麻黄、桂枝属于辛味药物,能够解表散寒,缓解风寒感冒;红花、益母草属于辛味药物,能够活血,缓解痛经、跌打损伤等症状。

甘

甘味的药物一般具有补益、缓和药性、缓急止痛等作用,多用于辅疗虚证、调和药物。如人参味甘,为大补之药,是辅疗气虚的首选药物;熟地黄味甘,能滋补精血,是辅疗肾阴亏虚的主要药物;甘草味甘,能调和药物;麦芽糖味甘,能缓急止痛,用于辅疗脾胃虚寒所致的腹痛。

酸

酸味的药物一般具有收敛固涩的作用,多用于体虚多汗、久泻久痢、肺虚久咳、尿频遗尿、遗精滑精等症状。如五味子味酸，能够涩精、敛汗，用于辅助治疗遗精、多汗；五倍子味酸，能涩肠止泻，用于辅助治疗久泻久痢；乌梅味酸，能敛肺止咳、涩肠止泻，用于辅助治疗肺虚久咳、久泻久痢。

苦

苦味的药物一般具有泻下、降逆止咳、泻火、燥湿等作用，用于辅助治疗大便不通、咳喘、火热病、湿热病、寒湿病。如大黄味苦，能泻下通便，用于辅助治疗热结便秘；苏子、杏仁味苦，能降泄肺气，用于辅助治疗肺气上逆导致的咳喘；栀子、黄芩味苦，能清热泻火，用于心烦神躁、目赤、口苦、咽干等症；苍术、厚朴味苦，能燥湿，用于辅助治疗腹部胀满、憋闷、疼痛。

咸

咸味的药物一般具有软坚散结、泻下的作用，用于痰咳、瘰疬、瘿瘤等病症。如海藻、昆布味咸，能消痰软坚，用于辅助治疗瘰疬；芒硝味咸，能泻下通便，多用于辅助治疗大便秘结。

归经

中药归经表示的是药物作用能达到的部位。归有归属之意，经是人体经络的概称。一种药物一般对一个或几个部位起作用，也就是一种药物有一个或几个归经。

中医归经理论是基于经络学说和脏腑学说而形成的，与西医学中的各器官系统是完全不同的概念。也就是说，中医的"心"不等同于西医的"心脏"，"肝"不等同于西医的"肝脏"。如心主神志，当出现精神、思维、意识异常的症状时，如昏迷、健忘、痴呆、癫狂等，可以推断为心的病变。归心经的药物能缓解或消除上述病变，如麝香归心经，能开窍醒神，用于辅疗神志昏迷；朱砂归心经，能镇惊安神，用于辅疗心悸心慌。

另外，了解药物的归经，有助于提高用药的准确性。如辅疗各种原因引起的头痛：白芷善治前额头痛，柴胡善治头部侧痛，羌活善治后头痛；又如辅疗各种原因所致的喘证：麻黄、杏仁归肺经，能够宣降肺气而平喘，辅疗肺气上逆引起的喘咳；蛤蚧、补骨脂归肾经，能够补肾纳气以定喘，辅疗肾虚不能摄纳引起的喘证。

中药的毒性和副作用

中药到底有没有毒副作用

"龙胆泻肝丸"可能导致慢性肾脏病，双黄连针制剂引起不良反应，鱼腥草或新鱼腥草素钠的注射剂引起患者过敏性休克、全身过敏和呼吸困难等不良反应等，这些事件一度闹得沸沸扬扬，让"中药很安全、绿色、没副作用"的传统观念再次受到冲击。

其实，"中药没有毒副作用"是由于不了解中医中药而导致的错误观念。早在两千多年前，《神农本草经》中就记载了药物的毒性，并依据毒性将药物分为上、中、下品。现代研究也证明了中药具有毒副作用，根据国家药品不良反应监测中心的资料，中药的不良反应比西药多，有的不良反应还非常严重，鱼腥草注射剂事件以及其他几种中成药事件，就是严重不良反应的体现。

中药产生毒副作用的原因

药物本身具有毒性

如朱砂，是辅疗心神不安、失眠、口舌生疮的主要药物，具有良好的临床疗效。但朱砂是汞的化合物，主要成分是硫化汞，进入体内的汞主要分布在肝脏、肾脏，可引起肝肾损害,并且可以通过血脑屏障直接损害脑组织。过量服用或没有正确服用朱砂,易导致中毒,表现为恶心、呕吐、口中有金属味、口腔黏膜充血、齿龈肿胀、溢血、腹泻、肾脏损害、肌肉震颤以及心、肾、肝、小脑等脏器损伤,严重时会导致全身极度衰竭而死亡。

马钱子毒性较大,主要用于风湿麻痹、麻木瘫痪、跌打损伤、痈疽肿痛、小儿麻痹后遗症、类风湿性关节痛等。如果炮制不当或者过量服用,可引起中毒反应,表现为头痛、头晕、烦躁、呼吸增强、肌肉抽筋感、咽下困难、呼吸加重、瞳孔缩小、胸部胀闷、呼吸不畅、全身发紧,甚至导致惊厥、昏迷、窒息而死。

过量服用药物

部分中药在一定的剂量内对人体无毒,但超过安全剂量也会产生毒副作用,对身体造成一定损害。如果盲目服用中药,不仅不能治疗疾病,甚至可能加重症状或导致新的疾病出现等现象。如人参,能大补元气,药物本身不具有毒性,有些人便购买大量人参服用,结果不仅没达到强身健体的"奇效",反而出现了发热、咽痛、吞咽困难、鼻出血等严重的不良反应。

药物不对症

部分药物的不良反应是由于不对症引起的,也就是服用了错误的药物,这样不仅起不到改善作用,反而加重了病情,甚至出现新的症状。这些新的症状是由药物的误用导致的。因此,患病不能盲目吃药,要在医生的指导下正确服用药物,一旦出现不良反应,应立即停药并告知医生。

几种药物配伍后产生毒副作用

中医关于药物联合使用时的注意事项较多,如从古至今一直沿用的"十八反""十九畏"歌谣中,明确指出了多种中药不可同时使用,如人参、藜芦不可同用,甘草与甘遂、海藻不可同用,等等。这类药物配伍使用能产生毒副作用,临床上须慎用或禁用。

中药毒副作用的防治方法

合理用药

部分药物毒副作用的产生是由于超量、过久服用等用法不当而出现的中毒现象,合理用药,可以避免这类中毒现象的发生。合理用药包括:服用安全剂量的药物、依据病症用药、在医生指导下用药或依据药物说明书用药,切忌长期使用、过量使用、滥用药物。

使用合格药物

炮制不当的中药、制剂不当的中药、伪劣中药都可能引发毒副作用,因此,购买和服用质量合格的药物是辅疗疾病的保证。中医中药已有几千年的历史,是防病缓疾的主要武器,对保障人民的健康有着举足轻重的作用,绝不能因为某些中药的副作用而对中药全盘否定。实际上只要使用得当,一些副作用是完全可以避免的。因此,人们应正确认识和重视中药的毒副作用,以便更好地发挥中药的辅疗及保健作用。

中药的煎煮方法

中药煎煮首选砂锅

煎药器具以砂锅为好,因为砂锅的材质稳定不会与药物成分发生化学反应,其传热均匀缓和,这也是砂锅自古沿用至今的原因之一。此外,也可选用搪瓷锅、不锈钢锅和玻璃煎器。但是忌用铁锅、铜锅，主要是因为铁或铜的化学性质不稳定，易氧化，在煎煮药时会与中药所含的化学成分发生反应而影响疗效。

煎药如何用水

煎药用水必须无异味，洁净澄清，含矿物质及杂质少。一般可用纯净水或者自来水。用水量为将饮片适当加压后，液面淹没过饮片约 2 厘米为宜。质地坚硬、黏稠或需久煎的药物加水量可比一般药物略多，质地疏松、煎煮时间较短的药物，则液面淹没药物即可。

煎前浸泡

多数药物宜用冷水浸泡，一般药物可浸泡 30 分钟左右，以种子、果实为主的药可浸泡 1 小时。夏天气温高，浸泡时间不宜过长，以免腐败变质。中药煎前浸泡既有利于有效成分的充分溶出，又可缩短煎煮时间，避免因煎煮时间过长，导致部分有效成分耗损、破坏过多。

煎煮火候及时间

煎煮中药还应注意火候与煎煮时间适宜。煎一般药宜先大火后小火，即未沸前用大火，沸后用小火保持微沸状态，以免药汁溢出或过快熬干。火候和时间的控制，主要取决于不同药物的性质和质地，通常解表药及其他芳香性药物，一般用大火迅速煮沸，改用小火维持 10~15 分钟左右即可，以避免久煮而致香气挥散、药性损失；而滋补药则在煮沸后，用小火维持 30~40 分钟，使有效成分充分溶出。像贝壳及化石等多数矿物药则宜更长时间地煎煮。

煎煮次数

一般一剂药煎 2 次，补益药煎 3 次。因为煎药时药物有效成分首先会溶解在进入药材组织的水液中，然后再扩散到药材外部的水液中。到药材内外溶液的浓度达到平衡时，因渗透压平衡，有效成分就不再溶出了。这时，只有将药液滤出，重新加水煎煮，有效成分才能继续溶出。

入药方法

一般药物可以同时入煎，但是有些药物需做特殊处理，甚至同一药物因煎煮时间不同，其性能与临床应用也存在差异。所以，煎制汤剂还应讲究入药方法。

先煎。贝壳、甲壳、化石以及多数矿物药，如牡蛎、磁石等，因其有效成分不易煎出，应先煎 30 分钟左右再加入其他药同煎。还有一些中药毒性较大，如附子、生半夏、马钱子等，这些药物也应先煎，以减少其毒性，从而保证用药安全。

后下。如薄荷、藏红花、大黄、番泻叶等，入药宜后下，等其他药煎煮完毕后再将其纳入，煎沸 5~10 分钟即可。

包煎。将某种药用纱布包起来，再和其他药一起煎。如车前子、葶苈子、青葙子等，煎药时特别黏腻，如不包煎，容易粘锅，药汁也不容易滤除；蒲黄、海金沙、灶心土等，煎时容易溢出或沉淀，需要包起来煎煮；旋覆花、枇杷叶等，如不包煎，煎煮后不易滤除，服后会刺激咽喉，引起咳嗽、呕吐等副作用。

另煎。一些名贵中药，如人参、虫草、鹿茸等宜单煎或研细冲服，否则易造成浪费。

烊化。如鹿角胶、阿胶与其他一般药共煎，需要另放入容器内隔水炖化，或用少量水煮化，再加入其他药物同服。

冲服。不宜煎煮的药物（如芒硝）、液态药物（如竹沥、姜汁等）应用开水冲服或与其他药液混合即可。

择时服中药

选对时间

服用中药的时间取决于病情和药物的性质。汤剂一般每日 1 剂,煎 2 次分服,两次间隔时间为 4～6 小时。临床服用时可根据病情增减。至于饭前还是饭后服药,要依据不同的疾病和药物而定。一般来说,如果病位在胸膈以上者,如眩晕、头痛、目疾、咽痛等宜饭后服用;如果病位于胸腹以下者,如胃、肝、肾等脏腑疾病,宜饭前服用。没有明确规定的,大多数药物在饭后服用,特殊药物应注意特殊的服药时间。多数中药应该乘温服下,发汗药须趁热服以助药力,而清热药物最好放凉后服用。

饭前服用的中药

化痰止咳平喘药

在饭前服用,祛痰镇咳作用更容易发挥,疗效更显著。常见中药:半夏、天南星、贝母、桑白皮、胖大海、杏仁、桔梗等。常见中成药:川贝枇杷膏、急支糖浆、鲜竹沥口服液、蛇胆川贝散等。

驱虫药

在饭前服用,胃中空虚,药物更容易作用到虫体。常见中药:使君子、南瓜子等。常见中成药:化虫丸、乌梅丸等。

泻下药

在饭前服用,避免与食物混合导致药物疗效降低。常见中药:大黄、芒硝等。常见中成药:大承气汤、麻子仁丸等。

饭后服用的中药

解表药

在饭后服用,中医认为:"午前在阳当发汗,午后为阴不宜汗。"常见中药:麻黄、桂枝、荆芥、防风、生姜、薄荷、桑叶、菊花。常见中成药:羚翘解毒丸、荆防冲剂、双黄连口服液、桑菊感冒片、银柴颗粒、板蓝根冲剂等。

健胃药

在饭后服用,有利于药物充分接触食物,达到健脾和胃、消食化积的作用。常见中成药香砂养胃丸、健脾丸、保和丸、健胃消食片、补脾益肠丸等。

辛辣刺激的药物

在饭后服用,有利于减少对胃黏膜的刺激。常见中药:川椒、干姜、旋覆花、乳香等。

清热泻火药

在饭后服用,这些药物药性偏寒凉,对胃有一定的刺激,可造成腹胀、不思饮食、腹泻等不良反应,饭后服用可减少这些不良反应的发生。常见中药:石膏、知母、栀子、黄连、黄柏、黄芩、龙胆草等。常见中成药:牛黄解毒片、三黄片、黄连上清片、清热解毒口服液。

补益药

在饭后服用,补益药滋腻碍胃,影响胃肠功能,降低食欲,饭后服用可减少对胃肠的副作用。常见中药:人参、黄芪等。常见中成药:六味地黄丸、补中益气丸、生脉散、左归丸、西洋参口服液等。

睡前服用的药物

安神药

在睡前 30~60 分钟服用,有利于迅速入睡。常见中成药:甜梦口服液、归脾丸、枣仁胶囊、天王补心丹等。

润肠药

在睡前服用有利于消除肠胃积滞,使排便更轻松。常见中药:麻仁、郁李仁、蜂蜜、核桃仁、柏子仁等。常见中成药:麻仁润肠丸、济川煎等。

不定时服用的药物

辅疗急性病、呕吐、惊厥及石淋、咽喉病的药物或须煎汤代茶饮的药物,均可不定时服。

特殊药物

辅疗疟疾的药物宜在疟疾发作前的 2 小时或者半天服用。常见中药:常山、槟榔等。常见中成药:截疟七宝饮等。

健康体检

关于体检的基础知识

体检真的那么重要吗

说得简单点,体检就是帮助人们找出身体的隐患。对于恶性肿瘤,体检往往能发现早期、尚未转移的"小癌灶",这时手术效果是最好的,必要时配合放疗、化疗,可望痊愈。对于致病危险因素,通过对危险因素的控制,配合健康生活方式的指导,可以预防心脑血管等很多慢性病的发生。人体的结构非常复杂,生病时的症状也不相同。一般来说,当身体器官发生病变时,最常出现的症状有头晕、倦怠、全身酸痛、消瘦等。这些症状令人痛苦和焦虑,但是它们又是得病的警讯。

不过,老天给人的这种"恩惠"却又是不完全的,有些疾病早期就没有症状,而一旦症状出现,病情就一发不可收拾了。像癌症、心脏病、中风、糖尿病、高血压等,都属于早期无症状而晚期无法收拾的疾病。这些疾病早期无症状或症状很轻微,不易被觉察,一旦发生,很难治愈,并且会给人的身心带来终身的危害。

体检何时做起

许多人认为五六十岁开始检查是理所当然,其实,如果能从年轻时就开始做健康检查,才更符合"早期"发现的原理,收到事半功倍之效。一般来说,30 岁之前,最好两年体检 1 次;30~50 岁,最好一年体检 1 次;超过 50 岁,最好一年体检 2 次。如已发现了糖尿病、高血压等疾病,还应做到定期复查。

体检查不出问题不等于万无一失

不是的。健康检查是对全身主要器官和功能的一次大筛检,虽然有可能一下子就把某些异常状况找出来,但也有可能只是些似有若无的模糊迹象而无法立即判断,这时候就应该到医院做进一步检查,以确定诊断。这在健康检查的领域里是很常见的现象。很多病象是在体内持续进行的,初发生时,或体积太小,或血中变化太过轻微,就会造成"确实存在于体内,但检查不出来"的窘境。因为每种事物都有其临界点,未达临界点时,实在很难发现。比如直径 1 厘米以下的肿瘤就很难通过普通的 X 光机或 B 超检查出来,是筛检上的死角。当然,如果采用 CT 或核磁共振检查应该好得多。不过,没有症状的人都来做这种检查,对于医疗资源及社会成本的浪费实在太大,通常的筛检不做这样的检查。

应关注体检的人群

40 岁以上的亚健康人群

18~40 岁的人，随着年龄的增长，身心已逐渐开始轻度失调，而到 40 岁以后，潜在疾病状态的比例也陡然攀高，55 岁前后有明显症状的疾病越来越多。亚健康状态在中年以后也变得明朗化。40 岁以上的中年人应建立体检档案，每年定期体检。对于体检中发现的囊肿、结石、息肉等不需要药物治疗或药物治疗无效的疾病，应按照医嘱定期复查，以便于动态观察病情变化；对于心脑血管疾病、糖尿病等慢性疾病，应系统治疗、随诊观察。吸烟多年或接触刺激性气体的人更应定期检查，以便早期发现肺癌。也可增加肿瘤标志物的检测，如测甲胎蛋白及癌胚抗原等，以排除肝癌。

老年人

随着年龄的增长和生理功能的下降，在不良环境因素的作用下，心脑血管病、糖尿病等疾病的发生概率会显著增加。通过定期进行健康体检，老年人可以及时发现血压、血糖等指标的异常变化，采取有效的应对措施，防患于未然。

白领及办公族

一项针对 4000 多名 31~40 岁白领人士的调查，发现脂肪肝发病率高达 12.9%，肥胖症患病率达 31.6%，血脂异常患病率为 12.8%，冠心病患病率为 3.1%。据专家分析，白领及办公室一族的脂肪肝、血脂异常等患病率之所以比其他人群患病率要高，可能是由于白领及办公族应酬多，过量的摄食、吃夜宵等不规律的饮食方式扰乱了正常代谢，为脂肪肝、血脂异常和肥胖的发生提供了条件。若能每年体检 1 次，这些疾病就能及早发现，并及时得到治疗。

有烟酒嗜好者

吸烟、酗酒是触发心脑血管病、肿瘤等病症的危险因素。因此，有烟、酒嗜好者应定期进行健康体检。

体重超标者

资料显示，肥胖者患有冠心病、高血压和糖尿病的概率分别高于正常体重者 2~5 倍、2~6 倍和 4 倍。由于膳食结构不合理、动物性食品摄入过多或运动减少，20~30 岁出现血脂异常、脂肪肝者屡见不鲜。健康体检可帮助超重者掌握自身的体重指数及血脂相关指标的动态情况，进而获得健康指导，达到科学减肥和预防疾病的目的。

慢性病患者

慢性病患者指一些已患有心脑血管、糖尿病、肝炎、哮喘、胃病等疾病的人，他们的病情可能在医生的治疗下能得到暂时缓解，但绝非能得到一劳永逸的良方，因此，这些人仍然应定时进行疾病的复诊和检查。糖尿病患者至少应每月检查 1 次血糖，并检查是否有并发症发生。乙肝患者每半年要检查 1 次肝脏 B 超，以便能及早发现肝脏的病变。胃病患者每年做 1 次胃镜检查，随时掌握自己的疾病发展，及时调整用药，达到辅疗的最好效果。心电图复查可发现冠心病、心肌缺血、心律失常的变化进展。眼底检查可以反映脑动脉硬化的情况，所以高血压、冠心病、糖尿病及过度肥胖者必须经常查眼底。

中年人应定期做的检查

中年是人生的"多事之秋"，应定期做体格检查，以便较早发现疾病，防微杜渐。中年人定期体格检查主要包括：

生化全套

生化全套包括肝功能、肾功能、电解质、血脂、血糖等，是中老年人最常规的检查项目，及早发现肝肾功能是否异常，糖尿病及血脂是否异常，以便及早治疗。

测血压

并不是每一个高血压患者都有头晕、头痛等自觉症状，定期测血压可以及早发现高血压，以便及早治疗，特别是有家族遗传或肥胖的人更应该关注血压情况。

查眼底

老年性白内障从中年开始发病，原发性青光眼也如此。眼底检查是预防失明的积极手段。脑动脉是否硬化经常从眼底检查入手。患有高血压、糖尿病及过度肥胖者，必须查眼底。

心电图及心脏彩超

心电图可发现心律失常、心肌缺血改变。心脏彩超可发现心脏大小，瓣膜病变等情况，胸闷、心悸、气促者，应做此检查。

X 线、CT 检查

胸部 X 摄片可及早发现有无肺结核、肺癌、纵隔肿瘤等。颈椎、腰椎片可发现有无颈椎病及腰椎病变。头晕头昏及头痛者做头颅 CT 可早期发现脑梗死，尤其是腔隙性梗死，以便及早治疗而促进康复。

B 超检查

肝、胆、脾、胰、肾及膀胱、前列腺（男）、子宫附件（女）B 超体检，是从形态学上反映脏器情况的重要手段，可发现上述脏器的症状，尤其对肿瘤的早期诊断（在无症状时发现）意义较大。

血液流变学

可了解血液黏稠度，预测有无血黏稠度过高引起缺血性卒中的可能，以便及早治疗、消除隐患。

脑彩超及彩色颅脑血管多普勒

可诊断有否脑动脉硬化、缺血等症状，为早期治疗脑供血不足，防止脑梗死（卒中）起到很大的作用。

肿瘤相关普查

甲胎蛋白（AFP）测定可发现早期肝癌；癌胚抗原（CEA）对早期直肠，结肠癌筛选意义重大。恶性肿瘤特异生长因子（TSGF）、C-12 蛋白芯片检测是目前肿瘤普查的最新手段，对肿瘤的早期发现、早期诊断有重要意义。

量体重

可得知自己的体重是否正常，有否消瘦或肥胖。体重过低会导致抵抗力降低，应激能力下降。肥胖已越来越严重地影响现代人的健康长寿,常导致血脂异常、脂肪肝、结石症、痛风等,同时是冠心病、高血压、糖尿病、乳腺癌等发病的危险因素。

老年人体检的重点

人到老年,每年做1次健康检查,进行全身"扫描",是早发现、早诊断、早治疗的治本之策。老年人体检有10项重点内容:

量体重

身体过于肥胖,增加心脏负担,易诱发心血管疾病的发生;过于消瘦,会使抵抗力降低,免疫功能下降。

心电图

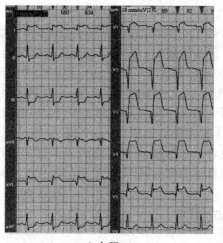

心电图

心电图检查可发现冠心病、心肌缺血改变、心律失常等。

测血压

高血压是冠心病发病因素之一,血压经常处于高峰,还会发生脑血管意外。

查眼底

可及早发现老年性白内障、原发性青光眼。患有高血压、冠心病、糖尿病的患者,查眼底,可反映脑动脉是否硬化。

查肝功能

可及时发现肝炎、脂肪肝、肝硬化、肝癌等。

胸 X 线透视

可早期发现肺结核、肺癌,尤其是常年嗜烟的老年人更应该定期做胸透检查。

大便隐血试验

可早期发现胃癌、结肠癌及消化道疾病。

肛门指检

可以发现直肠癌、男子前列腺癌、前列腺肥大等疾病。

验小便

可及时发现肾脏病、糖尿病，对于高血压、冠心病患者，查小便可了解有无肾动脉硬化，以及老年女性的慢性肾盂肾炎。

老年女性应进行乳房及妇科检查

可及早发现乳腺癌、宫颈糜烂、子宫癌及附件类疾病。

体检结果不同怎么办

我们体检时，有时会出现在一家医院化验正常，可在另一家医院却不正常的情况。那么，为什么会出现这种情况呢？

最常见的原因，是体检者未仔细阅读"体检须知"，留取标本不当，以致同一个人2次检测的标本实际上并不相同。例如，抽血前是否禁食，空腹对测定结果影响很大（如血糖、血脂等）；抽血前是否处于安静状态，因有些项目，如转氨酶等在剧烈运动后会升高；留取的尿液是否是晨尿，因为清晨第一次尿与平时的随机尿检查结果相差较大。

体检者两次体检时的身体状况不一致。如体检者是否服用了药物，有些药物会影响测定项目（如转氨酶、肌酐等）；女性体检者是否处于月经期等也会影响测定结果。

另外，也有可能是因为两家医院的测定方法不同，使用的仪器不同造成结果有差异。还一种可能就是医务工作者责任心不强，张冠李戴，弄错了标本。如果出现两家医院的检验结果不一致时，体检者不必惊慌，可要求医务人员做出合理的解释，并在医务人员的指导下正确留取标本，配合他们找出原因，还自己身体状况以本来面目。

器官最佳检查时间

人体器官在不同年龄患病的机会也不同，如果能在早期及时发现并治疗，效果通常会好得多。健康专家为此列出了各器官进行健康检查的起始年龄和频率。

牙齿

从1岁起，每年至少做1次检查。

血压

到10岁应该做第一次检查，以后至少每两年检查1次。

胆固醇

20岁时做第一次检查，以后每五年做1次。

乳房

女性40岁时，由医生做1次乳房检查。

前列腺

男性50岁时做第一次检查，也可提前做检查。

视力

从3岁起做第一次视力检查，以后视情况3~5年检查1次。

宫颈刮片检查

女性 18 岁时做第一次宫颈刮片检查,以后 1~3 年检查 1 次。在获得连续 3 次阴性结果后,检查间隙可以延长。

乳房造影检查

女性 50 岁时做第一次检查,也可提前做检查。

直肠镜检查

50 岁时开始做第一次检查,以后 3~5 年检查 1 次。

健康体检的 7 大误区

近年来,随着人们物质生活水平的提高,对身体健康的重视程度越来越高,但不少人存在不科学的观念,影响了体检的效果。

没有疾病没有必要体检

没有疾病也该定期检查。不少人平日生活里身体一向不错,能睡能吃,也从来没有觉得有不舒服的地方,于是不主动去检查,或者干脆就不去体检。其实这样做对自己是十分不负责任的行为。

身体不好害怕体检

有的人身体比较虚弱,一到体检,往往担心检查出可大可小的疾病,从而对工作、家庭造成一定的影响。因此,体检时躲躲闪闪,不愿检查。这样做,只会导致原有疾病加重。

不求甚解,过度体检

有的人过分担心自己的健康,体检时不论是否需要,全部都做,这样也是不可取的。

体检走形式

有些人工作较忙,该体检了,自己还有许多事要做,想到身体也没什么大病,干脆走走形式,有的甚至形式也不走,干脆找个理由一推了之。这种做法,很有可能延误某些疾病的治疗,引发严重后果。

主观省去部分体检项目

有的人体检,只做自己认为重要的检查,而对于眼、耳、鼻、喉、血压等检查,总觉得无关紧要。这样会使部分身体健康信息遗漏,导致医生无法得到全面系统的信息,很可能无法对身体整体状况做出正确判断。小部分人为了省钱,该检查的不检查,同样也会漏掉许多重要信息,从而影响医生的正确判断。

有问题不进行复查

体检发现了问题,应该及时到医院进行复查。复查是对体检发现的问题进行进一步的诊断,以确定是否患有某种疾病,同时也是为了对体检中发现的一些问题,分析出原因,找出对策。而有的人,体检发现了问题,出于一定原因,总会拖时间不去治疗,甚至不去复查,这些都对健康极为不利。

隐瞒情况

正常情况下,体检应该将自己平时的身体状况向医生说明,以便医生更科学地做出健康评估,而有的人平时就患有某种疾病,体检时又不加说明,甚至当医生问到时,还隐情不报,这样,医生就很难判断你是体检中查出的健康隐患,还是既往疾病。

体检窍门,教你几招

尽量避免有损害性的体检

健康体检毕竟不是患病时非做的检查,在选择检查项目时需要权衡利弊,有损害性和高感染可能性的检查项目应尽量避免。有些检查项目对身体是有一定损害的,如CT、磁共振、x射线等,有的检查感染的可能性较高,如胃镜、肺功能、静脉穿刺抽血等;而有的却是无损伤的,如心电图、B超、脑电图、多普勒、尿流率、大小便常规等。

或许有些体检并不适合你

严格地说,每一检查项目都有其适应证和禁忌证,或许有些体检并不适合你。如心电图运动试验就有严格的适应证和禁忌证;乙型肝炎患者禁忌做胃镜。有的检查项目虽然没有明确的适应证和禁忌证,但在检查前却有特别提示,即在什么条件下才能有较为客观的结论,如脑电图。

别重复花钱

不少检查项目的作用是类似的,如24小时动态心电图、高频心电图、一般心电图等。有目的地选择一两项,没有必要全部都做。在明确了冠心病的诊断后,也没有必要再做心电图运动试验。对老年体检者来说,血与尿的"癌症相关因子"检查也是没有必要的,它既缺乏准确性,又缺乏特异性,更何况两者在一"阴"一"阳"或轻微偏离正常参考范围的情况下,更是一个棘手问题。老年人脑血管多普勒检查结果几乎100%为脑动脉硬化和脑血管供血不足,因而有人坦言,老年人即使不做脑血管多普勒检查,认为脑动脉硬化、脑动脉供血不足也不会有错。

高龄老人体检要得法

80岁的年龄必然有80岁的相应生理状态。比如动脉粥样硬化,颈、腰椎退行性改变,心肺老年性改变,肾功能减退,老年性白内障,男性前列腺肥大以及冠心病,骨质疏松症,老年性慢性支气管炎这些常见病、多发病,老年人几乎不可避免,只要既往已经明确诊断过,目前情况又稳定,检查和不检查的意义相差无几。实际上,对这些老年人来说,更应该做的是多学习老年保健知识,饮食起居有度。

不要盲目相信体检结果

健康体检结果只是单一的健康状况依据,仅供医生参考,不能轻易拍板诊断。如心电图ST段改变即诊断为冠心病;三酰甘油高于参考范围即为血脂异常;尿酸高即为高尿酸血症……不仅会给体检者平添不少心理压力,还让被体检者无辜打针、吃药。

常见体检项目

眼科检查

眼的一般检查,包括眼附属器和眼前段检查。眼附属器检查包括眼睑、结膜、泪器、眼球位置和眼眶的检查;眼球前段检查包括角膜、巩膜前段、前房、虹膜、瞳孔、晶体的检查。在中老年人中,最常见的眼科问题是白内障及视网膜动脉硬化,视网膜动脉的改变可反映体内动脉硬化的程度,并常与高血压病、糖尿病并存,故这也是判断高血压病程度的一个标准,严重的糖尿病患者亦有眼底改变。因此,有高血压病和糖尿病的患者,应进行常规的眼底检查。

口腔科检查

一提到口腔,很多人只想到"牙"和"吃"。其实,口腔涵盖颜面部,口腔部和颞颌关节部等。就功能而言,食物的咀嚼和吞咽是口腔基本功能,而且口腔还对面部的容貌、表情、语言等发挥重要作用。口腔健康状况是人体健康的重要指标。但人们对口腔疾病的防治长期不予重视,导致口腔疾病高发。牙齿要想健康,除养成良好的口腔卫生习惯外,定期进行口腔检查和保健也是不可缺少的。

检查龋齿只是彻底进行口腔检查的一小部分内容。每次口腔检查时,口腔医师及卫生专家会检查你是否有牙龈炎、你的牙动度及牙周袋。通过口腔检查,还可发现癌症、糖尿病和维生素缺乏症的表征,以及发现面部结构、咬合、唾液及颞下颌关节的异常。检查时口腔医生或口腔卫生专家会清洗你的牙齿,鼓励你保持良好的口腔卫生。

在口腔检查中,牙科医生会对牙齿、牙龈、口、喉进行检查。定期的口腔检查大致包括了以下内容:

头部、颈部检查

癌症检查;面部结构检查;咀嚼肌的触诊检查;淋巴结的触诊检查;颞下颌关节检查(TMJ)。

临床口腔检查

牙周检查——牙龈炎、牙周袋;牙齿动度;口腔黏膜;唾液或唾液缺乏;咬合龋齿;填充物是否破碎;牙侵蚀;可摘除的口腔装置;牙齿间接触情况。

妇科检查

女性35岁以后肿瘤发病率逐渐增高,因此35岁以上的女性应一年做1次妇检。但现在有不少疾病的发病正在逐渐年轻化,像以前50岁才有的乳腺癌,现在经常出现在35

岁左右的女性身上,而在已婚女性中,50%~60%有不同程度的阴道炎和宫颈炎。据世界卫生组织调查,1/3的癌症可以预防,1/3的癌症如早期发现甚至可以治愈,像卵巢癌、乳腺癌等常、见病,通过体检全都可以早发现、早预防、早治疗,所以,妇检对女性来说是一道必不可少的"护身符"。

阴道检查

医师会先视察外阴部的外观是否有异常,大、小阴唇有无异状,阴毛所在的皮肤、毛囊有无问题,接下来再观察阴道壁和子宫颈有无发炎,有无息肉产生,判断子宫位置、大小和硬度,有无肿瘤等。

子宫颈抹片检查

最近十年以来,子宫颈癌一直为女性罹患癌症的第一位。一般说来,初期的子宫颈癌是不会有任何不舒服症状的。

正因为如此,许多人延误了治疗时机,当您发现阴部有不正常的出血时,癌细胞可能已经侵害到身体内部了。而要早期发现子宫颈癌,只有靠子宫颈抹片检查,这样就能及时接受治疗,使自己的生命获得保障。子宫颈抹片检查,不仅方便快速,过程简单,更不会疼痛。只要一年做1次子宫颈抹片检查,您的健康,就掌握在自己手中了。

妇科超音波检查

妇科超音波是利用声波遇到物体反射的原理成像,借以超音波来协助诊断相关疾病,主要观察包括子宫、子宫内膜、卵巢是否出现病变,例如:子宫肌瘤、子宫内膜异位、子宫内膜增生、子宫内膜癌、卵巢肿瘤、卵巢出血等等,这对各个年龄层的女性来说,都是不可或缺的基本检查。想要拥有完整的女性健康检查,别忘了以上三项检查,才能完整掌握自己的健康状况。

耳鼻咽喉科检查

耳鼻咽喉科又称五官科,其实耳鼻咽喉只是五官中的3个器官。这一学科主要研究耳鼻咽喉与气管食管器官的解剖、生理和疾病现象以及治疗手段。耳鼻咽喉器官不仅有听觉、平衡、嗅觉、呼吸、发声和吞咽等重要功能,而且与免疫防御、味觉等功能有密切关系。有些全身性疾病会在耳鼻咽喉等器官有特殊的表现,如颈椎病变时可引起眩晕;哮喘的患者常引发过敏性鼻炎和鼻息肉,因此,要定期做耳鼻咽喉科检查,预防疾病。

血常规检查

血常规检查是临床上最基础的化验检查之一。血常规检查项目包括红细胞、白细胞、血红蛋白及血小板数量等。血常规检查一般取用末梢血检查,如指尖、耳垂部位的血,再经过血液细胞分析仪器,由电脑报告结果。血常规的意义在于可以发现许多全身性疾病的早期迹象,例如贫血检查最基本的数据就是血常规中的血红蛋白和红细胞等指标:消化系统疾病会造成营养不良性贫血,而肾脏疾病则可导致肾性贫血,月经量过多的女性常常发生缺铁性贫血。做血常规检查要注意以下事项:血常规检查前应空腹;将准备采血的部分清洁干净;采血后应伸直前臂,用另一只手按紧止血棉球至少 5 分钟。

尿常规检查

尿常规在临床上是不可忽视的一项初步检查,不少肾脏病变早期就可以出现蛋白尿等情况。尿常规检查内容包括尿的颜色、透明度、酸碱度、红细胞、白细胞、上皮细胞、比重及尿糖定性。如果不慎,发生尿路感染或阴道炎、肾炎,你的小便就会变红、变黑、变成褐色或乳白色,发生尿频、尿急、尿痛、排尿困难、肉眼血尿等症状。如今,尿常规已作为临床医生诊断疾病、鉴别病患必不可少的重要检查方法。做尿常规检查要注意以下事项:尿标本必须新鲜;尿标本必须清洁;送检尿量一般不少于 10 毫升。

中国大百科

疾病自查

面部疾病信号

面部对每个人来说都很重要,它出现的一些症状可以给我们提供一些信息。在日常的生活中,我们可以根据面部的情况来推断我们即将要面临的苦恼,并且有针对性地、及时地解决问题。

脸色异常传递信息

脸是人的阴晴表,一个人的脸色与身体健康有着密切的联系。体内发生的病变,必然会反映到体表,脸色就是这种体表反映之一。所以,对每个人来说,了解各种脸色代表的意义是很有必要的。

面呈红色

面红多为热证的表现。如果出现满面红光,则有可能是面部毛细血管扩张引起的,可能是高血压的症状。面色通红,伴有口渴甚至抽搐,面部潮红,是一种急性热病的面色,如急性传染病,高热性疾病。这种热病面容除了潮红之外,还会有口唇周围的疮疹或皮肤上的皮疹等症状。潮红是红色的一种,病理性潮红主要是发生在感染引起的高热性疾病,如伤寒、疟疾、肺结核、肺炎等。

脸色出现潮红的症状还可能是脑充血的前兆。有时候红色出现的部位也是有讲究的,如果红色出现在面颊和腮边,则有可能是心脏病。两面颧部呈现绯红色,可能是结核病。红斑有时也是一些疾病的症状。蝶形红斑是红斑狼疮疾病的征兆,如果儿童面颊两侧出现玫瑰色片状水肿性红斑,则有可能是传染性发疹性疾病。但是,因剧烈运动、饮酒、日晒、情绪激动等引起的短暂的面部潮红则不是疾病的征兆。

面呈白色

面白一直是很多人追求的目标,但是只有白里透红才是健康的脸色,苍白、灰白等颜色则是病态白。面色苍白是由面部毛细血管痉挛,局部充血不足或者血液中的红细胞或血红蛋白含量减少引起的。面色苍白属于虚证和寒证,是体质差的体现。就一般疾病来说,虚寒病症、贫血及某些肺病患者、里寒的剧烈腹痛、或外寒的恶寒重者,都可能导致面色苍白。而甲状腺机能减退症、慢性肾炎等患者的面色,也要比一般人苍白得多。此外,出血性疾病、经常痔疮出血、女性月经过多,也会造成面色苍白。休克之人因面部血液循环受阻,也会脸色发白。因寒冷、惊恐等刺激引起的毛细血管强烈收缩也会导致面色苍白,这也是正常现象,不是某种病症的表征。

此外,铅中毒时,患者面色以灰白为主要特征,寄生虫病、白血病等患者、长期室内工作及营养不良者脸色也是呈灰白色。面色灰白而发紫,且表情冷漠是心脏病晚期的病危症状,面部出现白点或白斑可能是肠道寄生虫病。

面呈黑色

面部黑色是慢性病的征兆,我们应特别注意。面色呈现黑色是因为肾精亏损,补肾药物可以缓解这种疾状。总的来说,面部黑色多是肾上皮质功能减退症、慢性心脏功能不全、肝硬化、肝癌等疾病的征兆,而且随着病情的增重,颜色也会增黑。长期使用某些药物,如砷剂、抗癌药等,亦可引起不同程度的面色变黑,但一旦停药后又能恢复正常。在观察面色的时候,并不能把所有的黑色都误认为是疾病的前兆,因生理现象而形成的脸色变黑、老年性色素斑、女性妊娠斑等都是正常的,不属于疾病。所以,当面部开始呈现黑色时,不要一味地认为是疾病,要谨慎地思考一下原因。

面呈青紫色

脸部及嘴唇青紫,被称为发绀,是由皮下淤血所致。面部青紫和缺氧有很大的关系。严重的哮喘、肺气肿、肺梗塞、慢性支气管炎等疾病会引起面部青紫。此外,面部青紫还可能因窒息、先天性心脏病、心力衰竭等疾病而出现。胃、肠道寄生虫病、肠部痉挛性疼痛、胆道疾病引起的胆绞痛也可以使面部青紫。此外,小儿高热,面部出现表紫,以鼻柱与两眉间较为明显,是引发惊风的预兆。忍受某种剧痛时,面部也可隐约显现出青晦气。青紫色可能出现在疾病晚期,所以当面部呈现青紫色时要多加小心。

面呈黄色

脸部发黄是由血液中胆红素增多引起的。黄色常见于急性黄疸型肝炎、先天性胆管畸形、胆管癌、肝癌等疾病。面黄最多见的是黄疸病。不同程度的黄色也代表疾病的不同发展阶段。黄色鲜明如橘色属于湿热,称为"阳黄";黄色阴晦如烟熏多属于寒湿,称为"阴黄"。此外,面色萎黄多为心脾虚弱、营血不足;面黄浮肿为脾虚有湿。钩虫病导致患者长期慢性失血,从而出现面色发黄的情况。疟疾、食物中毒等也可能引起面部发黄。

除了疾病引起面部发黄外,进食还能够引起同样的效果。如果经常进食含胡萝卜素较多的胡萝卜、南瓜、菠菜等食物可能会导致面部发黄,尤其是甲状腺功能减退或肝功能不全时,被吸收的胡萝卜素在肝内转化为维生素 A 的过程发生障碍,鼻旁发黄就是常见的症状。

除了上述几种常见症状外,疾病还可能引起面部其他颜色,如绿色、橙色等。每一种颜色代表不同的一种或多种疾病。总的来说,脸色是我们初步探测身体健康状况的工具,是不能够被掩盖的。健康人的脸色为略带红润,微发黄,有光泽,其程度随年龄的不同而不同。不论什么颜色,鲜明、荣润的,表示病变清浅、气血未衰;晦暗、枯槁的,表示病情深重、精气大伤。我们可以根据详细分析出来的信息,进行疾病的排除,并遵循"有病治病、无病防治"的原则将病痛扼杀在摇篮中。

面容异常传递信息

面部表情是传递信息如疾病、心情等不可或缺的重要因素,面容异常也是诊断疾病的一个重要组成部分。因人的面部表面肌肉丰富,血运充足,同时也是颅神经支配集中的部位,所以面容可以很明显地透露出疾病的信息,让我们可以很准确地辨别出疾病。不同疾病可以表现出不同的面容,因此我们要关注面容异常情况。健康者的面容应该是两眼有神,眉目清秀,皮肤富有光泽。

急性面容

急性面容常见于急性热病,如疟疾、大叶性肺炎、流行性脑脊髓膜炎等。急性面容表现出来的状况有面色潮红、兴奋不安、表情痛苦等。如果出现这些情况,一般需要通过正规的检查确认疾病的存在,之后就要针对这一情况进行施治。

慢性面容

慢性面容常见于慢性消耗性疾病,如肝硬化、恶性肿瘤、严重结核病等,表现出来的有面容憔悴、面色灰暗或苍白、目光暗淡等。

浮肿面容

浮肿,顾名思义,用手按压面部,面部皮肤会下陷。浮肿面容常见于甲状腺功能减退症以及糖尿病和心脏病等疾病,而且经常出现的症状有面色苍白、颜面浮肿、目光呆滞、反应迟钝等。此外,浮肿面容还常见于肾病。

衰老面容

衰老面容指容貌与实际年龄极不相称,面部皮肤皱纹叠生,显得异常衰老。这是很多人,尤其是女性都不能接受的,是影响形象的因素。早老症、先天性全身脂质营养不良、脂肪萎缩性糖尿病等疾病会引起衰老面容。

痴呆面容

痴呆面容常见于呆小症,表现出来的症状有头大颈短,眼裂小眼睛肿大,鼻深宽平,鼻翼肥大,舌大宽厚且经常伸出口外。

半侧瘫痪面容

半侧瘫痪就是指一侧的面部表情动作完全丧失,另外一侧可以自如活动。半侧瘫痪面容有两种情况,如果出现这一情况的人前额没有皱纹,而且眼裂扩大,鼻唇沟平坦,口角下坠,则有可能患有面神经麻痹症。除此之外,如果有的人没有出现眼裂扩大、闭目困难等症状,则有可能患有各种原因导致的中枢性面瘫症。至于是哪种情况,这就要分情况来仔细斟酌。

半侧痉挛面容

半侧痉挛面容常见于面部神经瘫痪后遗症、三叉神经、中枢神经障碍等疾病,它经常表现为半侧面部肌肉阵发性不规则抽搐,偶尔表现为瞬间的痉挛或口角抽搐。

恐怖状面容

恐怖状面容常见于甲状腺功能亢进疾病,此种疾病的患者常常表现出面容惊愕、眼球突出、目光闪亮,惊惧的表情、眼裂增大等情况,而且这类患者的面颊消瘦,喜怒无常,易兴奋,情绪很不稳定。

伤寒面容

伤寒面容常见于肠伤寒、脑脊髓膜炎、脑炎等高热衰弱性疾病,患有这些疾病的人在面容上表现出来的则是表情淡漠,反应迟钝,呈无欲状态,有时还会有少气懒言、意识不清等症状。

毁灭性面容

毁灭性面容一般见于梅毒、寻常狼疮、麻风、恶性皮肤肿瘤等疾病,患有这些疾病的患者可能会因这些疾病而导致面容被毁坏。面容毁坏的程度各有不同,有的人只是面容受损,有的人则是五官等也受到损害,或者是损坏愈合后面部形成不规则的收缩性疤痕。这样的疾病对人们的伤害是很大的,严重的会夺去很多人的生命。

增殖体面容

增殖体面容常见于增值体肥大疾病,它可能的症状则是鼻梁宽平、硬腭高拱、切牙外突、牙齿排列不齐。此外,嘴唇厚、上嘴唇上翘、面部表情呆滞也是其常见的症状。如果一个人具备了大部分的情况,那他极有可能已经患有增殖体肥大症。

除了上述的各种面容外,还存在很多种面容异常的情况。只要不是正常的面容表情,那就说明疾病已经开始侵袭我们的健康了。面容异常不仅影响美容,还会影响正常生活,所以,我们要对我们的面容异常情况非常警觉,以便于快速接收到面容异常给我们传递的信息。

我们在日常生活中要丰富此类的经验,留心分析观察。

面部异常传递信息

面部麻痹

面部麻痹是指面部的肌肉失去平衡,嘴唇被牵向一边,主要是一边的面部肌肉发生瘫痪,失去了控制。面部内的神经因水肿变化而受到压迫时,面部麻痹的症状就会产生。如果还有严重的淤痛,或者淋巴腺,那么这种情况多与骨折、肿瘤、中耳炎、颅骨乳突部分发炎等疾病有很大关系。面部麻痹症状的出现多是很突然的,而且历经的时间也是长短各异的。如果诊治得当,大部分患者的麻痹情况是可以全部或部分消除的。所有的患者并不是一样的情况,但是其面临的困难是一致的,所以,在检查是否患有这种病的时候,眼光不要太狭窄,要从多种角度来检验病情。

脸部疼痛

脸部疼痛是指脸部的一边或者双边疼痛,或者额头处疼痛。和疼痛的位置不同一样,疼痛的力度也是不一样的。脸部疼痛的原因很多,每一种原因都是由不同的疾病引起的。三叉神经炎会引起脸部疼痛,此种情况常见于女性,而且右侧脸较多。这种疾病引起的疼痛一般比较剧烈。三叉神经痛是一种突发性的严重面部疼痛,它可以由非疼痛性的刺激产生。此外,带状皮疹也会引发面部疼痛。如果曾经长过红色起水疱的皮疹,那么就有可能引发面部疼痛。带状疱疹引发的面部疼痛是不可避免的,要认真对待。此外,如果患有皮疹,要防患于未然,为可能来临的疼痛做好各种准备。

面部血丝

面部血丝也是由疾病引起的症状，它是由面部毛细管扩张引起的现象。如果皮肤白嫩，在脸上就可以看到一根根扩张的小血管互相沟通呈网状。先天性的称为先天性毛细血管扩张症。这类先天性的面部血丝的出现可能是由妇科病、慢性便秘等所致，此外，其他如高血压、动脉粥样硬化等循环系统疾病也有可能引发面部血丝。有的人的脸上看不见微血管，但是并不是说疾病不存在，只是被隐藏起来了，不能够直接看出来。只要稍受刺激脸部就会通红的人很有可能有自律神经的问题，这就要马上在医生的指导下进行治疗，服用自律神经调整剂。除此之外，后天性的情况也会引发面部血丝。有的人，尤其是女性喜欢在脸上涂抹一些化妆品，这些化妆品并不是没有副作用的，其中含有的成分对皮肤的刺激是很大的。氟轻松等激素类软膏就是这样一种物质，它会减慢面部皮肤的表皮生长速度，抑制纤维组织的生成。使毛细血管逐渐扩张，进而出现网状血丝，并可能伴有局部皮肤色素加深的情况。总而言之，不管是先天性的原因还是后天性的原因，我们都应该努力把握机会，不要让这一疾病侵扰我们的生活。

面部笑容异常

正常人的笑容是心情愉快的表露。但是，有一些笑并非是人们欢乐情绪的表露，可能隐藏着某种疾病的蛛丝马迹，是疾病所表现出来的特殊症状。

破伤风常会使患者脸上出现苦笑，并且张口困难，咀嚼肌抽搐，牙关紧闭，面部肌肉痉挛。破伤风还有四肢强直与角弓反张等症状。此外，笑发性癫痫会引起阵发性笑，在临床上还伴有形形色色的自动症、脑电图改变等症状。

大脑发育不全和老年痴呆等患者常常出现傻笑的现象，无缘无故地憋里憋气地发笑。表现为乐哈哈，但是面容却给人一种呆傻的感觉。傻笑是不能够自制的，无须任何刺激、在任何情况下都有可能出现。

笑容异常还有很多别的表现，只要不是正常的笑容都是危险的，而且有的笑容是不受控制的，会给正常人害怕的感觉。所以，对待笑容异常的情况，我们不能够掉以轻心，要把治疗疾病放在首要位置。

眼部疾病信号

眼睛的特定部位与脏腑有着密切的关系，它会透露出很多信息，包括疾病的情况。如果五脏六腑功能失调，就会在眼睛部位反映出来。眼睛疾病信号很重要，它能够及时地传递相关信息，让我们把握住线索，很好地辅治疾病。

眼球异常传递信息

眼球是眼睛重要的组成部分，它的大小、形状、颜色都是有一定条件的，如果超出正常范围，那就说明某一种疾病或者多种疾病已经开始干扰人体健康。

眼球大小异常

眼内肿瘤或者婴幼儿青光眼可能会导致眼球过大，眼球过小则有可能是由眼球萎缩或者先天小眼球引起的。

先天小角膜则只会导致黑眼球过小，对白眼球没有影响。除了这两种异常情况，眼球还有可能出现突出的情况，即眼球向外突出的距离超出正常距离。甲状腺功能亢进是引起眼突的最常见的一种疾病，在眼突的同时还伴有多汗、低热、心悸等症状。颅内脑瘤也是引起眼突的一种疾病，视力减退、视野缺损等症状也是其造成的。除了这些情况，颅内肿瘤还有可能引发闭经、性功能减退、多尿等内分泌系统变化。

引发眼突的疾病还有很多。眼球是我们必须要加倍保护的部位，没有了眼球，我们就会失去视力，一直流连于黑暗世界。所以，凡是对眼球有危害的疾病都是我们的敌人，我们要防止它们对眼球的侵害。

眼球颜色异常

我们对眼球最深刻的印象就是它有一个黑眼珠，黑眼珠一般不会出现什么问题，但是它周围的颜色会因为疾病的不同而有所变化。

如果黑眼珠周围出现红色，而且还带有点状白色混浊，同时有眼疼、怕光、视力不好等症状，这就说明虹膜炎已经开始侵袭眼部健康了。此外，脑动脉硬化还有可能会引发黑眼球周围的白色环。白色环是血液中胆固醇水平增高的征兆，它与心脏病的发生有密切联系。

同样，白眼球也会出现类似的情况。健康人的白眼球洁白而有光彩，没有其他颜色。如果出现异色或斑点，就表示人体的内脏有病。白眼球充血发红是最常见的情况，这是由细菌、病毒感染发炎引起的。眼睛有分泌物、发痒、眼痛也是由它引发的，并且这几种症状是伴随着发生的。此外，严重失眠者、心功能不全者、高血压患者也会出现眼结膜充血的症状。儿童和孕妇的眼白发蓝，这是贫血的表现。中、重度贫血者的颜巩膜都呈现蓝白色。由肝病或胆道疾病、妊娠中毒等疾病所引起的黄疸会使白眼球变黄。

眼球光泽异常

健康人的眼球很有光泽，看起来神采奕奕。但是，维生素 A 的缺乏会使眼球干燥、无光泽。成人、儿童缺少维生素 A 会使眼球结膜干燥、无光泽、毛糙，甚至失明，就算是没有失明，在晚上也会看不到东西，易患夜盲症。所以，如果发现眼球出现这些情况，那就有可能是出现了一些健康问题，这需要边远山区和农村的人们多加注意，一定要保证营养的充足，让眼球看起来充满活力且富有精神。

眼睑异常传递信息

眼睑，就是眼皮，是眼球前面的软组织，对眼球起保护作用，是防御外物侵犯的屏障。眼睑通过开闭可以使眼球保持湿润和角膜的光泽，清除结膜囊灰尘及细菌。但是，眼睑也会有异常的情况，如果发现眼睑异常现象，我们要加以重视并且积极治疗。

眼睑下垂

眼睑下垂有先天和后天之分，后天性眼睑下垂往往由重症肌无力、抑郁症、某些脑血管病变等疾病引起。有时，眼睑下垂还伴随着其他症状。偏头痛除了会引发眼睑下垂，还有可能引起复视及头痛的现象。此外，眼睑下垂和头痛两种症状并发还有可能是由脑瘤或是脑动脉瘤导致的的。

如果眼睑下垂时，眼睛周围伴有肿痛的现象，还有肌肉疼痛的情形，则有可能是因为感染了寄生虫。

此外，眼球本身有肿瘤生成时也会引起眼睑下垂和眼睛肿胀的。

眼睑浮肿

眼睑浮肿有生理浮肿和疾病两种因素。睡眠不足、睡眠时枕头过低、眼球接触过敏物等都是生理因素引起的浮肿。眼睑结膜发炎、心脏病、肾小球肾炎等是疾病因素引起的浮肿。针对这一情况，当眼睑出现浮肿时，我们应该仔细分析是哪一种因素，然后再针对性地对浮肿的眼睑进行治疗。如果得不到及时的处理，眼睑浮肿的情况会越来越糟。

黑眼圈

黑眼圈是我们比较常见的一种情况，它的出现往往是因为睡眠不足、过度疲劳或房事过多引起的，症状就是眼睑呈灰暗色。一般来说，偶然的眼圈发黑没有什么害处，只要注意校正生活节奏，尤其是节制性生活，避免劳累，这种情况就会逐渐消失。但是，长期的黑眼圈就不会这么容易地改善了。它是一种病态表现，往往是肾亏兼有淤血症的信号。而且，患有严重肾亏和内有淤血的人常与内分泌及代谢障碍、肾上腺皮质功能紊乱、心血管病变和微循环障碍等因素有关。所以，我们在日常生活中要注意各种细节，不要因为一时的不注意就让黑眼圈伴随我们，否则后果是很严重的，而且黑眼圈还和疾病有密切关系，要防止黑眼圈给我们带来的危害。平时，我们可以经常按摩眼睑周围的皮肤，让黑眼圈的症状得到缓解。

眼睑内、外翻

睫毛向后倒向角膜是眼睑内翻的情况，它多是由沙眼、睑缘炎、眼睑痉挛等原因引起的。内翻的倒睫摩擦角膜，可引起刺痛、流泪、结膜充血，久而久之就会造成角膜混浊与溃疡，所以，对待倒睫我们要小心。如果出现这种情况，要在它恶化之前尽快解决。

眼睑离开眼球前面、向外翻转而使结膜暴露于外的情况是眼睑外翻，它多是由睑部疤痕、面神经麻痹或者少数老年人皮肤松弛引起的。眼睑内、外翻都是眼睑出现的异常情况，不管是什么原因引起的，我们都要加倍小心。

眼睑松弛

神经控制的部位和脸部表情控制的肌肉长期贫乏甚至老化，最终导致了眼睑松弛，眼睑松弛也就意味着出现了眼袋。眼袋是很多人，尤其是女性不愿意接受的事实，它带来的影响是很大的。眼袋会使原来的"笑囊"更加明显，从而影响人的外形。

虽然可以通过整形等方法消除眼袋，但是这不是最好的解决办法。因为毕竟是眼部的健康，我们不能够轻而易举地对其进行各种潜藏着危险的手术和治疗，所以，我们要注意导致眼袋形成的各种原因，在日常生活中给予眼睑适当的注意。

除了上述提到的情况，眼睑还存在很多异常情况。不管是何种情况，对眼睑都是有害无利的，进而还会影响到其他方面的健康，所以，关注眼睑健康是保证身体各方面健康的前提和必要条件。

结膜充血

结膜处在眼睑的内层、眼球的表面，是一层薄薄、透明的黏膜。有时候结膜会出现血斑或者血丝，这是患有多种疾病的表现。

如果结膜炎充血伴有皮下出血、鼻出血等出血症状，且伴有发热、乏力等症，这可能是血液病的信号。此外，糖尿病也经常会出现结膜出血的症状，在没有用眼过度的情况下也会出现眼充血，而且还可能出现皮肤瘙痒和视网膜病等症状。

眼结膜是非常敏感而且容易感染的部位，我们在平时要注意眼部的清洁卫生，防止感染。

视觉异常传递信息

视力对我们来说是很重要的，我们每个人都希望有正常的视力，在别人眼里能够有很好的形象，但是，生活往往事与愿违，很多人都忍受着视觉异常的痛楚。每一种异常情况的缘起和影响都是不一样的，需要我们特别对待。

近视问题

现在越来越多的青年都有近视问题，而且近视的范围还逐渐向儿童扩展，随处都可以看见戴眼镜的人。虽然近视已经很普遍了，但是，并不能说近视没有问题，只是它危害的人群越来越广。近视是以视近清楚，视远模糊为特征的眼病。遗传因素和环境因素都有可能引起近视。如果没有先天近视，那看书写字姿势不端正、连续阅读时间过长、在照明条件差的情况下看书报等原因都能够引起近视。所以，在日常生活中，我们要杜绝这些可能引起近视的情况，以保证我们的视力正常。保护视力的责任要从小做起，从孩童时就开始接受适量的关于保护视力的教育，让他们懂得相关的知识，使他们能够自觉地为自己的视力保驾护航。一旦发现有不正确的姿势或者情况，我们就要及时地阻止并且为他们排忧解难。

远视问题

远视是和近视相反的情况，它能够保证远距离的清晰，但是如果是看近距离的事物就不能够有任何保证。远视在学龄前儿童中多见，轻度远视没有什么影响，而且随着年龄的增长、身体的发育，它可能会自然消失。度数较深的远视一般都伴有散光、视物不清的情况。兼患有散光的人看电视的时候习惯于斜着眼睛或者歪脖子，这对健康是很不利的。而且这种度数较深的远视散光不能够向轻度数那样自然消失，需要正当的矫正才可以复原，严重的还可能会导致弱视、斜视等严重的眼病。所以，家长要时刻观察儿童的情况，一旦发现视力有问题就要及时地进行检查和调整。

斜视问题

斜视也是视力异常的一种情况，属于眼外肌疾病，可分为共同性斜视和麻痹性斜视。人们正常看事物的情况应该是两只眼睛平行，如果在看东西时，出现两眼视轴不平行的情况，那么就有可能是斜视。斜视会影响外观，还会影响双眼视觉功能，严重者将会失去良好的立体视力。大部分斜视患者都同时患有弱视。5岁以前的儿童是斜视的高发期，如果儿童患上斜视，那很有可能影响全身骨骼的发育，如先天性麻痹斜视的代偿头位，使颈部肌肉挛缩和脊柱发生病理性弯曲及面部发育不对称等情况。

引起斜视的原因有很多，视功能发育不健全就不能够保证眼外肌的收缩和舒张，所以，如发烧、惊吓等任何一种外界的刺激都有可能使不稳定的双眼单视力功能减弱或者丧失而诱发斜视。反过来，双眼单视力功能的发育又受到了斜视的阻碍和影响，使其不能够正常发展。此外，看电视时间过长，而且姿势的错误也会导致斜视。尤其是幼儿，看电视时间过长会引起过度疲劳，而且还会导致眼内肌的过度调节。

辨色失误

辨色是眼睛视网膜锥细胞的一种功能。当人体健康时，眼睛能够准确无误地辨认出很多种颜色，但是当人体患某些疾病时，就有可能出现辨色失误的情况。有这种情况的人会把各种颜色混淆，还有可能产生幻觉，将物体形态弯曲。

辨色失误有几种常见的情况，虹视是我们经常遇见的。它是指当看亮着的灯时，在光源周围会出现像彩虹一样的光晕。青光眼患者在眼内压升高时常有虹视现象。急性充血性青光眼患者和长期接触短波光线的人都有可能出现虹视现象。此外，眼部有炎症、角膜表面附有黏液、泪液或其他物质时，虹视现象也可能会出现。除了虹视，绿视也是其中一种情况。绿视是因为大脑视觉皮质受到某种直接刺激或者出现病灶等原因引起的。绿视多为癫痫发作的早期症状。此外，经常服用某些药品也会造成绿视的形成，如某些心律失常的患者经常用胺碘酮治疗多半会出现绿视。

视力下降

视力下降也是视觉异常的情况，多是因为缺乏维生素B_2。糖尿病会损害视神经，导致视力下降，可能还会引起眼底血管病变，使视网膜组织缺氧而形成微血管瘤。老年人视力突然下降就有可能是患了糖尿病，还有可能是白内障的原因（老年人得白内障的机会较多，与新陈代谢障碍有关）。

引起视力下降的原因也有很多，动脉粥样硬化、高血脂、高血压等疾病可能会造成视网膜血管堵塞，而视网膜血管堵塞会造成一侧眼前有浓密黑影阻挡，眼睛外观没有异常。此外，眼部炎症、头部器官炎症或全身性疾病等病变可能会导致视力下降，而且还伴有视力缺损、头痛等症状。

在视觉方面，我们还会发现很多异常情况。每一种情况都有它自己的特征和影响，我们能够做的只能是提前预防以及情况发生之后的恰当弥补。针对上述所提到的情况，儿童患病率很高，所以，家长要注意孩子的视力情况，一旦发现问题就要及时治疗，以阻止其可能会引发的后果。

口唇疾病信号

口腔是疾病进入人体的门户，由不洁食物引起的各种传染病以及糖尿病、高血压、肥胖等病症都是与食物经口分不开的。疾病可以从口腔进入，同样也能够通过口唇表现出来。所以，经常观察我们的嘴唇，可以让我们对身体状况有初步的了解和认识。

嘴唇异常传递信息

嘴唇外表异常

嘴唇干燥

引发嘴唇干燥的原因有很多，如高烧、气候干燥、缺水等原因都会导致嘴唇干燥，此外，缺乏 B 族维生素和很少吃新鲜蔬菜、水果也极易造成嘴唇干燥。经常大量饮酒者和慢性胃病患者也会出现嘴唇干燥的情况。引起嘴唇干燥最常见的原因是唇炎，它会使口唇脱屑、皲裂，而且在进食刺激性食物时会引起疼痛，严重的还会发生肿胀、水疱。出现嘴唇干燥的人要注意多喝水，还要多吃水果，少食辛辣油腻之物，尽量少用烟酒。

嘴唇流涎

嘴唇流涎就是流口水，是婴幼儿常见的一种情况。流口水是很常见的，一般不是疾病。病态的流口水称为"流涎症"，多由神经系统疾患引起。当小儿患口腔炎、牙龈炎时，由于炎症刺激，唾液腺分泌增加，导致流口水，而且还会有臭味。当孩子患咽峡疱疹、扁桃体炎时，由于吞咽疼痛致患儿不敢吞咽，也会使患儿暂时性流涎，但随着原发疾病的恢复，流涎即会停止。面神经瘫痪也可能引起唾液的大量积累，唾液多清稀无味。此外，一些消化系统疾病如食管溃疡、食管癌、胃溃疡等也可使唾液分泌增多。

由于唾液偏酸性，且含有一些消化酶和其他物质，对皮肤有一定的刺激作用，所以对经常流口水的幼儿，父母应当经常为他们擦去嘴边的口水，并常用温水洗净，然后涂上油脂，以保护下巴和颈部的皮肤，最好给孩子围上围嘴，防止口水弄脏衣服。

嘴唇颜色异常

唇部颜色异常是指唇部失去原来的红润光泽，而呈现或红或紫或白等不正常的病态现象。如果嘴唇不是正常的颜色，就表示有一些疾病正在侵扰或者即将侵扰人体。

嘴唇发黑

唇色紫黑焦干是病情危重的信号。若唇色黯黑而浊，即有可能是消化系统有病，时见便秘、腹泻、下腹胀痛、失眠等症状。慢性肾上腺皮质功能减退会使唇上出现黑色斑块，口唇边缘有色索沉着。如果出现环口黑色，那极有可能是肾绝，口唇干焦紫黑更是恶候。此外，如果在唇部、口角，特别是下唇及口腔黏膜上有褐色或是黑色斑点，则有可能在患者的胃肠道中发生多发性息肉。

嘴唇发白

嘴唇苍白是由虚脱、主动脉瓣关闭不全和贫血造成的。唇色泛白是血虚的特征，由血液循环功能较弱所致，在冬天会出现四肢冰冷发紫的现象。如果双唇淡白，多属脾胃虚弱、气血不足，常见于贫血和失眠症。此外，子宫病也有可能引起嘴唇发白的情况。如果下唇苍白，多为脾胃虚寒，会出现上吐下泻、胃部发冷、胃阵痛等症状。如果出现大肠虚寒、泄泻、腹绞痛、冷热交加等情况，那么极有可能是上嘴唇苍白泛青的表现。如果出现嘴唇发白的现象，那么就要及时地治疗。

嘴唇深红

急性发热性疾病会加速血液循环,使毛细血管过分充盈,从而造成嘴唇呈深红色。唇色火红如赤,常见于发热。煤气中毒时,唇色如樱桃红。唇色鲜红,属阴虚火旺;上唇色红,下唇色白,为心肾不交的症状。肺源性心脏病伴心力衰竭者,当缺氧时嘴唇呈绛紫红色。赤肝火旺会使嘴唇内红,而且脾气也随之急躁。肺气肿、风湿性肝病、冠心病等病症可能会使嘴唇出现紫红色的情况。

除了上述几种颜色外,某些疾病还可能使嘴唇发青、发黄等。如果嘴唇不是红润有光泽,那就说明我们在或多或少地承受着一些疾病的侵袭,不要把它当成小事,只要是关乎我们的健康,我们就不能够懈怠,一定要找到病原所在。另外,一旦出现类似的情况,我们就要按照相关的处理办法进行医治。

口内异常传递信息

口淡

口淡,指口中味觉减退、自觉口内发淡而无法尝出滋味。肠炎、痢疾以及其他消化系绩疾病会产生口淡的情况。内分泌疾病、营养不良、长期发热的消耗性病等患者也会因舌味蕾敏感度下降而产生口淡的情况。此外,口淡无味、味觉减退甚至消失,还是癌症的特征之一。严重的口淡患者,对甜、酸、苦、咸诸味均不敏感,味觉会出现普遍升高的现象。

如果出现口淡的现象,我们就要弄清楚它是否和某种疾病有关系,要高度警惕癌症的可能。此外,口淡无味,饮食不香,也可能是病后脾肾虚弱的表现。所以,大病初愈者也要多加注意饮食,加强锻炼,把味觉尽快找回来,重拾健康。

口干

在我们的日常生活中,口干是很常见的事情。如果是短暂性的口干,那么就是因为天气情况、饮水过少等原因造成的。但是,如果是长时期的口干就可能不是这么简单的原因了。一些疾病可能在慢慢地损害我们的健康,所以,对待长时期的口干,我们要加倍小心。

造成口干的原因也是很多的。一些口腔疾病如慢性炎症会使口腔黏膜萎缩变薄、干燥,出现口干的情况。严重的口干症状还会使舌背光滑无苔、乳头萎缩,而且颜色也变得很显眼。不仅如此,它还会使两口角湿糜、皲裂,而且伴有白色念珠菌感染。此外,抑郁症、间脑疾患引起的肥胖、月经减少及腮腺反复肿大综合征等中枢神经系统疾病也会造成口干的情况。针对这一点,就要求我们要放开心胸,不要过度忧虑、抑郁,也不要让心情过度变化,从而保证神经系统的健全。

造成口干的其他原因还有很多,我们都应该有所了解。口干在治疗上还没有找到非常有效的办法,主要是通过饮食的调理和日常生活习惯的纠正来实现。而且,还要记住一些禁忌,禁止吃一些辛辣或过酸、过咸的食物。

口甜

口甜,指口中自觉有甜味。口甜常见于消化系统功能紊乱或糖尿病患者。消化系统功能紊乱会引起各种消化酶分泌失常,尤其是增加唾液中的淀粉酶含量。因此,口中会有甜甜的味道，即使是喝水也会有这种甜味。糖尿病使血糖增高，从而提高了唾液内糖分的含量。此外，脾肾功能失常也是导致口甜的一个重要原因。脾胃实热、湿热郁阻、肝脾痰火内蕴的患者口舌也有发甜的感觉，古人称之为"脾热口甘"。

口甜是和口淡一样的情况，无论是从中医角度还是西医角度来看，它的出现是和一些疾病有密切联系的。我们要从根本入手解决这一问题，让口中不再有异常的甜味。

口臭

口臭是指人们从口中发出的一种难闻的异味，影响了很多人的正常生活，同时也换来了别人的厌恶和反感。

经常抽烟而且不注意清理口腔卫生的人容易患口臭。戴假牙的人会因为不及时清理假牙或者睡眠时不摘下假牙而产生口臭的情况。这是一些人为的原因，只要是稍加注意，对自己的身体多关心，这样的情况就能避免。此外，人为的原因还有饮食的因素。经常吃葱、蒜、臭豆腐等含强烈刺激性味道的食物会造成口臭。如果在吃完后，能够及时清洁口腔，重视饭后漱口刷牙，那么会使口臭症状减轻或消除。

除了人为的因素，一些疾病也会产生口臭的情况。一些口臭不一定是由口腔疾病引起的，而是由于身体其他部位的病变而引发的。糖尿病可能会使脂肪代谢紊乱，酮体增多，从而在口腔内产生一种异味，同时还伴有口干、口渴的症状。副鼻窦炎、萎缩性鼻窦炎、气管炎等疾病极有可能引发口臭。

当发现有口臭的毛病时，我们应该了解一下是不是人为原因造成的，如果确实是，那就需要我们经常清洁口腔卫生了。如果不是人为原因，那么我们就要及时去医院就诊，必须医治出现口臭的病根。

除了上述几种口内异常情况，有时口中还会有苦、辣等味道。如果不是正常的情况，那么就是由一些疾病引发的，需要我们针对具体情况加以治疗。不过，最重要的是根除疾病，让那些异常情况失去发展的根源。

舌头异常

一些医生在诊疗时往往要看看病息舌头的情况，以此作为诊断疾病、观察病情的重要依据之一。舌头与脏腑、经络有着极为密切的关系，因此，人体脏腑、气血、津液的虚实，疾病的深浅、轻重缓急等情况，可以在一定程度上反映在舌头上。

舌苔颜色异常

正常人的舌苔是薄白而且清洁、干湿适中的。而不健康人的舌苔就会呈现出不同的颜色。寒湿、痰饮和水肿等情况会使舌苔变得白厚而且光滑。一些慢性支气管炎、哮喘、支气管扩张症等疾病也会使舌苔出现这种症状。舌尖有白色舌苔，则有可能患有胃黏膜炎；舌中部出现白苔，可能是十二指肠有问题；而肠炎则可能会使舌后有白苔。

此外，消化系统疾病如消化不良、慢性肠胃炎、胃溃疡等胃肠功能紊乱疾病会使舌苔的颜色变黄，使舌头上有一层厚厚的黄苔。一般情况下，黄色的深浅和疾病的轻重有密切的关系。各种急性传染病，如伤寒等病症的严重阶段以及重症肝炎、肺炎等均可出现黄苔。

舌苔变色的情况是由疾病引起的，其他如红色、黑色、灰色等情况的出现也是不容小觑的。我们要利用各种手段把影响舌苔颜色的疾病根除，还舌苔本来颜色。

舌体形态异常

舌体也会出现异常情况。重舌是异常情况的一种，其表现为舌体强硬，运动失常，舌色深红。脑炎、脑挫裂伤、高热昏迷等脑、肝、肾诸脏疾病都有可能出现重舌。

肿胀舌是另一舌体异常的情况，舌胖得口内装不下，只能把舌头伸出口外，这是小儿甲状腺功能减退症的特点。如果出现肿胀舌，那就有可能是甲状腺功能减退，或是脑垂体前叶功能亢进引起的脂端肥大症。肝硬化不但会使舌头肿胀，舌质还会呈现蓝红色。

此外，舌头还有歪斜的情况，当舌头伸出时，它会偏向一侧而不能控制。脑血管疾病可能会使舌头在歪斜的情况下，还伴有舌头淡红、舌苔渐青的情况。如果伴有舌面红绛，则多为脑卒中。舌部肿瘤与舌下神经受损也会引起舌头歪斜，而且伴有舌萎缩。

舌部灼痛

舌灼痛是指口腔内，特别是舌尖或舌边部位时常有一种烧灼样疼痛。引起舌灼痛的病因可分为局部刺激、全身疾病及精神心理因素三种。女性更年期内分泌失调、干燥综合征、糖尿病等疾病可能会引发舌部灼痛的症状。此外，慢性炎症刺激、充填物或者义齿的机械性刺激等局部性刺激都有可能产生这种情况。

舌灼痛症状的影响是很严重的，它影响了患者的正常生活。此外，它还会影响患者的味觉，让患者感觉口内有咸味或金属味。针对种种的病因和影响，我们要积极治疗原发病，树立战胜疾病的信心，建立良好的生活习惯。

牙齿异常

牙齿也是身体不可或缺的组成部分，其正常发育有利于身体机能的发挥。在日常生活中，牙齿也会经常出现异常情况。

牙齿发育异常

牙的发育过程分为发生、钙化和萌出三个时期。在牙齿发育过程中，有一些疾病或者营养不够等情况会影响牙齿的正常发育。

全身疾患、营养障碍或严重的乳牙根尖周感染可能会导致釉质结构异常。维生素 A 缺乏时，造釉器不能分化成高柱状细胞而退变成扁平细胞，使釉质发育不全。维生素 D 严重缺乏时，钙盐在骨和牙齿组织中的沉积迟缓，甚至停止，使形成的釉质基质得不到及时的矿化，不能保持它的形状而塌陷，造成釉质表面上形成凹陷和矿化不良。

除了釉质发育不全，还可能长出四环素牙。四环素与钙离子有亲和作用，二者相结合形成稳固的四环素钙复合物。当牙齿发育、矿化期间连续服用四环素类药物，四环素分子即可与牙齿的羟基磷灰石晶体密切结合，形成四环素钙正磷酸盐复合物，易使牙齿变色，严重者还可抑制牙齿硬组织矿化物质的沉积和牙本质细胞的胶原合成，影响牙釉质及牙本质的发育。

牙齿发育异常还有其他的现象，不论是疾病原因还是遗传因素，我们都要提高警惕，尤其要正确使用药品、保证身体摄入适当的营养。

牙痛

牙痛是牙病中最常见的症状，影响了很多人的身体健康和心理健康。这些症状都有可能是某些疾病引发的。

牙痛大致分为蛀牙牙痛、牙周炎牙痛和风火牙痛三种。牙痛的原因大体可以归为由蛀牙引起的和由牙龈萎缩引起的。蛀牙会引起牙髓炎,牙髓炎是牙病中最常见的疾病,其分为慢性牙髓炎和急性牙髓炎两种。蛀牙及牙髓炎都属于牙齿本身的疾病,而除此之外的绝大部分牙病问题的根源都来自牙龈萎缩。牙龈萎缩主要表现为牙周炎,牙痛,露出牙根,对冷热酸等刺激极为敏感,从而导致牙齿松动、咀嚼功能降低,最终牙齿脱落或被迫拔牙。

除了上述两种主要原因外,一些疾病也会引起牙痛。高血压升高时,可引起外周小动脉硬化;若发生痉挛,则可导致牙龈出血,牙组织营养不良而出现牙痛。此外,冠心病很有可能引起牙痛。有些冠心病患者心绞痛发作时,心脏症状并不明显,而是表现为一侧或上下多个牙齿同时疼痛。另外,有时心肌梗死也会导致牙痛出现。

很多人认为牙痛不是问题,忍忍就过去了,对身体健康没有多大的影响。其实不然。牙痛也会给我们的身体健康带来很多的负面影响。只要身体有一部分处在欠佳的状态,整体的健康也会随之下降。

牙龈出血

人们在刷牙时,偶尔会出现牙龈出血的情况,这是正常现象。但是,如果经常出血,而且出血量很大,且在牙龈出血时伴有牙龈肿痛等现象,那就不正常了。

首先,牙龈炎可能会引起牙龈出血。在人的牙龈边缘和牙齿之间有一条浅浅的牙龈沟,当口腔不清洁时,牙龈沟内常会堆积许多已经腐化变软而且带有黏性的食物残渣,其中混有大量的细菌,形成软性牙垢,日久之后,再加上唾液中分离出来的矿物质沉积在牙垢中,就会形成坚硬的牙石。这些软性牙垢和硬性牙石不断刺激牙龈,加上细菌的不断侵袭,就会造成牙龈发炎,表现为牙龈红肿、龈缘溃烂,只要稍加触碰,就会引起出血。

此外,一些全身性疾病也有可能引起牙龈出血。所以,牙龈出血的现象也有可能是全身性疾病的信号之一,比如出血性紫癜、血小板减少等。肝硬化、脾机能亢进、肾炎后期等疾病会引起凝血机能低下或严重贫血,也可出现牙龈出血的症状。

牙齿变黄

牙齿的颜色不仅是牙齿表面的颜色,还包括透过牙齿表面的牙釉质显现出来的牙本质的颜色。幼儿时乳牙是乳白色,随着年龄的增长,牙齿会慢慢变黄。

牙齿变黄的原因是多方面的。有一些牙齿变黄的情况是一种病态,牙齿在发育过程中由于营养不好或生过病,会使牙齿的钙化受到影响,牙齿会黄而松脆。还有一些地区的水中含氟量高。过多地饮用氟牙齿会发黄,而且不是1~2个牙齿,是满口大黄牙。此外,四环素类药物也会导致牙齿变黄,因此要适当地服用这一类药物。

除了疾病因素,牙齿变黄还有其他原因。其可能是由于牙齿表面存在多种细菌,它们在牙齿表面分泌许多黏性物质。日常饮食如喝茶、饮咖啡、吸烟等都会在我们的牙齿上留下色素,这些色素吸附在这些黏性物质上,逐步使牙齿表面变黄或变黑。

防止牙齿变黄的办法主要是注意牙齿的清洁卫生和改正不良习惯。漂白牙齿是有很大负面影响的,是不可取的。健康与美白要同步进行,切不可只注重外观美丽而忽略了各种牙齿疾病的威胁。

毛发疾病信号

头发异常传递信息

头发是人体的一部分,它不仅具有保护头颅、防紫外线等作用,而且还是人体外貌的重要组成部分。头发是人体健康的一面镜子。头发的生长、脱落与健康息息相关。

颜色异常

健康人的头发的颜色是黑而且有光泽的,这是人体健康的标志,是精血充足、肾气充盛的表现。正常黄种人的头发多为黑色或黑褐色。但是,除了这种健康的颜色外,还有一部分人的头发会呈现其他颜色。

白色是常见的异常颜色。老年人头发变白是很正常的,这不是病态。但是,年轻人头发早白就有问题了,青少年出现白发,多是因为严重的焦虑、忧郁等原因。此外,动脉粥样硬化、结核病、贫血等疾病都有可能使头发早白。冠心病和白发有密切的关系。白发还可能见于斑秃、白癜风等疾病。

体内缺少蛋白质、脂肪、各种维生素和矿物质,可能会使头发稀疏橘黄。因此,营养不良、缺铁性贫血等疾病都可能造成头发枯黄。此外,除了一些疾病的因素,烫发、染发还会使头发受到损伤,变得枯黄。

黑发是黄种人特有的头发颜色,但是,头发过黑就不是正常情况了。如果头发过于黑,或者一直都不太黑而突然变得漆黑,就有患癌症的可能。

头发不正常的颜色以这几种为主,当然还有其他的颜色。但是,不管是哪种颜色,都不是健康的表现,一旦发现这种异常,我们就要究其原因,并且认真地解决,让我们的头发能够变回正常颜色。

脱发异常

头发脱落本来是正常情况,但是,如果也存在不正常的脱发。体内缺锌可能会引发不正常的脱发。如果头发脆弱易断,可能是甲状腺疾病。

男性脱发和女性脱发在原因上是不同的,虽然有一部分是相同的,但是,主要原因是各有差异的。带状疱疹、霉菌癣等疾病会侵袭男性的头发,使其脱发。如果男性前额脱发,那么有可能患有肾脏病。此外,男性脱发的原因还有肾气亏损、营养失调等。如果肾气亏损、肾阴不足,则头发枯槁无华或花白、脱落。此外,营养不良还会使男性营养不均衡,缺乏某种必备的元素。儿童的成长阶段,必须有大量的蛋白质和各种维生素,人体的毛发对于营养的供应充足与否反应最为敏感。

女性全身散发性脱落提示患有肾炎的可能。如果头颅顶部脱发,那就有可能是结肠炎、胆囊炎等疾病。此外,贫血及细菌感染等疾病也会引起营养不良、免疫功能紊乱、皮脂分泌失调,从而造成脱发甚至是斑秃。过大的精神压力会使女性脑神经长期紧张、睡眠不足,从而造成头发脱落。

眉毛异常传递信息

眉毛在一定程度上可以反映出人体的健康状况,眉毛的异常情况有时是疾病的外在反映。所以,观察眉毛对诊断疾病有一定的帮助。

正常的眉毛应该是粗长、浓密、润泽的,而异常的眉毛则稀疏、短秃、细淡。黏液性水肿、脑垂体前叶功能和甲状腺功能减退等疾病可能使头发过于稀疏或者脱落。此外,身体虚弱、体弱多病的人眉毛也有可能稀疏恶少。当女性月经不调、男性患有神经系统疾病时,眉毛梢直而且干燥。白癜风、病毒性虹膜睫状体等疾病可能会使眉毛变白。

和头发一样,眉毛也有异常情况下的脱落现象。如果眉毛脱光说明人体可能患有黏液性水肿、脑垂体前叶功能与甲状腺功能减退等疾病。

眉部皮肤肥厚,眉毛脱落可能是麻风病的预兆。此外,拔眉毛的行为是不正确的。没有了眉毛的保护,眼角膜很容易被刺激,引起角膜炎和结膜炎,严重时还可能导致角膜溃疡。此外,拔眉毛容易对神经血管产生不良刺激,使面部肌肉运动失调,从而出现疼痛、视物模糊或者复视等症状。另外,皮炎、毛囊炎等疾病也是拔眉毛潜在的危险。

睫毛异常传递信息

眼睫毛可遮挡异物和光线等,有保护眼睛的作用。健康人睫毛生长排列整齐,均匀有致,黑而明亮。但是,眼睫毛也会出现异常情况。

睫毛内倒是指下眼睑尤其是内侧部分的睫毛倒向眼球。这样的异常会刺激角膜,引起眼睛不适。这种情况在幼儿期很频繁,和小儿的生长特点有关系。此外,沙眼瘢痕也会导致睫毛内倒,皮肤松弛也有可能引起此后果。除此之外,睫毛的长度也是有尺度的。如果睫毛过长,那么有可能是体质较弱。女性如果睫毛过长,眼白呈青蓝色,那就说明其身体较弱,表现为生殖器未成熟,而精神方面却已成熟,这多半有神经质的倾向。

睫毛还有其他方面的异常,都是身体不健康的表现。如果发现有诸如此类的问题,一定要检查出根源,治疗原发病,让身体的各个部位都正常发育。

耳部疾病信号

耳部也是身体的一部分,与身体健康有着密切的关系。所以,一些疾病在耳部往往也会有所表现。

耳廓异常传递信息

耳廓被比喻为缩小了的人体身形,人体各组织器官在耳廓上都有相应的穴位,当体内器官组织发生病变时,在耳廓相应部位就会产生相应的变化和反应。

耳廓形态异常

正常耳廓肉厚而润泽,无隆起物,耳廓血管隐而不见,耳轮光滑平整。耳廓异常是身体发生病变的表现,在现实生活中,耳廓异常的情况也有很多。

耳廓相应部位产生形态改变,有一结节状隆起或见点状凹陷、圆圈形凹陷、索条样隆起及纵横交错的线条等形状,常见于肝病、胆石症、肺结核、心脏病、肿瘤等疾病。如果在耳廓肝区处呈现出隆起和结节,而且边缘清楚,那么可能是肝硬化的缘故。而腰椎、颈椎骨质增生等疾病则会使耳轮出现粗糙不平的棘突状结构。急慢性气管炎、急慢性肠炎等疾病则可能使耳廓相应部位出现高于周围皮肤的点状隆起。如果耳廓比正常人的小1倍,甚至仅见小的肉疙瘩突起,称之为小耳,这是先天性外耳畸形,也常伴有外耳道及中耳畸形。但是,如果耳廓大而且肥厚,表面却粗糙不平,颜色暗红或发紫,并伴有发热,那么可能是耳毛细血管瘤或海绵状血管瘤的表现。

耳廓形态异常还有其他情况,一旦发现异常,就要立即诊治出原发病,并且及时、有效地医治,以除后患。

耳廓颜色异常

正常耳廓色泽微黄而红润,其他颜色则可能就是病变的征兆了,这就需要我们了解一些异常颜色的基本知识。

如果耳垂经常潮红,可能是多血质体质者。当脏腑或躯体发生病变时,在耳廓的相应部位也会出现各种变色的阳性反应。其规律是:急性炎症性疾病的阳性反应呈点状或片状红晕、充血、红色丘疹等;慢性器质性疾病的阳性反应多数呈白色点状、片状或呈点状白色边缘红晕等;肿瘤疾病的阳性反应呈结状隆起,以暗灰色点状、片状形态出现。如果耳背出现红色脉络,而且伴有耳根发凉的现象,那么可能是麻疹的征兆。

当耳廓出现颜色异常的情况,我们就要找出其发病的相应部位,诊断其病因,然后有针对性地对其进行治疗。

耳朵异常传递信息

耳痛

耳痛是一种常见的症状,特别是儿童更为常见。引发耳痛的原因有好几种。其中最常见的原因是发炎,主要包括两种:一是外耳道炎,即耳疖肿;另一个是急性化脓性中耳炎。

耳疖肿是一种外耳道炎症,可局限于一处或多处,多是由挖耳时损伤、药物刺激或细菌感染引起的,它使耳痛较重,并有脓性分泌物,且耳周伴有脓胀和压痛感。

而急性化脓性中耳炎引起的耳朵疼痛部位在耳道深部,外边的触压和咀嚼运动对它无明显影响,只是在吞咽、打哈欠或擤涕时耳痛加重。由于咽鼓管连通鼻咽部和耳内的鼓室,当发生上呼吸道感染(如急性鼻炎或鼻窦炎)时,炎症便经咽鼓管进入中耳,从而引起成年人的急性化脓性中耳炎。

此外,耳周神经痛也是耳痛的原因之一。如果出现持续性耳痛、顽固性耳痛,那么有可能是恶性肿瘤的征兆。而小儿感冒以及牙齿和牙龈的疾患也会引起耳痛。

耳内分泌物异常

耳内有分泌物是很正常的,可以起到保护耳道皮肤及粘附异物的作用。但是,如果分泌物过多则可能就是疾病的症状了。

化脓性中耳炎可能是耳内分泌物过多的原因,其包括急性化脓性中耳炎和慢性化脓性中耳炎两种。急性化脓性中耳炎常见于儿童,初期会有咽鼓管充血肿胀、发热、全身不适等症状,并且逐步发展至耳内剧烈疼痛、耳朵流脓、听力下降,如果未得到及时、有效的治疗,那么就有可能转化为慢性化脓性中耳炎。听力减退、耳内间歇性或持续性流脓是其主要表现。

此外,外耳恶性肿瘤也有可能引发耳内分泌物过多,它可能发生于耳外,也可能发生于耳道中,早期没有任何症状,当耳道流出血性分泌物时就已经到了晚期了。所以,针对这一情况,我们要时刻提高警惕。

手部疾病信号

手部是我们身体的一部分,起着相当重要的作用。人体本身是一个完整的生物体,构成这一生物体的每一个细胞都带有人体生命的全部显性特征,贮存着整个物象的全部信息。所以,手部也可以反映出人体的健康状况。一些疾病可以在手部有所表现。

手指异常传递信息

高血压、心脏病和中风可能会使拇指指节较短而且过于坚硬,不易弯曲,不能灵活转动。小脑运动失调症则有可能使拇指和食指不能迅速反复接触。如果无名指指端弯曲,指节漏缝,那么有可能是泌尿系统疾病和神经衰弱等疾病的影响。正常的手指应该是粗细适中的,但是类风湿性关节炎则会使手指指关节肿胀,呈现两头小中间粗的症状,而且手指也不能够伸直,经常有疼痛的感觉。如果指骨骨折愈合后不能够完全弯曲,不能与其余四指接触,那么可能是遗传性骨骼病变的原因。

指甲异常传递信息

指甲是人体的重要组成部分,是由坚实的角化上皮组成的,人的健康状况也会通过指甲表现出来。指甲形态随时可变,随时都能反映出人体生理、病理的变化情况。

指甲形状异常

正常指甲是饱满红润,光滑而有光泽的。异常的形态则是有一定原因的。如果指甲显著地向上拱起,而且围绕手指变曲,那么可能是由气肿、心脏血管病、溃疡性结肠炎或者肝硬化等疾病引起的。如果指甲肥厚变硬,而且不透明,失去光泽,那么可能是因为外伤、真菌感染、银屑病和先天性外胚层缺陷等疾病。铁质不足性贫血、梅毒、甲状腺功能障碍等疾病则可能会使指甲中间下陷,整片指甲变平坦或者呈匙状。如果指甲下面的皮肤大部分变成了白色,只剩下近指甲尖处的一小部分呈现正常的粉红色,这可能是肝硬化的症状之一。此外,如果指甲根部的新月形白痕有一层蓝晕,那么可能表示有血液循环受阻、心脏病、雷诺氏症状等疾病,通常是由受冷引起的。有时还可能和类风湿性关节炎或自身免疫性疾病红斑狼疮等疾病有关系。

指甲颜色异常

有些人的指甲不是正常的颜色,那就有可能是由一些疾病引起的。如果指甲呈黑色,可能是患有肾上腺皮质功能减退症、黑色素斑、胃肠息肉综合征等全身色素沉着的疾病。此外,缺乏维生素 B_1 也有可能出现黑指甲。值得注意的是,当指甲呈一片黑色或褐色时,最常发生于大拇指,这就可能意味着患有一种恶性肿瘤——黑色素瘤。这就需要及时就医治疗。

除了黑色,指甲还有可能呈现红色。如果指甲出现红斑点或是纵向红色条纹,那么就有可能说明毛细血管出血了,可能是由于高血压、皮肤病、心脏感染等疾病的存在。胃肠道有炎症或者心瓣膜脱垂、房室间隔缺损等情况可能会使指甲前端出现横向红色带。如果指甲周围出现红斑,那么极有可能是皮肌炎、全身性红斑狼疮等病症导致的结果。

疾病预防

五官疾病的预防

怎样预防"红眼病"

"红眼病"即流行性急性结膜炎,其病因为细菌或病毒感染。手、毛巾、面盆、公共浴池、游泳池等,皆是可能的传播媒介。流行性急性结膜炎大多涉及双眼,发病约在受到传染后的1~2天,甚至在受传染后1~2小时内即可发病。可见其传染性之强、发病之急。故在流行季节做好预防工作极为重要。

注意个人卫生,尤其需注意保持手部的清洁,不要用手揉擦眼睛。

实行一人一巾制,不要用公用毛巾。

洗脸最好用流水,面盆、毛巾等用具应经常清洗和消毒。

患过流行性急性结膜炎的人,对此病并无免疫力,同样需要注意预防再度感染。

天寒要注意"养"眼

冬季天气变冷,许多眼睛疾病也随之发生。冬季容易发生的眼疾有以下几种:

干眼症:冬天受寒风刺激,眼睛易干涩、刺痛,尤其是寒冷干燥时更容易发生干眼症。患了干眼症要记得多补充人工泪液为眼睛保湿,此外出门要记得戴防风镜。

过敏性结膜炎:通常过敏性结膜炎患者本身就是过敏性体质,天气转凉时,眼睛会变得敏感,容易发红、发痒,从而会导致病症发生。患者可用抗组织胺药水改善状况,并让眼睛多休息。

结膜下出血:天气变冷时血管会收缩,血压也跟着升高。若血管弹性差,则容易引起血管破裂,从而造成结膜下出血。通常结膜下出血不痛不痒,当眼睛突然充血、眼白部分出现血块时,就要小心是否患了结膜下出血了。

急性青光眼:冬天,由于昼短夜长,瞳孔放大时间长,用来提供眼睛养分的房水大多积留在后房,使得后房压力升高而将虹膜向前推挤,造成房水回流的孔洞被堵住,眼压便会急速升高。眼压突然增高会使患者眼睛产生剧烈疼痛,还会有红肿、视力模糊、恶心、头痛等症状。急性青光眼相当危险,一定要马上就诊,否则一两天内就会丧失视力。此外,平时要定期测量眼压、检查视神经及做视野检查。

眼脑卒中:又称视网膜血管阻塞,是由于天冷血管收缩而造成的阻塞而出血。特别是患有高血压、糖尿病或胆固醇过高的人须格外小心。

哪些场合尤其要谨防眼睛外伤

使用化学用品时:使用任何喷雾型的化学用品,如杀虫剂、定型液、喷雾剂时,注意喷嘴的方向要远离身体,或闭眼喷洒。操作刺激性化学物品时请佩戴护目镜,以防止眼睛被灼伤。

户外运动时:从事高速球类运动,如棒球、网球时,最好戴护目镜。参加有身体接触的竞技运动(如在做拳击等运动)时一定要戴护具。

节庆燃放鞭炮时:要注意人身安全,儿童应避开强烈爆裂物及互相丢掷鞭炮、烟火的行为。

从事特殊工作时:操作车床、电焊、电钻、电动除草机时应戴护目镜。

清理耳垢要注意哪些问题

耳垢是人体耵聍腺产生的一种油脂分泌物。耳垢多了不用担心,因为它会随着人们的头部摇动以及进食时的咀嚼活动自动脱出。

日常清理耳垢时应注意:

勿将任何东西插入耳朵,以免刺破耳膜,即使是棉花棒或手指都不好。

滴一两滴双氧水、矿物油或甘油等居家常备药,将耳垢软化,重复两三天后,耳垢软化便可开始冲洗。将温水轻轻喷入耳道,注意不使水流压迫耳道,待水流出后用吹风机吹干。

滴几滴酒精也有助于蒸发耳内的水分。

清洁耳朵不可太频,1个月1次就够了,否则会将耳朵里的保护层冲掉。

慎待耳鸣,及早诊治

耳鸣,是指自己感觉听到了外界并不存在的声音,有的如细雨沙沙,有的像蝉声嘶嘶,有的如洪水暴发,有的像雷鸣轰隆,扰得人心烦意乱,睡眠不宁。引起耳鸣的主要原因有:

耳源性疾病:突发性耳聋、梅尼埃病、噪声性耳鸣等,均易引起耳鸣。

代谢疾病:老年人的甲状腺功能降低或亢进,皆可导致耳鸣。此外,糖尿病诱发耳鸣发病率颇高。高血脂伴有血管阻塞,亦可从耳道里发出不和谐的"歌声"。

锌缺乏:耳鸣的老人,往往都患有不同程度的低锌血症。研究表明,耳蜗是人体含锌量较高的器官,缺锌可遏制内耳酶的活性,从而导致耳鸣。

药物毒性反应:阿司匹林、奎宁、氨基苷类抗生素等可导致耳鸣甚至耳聋。服用含咖啡因的药或引用含咖啡因的饮料,可增加耳鸣的响声和频度。

其他疾病:血液循环系统的疾病,如贫血、高血压、低血压等均可引起耳鸣。神经衰弱、失眠,也可致耳鸣。

防治耳鸣的心肾相交法

在中医学上,心在上焦,属火;肾在下焦,属水。心中之阳下降至肾,能温养肾阳,肾中之阴上升至心,则能涵养心阴。在正常情况下,心火和肾水相互升降、协调,彼此交通,保持动态的平衡,这就是"心肾相交"。在日常生活中,通过心肾相交法,可以用心火与肾水关系相协调的方法来保持人体的阴阳气机协调,以达到保养耳朵,防治耳鸣耳聋的目的。

耳朵里面的孔窍是肾气的代表,所以这是肾的一个外现。心,主要是用心包经上的劳宫穴,用该穴来代表心。在中医里,用于防治耳鸣的心肾相交法主要有以下两种。

心肾相交法一:按摩听闻穴。听闻穴在耳朵里面,是一个养生的要穴。按摩听闻穴时,首先要掌心向后,然后用中指插进耳朵孔里去,塞进去以后,手指在里面转180度,让掌心向前,然后让手指轻轻地在里边蠕动,按摩20~30秒后,突然将手指向前外方猛的拔出来,最好能听见响。这就是完整的按摩听闻穴的步骤。

心肾相交法二:鸣天鼓。天鼓就是我们的后脑勺。鸣天鼓要用到我们的听闻穴和劳宫穴。人体的劳宫穴是最操劳的一个穴位,我们将手轻轻半握拳的时候,中指指尖所指的手掌的部位就是劳宫穴。鸣天鼓时先用我们的手掌心,即用劳宫穴贴住耳孔,把整个手搭在后脑勺上,将食指放在中指上,然后往下一弹,产生一个弹击的力量,就这样使劲压住听闻穴,然后弹拨后脑壳,弹几次再压紧,然后突然放松,耳朵就会有一种特别清爽的感觉。经常这样做对耳朵的保健作用很大。

舌舔口腔,吐气如兰

很多人一张开嘴会臭气冲天,令人对他(她)的印象大打折扣,罪魁祸首就是这些人的口臭。

口香糖虽有去除口臭的功效,但也只是一时的,如果想根治口臭,有一个随时随地均可实施的方法,那就是可以用舌头舔口内的各个部位。首先你不妨试着转动舌头去舔牙龈的里侧、外侧等部位,请务必记住将舌头伸到嘴的深处来回舔几次。

以上的动作持续做3分钟时,可以感觉嘴里已经充满了唾液。尽量让唾液贮存多些,然后分成三次,慢慢地吞下去。唾液不但可以消除口臭,而且对食道和胃部都有很大的帮助。吞下去的唾液一方面可以滋润食道壁,另一方面也可以进入胃内,改善胃病所引起的口臭和促进胃机能,强化消化的器官。

当然,仅仅这样还是不够的,最好在牙齿闭合时尽量用力碰撞上下两排牙齿,每天持续练习30次。只要有恒心,坚持练习不但可以驱除口臭,而且可使齿龈更牢固。

辨证施治,告别口臭

现代医学认为,口腔不洁会使堆积牙龈的软垢以及嵌塞于牙间隙和龋洞内的食物发酵腐败,是产生口臭的主要原因,另外鼻咽部、消化道或呼吸道的疾病也会引起口臭。清除口臭的主要方法是积极治疗引起口臭的原发病。

脏腑不调而引起的口臭:应结合全身情况,辨证论治,或请医生查清病源后对症治疗。饮食宜清淡,少食肥甘、厚腻、辛辣品,保持大便通畅,排除肠中宿食。

消化道功能的异常:苦口中出现异常气味,往往反映出消化道的功能异常,所以患者可多食一些易消化的食物,如粥、汤类等。进食应遵循"多嚼,按时,定量"的原则,保护好消化功能。同时,不要熬夜,保证睡眠充足,精神不宜紧张。

肺肝肾等功能的虚衰:平时可多进食一些有利于这些脏腑功能的食品,如百合、梨利肺,枸杞子利肝。

内热偏重:平常宜多食蔬菜、水果。饮食宜清淡,不宜食滋腻厚味之品,可以选择一些有防治口臭作用的药膳以辟秽,口气清新。

茶水含漱可防龋齿

古人认为,茶有降火、醒脑、明目、利水、消食、去腻等作用。长期饮用可防病、健体、延年益寿。

茶对于预防龋齿、保障口腔健康也具有独特的功效。研究显示长期生活在产茶区的人龋齿的发生率很低。茶叶中含有的多酚类化合物及芳香类物质都具有抑制细菌生长的作用。

茶叶是含氟最高的植物,故茶水中含有大量的氟。而氟是公认的预防龋齿的重要物质,所以进餐后及时用茶水漱口,不但能消除口腔中的各种物质残渣,而且能够抑制口腔中细菌的增殖,同时提高了口腔中的氟浓度,高浓度的氟渗透进入牙齿的釉质表面,可改变釉质的结构,增强其抗酸蚀能力。

大脑与神经系统疾病的预防

注意细节,远离老年痴呆

老年痴呆的病前调护,应采取综合措施:

心理调护:应避免不良精神刺激,如紧张、抑郁、孤独等,保持乐观的情绪,采取积极主动的方式;多与外界交流,多交朋友,积极参加社会活动。

起居调护:生活要有规律,保证足够的睡眠,白天可小睡片刻,或闭目养神以补充睡眠。尤其要注意老年人看电视不可时间过长。

饮食调护：饮食要清淡，品种多样化，保证蛋白质的供给，多食富含维生素、纤维素的食品，少吃动物脂肪，保证低糖、低盐的饮食；不宜过饱；戒烟酒。

积极用脑：劳逸结合，保护大脑。一般连续用脑 1 小时后应休息 15 分钟。保证脑力活动多样化，如看书、下棋、做智力游戏等。

运动调护：选择适当的运动项目，循序渐进，适量而止，切忌剧烈运动。

改善环境：保持舒适美观的居室环境，并可在家中开展一些有益的活动，如养花、养鱼、画画、写字等。

日常生活中如何预防头痛

多喝水：普通人每天至少需要喝 8 杯水，才能令其体能的发挥达到顶峰，而脱水则是造成头痛的一个重要原因。

科学饮食：注意饮食的定时定量。

适量饮茶、喝咖啡：摄入太多咖啡因等刺激神经物质也可引致头痛。

减少饮酒：饮酒可导致脱水，红酒和白兰地像巧克力一样，含有可导致头痛的酪胺。

不要过量服用止痛丸：过量使用药物会导致"止痛反弹"式头痛。

不要长时间坐着：看电视或看书都会令你长时间固定在某个位置，头部及颈部肌肉就会感到紧张及疼痛。

摒弃负面的情绪：愤怒或失望的情绪不断积聚，可引致头痛。如果你因此头痛，就应该找个方法宣泄一下，如走出屋外开怀散步，以解开心结，走向原野，让风儿熨平前额等。

注意自我调节、预防神经衰弱

预防神经衰弱，要注意心理调节，保持心理平衡。神经衰弱与精神的重负有直接的关系，在日常学习、生活中，各种精神刺激在所难免，关键是要及时、有效地缓解和消除压力，不能使心理持久地处于紧张状态。如可以通过必要的宣泄转移情境、自我安慰、放松以及寻求心理咨询等等，以保持心理的平静。

在紧张的学习过程中，应注意劳逸结合，积极进行体育锻炼，参加丰富多彩的活动，使生活内容多样化，从而避免大脑神经活动长时间地处于紧张状态。

不仅个性的某些缺陷容易导致神经衰弱，而且片面的思维方式、认知的缺陷也往往易使人陷入心理困扰，从而提高患病的可能性。因此，加强健康个性的培养，端正认知方式，是预防神经衰弱乃至一切神经障碍的基础。

筑好流脑的"防火墙"

流脑，即流行性脑脊髓膜炎的简称。本病是由脑膜炎双球菌引起的化脓性炎症，具有较强的传染性。预防流脑的发生应注意：

养成良好的个人卫生习惯，打喷嚏、咳嗽时不直接面对他人，以减少传染的机会。

改善居住、工作环境，经常通风换气，特别是幼儿园、学校、工地等人群聚居地区更应如此。

接种疫苗。可以到当地疾病预防控制机构接种疫苗。

早期发现、早期治疗，可以减轻症状，防止死亡。

保护接触者。发现发病迹象，如发热等，应及时去医院检查，以免延误病情。

皮肤疾病的预防

如何防治黄褐斑

防治黄褐斑，首先要注意避免日晒，出门要打伞或戴草帽，还可以涂一些防晒霜进行防护。在治疗上，可以选用六味地黄丸、五子衍宗丸、乌鸡白凤丸、加味逍遥丸、参苓白术丸等。另外，还可服用滋补肝肾丸、健脾舒肝丸，其疗效也很好。

黄褐斑患者，一般除面部有色素斑外，多兼有经前乳房胀痛或腰酸腰痛，夜间睡眠不好，多梦易醒，舌质红苔薄白。中医认为这是由于肝郁肾虚造成的。治疗时宜疏肝补肾，可选择茯苓、何首乌、杜仲、生地黄、女贞子、旱莲草、当归、川芎、益母草、柴胡、香附、丹参等药物进行煎服。

还可采用西药外用，如低浓度维甲酸、果酸类制剂等，但服用后要注意避光，因为维甲酸类药物有光敏作用。另外，还可在每晚洗面后，用新鲜的鸡蛋清，涂于脸上，过20分钟再用清水洗去，既可祛斑增白，又能紧肤除皱，黄褐斑患者不妨一试。

夏季做好预防，今冬不再生疮

在夏季提前预防冻疮，冬天即可免却皮肉之苦。现介绍几则冻疮夏治方，有兴趣者不妨一试。

鲜芝麻叶适量，放在生过冻疮的部位，用手来回揉搓20分钟左右，让汁液留在皮肤上，1小时后洗去，每天1次，连续7天。

吃西瓜时，把西瓜皮留得厚一些，以白中稍带红为好，用它轻轻揉搓生过冻疮的部位，每天1次，每次3分钟，连续5天。

红辣椒9克，去子切碎，放入白酒60毫升浸泡7天，再加樟脑3克摇匀，用棉花蘸药液涂患处。每天2次，连续7天。

芝麻

生姜60克，捣烂，加白酒100毫升，浸泡3天后，每天3次，外搽患处，连续7天。

樟脑 5 克,研为细末,加入 75%酒精 100 毫升,浸泡 3 天使用。每天 3 次搽易生冻疮处,连续 3~5 天。

上述各法,任选一种,均能有效预防冻疮的发生。

夏季要注意防治癣病

夏季天气潮暖,适宜于各种真菌、细菌的繁殖生长,加上夏天人容易出汗,皮肤潮湿,如不及时擦净和保持干燥,真菌便会侵害皮肤,引起皮肤癣病。最常见的皮肤癣病有足癣,就是我们所说的"脚气"。喜欢穿皮鞋的人容易得"脚气",因为真菌极易在不透气的皮鞋中生长从而引发癣病。脚气患者夏天会很难受,因为除了脚趾间的皮肤发红、糜烂、生小水疱之外,还会瘙痒及有异味。

此外,很多男性容易在夏天感染体癣和花斑癣(汗斑),这与他们排汗量大有关系。由于工作的原因,很多人在出汗后没有及时清洗,真菌在皮肤上繁殖,从而形成丘疹、水疱、鳞屑等,以至损害皮肤。

预防癣病要注意以下几点:

保持皮肤清洁干燥,这是防治癣病的基本要求。

尽量分开生活用具是预防癣病传染的重要措施。

注意个人卫生,保持皮肤干爽。

夏季要使用爽身粉,勤洗澡并更换内衣。

穿皮鞋的男士,袜子要选用棉质的,以利吸汗、透气。

过敏体质者要谨防皮肤过敏

常见的过敏性或变态反应性皮肤病有以下几种。

荨麻疹:荨麻疹多是由于饮食、药物等引起,常见的过敏物质以鱼虾蟹和蛋类最常见。其次,还有肉类和某些植物性食物;病毒、细菌、寄生虫等也会引起荨麻疹;引起荨麻疹的常见药物有青霉素、血清制剂、各种疫苗、磺胺类、阿司匹林等;接触荨麻、动物皮屑和羽毛以及花粉的吸入等,均可引起接触性荨麻疹。

血管性水肿:血管性水肿主要是由于食物、吸入物、药物等引起的急性过敏反应。

接触性皮炎:接触性皮炎是由于皮肤或黏膜接触某种刺激物或致敏物质,使接触的局部发生的皮肤炎症。其防治方法中最好的办法是,找出病因,使刺激物或致敏物质与皮肤脱离接触。

湿疹:湿疹可能由于吃了一些东西,如鱼、虾等引起;接触一些化学物品,如化妆品、肥皂、洗衣粉等也可引起湿疹;日光照射、炎热干燥的天气可以加重湿疹;精神因素,如过度紧张、疲劳、应激等可以诱发和加重湿疹。

夏季高温,严防晒伤

每个人对太阳的敏感程度不一,同样环境下,相同的时间内的日照对皮肤损伤的程度不一,有光过敏者,遇到稍强一些的照射,就会发生晒伤。所以,夏季日照强烈时要注意:

在室外活动时,戴宽边遮阳帽,穿白色透气的长袖、长裤有很好的防晒作用。

室外阳光强烈时要戴墨镜,防止阳光对眼睛的刺激。

减少室外活动时间,或在出行中途多安排几次树荫下、室内休息,减少持续照射的时间。

海滨游泳时,由于暴露面积大,特别是平时与烈日接触甚少者,更易晒伤,故每次海滨游泳的时间不宜过长。

太阳暴晒后,各人的反应不一,不能以"他人能耐受,我也可以"为准。在夏季或热带旅游时,第一天出游应尽量减少日晒的时间,回住地休息后,如皮肤有明显灼痛,就代表已被晒伤,次日更要保护好皮肤,以免再加重。暴晒还可能导致中暑。

注意个人卫生,远离疥疮烦恼

一人皮肤瘙痒已够让人心烦,若全家人均出现皮肤瘙痒,则更令人伤透脑筋。出现这种情况往往是染上疥疮的缘故。

染上疥疮后,通常在指间、手腕、肘窝、腋窝、臀部、阴部、大腿上部、男性外生殖器、女性乳房及乳晕等处发生散在的红色小疙瘩及小水疱。患了疥疮最显著的自觉症状就是剧烈瘙痒,尤以夜间为甚,严重影响睡眠。剧烈的搔抓往往引起皮肤破损、血痂;继发感染后还可引起脓包、疖病、蜂窝组织炎等。

发现疥疮患者要及时隔离治疗,家中患者应同时治疗。患者未治愈前应避免和别人接触,包括握手等。此外,患者穿过的衣服、用过的被褥必须煮沸消毒,不能煮的衣服要在阳光下暴晒。

要帮久病老人勤翻身

在家护理老年患者,最易忽视对卧床患者的清洁及翻身。

在勤翻身方面,应保证至少2小时一次,如这也做不到,则生褥疮就在所难免了。由于翻身不勤快而产生的褥疮,使身体局部组织受压,该部位的组织缺血、缺氧、缺乏营养而引起坏死。它可能是由贫血、血液循环受阻、肌肉萎缩、过胖、过瘦、精神不健全等内在原因引起,也可能是因长期持续受压、摩擦、牵拉、潮湿、大小便或汗水刺激造成。褥疮特别容易发生在脊椎、肩胛骨、踝骨外侧等外突或硬的部位。

褥疮,起初是皮肤红肿,接着起水泡、破皮、结痂、有渗出物。局部组织坏死后,引发细菌感染,还会侵入骨骼造成骨髓炎。因而,照顾卧床者的人不可没有铺床技巧和勤翻

身的责任心。有褥疮的患者还应多摄取蛋白质，有禁忌证的除外。

骨骼与关节系统疾病的预防

老年人"骨头脆"可预防

常言说："人老骨头脆"，这说明老年人的骨质疏松是很常见的。老年人往往有骨刺、驼背和身材变矮、腰酸腿疼、易骨折等现象，这些都是骨质疏松的临床表现。

预防骨质疏松，需注意：

多晒太阳：阳光可使皮肤中维生素 D 的合成增加，这有利于钙质的吸收。

适量运动：运动可以改善骨骼的血液供应，增加骨密度。

多吃含钙及蛋白质的食物：牛奶及豆制品含钙较多，鱼、鸡、牛肉蛋白质含量丰富。

忌烟、忌酒：烟酒会导致体内钙的流失。

慎用药物：如利尿剂、四环素、异烟肼、抗癌药、强的松等，均可影响骨质的代谢。

防止各种意外伤害：尤其是跌倒，很容易造成手腕、股骨等骨折。

防治颈椎病，多做做项操

一些中老年人或经常低头工作的人都容易患颈椎病。颈部神经根受压的时候，可能会出现不同部位的疼痛，如脖子后面、双肩、肩胛骨、上臂乃至整条胳膊或者前上胸壁等。

对于只有颈神经根压迫症状的颈椎病，可以不做手术，但要注意多平卧休息，还可以经常练一下我们今天介绍的项保健操，这种保健操对颈椎病既有预防作用也有治疗作用。

项保健操具体的做法是这样的：两手在颈后交叉，仰视抬头，头部左右摇动，使颈项与交叉的双手抗衡。

这种项操练起来很方便，站着、坐着都能练，时间也可长可短，坚持常练可以调畅气血，防止风邪侵袭，去肩痛、目昏、头晕头沉，古时候就有人把它作为一种延年祛病的方法了。

预防骨折，远离膝关节僵硬

膝关节僵硬是下肢骨折的常见并发症或后遗症。

高龄患者会出现关节潜在蜕变，以及膝关节内骨折等症状。膝关节僵硬，会严重影响下肢活动，使人出现跛行，上下楼梯或台阶困难，坐椅子、沙发费力，无法蹲下大小便。随着时间的推移，还可能影响其他关节，引起创伤性关节炎或腰背痛。

防止膝关节僵硬，首先要采取各种措施，预防下肢骨折发生。

一旦发生骨折,应采取正确治疗方法。必须手术的,应将断骨坚强固定,争取早日下地行走,不宜手术的,可以进行牵引,帮助骨折复位,维持对位,同时适当活动膝关节,避免关节长时间制动。关节固定期间,注意功能锻炼,反复做髌骨上提动作。

加强体育锻炼可以强健骨骼

体育锻炼有利于身体健康。锻炼项目可包括户外步行、爬山、跑步、骑车、游泳、保健操、太极拳等。此外,体育锻炼还能预防心脏病、降低血压、降低血液黏稠度,减少发生血栓的危险。因此,各年龄段的都应重视体育锻炼。

少年期锻炼可以推迟女孩的月经初潮,防止肥胖;青年期锻炼可以增强骨密度;中年期锻炼可以减少体内脂肪的堆积,防止产生过量的雌激素;老年期锻炼可以减少骨钙丢失,增加骨骼强度,预防骨质疏松,特别是负重运动,有助于骨骼钙化。

经常在柔和的阳光下锻炼,阳光中的紫外线可使皮肤合成维生素 D 的能力增强,保证体内钙与磷的吸收,推迟骨骼老化。

怎样预防急性腰扭伤

急性腰扭伤又称"闪腰",是一种颇为常见的腰部损伤,多发生于青壮年。常见诱因多为搬运重物、挑担失脚踩空、扔甩重物等。但有时,如下床穿鞋、扭头看人等,也能诱发。预防要做到:

加强锻炼,增强体质和腰椎的灵活性。

剧烈活动前,做些准备活动,使全身肌肉协调,处于待命状态。

工作和日常生活中注意采用适当姿势。从地上提起重物时,应屈膝下蹲,避免弯腰;拿重物时,身体尽量靠近物体,使其贴近腹部,两腿轻微下蹲;向高处放东西时,够不着时不宜勉强,可垫高双脚再够。

从事大负荷腰部活动时,可在腰部束一宽腰带,以起到保护作用。

呼吸系统疾病的预防

做好家庭预防,阻断呼吸道传染病

家庭成员与社会接触频繁,常易将呼吸道传染病的病菌带入家庭。家庭中一旦有人患上传染病,应及时做好重点环节的消毒,以防在家庭成员中传播。此外,还要注意:

可采用最简便易行的开窗通风换气法来净化室内空气,每次开窗 10～30 分钟,使空气流通,让病菌排出室外。

要经常用流动水和肥皂洗手,要特别注意手的清洁和消毒,这绝非小题大做。在饭前、便后、接触污染物品后及时洗手可最大限度地避免传染病通过手部接触而传染。

要使家庭中消毒达到理想的效果，还需掌握消毒药剂的浓度与时间要求。

防治感冒，常搓手掌

手拇指根部（即大鱼际）由于肌肉丰富，伸开手掌时明显突起，占手掌很大面积。大鱼际与呼吸器官关系密切，每日搓搓，对改善易感冒的体质大有益处，而且对咽痛、打喷嚏、流清涕、鼻塞、咳嗽等感冒早期症状也有很好的缓解作用。

为了帮你预防感冒，下面介绍一种利用大鱼际预防感冒的手掌功。此功简单易学，省时省力，容易坚持，效果颇佳。具体做法是：

对搓两手大鱼际，直到搓热为止。搓法恰似用双掌搓花生米的皮一样，一只手固定，转另一只手的大鱼际，两手上下交按。两个大鱼际向相反方向对搓，大约搓 1~2 分钟，整个手掌便会发热。这样做可促进血液循环，强化身体新陈代谢，所以能增强体质，预防感冒。

入冬时节谨防鼻炎

秋尽冬来，气温骤变，是鼻炎的好发时节。

鼻炎多发生在伤风感冒之后。得了鼻炎很不舒服，初期症状为鼻内发痒，爱打喷嚏，食欲不振，全身疲乏，鼻塞，流水样鼻涕。到后来鼻塞加重，被迫改用口呼吸，鼻涕变为脓性，这时患者会头痛，影响睡眠。儿童鼻炎甚至可影响儿童智力发育。

下面有两个简单的使鼻通气方法：

即用热开水烫过的毛巾，在鼻子上热敷，每日 3~4 次。

用少许新鲜大蒜，塞到鼻孔内，过一会儿鼻子就通气了。

秋季要重视防治慢性咽炎

秋季之所以要特别重视对咽炎的防治，是由于秋季多晴少雨、干燥，易引发咽炎。咽喉炎若在急性期得不到彻底治疗，就会成为慢性咽炎。

预防咽炎的最好办法最好是戒除烟酒，避免不良的刺激，并经常用盐水、苏打水或硼酸水漱口，注意口腔清洁，还可含服薄荷片或含碘喉片，每次 1~2 片，每日数次。

慢性咽炎的主要症状是咽部干燥而痛、咽部暗红，多由阴虚津伤，虚火上灼所致，治疗时宜以滋阴清热、清利咽喉为主。在饮食上应常吃绿豆饮或雪梨浆。

绿豆饮：以绿豆、青果、乌梅煮汤加蜜，经常服用；

雪梨浆：以梨、荸荠、白萝卜取汁服用。

药用：麦冬 3 克、甘草 1.5 克、银花 3 克、乌梅 3 克、青果 3 克，以开水冲泡，经常服用。

秋季要防止支气管炎的侵袭

有人说,支气管炎是秋风送给疏忽者的礼物,这话一点也不错。支气管炎分为急性和慢性两种。急性支气管炎,一发病时就会出现鼻塞、流鼻涕、打喷嚏、喉咙痛、头痛、头晕、四肢酸痛、倦怠无力等症状;同时还伴有咳嗽,有时是阵发性的,有时是连续性的;严重的还有胸部发闷、胸痛、食欲减退等症状。

发现急性支气管炎时,首先要注意不可使身体继续受凉,早晨起床最好能穿上外衣。此外,要吃容易消化的流质食物,多饮开水,症状较严重时,应及时求医诊治。

可惜有人不愿意这样做,这会使急性支气管炎变成慢性支气管炎,这时要治愈便困难多了。慢性支气管炎十分顽固,缠绵难愈,调养上除了与急性支气管炎一样之外,病者还要注意体力的恢复。

如何防治老年人肺心病

肺心病多由慢性肺、胸部疾病或肺部血管慢性病变引发。

冬春季是老年人肺心病的高发期。为了使老年人安全过冬,必须切实做好预防和治疗工作。

加强体育锻炼,不断提高机体抗病能力:可根据自身的健康状况,或练气功,或做医疗保健操,或打太极拳,或徒步行走,或扩胸,或做腹式呼吸,这些对改善心肺功能都十分有效。或做鼻部按摩,具体做法是:双手捂住面部,两手无名指沿鼻腔从鼻凹(迎香穴)向上至目内眦(睛明穴)上下搓揉 100 次,这对预防感冒和上呼吸道感染效果很好。

药物预防:可服玉屏风散(黄芪 18 克,白术、防风各 6 克,大枣 3 枚,生姜 3 片)水煎服,1 天 1 剂,连服 3 天。以清除体内潜在的风邪,增强卫气而固表。还可用2%的淡盐水或2%的食醋液,间日早晨交替使用,可清洗并杀灭鼻内有害菌毒,只要防其进入肺部。

食疗辅助:体弱未病者,可食扶正固本的食物如母鸡、猪肺、羊肺、羊肉、海参等补益之物。肺热痰多者,可食萝卜、荸荠、海带、梨等,以清热润肺。

怎样预防呼吸道传染病

患呼吸道传染病的人是通过空气吸入病原体,然后又从呼吸道排出体外。其传播方式是空气飞沫、直接接触,有些也可以经过间接接触传播,例如百日咳、猩红热。

呼吸道传染病的预防要采取综合措施。

搞好个人和环境卫生:注意室内的采光、通风,保持室内空气新鲜。

多运动:加强体育锻炼,增强体质和抗病能力。

加强免疫:按规定时间、种类、次数注射疫苗进行免疫,例如,儿童在三个月时开始注射,三岁时,需再加强一次。某些病(如麻疹、猩红热等)一旦出现,应立即向防疫部门报告,患者也应在病情需要和条件允许的情况下,进行隔离和治疗。

药物预防:经常接触呼吸道传染病患者的人,应适当服用一些预防药品,如流脑可服用磺胺,流感服用金刚胺等。

消化系统疾病的预防

常砸腹背,改善胃肠功能

腹背部的正中是任督两脉经过的地方,而任督两脉沉畅,则肾气旺、精气足、正气盛,人体能够保持健康。常做腰部运功和砸腹背动作,对内脏器官有震动作用,能促进腹腔和盆腔的血液循环,改善胃肠功能,其具体方法为:

双拳轻握,手臂下垂,腰部转功,利用惯性带动两臂,使两臂和拳头自然地交替拍打腹部肚脐和背部命门附近,如此反发叩打,以感到轻松爽快为止。砸腹背动作,不论何时何地,均可进行。但以饭后一小时后或清晨在空气新鲜时锻炼为宜。

预防胃病"8 戒"

胃病是可以预防的,在生活中应注意"8 戒":

一戒长期精神紧张:长期紧张焦虑和精神抑郁者,胃溃疡和十二指肠溃疡的发病率明显增高。

二戒过度劳累:无论从事体力劳动还是脑力劳动,过度劳累会引起消化器官供血不足,胃液分泌失调,从而导致各种胃病的发生。

三戒饮食饥饱不均:胃中空空和暴饮暴食最易伤胃,易导致急、慢性胃炎或溃疡发生。

四戒酗酒无度:酒精会使胃黏膜发生充血水肿,形成溃疡。

五戒嗜烟成癖:嗜烟成癖是引起各种胃病的重要诱因。

六戒浓茶咖啡:浓茶和咖啡都是中枢兴奋剂,能通过神经反射使胃黏膜发生充血、分泌功能失调、黏膜屏障破坏,促使胃部发生溃疡病。

七戒进食狼吞虎咽:进食时狼吞虎咽,食物未经充分咀嚼就进入胃部,势必增加胃的负担。

八戒睡前进食:睡前进食不仅影响睡眠,而且会刺激胃酸分泌,容易诱发溃疡。

老年人预防腹胀的良方

进入老年,消化系统功能往往出现紊乱或减弱,因此老年人常感到腹胀。以下方法可减少腹胀:

少食高纤维食物:高纤维食物如土豆、面食、豆类以及卷心菜、花菜、洋葱等都易在肠胃部制造气体,最后导致腹胀。

不食不易消化的食物:炒豆、硬煎饼等硬性食物不容易消化,在胃肠里滞留的时间也较长,可能产生较多气体从而引发腹胀。

改变狼吞虎咽的习惯:进食太快或边走边吃,容易吞进不少空气。常用吸管喝饮料也会让大量空气潜入胃部,引起腹胀。

克服不良情绪:焦躁、忧虑、悲伤、沮丧、抑郁等不良情绪都可能使消化功能减弱,或刺激胃部制造过多胃酸,导致腹胀加剧。

注意锻炼身体:每天坚持1小时左右的适量运动,可帮助消化系统维持正常功能。

谨防胃病在寒冬复发

一些原来有胃病的人冬季饮食起居稍不注意,就会旧疾复发,故民间有"胃病难过冬令关"之说。中医认为,这是寒邪侵入肠胃所致,因为"寒性凝滞",可致气滞血淤。那么,冬季怎样预防胃病发作呢?

第一,保持精神愉快,情绪稳定,避免紧张和焦虑等不良因素的刺激,合理安排工作和休息,注意劳逸结合,保证充足的睡眠,防止过度疲劳。

第二,积极参加适度的体育锻炼,以改善胃肠道的血液循环,增强机体抗寒能力。

第三,注意收听气象台的天气预报,随着气候的冷暖变化及时增减衣服,防止腹部受凉,对预防胃疾复发也很重要。

如何预防便秘

改变生活方式,使其符合胃肠道通过和排便运动生理。增加膳食纤维摄取及饮水量,养成良好的排便习惯。

调整心理状态,有助于建立正常排便反射。

治疗原发病和伴随病,有利于缓解便秘。

尽可能少用药物,减少各类可能因服用药物引而起的便秘。

针对导致便秘的病理、生理选用药物治疗,同时应避免滥用泻剂。结肠慢传输型便秘应选用肠动力药,合理选用溶剂性泻剂、润滑性泻剂和刺激性泻剂。

纠正不当、无效的排便动作。

预防消化不良的8个小窍门

进餐时应保持轻松的心情,不要囫囵吞食,也不要站着进食。

不要边饮水边进食,应在餐前或餐后饮用液体。

进餐时不要讨论问题或争吵,这些讨论应留到餐后1小时之后进行。

避免在进餐时,或进餐后吸烟,穿着束紧腰部的衣裤。

进餐应定时。

避免大吃大喝,尤其是吃辛辣和富含脂肪的食物。

两餐之间应该喝 1 杯牛奶,以避免胃酸过多。

少吃糖果,糖果会刺激胃酸分泌。

怎样预防婴幼儿腹泻

预防腹泻,最主要的是要注意饮食卫生,防止病从口入。母乳喂养婴幼儿,在喂奶前要用干净的毛巾擦净奶头。人工喂养的婴幼儿,喂奶前要将奶具消毒干净,变质的奶粉不要给婴幼儿吃。婴幼儿稍大一点添加辅食后,要把食具消毒干净,同时,婴幼儿和大人的手都要洗干净。

婴幼儿到了 5~6 个月后开始添加辅食。由于其消化功能差,因此在添加辅食上一定要注意添加易消化的食物,如米粥、面片等,并先从少量开始,逐渐加量。

如何预防胆结石

近几年来,胆结石发病率明显增多,可能与脂肪摄入过多有关。脂肪摄入过多,热量和蛋白质缺乏是现阶段人们饮食结构的基本特征。三大营养素摄入量"一多两少"的畸形状况与胆结石的发病有一定的关系。

因此,应该从日常饮食出发来预防胆结石,具体内容包括:

饮食应清淡,少油少盐。

多摄取高纤维的食物,如蔬菜、水果、完全谷物等。

限制胆固醇的摄取量。少吃动物内脏、蛋黄等富含胆固醇的食物。

多补充维生素 K,如菠菜、花椰菜等含量都极为丰富。

多吃富含维生素 A 的黄绿色蔬菜。

烹调食物少用煎、炸,多采煮、炖、清蒸的方式。

忌食脂肪含量多的高汤。

避免食用加工食品和高糖分的食物。

节假日,谨防胰腺炎

逢年过节,到医院就诊的急性胰腺炎患者就会多于平时,这些人大多是因饮食无节制所致病的。节日期间,有些人暴饮暴食,吃进大量高脂肪、高蛋白食物后,刺激胰腺分泌大量的胰液,若大量胰液来不及流向十二指肠或通向十二指肠的管道受阻时,便会发生胰腺"自体消化",引起重症胰腺炎。此外,佳节期间,有些人迷恋一醉方休,从而导致胰腺炎发病。

急性胰腺炎多数为突然发病,患者表现为持续性剧烈腹痛,同时伴有恶心、呕吐、腹胀、发热等胰腺炎症状,部分患者可出现呕血和便血,有胆道梗阻者可出现黄疸,重症患者可出现四肢湿冷、心率加快、血压下降等休克表现,其并发症和死亡率都很高。

因此,节日里千万不要暴饮暴食,以防发生胰腺炎。

消化道溃疡的预防之道

精神因素在本病发病过程中起重要作用,所以,平时应注意避免精神刺激,性格宜开朗,不宜过度疲劳,合理安排工作、生活,加强体育锻炼。此外,还需要从以下三方面进行预防:

饮食预防:平常饮食宜定时、定量,少吃或不吃对胃有刺激的食物、药物及饮料;不酗酒、不空腹饮酒、不饮烈性酒;多吃软质食物,如面条、馒头、稀粥类;多吃瘦肉、菜叶、菜泥等营养丰富、易消化的食物。

药膳预防:可服用具有养胃、温胃、护胃功效的四合汤:沙白面、炒芝麻、炒茴香各 500克,炒盐 30 克,共研细末,拌匀,每次 10 克,每日 2 次,温开水送服。

复发预防:已患溃疡病的老人,为了预防其复发,继续维持一段时间治疗相当重要。

五种人群要谨防肝病

儿童:儿童肝脏和成人比相对较大,血液供应丰富,肝细胞再生能力强,但儿童免疫系统不成熟,对肝炎病毒容易产生免疫耐受,感染肝炎病毒后极易变成慢性肝炎病毒携带者。

老年人:老年人是各类肝病的易感、易发人群。老年人的肝脏血流量减少,肝脏吸收营养、代谢物质和清除毒素的能力减退,其肝细胞还会出现不同程度的老化,因此,老年人要特别注意肝病的预防。

孕妇:孕妇比一般女性更易罹患病毒性肝炎。这主要是由于妊娠后胎儿生长发育所需的大量营养全靠母体供应,造成孕妇肝脏负担大大加重,抗病能力明显下降。

嗜酒者:一般认为,每天饮高浓度酒 150 毫升以上,连续 5 年以上即可导致肝损伤。故对嗜酒者来说,改变饮食习惯和戒酒是肝病最好的防治手段。

旅行者:长期在外旅行食宿的人应警惕甲肝与戊肝的发生。在外用餐时,食具如消毒不彻底,再加上旅途劳累,免疫功能下降,极易引发急性肝炎。

远离肝硬化,关键在预防肝炎

引起肝硬化的原因很多,其中以病毒性肝炎引起的肝硬化最为常见。因此,预防肝硬化,其关键是预防乙型肝炎的发生或预防肝炎转成慢性。此外,血吸虫病、酒精中毒、药物或工业毒物、胆汁淤积、循环障碍、肠道炎症和代谢紊乱等也会引起肝硬化。

预防肝硬化,只要预防和治疗这些对肝脏造成损伤的肝炎,就能达到预防肝硬化的目的。

当病毒性肝炎患者出现以下表现时,尤其要注意早期肝硬化的预防:

原因不明的消化不良症状,特别是出现食欲减少、腹胀、腹泻等临床表现时。

原因不明的脾脏肿大。

原因不明的男性乳房发育。

反复出现肝功能或转氨酶异常。

反复出现慢性肠道感染或溃疡性结肠炎。

心脑血管疾病的预防

老年人要谨防因热而致脑卒中

炎热的夏季,人体出汗较多,而老年人体内水分比年轻人要少,最容易"脱水"。"脱水"会使血液黏稠,这对患有高血压、高血脂或心脑血管病的老年人来说,无异于"火上浇油"。这会使输向大脑的血液受阻变缓,从而诱发脑卒中。所以,老年人应谨防因热诱发脑卒中的情况,特别要注意以下几点:

注意及时补充水分。老年人要做到不渴时也常喝水。

有过脑卒中史的患者,其家属要时时注意患者的症状。一般来说,头昏头痛、半身麻木酸软、频频打哈欠等都是脑卒中发病前的预兆。这些症状明显时,一定要去医院就诊。

防暑降温要适时适中,饮食结构要科学合理。多吃凉性食物,如苦瓜、皮蛋、莲子等。

"保驾"药物要有备无患。

45 岁以后要预防脑卒中

研究发现,45~54 岁的女性发生脑卒中的可能性是同一年龄段男性的 2 倍,并且,在这一年龄段女性的血压和胆固醇水平都高于同年龄段的男性。同时,成年男性患脑卒中的风险也随着年龄增加。55~64 岁这一年龄段的男性得脑卒中是 45~54 男性的 3 倍。因此,专家建议,45~54 岁的女性和 55~64 岁的男性尤其要重视预防脑卒中的发作。

如何预防呢? 至少应该做到 3 点:

每年检查:每年检测一次自己的胆固醇和血糖水平。

养成良好的生活习惯:及时处理、缓解各种压力,少喝酒、不吸烟,远离高脂肪食物。

补充 B 族维生素:如维生素 B_6、维生素 B_{12} 和叶酸等对于降低体内的同型半胱氨酸很有帮助,而同型半胱氨酸是测定心血管风险的重要指示。

哪几种人最需要预防高血压

高血压具有群体性,以下几类人是高血压的易患人群:

肥胖者:肥胖者由于全身皮下脂肪增多,在体重增加的同时,血容量、心脏负担和血管阻力也增加,故肥胖者易发生高血压。

喜欢吃咸的人：吃盐越多，摄入的钠就越多，钠把身体内的水分牵制住，使血液的容量增大，故易造成高血压。

饮酒多的人：大量饮酒容易造成酒精在体内损害动脉血管，使动脉发生粥样硬化从而导致血压升高。

精神长期紧张和性子急的人：长期给予自己不良刺激，如精神紧张、情绪激动、焦虑过度、噪音等，加上体内生理调节不平衡，大脑皮层高级神经功能失调，容易引发高血压。

又高血压遗传史者：有高血压家族史的人，再加上不良嗜好和不良的刺激，常容易诱发高血压。但是，如果养成良好的生活习惯，如少吃盐、不吸烟、不饮酒、不肥胖，同样可以避免高血压。

注意生活调理，远离低血压

要预防低血压的发生可采取以下几个生活调理措施：

充分休息。劳累、睡眠不足，会使血压更低，因而起居要有规律，避免过劳、熬夜。

运动可调节神经系统、增强心血管功能，进而改善低血压症状。白天时，不妨多散散步，即使坐在椅子上时，也多活动一下双脚，可帮助血液回流。有体位性低血压者，应避免做久站或体位变动的运动。

避免突然改变姿势。平时应注意动作不可过快过猛，拾取地上东西时。不宜直接低头，应先蹲下，防止晕倒。

睡眠时头垫高，有助于起床时的血压调节。起床时，不要猛然站起身，应先确定身体已平衡，再慢慢起来，并先在床沿坐两三分钟，让脑部血液供应充足后，再下床走动。

不宜长期处在闷热的环境，以免血管舒张，血压下降。

洗澡时水温不宜过热，洗澡时间不宜过长，防止血管扩张，血压下降。

平时调畅情志，避免情绪过于激动，保持乐观情绪。

领带勿系太紧，少穿衣领太高、太紧的衣服，否则会压迫到颈动脉窦，引起血压骤降甚至昏倒。

贫血是可以预防的

日常生活和饮食中，只要注意调整，是可以预防贫血的。

为骨髓提供充足的造血物质——铁：平时要多吃含铁丰富的食物，如瘦肉、猪肝、蛋黄和海带、紫菜、黑木耳、豆类等。

注意食物的合理搭配：如餐后适当吃些水果，水果含丰富的维生素 C 和果酸，能促进铁的吸收。而餐后饮浓茶，则会影响铁的吸收。另外，用铁锅烹调食物，对预防贫血也大有好处。

保护好"造血工厂"：许多化学性和物理性的因素都可损伤骨髓。损伤骨髓是造血的大敌。抗风湿药，如保泰松、消炎痛等及某些抗生素，如氯霉素、链霉素等均可损害骨髓。因此，最好避免使用对造血有害的药物。

防止失血:失血也是导致贫血的重要原因,故对各种失血性疾病应积极进行治疗。

改善 A 型性格,可防冠心病

性格与疾病的关系已被公认,A 型性格是冠心病的一个独立的危险因子。美国学者万斯来描述冠心病的患者,"都是在智力上和体力上精力旺盛、敏锐而雄心勃勃的人。"故 A 型性格的人应从改善性格入手来预防冠心病:

认识到性格是可以改变的:A 型性格的人要充分认识到 A 型性格的危害性,树立坚强的信心,认识到性格是可以改变的,不能因为自己是 A 型性格或已经患了冠心病就垂头丧气或失去信心。

做一些放松、安静锻炼:首先让脑子安静下来,使大脑和全身都处于松驰状态。放松全身肌肉,排除一切杂念,平静呼吸,有意养成说话走路放慢的习惯。

练习微笑:不要整天紧绷着脸,俗话说"乐而忘忧",应多想想愉快和有趣的事情,以微笑和快乐填充生活。

戒狂妄自大,要正确估计自己:要增加与亲属和周围人的接触和交往时间。

戒疲于奔命,要劳逸有度:要有一定的活动时间来发展自己的兴趣,不要只工作、不娱乐。

戒暴跳如雷,要学会心平气和:保持一份平和的心态,养成耐心及冷静沉着的习惯。

戒固执己见,要认真倾听意见:要多与 B 型性格的人交往,为改变自己的性格做榜样。

提早预防,远离动脉粥样硬化

动脉粥样硬化是心肌梗死和脑梗死的常见病因,但若能采取积极措施,动脉粥样硬化也是可以预防的。主要应注意以下几点:

膳食总热量不宜过高,以维持正常体重为准,40 岁以上者更应注意防止肥胖。超过正常体重者,应减少每日摄入的总热量。

避免经常食用富含动物性脂肪和饱和脂肪酸的植物油,如肥肉、猪油、骨髓、奶油及其制品、椰子油、可可油等。

避免多食高胆固醇的食物,如肝、脑、肾、肺等动物内脏及鱿鱼、墨鱼、虾子、鱼子、蟹黄、蛋黄等。如血脂持续升高,应采取低胆固醇、低动物脂肪性食物。

已确诊为冠状动脉粥样硬化者,严禁暴饮暴食,以免诱发心绞痛或心肌梗死。合并有高血压、心衰者,应限制高盐及高钠食品。

提倡清淡饮食,多食新鲜蔬菜、瓜果和豆类及其制品。

适当参加体力劳动和体育锻炼。这对防止肥胖、增进循环系统的功能和调节血脂代谢均有裨益。

合理安排工作和生活。生活要有规律,保持乐观、愉快的心情,避免情绪激动,注意劳逸结合,保证充分睡眠。

内分泌代谢系统疾病的预防

糖尿病患者要谨防低血糖

预防糖尿病低血糖的发生非常重要,尤其应注意以下几点:

劳动量或活动量大时,要减少胰岛素的用量,或及时加餐,服磺脲类降血糖药物的患者也应及时加餐。

注意饮食护理,要与胰岛素的作用相呼应,注意随时观察尿糖变化,在胰岛素作用最强时,应及时加餐。后半夜及清晨容易发生低血糖的患者,应在晚上睡前吃一些含蛋白质多的食物,如鸡蛋、豆腐干等。

做好病情观察记录,做到"三及时",尿糖连续几天阴性,要考虑减少胰岛素用量。

糖尿病患者要经常随身带一些水果糖、饼干,以便随时纠正低血糖反应。

胰岛素用量较大的患者要按时进餐,特别是午餐。注射混合胰岛素的患者,要特别注意按时进晚餐及在晚间睡前加餐。

调控情绪,远离甲亢

不少甲亢患者在就诊时常常叙述"生气"之后得了病。医学研究表明:长期的精神创伤、强烈的精神刺激,如悲哀、惊恐、悲愤、紧张、忧虑等常可诱发甲亢。

A 型性格与甲亢发病有关,A 型性格的人有神经兴奋性征象:如个性强、爱争辩、急躁、紧张、好冲动等。而且,A 型性格的人对外界刺激的反应非常明显和持久。因此,急性情绪应激或打击可以促使甲亢的发生,A 型性格可能是甲亢发病的性格基础。

甲亢患者应加强自我锻炼,增强自我调控能力,提高心理免疫与应激能力,转变其 A 型性格,提高情绪的兴奋阈值,减少应激反应发生,使体内儿茶酚胺类激素及甲状腺素水平保持相对稳定,对甲亢预防可起到积极的作用。

吃得太好,当心痛风

痛风是一种由于嘌呤代谢失调导致尿酸在人体内浓度增高(高尿酸血症)所致的疾病。

正常人摄入嘌呤量可达 600~1000 毫克/日。痛风患者在关节炎发作时不宜超过 100~150 毫克/日。经治疗血尿酸长期保持在正常水平,嘌呤摄入量可适当增加。由于蛋白质在体内具有特殊作用,摄食过多蛋白质,也可使体内尿酸增加,故亦应适当限制。

碱性食品可以降低血清和尿液的浓度,甚至可使尿液呈碱性,从而增加尿酸在尿中的可溶性。含有较多钠、钾、钙、镁等元素的碱性食物,如蔬菜、土豆、甘薯、奶类等,可在体内氧化生成碱性氧化物。蔬菜类除香菇、豆类（如扁豆）、紫菜和菠菜不宜大量食用外，其余皆可食用，水果无禁忌。

夏季要做好高血脂的饮食预防

炎热的夏季，人体大量出汗，体液减少，就会使血液浓度升高，从而使血中脂类物质比例加大，更容易加速动脉硬化，促进高血压、冠心病、脑血栓形成。因此，夏季更要积极预防高血脂，且在饮食上必须多加注意。

天气越热、出汗越多，越要保证补充足够的水分。除了定时喝水外，也可以喝些绿豆汤和含少量盐的清凉饮料、西瓜汁等。

夏季应该以清淡的饮食为主，控制高脂肪食物的摄入，少吃油腻的东西。多搭配有降脂、降血压作用的食物。比如洋葱、大蒜、生姜、大葱、胡椒这些辛辣的蔬菜和调味品。

紫菜、海带、海蜇一类海产品，能抑制血液中脂类物质的形成，可预防高血脂。

香菇和黑木耳、银耳等食用菌类，具有较强的降低血脂浓度的特殊作用。

其他许多能降血压、降血脂的蔬菜、果品，如芹菜、苦瓜、冬瓜、黄瓜、豆芽、山楂、花生等也可以经常吃。

如果在饮食调节上能做到这几点，血脂就不会在夏季升高，患脑血栓等疾病的概率也可大大降低。

预防高尿酸血症，请关注你的尿酸值

由于罹患高尿酸血症的人实在太多了，因此现在的身体检查或健康诊断，都会测定尿酸值。若你没有测定尿酸值，一定要到医疗机构接受检查。而且，充分了解当尿酸值太高时该如何处理，也是相当重要的一点。

持续高尿酸血症的人，常常会在数年后出现痛风的毛病。因此，预防高尿酸血症，尤其是做好早期预防非常重要。若这个时期没有及时预防，就可能造成高血压、糖尿病、高血脂及脑卒中、心肌梗死、肾脏病等各种疾病，届时将后悔莫及。

高尿酸血症是迈入成人病的重要指标，而痛风则是更进一步恶化的疾病。如果将高尿酸血症比喻为休眠火山，则痛风便是活火山。即便没有症状，但若尿酸值曾出现7毫克/分升以上的人，要每半年看一次医生，追踪检查数值是否再度增高。

预防肥胖症，要从儿童着手

做父母的总希望孩子又白又胖，岂不知过度的营养，会使孩子体内积累过多的体脂，体重比同龄孩子增加，活动减少，反应不灵活，抵抗力下降，易患各种消化系统和呼吸道疾病。故10岁以内特别是1岁以内的婴幼儿保持正常体重甚为重要。

由于体内血脂增高，造成血管内胆固醇堆积，动脉早期硬化，从而引起心脏病。到了成年，由于体内脂肪细胞体积大于正常人，众多的脂肪细胞内很容易堆积大量脂肪，以至成年以后,成为体态臃肿,大腹便便的肥胖症患者。

因此,治疗和预防肥胖症,必须从胎儿期做起。怀孕时,孕妇就需避免过度营养引起胎儿体重的过多增加。胎儿出生后,应注意合理营养,避免孩子过度肥胖。

泌尿生殖系统疾病的预防

如何才能预防尿路感染

尿路感染是一种常见病,可引起排尿异常、腰痛等一系列不适症状。故日常生活中注意预防尿路感染是必要的,也是切实可行的。

养成良好的卫生习惯:睡前、便后用温水清洗下身,清洗顺序应先洗外生殖器,后洗肛门,避免交叉感染;也可用1‰~2‰的高锰酸钾温水清洗;毛巾、脸盆、脚盆应分开;要适当控制性生活,频繁或不洁的性生活会导致尿路感染;房事前男女双方都应先洗澡,或者用温水清洗下身;房事后女方应排空膀胱,可起到冲洗尿道、减少感染的作用。

多饮水、勤排尿是最实用而有效的预防方法:旅游、乘车、开会等外出时间较长者,应先解小便,不可憋尿,过度憋尿会造成尿液浓缩而刺激膀胱黏膜从而引发尿路感染;要养成多喝开水的习惯,多喝水能增强利尿作用和肾脏的免疫功能,起到冲洗尿道的作用,有利于细菌和毒素的排出;多食新鲜水果和果汁饮料,使尿液处于偏碱状态,可抑制细菌的生长繁殖。

避免穿过紧的衣裤:内衣内裤要使用棉制品。

调节饮食预防尿路结石

尿路结石是一种常见而多发的疾病,其发病与日常饮食关系极为密切,科学合理地调配饮食对预防尿路结石尤显重要。

预防尿路结石,首先应尽量避免饮用无机盐含量太高的水,要养成不喝生水的习惯,应喝煮沸过的开水。平时,足量的饮水可降低体内的无机盐浓度,避免尿中各种盐类沉积在泌尿系统而形成结石,故每日饮水量应保持在2000毫升左右,睡前也要喝点开水,使夜间有小便。

多吃新鲜蔬菜、水果等富含维生素 A、维生素 C 的食物。

要有针对性地调节饮食,草酸钙结石患者应尽量少吃或不吃含草酸多的食物。磷酸盐结石患者应多吃酸性食物。

预防尿道炎,卫生习惯最重要

尿道炎多见于已婚女性。发病原因较多,其中主要是性生活不卫生,性生活时将细菌带到女性的外阴和尿道引起发炎。

尿道炎主要症状是尿痛、尿急。如果细菌上行还会发生膀胱炎、肾炎。

预防尿道炎要养成良好的卫生习惯：

保持性生活的卫生：每次性生活前，夫妻都要清洗外阴。性生活后，女方及时排尿，可将侵入尿道的细菌冲掉，减少发病。

保持会阴清洁：女性平时解大便要养成手纸向后擦的习惯。

预防儿童遗尿，要从心理做起

遗尿症多数是由于儿童心理方面的特殊原因引起的。其中主要原因有：

精神紧张：精神紧张是导致儿童继发性遗尿的常见原因，如因家庭气氛不融洽而造成精神受惊，离开母亲被寄养他处，因环境突然改变而失去感情上的依恋对象等。另外，遗尿本身对儿童来说也是一种造成精神紧张的因素，如惧怕父母的责难、打骂和歧视，周围人的讽刺、嘲笑，加剧了孩子心理上的紧张，并使孩子因羞愧而渐渐变得孤僻，不喜欢与人交往，这种心理状态反过来又增加大脑的不良刺激，使遗尿的病态愈趋顽固。

自我控制差：较多儿童反映自己睡觉时经常自我提醒不要尿床，而且在睡眠过程中当膀胱充满尿液时，自己也模模糊糊意识到要上厕所，但因为睡得过深，往往在梦中找到了厕所，所以尿后自己才知道又尿床了。

这种因心理因素引起的遗尿症，主要还应通过以下心理方法来治疗，以增强孩子信心。

矫正孩子的遗尿行为，首要的是保护孩子的心理正常状态，增强孩子战胜遗尿的信心。

家长千万不要对孩子讥笑、羞辱、责骂，甚至对外宣扬，让其出丑，以免伤害孩子的自尊心，使之产生自卑感和不满的情绪。

家长应给孩子更多的关怀、安慰、鼓励，解除他们的恐惧与紧张心理，帮助他们树立战胜遗尿的信心和决心，用积极的态度去克服遗尿症。

抓住根源，预防肾结石

肾结石是指肾脏内有尿结晶沉淀下来形成小石头的一种肾脏病。预防肾结石，首先要了解有哪些导致肾结石的因素，从源头对症预防。

尿路不通畅：尿液排出不畅，会使尿中的晶体易于沉淀从而与胶体结合形成石头，尿流不畅也会使微小结石留在肾脏内，逐渐增大，成为肾结石。

感染：肾脏有细菌感染后，细菌等物质形成了晶体沉淀的核心，还有些细菌改变了尿的酸碱性，如碱性尿利于磷酸盐结石的形成。

长期卧床：许多需要长期卧床的患者，由于活动量少，使骨骼脱钙，尿中钙盐增加。

内分泌、代谢疾病：如甲旁亢可促进血钙增高，肾脏无法排泄的钙、磷沉淀而形成结石。

营养性因素:维生素 A 缺乏会使肾盂上皮细胞易角化、脱落,形成结石核心。

其他:如肾结石发病年龄多在 20~50 岁,男性多于女性,且有一定遗传性;夏季气候热,高温作业,或偏食动植物蛋白,饮用硬水等因素均会促使肾石形成。

肾炎,未病先防最重要

预防的具体措施,可概括为以下几个方面:

锻炼身体,增强体质:锻炼身体的方式有多种,散步、长跑、跳舞、登山、划船、武术、气功、太极拳等,皆有利于增强体质,提高机体抵抗力。

肾炎病的发生常与上呼吸道感染等有关:要预防肾炎的发病,就应注意天气寒暖的变化,避免阴雨天外出,避免涉水冒雨,穿潮湿衣服,时刻警惕外邪的侵袭。

劳逸结合,起居有常:日常生活中,应劳逸结合,定时作息,以维持人体阴阳平衡、气血调畅。

讲究卫生,有病早治:保持下阴的清洁,勤换衣裤,可防止泌尿系感染;保持大便的通畅,定时排便,有利于代谢废物的排除。这都有益于肾炎的预防。

精神乐观:有肾炎病易感特征的人,应警惕肾炎发生,但也不能悲观,而应该消除对疾病的恐惧心理,积极预防。

开车族最要当心前列腺炎

近几年的统计数据显示,前列腺炎患者中有相当比例为开车族,尤其以长途客运、货运及出租车司机最为多见。这是因为:

长久座位:司机开车时长时间固定于座位,这一姿势除了引起颈、腰部肌肉酸痛之外,对尿路也会造成长时间的压迫,影响其血液循环。另外,久坐会使会阴潮湿,尤其在天气炎热的夏季,会阴潮湿会增加患病机会。

长时间憋尿:很多男性司机受工作所限无法或不便及时排尿,这会使膀胱压力增高,其尿液可逆流入前列腺组织中,更容易增加患前列腺炎的概率。

饮水不足:一些司机因受驾驶工作影响而不能保证及时、足够的饮水,常使身体处于轻度脱水状态,尿液浓缩,因此易患尿道炎、膀胱炎,从而诱发前列腺炎。

性生活不规律:有的长途司机经常往返于他乡,因此常常数日才能返家一次。性生活过疏或过频、过度均不利于前列腺的健康。

人到中年,要防前列腺增生

男性从 40 多岁开始,前列腺就会有不同程度的增生。因此,人到中年不要忽视前列腺增生,应该采取积极的预防措施。

积极参加体育锻炼:人到中年要培养多种兴趣和爱好,积极参加体育锻炼,不断增强体质,以促进血液循环、减少前列腺局部的血液淤滞。

适当节制性生活：人到中年应注意节制性生活，并纠正手淫、性生活中断等不良习惯，以避免前列腺反复充血，减少增生的机会。

避免持久的压迫：避免久坐、长时间骑坐垫过高、过硬的自行车、常穿紧身裤等，以免前列腺受到持久的机械性压迫而肿胀，刺激前列腺，诱发前列腺增生。

及时治疗泌尿等疾病：中年人要积极预防泌尿系统感染，如不憋尿、养成每晚用温热水清洗会阴部及外生殖器的习惯等。因为长期的炎性刺激，无疑会导致前列腺纤维增生。

疾病自疗

皮肤疾病的治疗与康复护理

青春痘的饮食调理法

青春痘的防治,除了内外用药,注意饮食调理也是重要措施。

青春痘患者应禁食肥肉、猪油等。少吃猪肝、猪腰及花生、芝麻、核桃等含油脂丰富的食物。

禁用辣椒、葱、韭菜、芥末、大蒜等刺激性、辛辣的食物;浓咖啡、浓茶以及大量吸烟也会加重皮肤刺激,故应避免。

多食胡萝卜、黄豆、茄子、扁豆、菠菜、南瓜、西红柿、杏等新鲜的蔬菜和水果;B 族维生素有抑制皮脂溢出作用,而其中的维生素 B_2、维生素 B_6 又是脂肪代谢中必需的辅酶成分,维生素 B_1 可防止因消化不良而发生的食物过敏等,故应多吃干紫菜、蘑菇、黄豆、鸡、鸭、牛肉、香蕉、葡萄等富含维生素 B_1 的食物。另外,患者还应吃些山楂、苹果、黑木耳、芹菜、西瓜等清凉、生津润燥的食物,帮助痤疮消退。

冰硼散可治疗"烂脚丫"

"烂脚丫"是足癣的俗称,这是一种传染性极强的多发病。虽不是什么大病,因此却难治愈,给患者带来了很大的烦恼。

冰硼散原是用于治疗口舌糜烂、咽喉肿痛、痰咳而致声哑喉痛的,通过临床试用其治疗足癣的疗效较好,患者不妨一试。

先将患足用水洗净,擦拭干,除去老皮,用 2% 的碘酊或 80% 的酒精做局部消毒,然后涂上适量冰硼散药粉,每日 1～2 次。

自除"鸡眼"两法

调换一双非常宽松的布鞋或一双拖鞋穿几天后,只要不碰到鸡眼,3～5 大后鸡眼就一点点谢掉了，很快就不痛了。

找一小块很软的橡皮或塑料，厚 2.5～3.5 毫米，做成圆形，中间挖以小孔，大小可比鸡眼大一些，外圈在 25～30 毫米左右，用橡皮胶固定其位置，这样随你怎样走路，也始终碰不到鸡眼，这样鸡眼也会很快退化。

方法三：取蜂胶、小块贴在鸡眼表面，用胶布固定，1 周后鸡眼可自行脱落。若仍不脱落，可用同法再治 1 次。

治疗冻疮的妙方

大蒜治疗冻疮：夏天取十几瓣大蒜头捣烂，在烈日下曝晒至发热，然后敷于冻疮易发部位，每日 3 次，连续 6～7 天，可预防生冻疮。冬天，将大蒜剥去外皮，用器皿装好，放锅内蒸熟，取出后涂在冻伤处擦拭，轻者 1 次，重者 2 次即愈。

云南白药敷冻疮破溃：睡前，将云南白药均匀撒在冻疮破溃处，使破溃处全部盖住为度。第 2 天醒来便能结痂。如果白天治疗，可多撒些药粉，用消毒纱布扎缚，以免结痂将纱布粘连在一起。

冰冻牛肉贴敷法：将冰冻牛肉切成薄片，待其解冻无冰碴时趁凉贴于患处，1 天更换 1 次即可。此方治愈速度快，且不复发。

苹果治冻疮：苹果炖膏，加樟脑粉少许，调匀外擦冻疮患处，其效甚佳。

山楂治冻疮：取山楂烤熟捣烂成泥，去籽，外涂冻疮处，可消肿止痛。

如何护理皮疹才能更快康复

皮疹是各类皮肤损害的统称，常见于传染病、皮肤病、药物以及其他一些物质的过敏反应。护理时应注意：

保持皮肤和黏膜的清洁。

保持大便通畅，多喝水，不要吃刺激性强及油腻的食品。有便秘时，可服泻药或灌肠。

不要抓破皮疹。特别是有水疱和丘疹的部位，只要有一点损伤就有感染的危险。因为比较痒，患者夜间常无意识地去抓它，所以一定要把指甲剪短，儿童患者则最好戴上手套睡觉。

衣着方面，特别是衬衣和贴身衣服，要选用质地柔软的棉质衣服，不要穿化纤或毛织料的内衣。

要仔细观察发疹类型及有无全身性症状，注意及时就医诊治。

伤口已化脓就别抹龙胆紫

龙胆紫，其溶液俗名紫药水，是人们所熟悉的外用药。它对葡萄球菌、白喉杆菌、表皮癣菌、念珠菌等有一定的杀菌效力。如果有小的烫伤、烧伤、皮肤或口腔黏膜溃疡、口唇疱疹等，涂一些紫药水，可以防止细菌感染，并有收敛作用。临床上紫药水广泛应用于浅表的创伤、溃疡及感染。

如果伤口已经化脓，就不应再抹紫药水了。因为龙胆紫能使伤口表面结一层痂，看起来干燥、清洁，但痂皮下面细菌还在繁殖，在痂皮的保护下，细菌向深部侵入，反而使病情加重。因此，这时应请医生采取更好的办法治疗。

五官疾病的治疗与康复护理

治疗少年白头的小窍门

对少年白头要以预防为主。青少年要保持精神愉快，不可偏食。多吃一些粗粮、豆类、绿色蔬菜、瓜果等含 B 族维生素较多的食物。各种动物的肝脏含铜元素较多，柿子、西红柿、土豆、蔬菜等也含有一定量的铜、铁等微量元素。

皮肤按摩对治疗白发有一定疗效。在每天睡觉前和次日起床后，用双手指揉搓头皮，先自前额经头顶到枕部，再从额头两侧太阳穴到枕部。每次按摩 1~2 分钟，每分钟来回揉搓 30~40 次，以后逐步延长到 5~6 分钟，每分钟揉搓次数也可增加。按摩时用力要适当、均匀，这样常年坚持，白发可由多变少。

也可采用药物治疗。如服用中成药何首乌片、桑葚膏、七宝美髯丹、女贞子糖浆、延年益寿丹等。

消除口臭宜对症

口臭大体上可分为四种类型。

疾病性口臭：是由各种疾病引起的，其原因如口腔炎、牙龈溃疡、牙结石、扁桃体发炎化脓、肺癌等。临近口腔的器官疾病如鼻咽部炎症、化脓性鼻炎、副鼻窦炎等亦可引起口臭。

生理性口臭：可由空腹、起床时、女性月经期或精神紧张、高龄等因素引起。

外因性口臭：如吃了大蒜、酱菜这一类有气味的食品。不良的卫生习惯也是口臭的常见原因，如早晚不刷牙，饭后不漱口，以致肉类等食物残留在牙缝或龋齿洞中，时间一久，这些食物残渣便会腐败发臭。

心理性口臭：如自臭症患者经常会自觉口臭异常，其实并无明显口臭。

用药茶对付口腔溃疡

口腔溃疡可影响饮食、消化和吸收，长期口腔溃疡则会影响健康。简单一点儿的方法可到药房买上一支珠黄散、西瓜霜或是其他治疗溃疡的药物喷涂或贴在溃疡处，几天后就会痊愈。若是反复发作的溃疡或溃疡面特别大,可以去中医科开汤药服。一般溃疡可以选用几种药茶。

口疮茶:太子参、麦冬、熟地黄各 20 克,当归、白术、山茱萸各 15 克,忍冬藤 30 克,肉桂 3 克,每日 1 剂,水煎代茶。滋阴清热,用于辅助治疗复发性口疮。

三颗针茶:三颗针茎叶 60 克。每天 1 剂,水煎代茶。清热消炎,用于辅助治疗口腔炎、口疮、咽喉炎、结膜炎。

绿茶煎剂:绿茶 5 克。煎浓茶含漱,每日十余饮。清热消炎。用于辅助治疗口腔炎,口疮。

茶树根茶:茶树根 30 克。水煎代茶饮。清热生津,用于辅助治疗口舌生疮。

卧床老年人的口腔护理

正常情况下,口腔内有大量的细菌,喝水、进食、漱口等对细菌有一定的清除作用。但卧床的老年人由于机体抵抗力下降、活动不便,或长期应用抗生素、昏迷、禁食时,极易引起细菌或霉菌感染,故卧床老年人的口腔护理极为重要。

口腔护理首先要选择舒适的卧位,头偏向一侧;擦洗棉球的湿度要适宜,以不滴水为宜;擦洗时动作轻柔,防止损伤口腔黏膜和牙龈;擦洗时,牙齿的各面都要擦洗干净,并注意观察口腔黏膜和舌苔的变化,辨别有无特殊的口腔气味;擦舌根部和上颚时,勿过深,以免引起恶心。根据患者病情的不同可选择 1%～3% 双氧水、2%～3% 硼酸水、1%～4% 苏打水等,口唇干裂者可涂甘油。

葵花籽油能治牙病

利用纯净的葵花籽油可以治疗很多牙病。如用小匙葵花籽油,放在嘴里含 15～20 分钟,不要将油咽下去,使油在嘴里由浓变稀。含服 15～20 分钟后,将油吐出来。吐出来的应该是白色液体,如果还是黄色的,那就要在嘴里再含几分钟。吐出来以后,嘴要漱干净,牙齿要用牙刷刷干净,吐出来的液体中含有大量细菌、微生物和有毒物质,故毒性很大。

把葵花籽油含在嘴里可以加强新陈代谢,起到健康身体的作用。它的明显疗效是固定松动的牙齿,治疗牙床出血和使牙齿明显变白。最好是在早餐之前含 1 次。如果想加快疗程,每天含 3 次,三餐饭前空腹各 1 次。

采用这个疗法治疗时间要长,直到机体完全康复,可以很好地睡觉,体力也得到回复。早晨醒来应该没有疲倦感,眼睛下部也不肿。治疗之后会感觉胃口好、睡得着、记性好。

牙敏感症的自我防治

牙齿用冷水漱口时总酸痛得厉害,吃水果与雪糕时会受不了,这是常见的牙敏感症,患了牙敏感症应及时请医生诊治,以便确定病因来施治。例如,对于龋洞与深的楔状缺损要尽快修复填补患牙,浅的楔状缺损在纠正刷牙方法后大多可抑制症状发展。

在中年人中,较常见的牙敏感症是磨耗,治疗时常由医生在牙敏感区涂布氟化钠甘油或点环硝酸银液做脱敏治疗,使牙面上产生新的保护层以隔绝刺激的传入。

此外,患者可以试用下面的方法治疗:经常咀嚼茶叶或核桃仁;用生大蒜在敏感区域摩擦数分钟;经常食用氟化钠牙膏刷牙。此法同样适用于因牙龈萎缩而致的敏感症。

老花眼的自我保健法

清晨起床后,坚持用冷水洗脸,洗眼。首先将双眼泡于冷水中 1~2 分钟,然后擦脸部和眼肌,再用双手轻轻搓 20 次。

平时一有空就利用一开一闭的眨眼来振奋、维护眼肌。同时用双手轻度揉搓眼睑来滋润眼球;闭眼时竭力挺起肩膀,两眼紧闭一会儿再放松,如此反复操作。

每天晚上临睡前,用 40℃~50℃ 的温水洗脸,洗脸时先将毛巾浸泡在热水中,取出来不要拧得太干,立即趁热敷在额头和双眼部位,头向后仰,约热敷 1~2 分钟,待温度降低后再拿水洗脸。

鼻子过敏如何是好

一个人如果得了过敏性鼻炎,那流不完的清鼻水、打不完的喷嚏及鼻塞造成的头昏,让其痛苦万分,只能随身带上一支滴鼻水以便随时使用。

引起过敏性鼻炎的主要原因是有某种过敏原进入人体,经过一系列的反应,人体释放组织胺及一些扩张血管的过敏介质,使鼻黏膜的血管扩张、毛细管渗透性增加、鼻黏膜局部浮肿,结果就成了过敏性鼻炎。

过敏性鼻炎往往有家庭过敏史,灰尘及花粉也是常见的祸首。气候变化、细菌感染或对蛋白类及牛奶过敏,都会使鼻子过敏的症状加剧。

治疗过敏性鼻炎一般可用鼻内喷雾剂或滴鼻药水等,只是这一切都难以断根。最好还是常扫地、勤换棉被、不养宠物、不用毛毯、注意温暖及湿度的变化,早上戴口罩,鼻子少呼吸冷空气。

局部按摩鼻子可改善过敏性鼻炎症状。每天在起床前以拇指和食指从两眉之间的印堂顺着鼻梁到两眼间的鼻梁(又称山根),由上到下按摩 3 分钟;或者在醒来时、起床前,用被子轻蒙住头,让鼻子处在温暖的环境,促进其血液循环,便可提高对抗温度变化的能力。

内分泌系统疾病的治疗与康复护理

糖尿病饿得难受怎么办

刚开始实行饮食疗法时，一些糖尿病患者饥饿感可能会比较明显，常常难以坚持下去。这时候怎么办呢？

应该了解饥饿是糖尿病的症状之一，经过治疗，随着血糖的控制和病情的改善，饥饿感会慢慢减轻。

每次进餐前先吃一碗蔬菜（含糖量3%以下的蔬菜，清煮，加少量盐），以增加饱腹感，然后再进正餐。

把菜做得淡一点，以减少食欲。

在两餐间加食黄瓜、西红柿等含糖量低的瓜果。

尽量选用粗杂粮，如燕麦片、玉米面、南瓜等，因为粗杂粮可以增加饱腹感。

要避免随意加餐。

糖尿病患者该怎么吃水果

水果富含各种维生素和矿物质（尤其是钾），对糖尿病患者是有益的，糖尿病患者是可以吃适量水果的。但有的水果中含有较多的葡萄糖和果糖，进食后易使血糖迅速升高。

因此，在重症糖尿病或糖尿病初期血糖较高，病情尚未控制时，暂时不宜进食水果。待病情控制较满意时，即空腹血糖在7.8毫摩尔/升以下，可适量进食水果，但要注意以下几个问题：

食用水果前后要自我监测血糖或尿糖，了解进食水果后的血糖变化，根据血糖或尿糖的变化来调整水果的进食量。

每天进食的水果最好不要超过1个单位（供热量90千卡，含蛋白质1克，糖类21克），如苹果150克（中等大1个），梨200克（中等大1个），西瓜750克。

吃水果的时间最好安排在两餐间或临睡前，以使血糖保持平稳，避免血糖较大的波动。

进食的水果同样要计算热量，如果吃1个单位的水果，就应减去主食25克。

水果中杏子、梨、草莓含糖量较低，糖尿病患者可以适量吃些西瓜、香蕉、芒果、哈密瓜及鲜枣等含糖量较高，应尽量少吃或不吃。

哪些糖尿病患者应该使用胰岛素治疗

所有的Ⅰ型即胰岛素依赖型糖尿病患者因体内不能分泌胰岛素,需终身使用胰岛素替代治疗。

非胰岛素依赖型糖尿病患者经饮食及药物疗法治疗无效者,可使用胰岛素进行治疗,补充患者体内胰岛素的相对不足,以控制患者的高血糖和纠正其他代谢异常。这类患者中有一部分在使用胰岛素治疗将血糖水平控制在正常范围一段时间后,可以重新使用口服降血糖药物治疗。

糖尿病患者发生急性代谢紊乱,如酮症酸中毒昏迷,或合并重症感染、消耗性疾病时,使用胰岛素治疗可迅速纠正代谢紊乱,促进体质的恢复。

糖尿病患者施行外科手术前后,使用胰岛素治疗,有利于病情的控制、伤口的愈合。

妊娠期的糖尿病女性应该从怀孕开始就使用胰岛素进行治疗。只有这样做才能保障胎儿的正常发育和分娩,减少畸形胎儿和巨大胎儿的发生率。

糖尿病患者要做好血糖控制记录

在糖尿病治疗中,患者对每天的药物、饮食和运动等治疗措施的实行情况以及血糖的变化进行详细记录也是非常重要的。

这种方法能够帮助患者进行自我监督和控制,从而建立起良好的饮食、运动习惯。同时,它也是医生了解糖尿病患者情况的最好资料。通过日记患者就很容易发现治疗中的不足之处并及时加以改进。

糖尿病患者记录治疗日记要力求详细、全面,一般应当包括以下几个方面的内容:

饮食情况:尽量记录每天摄入的所有食物,既包括正餐,也包括小吃、水果等,还要记清楚摄入的时间和数量。为保证准确,最好每吃完一餐立即进行记录。在每天晚上就寝前,最好统计一下每天摄入的食物总量,分析一下是否符合治疗方案。

运动情况:除了记录每天体育运动的时间、运动量的大小等内容以外,最好还能够详细记录24小时内的全部活动,这样有助于分析和调整运动方案。

药物治疗情况:包括用药时间、种类、剂量大小等。

血糖监测的情况:要记录血糖的监测时间和血糖情况等。

其他指标的变化情况:包括血压、血脂、体重等。

血糖反复的常见原因有哪些

气候因素:冬季寒冷刺激可促进肾上腺素分泌增多,使肝糖原输出增加,肌肉对葡萄糖摄取减少,而致血糖升高病情加重;夏季炎热多汗,要注意补充水分,否则血液浓缩而致血糖增高。

感冒:感冒后可使血糖升高。

患病:患者因外伤、手术、感染发热,严重精神创伤、呕吐、失眠、生气、劳累以及急性心肌梗死等应激情况,可使血糖迅速升高,甚至诱发糖尿病酮症酸中毒。

药物剂量不足:有的患者自行将药物减量,有的长期不查血糖,以致血糖升高后药物剂量未及时调整,故因药物剂量不足,造成血糖升高,甚至出现酮症酸中毒。

让你的胰岛动起来

运动可提高胰岛素的敏感性,使其功能也能够得到活跃。也就是说,运动可以节约胰岛素,也能够比较顺利地降低血糖。

胰岛操可以提高胰腺机能及内脏整体机能,只要按操法坚持练习,对治疗糖尿病会产生意想不到的效果。

腹式呼吸法:坐于凳子边沿,全身放松,收心定意。

横摩脏腑:自然呼吸,以腰为轴,俯身慢慢左右旋转36周。

直坐腹式呼吸:呼气时缩腹,同时上半身慢慢向前弯曲,从头、肩、胸、腹由上到下放松,鼻发生"呼"声;吸气时鼓腹,慢慢抬起上半身,做20分钟。

俯身腹式呼吸:俯身抱拳顶于印堂穴(位于两眉连线之中点),呼气时缩腹,吸气时鼓腹。做30分钟。

反腹式呼吸法:端坐式或侧卧式,全身放松,收心定意。吸气时从关元穴(位于肚脐孔下三指宽处)吸到膻中穴(位于两乳头连线之中点),腹部收缩;呼气时从膻中穴呼到关元穴,腹部鼓起。

此节操做多了自然可见其功效,糖尿病患者可以边看电视边做。坐站各做30次。

糖尿病患者出现低血糖

如果在运动中或运动后出现饥饿感、心慌、出冷汗、头晕、四肢无力或颤抖等现象时,则表示你已出现低血糖,但不要惊慌,可按以下步骤处理:

立即停止运动,并服下随身携带的食物,一般在休息10分钟左右低血糖即可缓解。

若10分钟后未能缓解,可再服食物,并请求其他人通知你家人或送你到医院。

若有条件,可要求医生为你准备胰岛素针剂,并随身携带,把注射方法简明扼要地列出。若出现低血糖,而你又清醒时可自己注射。若神志不清,其他人也可以根据注射方法为你注射。

甲亢患者能吃海带吗

人体之所以需要碘,很大程度在于需要利用碘来合成甲状腺激素。甲状腺碘代谢的紊乱与甲状腺功能的异常息息相关。

过少或过多地摄入碘,一般只要时间足够长都会引起甲状腺功能的异常。如果碘的摄入量不足,甲状腺就会陷入"巧妇难为无米之炊"的境地,因为合成甲状腺激素的"原材料"缺乏,激素合成的不足必然会导致激素释放的不足,因此表现出甲状腺功能的低下。

甲亢患者不宜多吃海带,尤其不能误将海带作为治疗甲亢的食物长期大量食用。这是因为甲亢患者出现的一系列症状,都是因甲状腺素分泌过多造成的。而海带中富含碘,是合成甲状腺激素的原料,食入过多会使甲亢症状加重。

甲亢患者如何做好家庭康复护理工作

适当卧床休息,睡觉时抬高床头,以减轻眼部肿胀。

选择阴凉、安静、无强光刺激的房间,尽量避免不良环境刺激而致病情加重。

活动会增高代谢率,因此要注意休息,不要剧烈活动,避免适度劳累。

饮食上要选择高蛋白、高热量、高维生素、易消化的食物。

要多饮水,但禁用浓茶、咖啡等兴奋性饮料。

如果有明显的突眼、眼睑不能闭合者,应注意保护角膜及球结膜,防止其感染、溃疡甚至失明。具体措施如下:

1.必要时在医生的指导下使用利尿剂,以减轻眼眶周围的水肿。

2.点些眼药水以减轻眼睛的刺激,外出可戴墨镜以防阳光或灰尘刺激。

甲亢患者如何做好家庭护理

合理饮食:应选择高热量、高蛋白、易消化的低盐、低脂肪饮食,不断更换食物种类,以促进食欲。

预防便秘:可适当使用缓泻剂,并多吃新鲜蔬菜和水果,适当活动以增加肠蠕动,保持大便通畅。

减少由于体温过低引起的不适:可采取适当的方法缓慢加热身体,如调整室温、包裹毛毯、加温饮食等。但慎用热水袋或电热毯,避免烫伤。若出现颤抖、皮肤发冷、面色苍白等体温过低现象,应及时去医院诊治。

加强皮肤护理:若出现皮肤干燥、粗糙,应每天用温热水擦洗,适当涂抹乳液或润滑油,防止干裂或感染。

要注意观察体重的变化:每周测1次体重,同时观察有无浮肿或体重减轻。

在医生指导下用药治疗:按时按量服用甲状腺制剂,并注意观察药物的疗效及副作用。如果出现心动过速、心前区不适,应及时去医院。

水肿的饮食调理

补充足够的蛋白质:可以吃一些富含优质蛋白质的食物,如禽肉、鱼、虾、蛋、奶等动物类食品及豆类食品。

多吃足量的蔬菜水果:蔬果中含有人体必需的多种维生素和微量元素,它们可以提高肌体的抵抗力,加强新陈代谢,还具有解毒利尿等作用。

少吃或不吃难消化和易胀气的食物：如油炸的糯米糕、白薯、洋葱、土豆等，以免引起腹胀，加重水肿。

勿食过咸的食物：水肿时要吃清淡的食物，以防水肿加重。

控制水分的摄入：水肿患者体内已经有很多水分无法排除，若饮水过量，则会加重水肿。

痛风患者不宜吃火锅

火锅对痛风患者是大忌。

临床调查发现，火锅中肉类、海鲜和蔬菜等原料混合所煮的浓汤中，含有较高的嘌呤，经过肝脏代谢成尿酸，这对痛风患者来说，真是"火上加油"。有人对1000名患者进行吃火锅后的检测，结果发现有90%的人吃火锅后引起痛风的发作，有关节疼痛剧烈、肢体发生障碍等症状出现。

缓解更年期综合征的自我保护法

为了安度更年期，这里介绍更年期综合征的自我保护措施。

增加钙的摄入量，防止骨质疏松症：更年期对钙的需求较一般成人多，可通过服用钙片、牛奶等加以补充。

适当补水，防止夜间出汗：有夜间出汗的更年期女性，精神要放松，尤其在晚饭后、睡觉前这段时间里，一定不能太紧张。睡前可在床头放置1杯冷开水，以备症状出现时饮用。

借助外力，改善阴道干燥：可在阴道里涂些雌激素药物或润滑油膏以减少阴道干燥。此外，适度的正常性生活也可改善阴道干燥。

稳定情绪，改善抑郁：主要是由于更年期遇到的问题比较多，如停经，身体衰老，病痛增多，子女离家，亲友死亡等，都可引起抑郁，表现为终日忧心忡忡，愁眉苦脸，脾气暴躁。应该采取积极乐观的态度，并培养广泛的兴趣，结交众多的朋友，以促使自己情绪稳定，永葆青春。

循环系统疾病的治疗与康复护理

醋豆、醋蛋可改善高血压

黑豆泡醋：黑豆洗净，沥干水分，放进瓶子里。倒入醋，醋要盖过黑豆，浸泡1周即可服用。每次吃10~15粒黑豆，早晚各1次，和醋一起吃。吃时要特别注意，不可空腹，以免伤胃。可先吃半饱再吃黑豆，至适饱为止。服用1个月后，一般会感觉头不再那么胀，也不感觉闷,脑部感觉很舒服,很清凉。同时此方对糖尿病也有效。

鸡蛋泡醋:鸡蛋1枚洗净晾干,放进广口瓶中,瓶子大小以服用5~6天的量为准。倒满醋,醋要盖过鸡蛋二指以上。浸泡1周后,把鸡蛋打破,捞出蛋壳,和醋混合,早晚各服用1小匙,对降血压有奇效。

高血压患者调养三宜三忌

一宜注意饮食:高血压患者的饮食应以低盐,低动物脂肪为主。高血压、冠心患者中的肥胖者,由于体内的脂肪过多,压迫心肌、会增加心脏的负担。肥胖的高血压、冠心患者,应节制饮食,以素食为主,并控制体重。体重减轻了,血压也会降低。要选择低热量食品,多吃低脂肪食品,尽量食用植物油,血浆中的胆固醇就会下降,从而预防和缓解高血压。

二宜适当运动,量力而行:高血压可选择运动量轻、时间长些、耐力性的项目锻炼身体。

三宜生活规律,情绪平稳:保证充足睡眠,劳逸结合;不急不躁,控制情绪,喜乐有度。

一忌大便干燥:高血压患者用力解大便时,容易发生脑出血、心绞痛。故应多吃些芹菜、韭菜、白菜、菠菜等含膳食纤维多的蔬菜,可以保持大便通畅。

二忌用热水或冷水洗澡:热水或冷水会使血压骤然变化,不利于血压控制,故高血压患者以洗温水澡为宜。

三忌性生活过度:青壮年高血压患者应尽量控制或减少性生活,老年患者应避免性生活,以防发生意外。

头痛的时候喝杯咖啡

当你头痛难以忍受时,除服用止痛药外,不妨再喝1杯热咖啡。咖啡内的咖啡因,能够增强止痛的药力,有助缓解头痛症状。

虽然咖啡本身并不含有止痛成分,但咖啡因能够提高止痛药发挥药力近40%,有助于缓解疗头痛及精神紧张引起的病痛。

对于经常喝咖啡的人来说,只需来1杯咖啡,便能减轻头痛。

心肌梗死的快速应对

在家里,一旦怀疑或确认有人发生急性心肌梗死时,应该怎么做呢?

要使患者躺下来:精神突然紧张,容易导致心律失常,必须让患者保持平静。

要让患者原地休息:如果患者已摔倒在地,应原地平卧,注意保暖,不要急于将其搬上床,因为任何搬动都会增加患者的心脏负担。

口服药物:立即给患者含服硝酸甘油1片,或亚硝酸异戊酯1支,用纸巾压碎后鼻子吸入或口服300毫克阿司匹林,同时口服安定片。

针灸：如果会针灸的话，可针刺患者内关、外关、合谷等穴位，对于昏迷者可针刺或手掐其人中穴。

心前区叩击：如果脉搏、心音突然消失，呼吸继续或停止，或出现抽搐，继而瞳孔散大，应立即进行心前区叩击。抢救者左手握拳，向患者左前胸猛然叩击数下，以刺激心脏起搏，恢复收缩功能。

三杯"安全水"防止心脑血管病

冠心病是中老年人的一种常见病。冠心患者晚间保健非常重要，除了晚餐应以清淡食物为主、吃七八成饱、夜间保持科学睡姿外，还需注意补足体内水分，最好喝上三杯"安全水"。三杯"安全水"的饮用时间是有讲究的。

第一杯是在睡前半小时喝的凉开水；由于脑血栓和心肌梗死多发于午夜2时左右，患者应在深夜醒来时饮下第二杯水，尤其是在出汗多的夏季或出现腹泻、呕吐症状时；第三杯水安排在清晨醒后喝。

清晨醒来，请稍加活动四肢，坐起身子后，及时喝上一杯凉开水，可稀释黏稠的血液，改善脏腑器官血液循环，防止病情发作，同时，有利于胃和肝肾代谢，增加胃肠蠕动，促进体内废物的排出。

冠心病患者的日常护理

如果已确诊患了冠心病，也不必紧张、焦虑，除了及时治疗外，在日常生活中应注意以下几个方面的护理：

保持情绪稳定：切忌过度激动或悲伤。

避免劳累，注意保暖，严防感染，尤其是上呼吸道感染：劳累和感染均可增加心脏负担，从而诱发或加重病情。

保持大便通畅：用力排便也可增加心脏负担，因此便秘的老年人要做好便秘的预防工作和采取通便措施。

饮食宜清淡：冠心病患者一般胆固醇、血脂都处在较高水平，因此应慎吃鸡蛋黄、动物内脏、鸡汤等，同时饮食宜清淡、易消化。

注意观察药物不良反应：冠心病患者需长期坚持服药，因此在口服强心药之前，应注意自数脉搏，如心率在60次/分以下应停服。

及时抢救：患者如在家中突发晕厥、心前区剧烈疼痛或休克，应立即就地抢救，尽量减少搬动。同时，应保持通风和安静，采取去枕平卧的姿势放好患者，并使其舌下含服硝酸甘油。

脑卒中患者要抬高头位

脑出血和脑梗死的患者一般均会出现颅内压增高。脑出血患者是因为脑内血肿形成,血肿周围脑组织水肿,很快产生颅内压增高;脑梗死患者,急性梗死灶的中央为坏死组织,周围为水肿区,尤其大面积梗死的患者水肿明显,颅内压也会很快升高。

所以,急性脑卒中患者,应抬高头位20度~30度。研究表明,头位每增加10度,颅内压平均下降0.975毫米汞柱,适当抬高头位有利于降低颅内压。对出血性脑卒中伴高血压患者,头位抬高可降低脑血流灌注压,减少再出血的发生。

如果经过治疗,血压下降接近正常,应将枕头放平,血压过低时要将头位放低。

消化系统疾病的治疗与康复护理

胃不舒服,该怎么吃

消化性溃疡者:宜避免食用刺激胃酸分泌的食物,包括酒、咖啡、浓茶、辛辣调味品等,同时减少太甜、太强及高油、高脂的食物。牛奶中的高钙会刺激胃酸分泌,又易引发乳糖不耐症的问题,不鼓励多喝。急性溃疡发作时,饮食摄取应以营养丰富、易咀嚼消化的食物为主,例如鲜嫩而去茎梗的叶菜类、去皮去子的水果,肉类则以嫩而无筋的瘦肉为主。

功能性消化不良者:应避免油腻、刺激性食物及过度调味的食物,饮食以清淡为主,减少易产生气体的食物,如豆类、红薯、芋头(因人而异)等;少吃会改变胃肠蠕动的食物,如巧克力、糯米、甜食;多吃蔬果。

逆流性食道炎者:最好摄取低脂、高蛋白质、含膳食纤维的食物,避免油腻及烟酒、薄荷、巧克力、咖啡、气泡饮料和辛辣食物,此外,一次不要吃得太多。

急性胃炎者:症状缓解,没有恶心感时,可从清淡饮食开始,如米汤、稀饭等,少食多餐,慢慢可恢复正常。

治疗便血的小窍门

药敷:野艾(蒿子叶)捣烂,敷于肛门处。

涂药:取清凉油、珠黄散各适量,拌匀后涂在肛门内外。

熏洗:阿胶加醋浸没,软化后蒸烊成膏,每次取30克,再加醋500克化开,加热烧沸后,先熏后洗肛门,每日2次。原液可洗多次,用于肛裂、痔疮出血者。

鸡蛋黄油涂肛口:取熟蛋黄数只,放非铁器餐具内小火翻炒,待油渗出过滤即可。此法适用肛口黏膜干燥破裂者。

揉腹:每日早晚(醒后睡前)两次揉摩腹部,顺逆时针各100次。

提肛:每日做2~3次缩肛动作,每次30~50下。

揉腹疗法治疗溃疡病

推拿按摩是我国长期用于临床的治疗方法,它通过对特定部位施以一定方法的按摩推拿来治疗疾病,对慢性胃炎、胃下垂、消化不良及胃肠功能紊乱疗效较好,但需长期坚持治疗。

腹部按摩又叫揉腹疗法。其方法为:患者平卧、自然呼吸,单掌或双掌重叠,掌心贴腹壁,以肚脐为中心,绕脐划圈按摩;先做正向(顺时针)、后做反向(逆时针)各按摩36圈。此法是1种自我疗法,可在早晨起床前、晚间上床后各进行一次。

溃疡病特别是疑有出血或穿孔时,不要进行揉腹治疗。

反酸嗳气的食疗简方

砂仁粥:砂仁细末 3~5 克,加入已煮成的粳米粥汤中,搅匀后煮沸,温热服食。

莱菔子粥:莱菔子 15 克,炒熟后研末,加粳米 100 克煮成粥,温热服食。有理气消胀的作用。

豆包馒头:白豆盐粉 6 克,面粉适量,做成馒头食用。

橘仁糕:鲜橘皮 10 克,切成碎片,砂仁 5 克,打碎成细粒状,加糖,再和入面粉蒸制而成。

大枣益脾糕:大枣 30 克(去皮核),白术、鸡内金各 10 克,干姜 1 克,同煮熬成汁,去渣后和面粉 500 克,加糖适量蒸制而成。

以上的几道食疗方对反酸、嗳气症状均有预防和改善之功。

转腹运动可治便秘

长期坚持转腹运动可治便秘。运动时,两足开立同肩宽,两膝微屈,两手叉腰。膝以下部位和腰以上躯体尽量保持不动,腹部和臀部先按顺时针方向转动,再按逆时针方向转动。

锻炼的强度应根据各人的体质而定,要循序渐进。一般说来,每日锻炼次数从 1 次逐步增加到 2~3 次,每次转动次数从每个方向各 30 次逐步增加到各 200 次。大多数人在 15 日可见疗效。

转腹运动可以增加肠蠕动次数,且加快肠蠕动的速度。检查证明,便秘患者的胃肠蠕动可由原来的每分钟 9~11 次增加到每分钟 30 余次,蠕动波幅也明显加深。

其实,经常注意运动会使腹肌和全身的肌肉得到锻炼,而且对预防便秘也十分有效。平时呼吸时,采用腹式呼吸的方法来锻炼腹腔内横膈膜肌肉的收缩力量,对预防便秘也有帮助。

孩子腹痛时戒乱揉

当孩子出现不明原因的腹痛时,家长往往用手去揉摩孩子的腹部,这种做法有时能够起到一定的止痛作用,但是也容易导致一些不良后果。

引起孩子腹痛的原因很多,如果是由肠道内蛔虫引起的腹痛,揉肚子会使蛔虫受到刺激,在肠内乱窜一气,若钻进胆管,便可发生胆道蛔虫症,出现更加剧烈的阵发性右上腹绞痛。

如果孩子是因急性阑尾炎而腹痛时,他们腹部的大网膜发育尚不健全,这时用手去揉肚子,极易造成阑尾穿孔,并且还能促使脓液在腹腔内扩散,导致急性化脓性腹膜炎,使患儿病情加重。

肝炎患者要注意休息以促进疾病康复

休息有利于肝炎的恢复,这主要是因为:休息不仅能减少人体体力和热量的消耗,而且能减少活动后的糖原过多分解、蛋白质分解以及乳酸形成从而减少了肝脏的负担;卧床休息可增加肝脏的血流量,使肝脏得到更多的血液、氧气和营养供给,有助于肝细胞的修复和再生。

肝炎患者注意休息是应该的,但也不能过分强调卧床休息,以免导致患者精神负担过重,影响身体各脏器机能的协调,不利于机体正常代谢,从而致消化功能不能很快地恢复正常。

因此,应根据不同的临床类型、病情、病期,以动静结合的方式休息。当症状显著改善后,特别是慢性肝炎患者在症状相对稳定期,应劳逸结合,以不引起疲劳为原则。

妊娠呕吐是不是病

女性怀孕的整个过程中,几乎都有不同程度的恶心,呕吐。一般可在停经后40多天开始。每天清早时恶心或呕吐较重,症状较重的1天可能吐数次。大多数人症状轻微,不影响身体健康及工作,且呕吐在怀孕3个月后就会逐渐消失,所以不必过分紧张,可以在饮食方面择其所好,少吃多餐,保持情绪乐观,精神舒畅,注意多休息。

但是,如果孕妇呕吐剧烈,反复发作,进食则剧吐,甚至呕出黄绿色胆汁,导致体内水液代谢紊乱,新陈代谢失常,浑身疲乏无力,尿少、发烧等症时,就应当找医生检查及处置。大多数应补充一些液体,如静脉滴注生理盐水,疲乏无力及饥饿感明显者,可补充高热量合剂等。

慢性腹泻患者的家庭护理

腹泻对人体的消耗是很大的,如果不及时治疗,急性腹泻很可能会转成慢性肠炎,使人长期体乏,精神不振。一般说来,腹泻患者不用住院治疗,主要靠在家调理。

腹泻者的家庭护理要注意以下几个方面:

腹泻患者要注意卧床休息,以减少体力消耗和肠蠕动次数。另外要注意腹部保温,受凉会使病情加重。要食用少量易消化的食物,如稀饭、汤面等半流质,使胃肠得以休息。

将大便的性状(软、稀度)、颜色、次数、有无脓血以及大便时有无腹痛等情况详细记录下来,备需要入院治疗时之用。

患者在治疗期间要多喝水,最好是喝淡盐水、果汁,以防止由于腹泻出现脱水现象。如果由于腹泻而有皮肤发皱、缺乏弹性、眼窝下陷等症状,要考虑到医院注射葡萄糖。

呼吸疾病的治疗与康复护理

哮喘发作应立即治疗

哮喘发作时,吸入足量的速效激动剂是最基本的,如果没有吸入型药物,可以考虑用口服支气管扩张剂。

中度或严重哮喘发作时,应及早给予口服糖皮质激素,可帮助炎症逆转并加速恢复。

如果患者缺氧,可在保健中心或医院应给予吸氧。

在大剂量吸入 β_2 激动剂后,不推荐使用黄嘌呤 β_2 激动剂,可以使用茶碱类药物。如果患者已经每日使用茶碱,在加入短效茶碱前,应该测定茶碱的血药浓度。

治疗哮喘伴发的急性过敏和血管神经性水肿,可以使用肾上腺素。

坚持耐寒锻炼,防止气管炎发作

适当的耐寒锻炼,是预防慢性支气管炎急性发作的有效方法之一。

耐寒锻炼的方法很多,其目的是加强身体对外界温度变化的适应性,增强抗寒能力。慢性支气管炎、肺气肿患者可根据自己的具体情况,选择合适的方法进行锻炼。

慢性支气管炎患者由于长期患病,身体健康状况下降,体力差,活动后常使气喘加重,故部分患者不愿意运动锻炼,尤其在秋冬季节,惧怕寒冷刺激,很少到室外活动。如此年复一年,他们的耐寒能力愈来愈差。

积极的室外活动能改善其全身的健康状况。可采取早晚散步,适当快走、慢跑、练气功、打太极拳、做广播操、自由体操、舞剑等活动方式。

做穴位按摩对气管炎也有一定帮助,常用的穴位和按摩手法有:

擦鼻梁:用两手食指擦摩鼻梁两侧,至有热感为止。

按摩风池:风池穴位于颈部颈肌两旁的凹窝中,用两手掌心或手指前端按摩两侧风池穴,每次按摩 30~60 下,每日 2~3 次。

按摩迎香:用食指尖侧面轻轻揉按迎香穴 1~3 分钟,每天 2~3 次。

冷水锻炼是慢性支气管炎、肺气肿患者行之有效的耐寒锻炼,包括一般冷水锻炼和冷水浴。

常练太极功,消除慢性支气管炎

太极功是调动机体内因,提高抗病能力的病因疗法:经常运动或对寒冷有耐受力的人,能够抵御寒冷的刺激,不易感冒,不易发生慢性支气管炎。相反,缺乏体力劳动和身体锻炼的人,或者经常酗酒或有其他慢性病的人,就容易发生本病。可见机体的抗病能力,尤其是呼吸系统的机能状态(内因),是决定本病发生发展的一个关键,而常练太极功有调整呼吸系统机能状态的作用。

从防治原则来看,太极功是扶正固本、增强体质的全身疗法:根据本病特点,在防治方面应着重抓住预防感冒,控制感染,辨证治疗,扶正固本等四个环节。肺气肿患者体质较弱,但是生命在于运动,练太极功是贯彻这些防治原则的积极有效的措施。

太极功是发挥肺的代偿作用的强有力的机能疗法:慢性支气管炎常并发阻塞性肺气肿,表现出阻塞性通气、残气增加,肺脏的通气功能、储备功能和应变性消弱等。采用太极功等综合治疗,有利于支气管分泌物排出,消除气道阻塞,增加有效通气量,改善通气功能和肺的应变性。从而减轻咳嗽、气短和恢复肺功能。

儿童哮喘的治疗需要注意哪些问题

儿童哮喘有很多诱发因素:

各种变应原:包括吸入性变应原(如尘螨、花粉、真菌、动物毛屑等)和食入性变应原(如鱼、虾、蟹、蛋类、牛奶等)。

多种病原体感染:如病毒、细菌、支原体或衣原体等。

环境因素:如气候变化、空气污染、烟草烟雾、环境污染等。

药物因素。

儿童哮喘的治疗应越早越好,坚持长期、持续、规范、个体化治疗原则。急性发作期,应快速缓解症状,如平喘、抗炎治疗。慢性持续期和临床缓解期,应注意防止症状加重和预防复发,如避免触发因素、抗炎、降低气道高反应性、防止气道重塑、做好自我管理。

慢阻肺患者如何补充营养促康复

调整饮食营养,对慢性阻塞性肺病患者的康复至关重要。

一般宜选择易于消化的食品,少量多餐。肺心病患者出现心力衰竭、水肿时,要限制钠盐摄入,以减轻水肿。

慢性支气管炎、肺气肿患者因为咳嗽、咳痰,要多喝水,这样有利于痰液的稀释而易于咳出。但肺心病有水肿者,不宜多喝水,以免加重心脏负担。

饮食中,蛋白质含量要充足,维生素、微量元素的含量应丰富,可以多吃瘦肉、奶制品、豆制品、新鲜水果、蔬菜等。除个别肥胖患者可减少热量的摄入外,多数患者要保证摄入充足的热量。

增加饮食营养还可以给予高蛋白、高热量饮食,如吃瘦肉、牛奶、鸡蛋等食物3个月,再日常饮食3个月。这样既可以明显改善患者的营养状况,增加呼吸肌和机体的力量,又可以改善呼吸肌疲劳和呼吸困难,提高患者的生活质量和生存率。

泌尿生殖系统疾病的治疗与康复护理

告别阳痿的 4 款食疗妙方

用食物治疗阳痿疗效显著,方法简便。现集录 4 款食疗验方,可根据现有条件选用 1 款试服。

1.取狗鞭和狗睾丸二具洗干净、晒干,切成细片,放锅中温火焙干,研成细末,每服 6 克,每日 1 次,连服 15 天。

2.取麻雀 3 只,去毛及内脏,清水洗干净,加酒、川花椒少许慢火煮。每晨 1 只,连食 1 个月。或雀蛋,每日煮服 3 个,连服 1 个月。

3.取新鲜紫河车 3 个,清水反复多次洗干净后,切成小片焙干,加芝麻 500 克炒之,共研细末,每次服 10 克,每日 2 次。

4.牛鞭 5 条,切成小段,放盐、酒、生姜、大蒜适量,煮烂食用,每周 1 条,连服 2~3 个月。

遗精,食疗吃走它

有梦而精出的叫梦精;无梦而精出的叫遗精;清醒时精液流出的,叫滑精。这些均属遗精,可用食疗来调治。

梦中遗精,少寐多梦,心中烦热,眩晕,心悸不宁,健忘者,为阴虚火旺,可选食山药、莲子、百合、丝瓜、苦瓜、樱桃、牡蛎、鳖等。

遗精频作,小便热赤混浊,口苦心烦者,为湿热下注,可选食丝瓜、薏米、荠菜、蕹菜、绿豆、红小豆、竹笋、紫菜等。

无梦而遗,甚至滑泄不禁,腰膝酸软,神疲气短,为肾气不固,可选食莲子、核桃肉、芡实、山药、海参、羊肉等。

带下异常的调理需要注意哪些细节

带下异常是指白带量明显增多,色、质、气味异常,并伴全身或局部症状者。至于经间期、经前期以及妊娠期白带稍有增多者,均属正常现象,不做疾病论。

预防和调理带下异常,需注意:

经常保持阴部卫生,月经期、产褥期和流产后更应注意,宜用温水洗涤,勤换内裤。若有阴部瘙痒,严禁搔抓及用热水洗烫。

提倡淋浴,避免在公共浴盆、浴池内洗澡,以防湿毒或病菌乘虚而入。

注意性生活的卫生。

生活起居要有规律,经期严禁性生活、游泳,避免淋雨受凉,注意腹部保暖。

勿久卧湿地,尽量减少水湿作业,以免外湿入侵。

加强体育锻炼,长期从事座位工作的人更容易发生便秘和因盆腔淤血而致的白带增多,故应在工作间休息时适当做做体操等运动。

勿过食生冷、寒性食物如螺肉、蚌肉等,以免损伤脾胃;对甜味、酸味及辛辣刺激性食物亦应少食,以免蕴生湿热。

有效的按摩祛除痛经法

痛经有原发性和继发性两种。前者以未婚女青年为多见,由先天因素如子宫过度前倾、后屈、子宫发育不良等造成;后者以已婚女性为多见,多因子宫炎症、息肉等后天因素所致。

以按摩祛除痛经的基本手法为:

仰卧位,以关元穴为中心,单掌顺、逆时针摩小腹各 3 分钟。再将双掌分放脐旁,沿小腹两侧向下作弧形擦法,反复操作,以热为度。

仰卧位,腰部垫枕。以两手四指由胸旁伸至背部,中指相对置于第 7 胸椎棘突旁肩胛骨下角相平处,两手拇指扶定胸胁,其余四指自然散开,用力从后向前推抹至胸肋部期门穴止。反复操作 5~10 遍。

俯卧位,用手掌根揉推腰部脊柱两旁及腹部,共约 3 分钟。在双侧肾俞穴,以拇指同时轻按揉 2 分钟,然后双手拇指移至八髎,选最敏感点重重按揉 30 秒,已出现向前放射的酸胀麻感觉为佳。再以手掌在上述部位横擦,以透热为度。

月经不调如何按摩治疗

现代医学认为,月经失调与体内雌激素分泌失调、植物神经功能紊乱有关。中医则认为,月经不调系脏腑功能失调而致冲位气血津液生化的失常,具体病理或系血为寒凝,或血热妄行,或统血失职,或气血淤阻等。

以按摩调理月经不调的基本手法为:

仰卧位,以手掌在腹部做轻柔的按摩,重点是下腹部,逐渐加力,做 24 次。然后从脐部向下经关元、气海穴直到耻骨联合处施以掌推或一指禅推 2 分钟左右,并按揉上述穴位,以酸胀为度。

仰卧位,以手掌大鱼际,自大腿内侧从上向下到内踝部施以拿揉操作 5 遍,并重点按揉血海、三阴交穴,以畅通三条阴经,调益气血。

俯卧位,施术者以滚法、一指禅推法自背沿脊往两旁向下至腰骶部操作,往返数遍。然后点按肺俞、心俞、肝俞、脾俞、肾俞、关元俞等穴,直至出现酸胀感。最后,以掌侧小鱼际处横擦腰骶部,着重于肾俞、八髎等穴,以热透小腹为佳。

乳腺增生患者要特别注意预防乳腺癌

尽管不是每一个乳腺增生患者都会发展成乳腺癌,但两者之间在许多方面都有一定的联系。所以,患者对乳腺增生病应高度重视。

应注意改变生活中的一些环境行为因素,从根本上防止乳腺增生病的进一步发展。如调整生活节奏,减轻各种压力,改善心理状态;注意建立低脂饮食、不吸烟、不喝酒、多活动等良好的生活方式;注意防止乳房的外伤等。

在乳腺增生的治疗过程中,要积极配合医生的诊断治疗。应在自己信任的某医院或某专科医生处相对稳定地治疗一段时间,不要频繁更换医院和主治医生。

服中药期间,应忌食生冷、油腻、腥发、辛辣等食物;有些活血化淤药物在月经期应停服;在治疗过程中,如出现感冒及各种感染性疾病时,应先治疗新出现的急性病,再治疗乳腺增生。

老年人尿频的饮食疗法

羊肺1个,洗净切成小块,加少量羊肉和1000毫升的水,共炖之,再加适量的盐,分数次服用。

羊骨适量,捶碎,加陈皮、良姜各6克,草果2个,生姜30克,盐适量,加水炖汤饮用,或用滤出的羊骨汤煮糯米稀饭吃。

黑鱼肉、兔肉按日常方法炖汤食用。

公鸡肠洗净切碎,炒菜吃。

鸡内金、菟丝子各30克,桑螵蛸1.5克,各炒出香味,分别研细后和匀,每日早晨用温米汤送服6克。

核桃煨熟,每晚临睡前吃2个。

小茴香适量,加盐炒后研成粉;将糯米蒸熟后,与小茴香粉和成团,每天吃50克左右。

猪肝洗净,与黑豆、糯米一起煮粥吃。

猪腰或猪大肠洗净,与糯米一起煮粥吃。

骨骼与关节疾病的治疗与康复护理

肩周炎的锻炼康复法

肩周炎是肩部周围软组织的慢性炎症。主要表现为肩部疼痛和活动障碍，严重时可影响日常活动。疼痛剧烈者可酌服止痛药，较轻者应坚持锻炼。

此外，还可实行热敷或按摩，以促进局部血液循环，缓解肌肉痉挛，减轻疼痛。

如关节僵硬，应主动锻炼肩关节功能。常用的方法有：

"锥摆"运动：弯腰90°，患肢自然下垂，做旋转运动，范围由小到大，方向相互交替。

"爬墙"运动：站立，病侧向墙，手指逐渐向上爬行，直至疼痛而不能向上。或背靠墙壁站立，患肢屈肘，患侧手臂逐渐向墙壁靠拢，直至前臂背侧接近或贴住墙壁。

以上活动每日2~3次，每次15分钟。

关节痛患者要注意日常护理

经常按摩病变部位：按摩能缓解神经压力、消除肿胀、分解黏连，使肌肉变得松弛。

加强体育锻炼，提高身体抵抗力：锻炼时关节活动的幅度应由小到大，不要过多而集中地进行大强度的跑跳活动，以免关节负担过重，导致病症复发。

根据气候变化合理增减衣服，免受潮湿和寒冷的侵袭：运动后，汗湿的衣服要立即换下，擦干汗水，千万不要图一时凉快，到风口吹风或洗冷水浴。

一旦病情复发，应及时热敷患病关节：可用50%的尖辣椒酊或鲜辣椒擦拭患病关节，以增强局部血液循环。

骨关节炎的治疗方案

骨关节炎患者在患病关节可有持续性隐痛，此痛活动时加重，休息后好转。有时可有急性疼痛发作，同时有关节僵硬，关节活动时有弹响声。久坐后关节僵硬加重，稍活动后好转。晚期可有关节肿胀、增大，活动受限。可以采用药物治疗。同时，应注意：

应尽量减少关节的负重和大幅度活动，以延缓病变的进程。

肥胖的人，应注意减轻体重，减少关节的负荷。

下肢关节有病变时，可用拐杖或手杖，以减轻关节负担。

发作期应遵医嘱服用消炎镇痛药，尽量饭后服用。

病变的关节应用护套保护，局部关节可用湿热敷。

注意天气变化，避免潮湿受冷。

类风湿性关节炎应注意康复锻炼

类风湿性关节炎简称类风湿,是一种以关节为主的慢性全身性自身免疫性疾病。凡构成关节的各部分组织均可受到侵犯,突出表现为对称的多发关节炎,特别以手指、足趾、腕、踝等小关节最易受累。

类风湿关节炎患者应注意康复锻炼:由于不少患者只依赖于某种药物或某种治疗方法,常常过多地休息而忽视了关节功能的锻炼,因而加重了关节的僵硬和畸形。过多地强调休息,并不利于体质及关节功能的保持和恢复。

应在医生指导下进行必要的体质与关节功能锻炼,要动静结合,以动为主,主动锻炼与被动锻炼相结合,以主动锻炼为主。切不可因关节疼痛而放弃功能锻炼,并且这种锻炼要循序渐进,不可急于求成或"三天打鱼,两天晒网"。

骨折后的治疗与家庭护理

正如俗话所说,"伤筋动骨一百天。"骨折患者的病程一般均较长。骨折患者在手术复位固定后,受伤部位和全身需要进行适当的功能锻炼法,促进骨折早日愈合,恢复受伤部位功能和改善全身的功能状态。

骨折后1~2周内,骨折部位局部肿胀、疼痛,可能再发生错位。这一期间,功能锻炼主要是进行静力运动,即让患肢进行肌肉收缩和放松的练习,骨折断端的上、下关节保持不动。身体其他部位则应进行全面锻炼,以促进全身功能的改善,加速患肢的血液循环,有利于消除肿胀,避免肌肉萎缩和关节僵硬。

骨折后2周到骨折临床愈合这段时间,骨折部位肿胀已消退,局部疼痛消失或减轻,骨折断端已形成纤维连接,并逐渐出现骨痂,骨折部位日趋稳定。此时,应多做骨折处上、下关节的活动,使关节恢复正常的活动范围,并加强肌肉力量,逐渐增大运动量。

在不影响骨折处固定的前提下,可以适当地进行攥拳、绕手腕、前臂的屈伸、耸肩等活动锻炼,促进伤口的快速愈合。

骨折达到临床愈合后,应不断加强肢体的主动活动,进行抗阻力练习,还可以根据个人的具体情况和条件,进行各种健身运动,使患者迅速恢复正常活动。

骨质增生患者应注意哪些事项

在急性期疼痛加重时,要尽量减少受累关节的活动量,患者可适当卧床休息,通过休息来减少受累关节的机械性刺激,这不仅可有效防止症状进一步加重,而且还能为炎症的消散创造一个良好的条件。

要尽快用药,采用口服和外用药综合疗法控制病情的发展。

病情在恢复期间,要避免受潮、受寒冷等环境因素刺激、避免过度劳累而导致病情的复发。

可以适当增加户外活动、锻炼,尽量避免长期卧床休息。若是长期固定某一姿势工作的患者,应注意在工间休息时变换一下姿势。

骨质增生的患病率随着年龄增长而增加,为了确保老年人骨质代谢的正常需要,老年人钙的摄取量应较一般成年人增加,应进食高钙食品,如牛奶、蛋类、豆制品、蔬菜和水果,增加多种维生素的摄入,如维生素 A 和维生素 D 等。

腰肌劳损的患者如何做好家庭护理

寻找原因并消除:腰部是支撑身体的关键部位,也是身体前后左右活动最多的地方。因此,在运动和劳动前要做好准备活动,如弯腰、倒弯、旋转等。在劳动中动作要协调,不可突然用力过猛。

热敷:可用热毛巾、热水袋热敷,也可用蚊盐,将粗盐放在锅内干炒 10 分钟,待热后,装在布袋内,熨烫疼痛部位,这些盐可反复干炒使用。

压痛点疗法:找到压痛点,按压之后来回滑擦,可解除肌肉痉挛,改善局部血液循环,达到止痛和修复创伤的目的。

摩擦壮腰:可用手掌由上向下摩擦 50 次,皮肤感到温热即可。

运动疗法:运动锻炼可促进血液循环,使局部淤积消散。常见的有以下两种:

1.腰背肌锻炼:如直腿上抬运动、举臂挺腰运动、屈伸腿运动等,以上运动均在仰卧位进行。

2.腹肌锻炼:如俯卧撑、仰卧起坐等,锻炼要因人、因时、因地制宜,运动量和强度要逐渐增加。

股骨头坏死患者该如何保护自己

大部分股骨头坏死患者在天气变化时病情加重,髋部疼痛难忍,其主要原因是潮湿和寒冷两方面的因素。

潮湿可造成臀部、腿部等处的皮肤呼吸代谢功能失调,以致局部组织血流缓慢而引起微血管充血、淤血、渗出增加,使患者的症状加重。在潮湿的条件下,患者除适当活动外,应保持工作和生活环境的干燥,以避免症状加重。

寒冷主要是通过对臀部和腿部的血管收缩,而致髋部的淤血、缺血、水肿等血液循环障碍,使患者的病情加重。因此,不可在寒冷的地方久坐或睡眠,冬天注意多活动和注意保暖。

坐骨神经痛患者在运动时应注意哪些

坐骨神经痛患者在慢性恢复期宜多在室外活动,加强锻炼,恢复运动功能,防止肌肉萎缩。活动时应注意缓、松、静、恒、直、稳。

缓:运动时动作尽可能缓慢,以避免发生意外,防止坐骨神经痛突然加重。

松：腰腿部肌肉一定要放松，活动时尽量不用力，以使腰肌、关节在各个方向得到最大限度的舒展。放松以后会促进局部气血流通，加快病变部位的神经康复。

静：活动时应心神宁静，排除杂念，专心练习，这样可以对整个机体起到良好的调节作用。

恒：在室外锻炼一定要持之以恒，不能因略见成效就停止锻炼。

直：站立时胸部挺起，腰部尽量平直，小腹微收，两腿直立，两足距离约与骨盆宽度相同，这样使全身重力均匀地从脊柱、骨盆传向下肢，此时人体的重力线正好通过腰椎椎体或腰椎间盘后部，可有效地防止髓核突出。

稳：活动时要注意身体稳定，要脚踏实地（女性忌穿高跟鞋），用力不要过猛、过速，下蹲及弯腰动作应特别注意，下蹲及弯腰时间不宜过久。

腰椎间盘突出的患者如何做好家庭护理

腰椎间盘突出的急性期严格卧床3周，禁止坐起和下床活动。卧床期间宜在腰部垫小枕，根据耐受程度逐日增高至10~15厘米。起床时使用护腰，睡觉时脱下，无症状即应除去。

参加重体力劳动时应避免急性损伤，适当注意休息，感觉腰肌劳累时做背抻活动。

高举重物时要避免弯腰取物及突然用力上举。应先屈髋下蹲，持物后宜缓慢起立，再上举重物，以防腰脊柱过度后突。

神经系统疾病的治疗与康复护理

改善老年痴呆的脑功能锻炼法

许多专家确认，老年性痴呆如在症状较轻时发现，并在生活上采取相应措施，且能持之以恒地做下去，是完全可以控制的，并可在一定程度上向好的方向转化。

以下这些举措看起来简单，但属于脑功能锻炼，日久天长可产不错的效果。

写日记：把一天的大事小事都写进去，写得越琐碎越好，这是大脑功能复活的重要锻炼方法，对轻微老年痴呆可收到意想不到的效果。

聊天：由家人陪伴闲聊，或与左邻右舍聊天，广泛地聊，有条件的还可以参加一些社会活动，去一些比较热闹的地方看看。

学习：可以和晚辈一起读外语，辅导孩子解数学题，每天坚持听新闻广播、读报纸、看电视新闻。

游戏：可以和孩子们一起玩，打扑克、下象棋或到球场。

锻炼：经常锻炼腿及腰部，每天散步30分钟，活动一下腰腿。

按摩治疗神经衰弱

神经衰弱是一种脑兴奋和抑制功能失调的疾病。可采用自我按摩,使神经中枢的兴奋和抑制过程恢复平衡。方法如下:

擦头:每晚临睡前半小时先擦热双掌,然后将双掌贴于面颊,两手中指起于迎香穴,向上推至发际,经睛明、攒竹等穴,然后两手分开向两侧至额角而下,食指经耳门穴返回迎香穴点,如此反复按摩 30~40 次。

搓胸:取盘膝坐位,用右手平贴右肋部,向左上方搓至左肩部,共 30 次;然后左手平贴左肋部,自左肋部搓至右肩部,共 30 次。

揉腹:取盘膝坐位,用一手掌叠于另一手掌上,按于腹部,以肚脐为中心,先顺时针揉腹 30 次,再逆时针揉腹 30 次。

抹腰:取盘膝坐位,两手叉腰(四指向后)沿脊柱旁自上而下抹至臀部,共 30 次,如发现压痛点,可用手指在局部按压 20~30 秒钟。

揉膝:取坐位,两手按于两膝膑骨上,由外向内揉动 30 次,然后再由内向外揉动 30 次。揉动时手不要离开皮肤,轻度用力,膝部感到舒适即可。

搓脚:取坐位,用左手握左踝关节,右手来搓左脚掌(足底前半部)30 次,然后右手握右踝关节,左手搓右脚掌 30 次。

失眠,请向婴儿学习安眠法

看电视、听音乐或者玩电动玩具的时候睡着;强迫自己按"点"上床睡觉、早上起床,而且这时间"点"总在调整;自然醒来后,想着再"赖会儿床",强迫自己延长睡眠时间;晚上不睡,白天补觉,双休日的补觉;工作压力大,晚上需加班,在高强度的工作结束后马上入睡等,这些统称为"垃圾睡眠"。

垃圾睡眠会让人白天精神疲惫,昏昏欲睡,到了晚上又睡不着,造成失眠。

很多人的失眠都与长期熬夜有关。经常熬夜,就会慢慢地出现导致失眠,熬夜形成规律,人到晚上想睡也睡不着,白天又特别疲倦,两眼发沉。

出现这种失眠,我们可以用我们手心上的劳宫穴去搓脚心上的涌泉穴。晚上坐在沙发或床上看电视的时候,我们就可以用左手的手心去搓右脚的脚心,用右手的手心去搓左脚的脚心,可以促进睡眠。

我们在睡觉的时候要向婴儿学习。婴儿的睡眠姿势有一个特点——虎抱头,就是他的两只小手总是扬在上面,就好像老虎抱着头那样。四仰八叉的睡眠姿势是最放松的。这其实是肺气足的一个现象。

刚出生的婴儿睡觉是不用枕头的,一般垫个小毛巾在头底下就可以了。人老了以后,逐渐气虚,于是枕头就会越来越高。如果你的枕头在不自觉地不断加高的话,说明你的阳气虚了,要引起注意了。

偏头痛的简易自疗法

当感到偏头痛即将发作时,立即将脸盆盛满热水,水温越热越好(当然以两手放水中要能够忍受为度)。将双手齐腕放入水盆中,大约浸泡 30 分钟。在浸泡的过程中,应不断加入一些热水,以保持一定的水温。一般半个小时左右疼痛可逐渐减轻,甚至完全消失。

热水会使手上的血管扩张,血液便可以集中到双手,头部动脉中的血液便会随之减少,这样可以减轻对神经的压迫,使偏头痛得以缓解。热水还可刺激双手的神经末梢,将松弛的信号送到大脑,从而减轻血管的紧张性。另外,热水的刺激会分散对疼痛的注意力。

也可使用指压法。即用一只手的拇指压迫另一只手的手掌,用力压,然后轻轻按摩揉搓。手掌上分布着许多神经末梢,压迫这些神经末梢可使偏头痛得以缓解。

另外,拇指的第二指关节处,是手上与头痛有关的神经分布区。偏头痛发作时,可用一只手的拇指和食指使劲儿揉擦另一只手的关节。按摩时可用一点护手霜或擦手油,以减少摩擦力。如此反复换手揉擦,便可缓解偏头痛。若头痛较严重,则要用力按摩 10 分钟以上。

发热时如何做好家庭护理

高热时应及时到医院就诊,以明确发热的原因。

每 4 小时测量体温一次,并做记录,待体温恢复正常体温 3 天后,改为每天测体温两次。如用退热药或物理降温,应在 30 分钟后测体温。

在体温上升期,出现寒颤,应调节室温,增加盖被与衣着。

较好的方法是物理降温。若体温超过 39℃ 时,可给予冰袋冷敷头部、腋窝、腹股沟处。

发热时,人的消化吸收功能降低,而人体分解代谢增加,糖、脂肪、蛋白质及维生素等营养物质大量消耗,应进食营养丰富易消化的流质或半流质食品,少食多餐。多饮水,尤其是药物降温后出现大汗淋漓时,更应多饮水。对不能进食者,应静脉输液以补充水分、电解质和营养物质。

发热时人的唾液腺分泌减少,口腔黏膜干燥,极易引起口腔炎和黏膜溃疡。应在清晨、餐后及睡前漱口,如口唇干裂可涂润滑油保护。

高热患者在退热时往往大量出汗,应及时把身上擦干,更换衣服和床单,保持皮肤的清洁,防止受凉。

就医指南

门诊求医的细节常识

上医院前要准备什么

带好病史与各类检查报告和已经拍好的 x 线片、CT 片、MRI 片。

如可能要抽血检查,应尽早去,并应空腹(10 小时内不能吃食品,可少量饮水)。

带上一个安全性能较高的手提包或背包,以免在忙乱中丢失钱物。

体质弱或行走不便的患者应有亲友或邻居陪伴。

要看的专科是否应诊,最好先电话联系,以免要见的医生不在。

如何找到一个好医生

看知名度:一般名气大的医生医术也较高。老教授往往知名度高,但年轻医生中也不乏医术精湛者。

看职称:一般情况下,选择具有中级以上职称的医生为好。这些医生年富力强,有较丰富的临床经验,对新的医药信息比较了解,一般疾病都能胜任;如患有比较难以确诊和难以治疗的病,则应选择有高级职称的医生为好。

看学位:博士、硕士等高学位的医生往往对某一专科疾病的诊断或治疗有较高水平。但医学是实践科学,临床经验往往靠积累而来,所以在看学位时要结合临床经验。

看医德:医德包括品行和责任心。医术与医德一般都是相辅相成的。如果医生向你暗示送礼或诊疗不认真,这个医生肯定医德欠佳。一般而言,医德好的人,医术都不会差。

看固定程度:患有慢性病的老年人要尽量固定几个医生看病。因为"老医生"熟悉病情,病历记录完整;医患感情融洽;容易发现潜在病;一般不会重复检查、开药。

大病进大医院，小病进小医院

医院因等级不同，各项收费标准也不一样的，一般中小医院床位费、门诊挂号费、检查费、手术费等相对便宜一些。一些常见病如感冒发烧、高血压、腹泻等，一般的中小医院都能治疗，选择此类医院比较划算。但不要轻信小广告，选择黑诊所。

相反，如果患的是疑难杂症、危重病，以及一些不明原因的突发病等，最好选择三级综合医院或专科医院，这样不仅节省时间，还节省了四处辗转求医的费用，避免耽误病情，利于早确诊早治疗。

取药时你需要注意哪些细节

取药以后应注意以下两点：

核对处方：药剂师接到医生处方后，通过查对，将药品发给患者。但因为药剂师也有疏忽的时候，因此，你应将所领到的药品和处方一一核对，如发现有发错的药品应及时更换，以免引起不良后果。

注意药品的有效期：药品的有效期很重要，过了有效期，药品将会失去治疗作用，其毒副作用亦会大增加，这样的药绝对不能服用。为此，在领到药品后要特别注意药品的有效期，以判别该药有没有过期失效。

这些症状需要看急诊

心前区突然疼痛、胸闷憋气、大汗淋漓，疼痛反复发作。

急性脑血管病所致的偏瘫、失语、神志障碍、大小便失禁等。

血压突然升高、头晕、头痛、下肢无力、心跳加快、恶心呕吐、大汗、面色苍白或潮红。

睡眠中突然憋醒、被迫坐起、痰为泡沫或血性、唇舌青紫。

面色苍白、大汗、脉搏细弱且快、尿少、神志恍惚。

心慌、脉搏不齐、血压下降、颜面青紫、抽搐等。

喉咙咯痰、不能平卧、唇舌青紫、呼吸极度困难。

急性中毒，如煤气中毒、食物中毒等。

急性咽喉、气管异物。

急性眼外伤或角膜异物，视力突然下降。

急性高热（体温在 39℃ 以上），伴有神志不清、抽搐，特别是小儿惊风。

突发性耳聋、外耳道异物、爆震性鼓膜损伤。

腹痛突然加重，伴发热、腹肌紧张，腹痛拒按，腹硬如板状。

咯血、呕血、便血、尿血。

挫伤、割伤、骨折、关节脱臼。烧伤、冻伤、毒蛇咬伤、犬咬伤、毒蚊虫叮咬。

突然出现皮疹、皮肤瘙痒、胸闷憋气、腹痛腹泻。

溺水、触电、自缢、割腕、刎颈等。

产前或产后大出血。

患有高血脂、高血压、糖尿病的患者，突然肢体麻木、意识不清等。

哪些症状需及时看妇科

外阴瘙痒、红肿，白带增多且有异味、血丝。

尿频、尿急、尿痛、尿道灼热、刺痛。

阴部、肛周皮肤或黏膜赘生物并逐渐扩大者。

性交痛或性交出血。

阴部、肛周有一个或多个皮肤、黏膜溃疡者。

腹股沟淋巴结明显肿大，压痛甚至溃疡。

全身出现暗红色不痛、不痒、斑丘疹等。

阴部出现群集小水疱。

短时间内(1~3个月)有发热症状、体重明显减轻。

月经周期不规律，经期延长，经血量增多，有血块，伴尿频、乏力、头晕。

看西医还是看中医

随着医疗技术的不断进步，现代医疗实践中，中西医结合的方法越来越多。但中医西医各有所长，哪些病该看中医，哪些病该找西医呢？一般有以下几种情况看中医比较合适：

一些诊断很明确的慢性疾病，比如，慢性肝病、高血压、冠心病等，西医没有什么太好的办法为患者提供帮助，而中药可以改善症状，相对而言具有疗效好、副作用小的优势。

气管炎、肺炎等常见病、多发病。

小儿外感发烧、咳嗽等常见急性呼吸道感染病。

疾病的恢复期，尤其是手术后、癌症放化疗后的饮食调养等。

诊断不清的疑难杂症和养生保健等，中医具有自己的独到之处。

住院，你需要知道的细节

哪些患者一定要住院

顾名思义，住院患者就是住在医院接受治疗的患者。那么什么样的患者需要住院治疗呢？一般有以下几种情况：

在门诊诊断不明，长期不能确诊，为进一步诊断治疗需收入院。

门诊治疗效果不佳或不宜接受门诊治疗，也应接受住院治疗，以便医生时时监测，采取更有效的治疗手段。

需要手术治疗，或需要复杂的特殊检查和治疗，检查治疗时或治疗后需医生时时监测病情的患者。

病情较重，需严密监测病情变化，及时调整治疗方案的患者。

产妇住院前要做好哪些准备

妈妈要准备的东西。包括毛巾，牙刷，牙膏，水杯，拖鞋，内裤，哺乳内衣，卫生巾，吸乳器，外套1件，收腹带1条。

要准备宝宝用的东西。纸巾若干包，小毛巾若干条，小塑料盆，爽身粉，纸尿裤，润肤露，面霜，护臀霜，被子（出院用）；衣服不用准备，出院时医院会帮你换套新的，奶瓶若干（建议：自备一罐打算以后给孩子吃的品牌奶粉）。

其他要准备的东西。包括住院用的身份证、孕妇手册、社保卡、钱、报户口的地址。帮孩子想好名字（男女各一）、巧克力、人参、补充能量的饮料（生孩子时候要吃的）。

探望患者送什么水果好

在生活中，常常会遇到这样的问题，就是带什么食品去看望生病的朋友为好呢？一般来说，带水果去最为适宜，因为水果是天然食品，食用方便而卫生，有些还有防治疾病的作用，有利于患者的康复。不过，根据所患疾病的不同，在选送水果时还有一些讲究，选送不当，有时会产生适得其反的效果。

一般来说，拉肚子的患者宜食苹果、杨梅、柑、橙、石榴类水果，它们多有助消化、健胃、收涩止泻的作用，但不宜食香蕉、梨等有润肠通便作用、能加重腹泻的水果。

如是高烧的患者，宜食西瓜、梨、橘子类富含津汁的水果，对退热有好处。

高血压患者宜食苹果、山楂、西瓜、橘子。

便秘、痔疮的患者宜食香蕉、蜂蜜、鲜桃、橘子等，不宜食柿子、杨梅、石榴等水果。

慢性咳嗽等肺部疾患患者，宜食梨、杏、橘子等有润肺化痰作用的水果。

肝炎、肝硬化的患者宜食红枣、香蕉、西瓜、梨等。

肾炎患者可食橘子、红枣、桂圆等。

糖尿病的患者不宜食用苹果、柠檬、香蕉、梨等含糖分较高的水果，以免引起血糖升高。

如何积极配合医生的诊治

阻碍医患沟通的几种患者心理

改变话题：即便是谈话过程中没有意义的部分，医生如果很快改变话题，患者也会觉得你不愿意听她说话，也会阻碍她说出有意义的事情和话题。同样，患者如果随意转换话题或答非所问，也会影响医生的情绪。

主观臆断：当医生用说教式的语气来作判断，如"你不该这么说"之类时，患者就会以为医生不再愿意交谈下去而停止叙述，或转为郁闷，甚至开始发火。

不适当或明显虚假的安慰：会给患者一种敷衍了事的感觉，或者"我的病情是不是很厉害，你们都骗我、瞒着我？"之类的胡乱揣测。

匆忙下结论或急于抢答：一般情况下，患者不会一开口就会说出自己的真实想法或所要表达的重点，如果医生匆忙下结论或者急切地回答，会阻碍患者继续说下去，并使其有不被理解、不受重视、孤立的感觉，甚至会导致患者胡乱猜疑。

隐瞒真相：坦诚是有效沟通的基础。当你隐瞒病史，隐瞒过往的检查结果，甚至有意无意地误导医生的诊断，而医生最终推测出真相时，沟通就不顺畅了。

就医前，记下你身体出现的症状或不适

症状是什么？何时开始的？你的感觉（越具体越好）？

出现这些症状前后，你的生活方式是否发生了变化（例如，换了新工作，改变了饮食习惯，锻炼计划的改变，出差旅行，出现了新的压力等）？

这些症状是减轻了还是加重了，是持续不断还是很快就消失了？

是什么原因可能引起了这些症状呢（例如，吃了某种食物或者参加了某项活动）？哪些原因可能加重了这些症状？

哪些方式使这些症状得到减轻（例如，药物治疗或者休息）？

你的家庭成员是否出现了或者曾经有过这些症状？

多问医生几个为什么，有没有

就医时，有些问题不需要你问，医生会主动告诉你；有些事情医生有时不会主动说明，而这些问题对你又非常重要，像下面的几个，你还是有必要问一下。

我为什么会得这个病？这个问题不仅能让你明白疾病的起因，而且对疾病的预防也有帮助。但你得到的回答往往不会让你十分满意，很多疾病的病因目前都没有真正弄清

楚,医生也许只会跟你说这种病与某些生活习惯(比如饮食)、和工作环境有关系。

这种治疗有副作用吗？有时有些较轻微或是常见的副作用医生可能觉得没必要特意去说,但有可能这种副作用恰恰是你最关注的。比如你本来睡眠就不好,而副作用却是轻微的失眠,你就要考虑是否还接受这种治疗了。

有没有药效一样而价格便宜的药呢？你真实反映你的经济情况,医生一般会给你一个诚实的建议。医生一般不会说有这样的药,他们通常的说法是,有种药便宜一些,疗效只差那么一丁点,这样把问题又丢给了你,看你选择哪种药。也许那个疗效差那么一丁点就是疗效大致相当。

就医时不宜化妆

平日恰当的化妆可以给人以容光焕发、神采奕奕的感觉。但在看病就医时,切记不可化妆。

许多疾病往往能在容貌上表现出来,就医时化妆掩盖了患者的真实病容,使医生失去了一条重要的诊断依据,从而不能掌握真正的病因所在及其疾病的严重程度,贻误了治疗时间,造成疾病的迁延、转变,甚至危及生命,导致死亡。只有让医生看到真实的面目,才会使你的身体尽早尽快地康复。

健康体检,远离百病

每年不忘做一次体检

人体是一个比汽车更复杂的机器,自从婴儿呱呱落地开始,机体的组织、器官便24小时不停地运转,日子久了,就像车子一样,难免发生不顺和故障。人体的组织和器官就像汽车的部件,其功能也会随着年龄的增长而逐渐退化,若受危险因子的影响还会出现各种毛病。

身体偶尔出现故障,定期的综合健康检查就是你身体做检修的关卡。大部分容易罹患的疾病,可以通过先进的科技手段及精密的仪器检测,并经专业医生的诊断而及早发现。不同年龄的人,依其不同的需要有不同的检测重点。

体检注意事项

不要在体检当天化妆,特别是浓妆,包括涂口红、指甲油、睫毛膏、面部彩妆等。
在体检前注意口腔、鼻腔、外耳道的清洁。
不要穿过于复杂的服装,以方便更衣,尽量不要穿带有金属饰物的衣服。

体检前要逐项认真填写医院发给的健康自我评价表,体检当日把填好的表格带回诊所。

成年女性体检时最好避开月经期。

体检时不要抓大放小

有些人体检时对身体的重要器官,如心、肺、肝、肾等的检查非常重视,但往往忽视耳鼻喉科、眼科这样的"小儿科",随意放弃检查。

但是,心肝肺等重要脏器要查,五官科眼耳口鼻喉等也千万不可漏检。耳鼻喉科医生凭借视诊、触诊等方法,对耳朵、鼻腔、口腔、鼻咽腔、喉头等几大部位做重要检查,可以早期发现疾病的征兆。尤其是鼻咽癌,它早期可能没有任何症状,多数患者是在健康体检中发现的。又如,眼科的眼底检查,眼底视网膜是全身唯一的可用肉眼观察到的末梢血管,其状况对全身系统性疾病,如高血压、糖尿病的诊断及治疗都有重要的指导意义。

健康体检有哪些禁忌

以下几个注意事项对体检者来说,不可不知:

忌采血时间太晚:体检化验的最佳时间一般在早上 7:30~8:30 采空腹血,最迟不宜超过 9:00,太晚会使血糖值失真。

忌体检前贸然停药:如高血压患者应在服完降压药后再体检。对糖尿病或其他慢性病患者,也应在采血后及时服药,不可因体检而干扰常规治疗。

忌随意舍弃检查项目:有的受检者因怕麻烦或害羞,自动放弃该项检查,若受检者真有病变,自然也就失去了治疗的最佳时机。

忌忽略重要的病史陈述:病史陈述要力争做到客观、准确,重要疾病不可遗漏。

忌忽视体检结论:有些患者对体检过程较为重视,对体检结论却忽视,没有认真阅读和认真实施,使体检结果失去了意义。

做心电图时有哪些需要注意的事项

心电图是检查心脏情况的一种重要而常用的方法。

凡患者感到胸闷、心悸、心慌、头昏、眼花、心前区不适或疼痛等症状时,都应做心电图检查。

过去做过心电图的,应把以往报告或记录交给医生。如正在服用洋地黄、钾盐、钙类及抗心律失常药物,应告诉医生。

检查前不能饱饮、饱食、吃冷饮和抽烟,需要平静休息 20 分钟。

检查时要睡平,全身肌肉放松,平稳呼吸,保持安静,切勿讲话或移动体位。

检查完毕,可用卫生纸擦掉检查时所涂的电极膏。

脑电图检查有哪些注意事项

检查前 24 小时停服一切药物。禁饮咖啡、浓茶和酒。如果不宜停药的受检者,应该在检查前向医生说明用药的名称和剂量。

检查前一天宜将头发稍微理短并洗干净,雨天检查应保持头发干燥。

检查当天须用早餐,不宜空腹检查,不能进食者可口服糖水。

儿童或躁动不安的受检者,医生会给予镇静剂,待睡眠后再检查。

检查时,要与医生密切配合,并按医生要求完成各项规定的动作。

哪些种人不宜做核磁共振成像检查

置有心脏起搏器者。

术后体内有大块金属植入者,如人工股骨头、胸椎矫形钢板等。

术后体内置有动脉瘤止血夹者。

心力衰竭、不能平卧者。

昏迷躁动、有不自主运动或精神病不能保持静止不动者。

严重心律不齐者。

人工瓣膜置入者。

疑有眼球内金属异物者。

重症糖尿病胰岛素依赖,用微量泵输入胰岛素者。

怀孕 3 个月以内的孕妇。

做胃镜检查需要注意什么问题

在检查前一天晚餐不宜过饱,不能进食刺激性食物;晚 9 点以后必须禁烟、禁饮、禁食(包括药物);检查当日禁食、禁水;如果没有按此执行,最好把检查推迟到另一日。

已做钡餐检查者,最好 3 天后再做胃镜检查。

如以往有麻药过敏史,应如实告知医生或护士,且不宜做咽喉麻醉,以免出现麻醉意外。

不宜带手机进入胃镜室,以免干扰机器正常运行。

检查前,应排空膀胱。进入检查室后,应解开领口、裤带,取下假牙和眼镜,取左侧卧位,卧于检查台上。

要放松,插入胃镜时不能用牙齿咬镜身,以防咬破镜身的塑料管;身体或头部不要乱动,以防损坏胃镜,伤及内脏。

如有不适情况,要忍耐一段时间,实在不能忍受,可用手势向检查人员(医生或护士)示意,以便采取必要措施。

做胃镜并不是"疼痛难忍",找经验丰富的医生做胃镜,可适当减少疼痛感。

抽血时有哪些注意事项

抽血前 3 天不吃过于油腻、高蛋白饮食,避免大量饮酒,保持平常生活规律。

抽血前需禁食 8 小时,以免受乳糜颗粒的干扰或影响空腹血糖等指标的检测。

抽血前放松心情,可避免因恐惧而造成血管的收缩,增加采血的困难,同时避免神经血管反射而引发昏厥。

压迫止血时间应充分。每个人的凝血时间各有差异,个别人需要较长的时间方可凝血。所以当皮肤表层看似未出血时,仍要马上停止压迫,以免因未完全止血,而使血液渗至皮下造成青淤。

肝功能一定要空腹检查

正常人血液内含有一定量大分子的白蛋白和球蛋白,可与某些化学试剂结合而沉淀,而小分子的白蛋白和球蛋白,则可防止沉淀的产生。

肝炎患者由于血清中白蛋白的减少和球蛋白的增多,所以在其血清中加入化学试剂以后,会发生明显的沉淀。进食后血清中成分发生了改变,加入化学试剂后,即使正常人的血清也会发生程度不同的沉淀。特别是食入高蛋白或高脂肪食物后,血清发生沉淀更明显,使得肝功能检查报告的结果容易使医生把正常人误诊为肝炎患者。

为了使检查结果更准确,故要求凡化验肝功能者要抽取空腹血样。

查血脂前注意事项

患者一般只知道做血脂检查需要空腹,但对空腹多长时间及其他注意事项了解甚少,往往造成不准确的检验结果。

怎样做才能保证检验结果可靠呢?

抽血前 2 周保持平时的饮食习惯,3 天内避免高脂饮食,24 小时内不饮酒,抽血当天空腹 12~14 小时。比如,早晨 8 点抽血,前一天晚上 6 点以后就不能再进食(包括零食),可少量饮水。

静息 5~10 分钟后座位取血,因为剧烈运动对血脂有一定影响。

取血前最好停用影响血脂的药物(如血脂调节药、避孕药、降压药、激素等)数天或数周,否则应记录用药情况。

重视体检的结果

医生给受检者开出的健康处方,对纠正不良生活习惯、预防和治疗疾病都有重要的指导意义。比如像"血压偏高"后面会注明注意监测血压,低盐饮食,控制体重;慢性咽炎者勿食用刺激性食物;脂肪肝应低脂饮食,适当运动,勿饮酒等。然而,有些受检者对体检过程较为重视,却忽视了体检结论,没有仔细阅读和认真实施,使体检失去了意义。

常规体检的目的本来是为了发现某些健康疾患,以便及时排除产生疾病的危险因素。但我们目前还没有一个系统来监控检查结果,进行健康干预,因而使体检的作用大打折扣。这就要求受检者在体检后自觉、主动地采取保养措施。

体检只是一个初步的筛查过程。医生根据各科体检结果,经过综合分析,让有经验的体检医师为你"拿主意"。体格检查隔几年查一次,包括哪些内容,应由有经验的体检医师来定。体检也应由有经验的医师进行,这实际上就是一次疾病预防的行动。

保存好自己的健康资料

现代生活中的人们,面临生存和发展的竞争,承受着种种压力,时时为工作和生活所累,顾不及自己的健康,身体的不适被一次次忽略,病急了才投医,而"好了伤疤忘了疼""病史健忘"是许多人身上常见的现象。

许多人都不注意保存自己的健康资料,每次看病都要重头来——重新买病历、重新化验检查,两年一次的体检资料也不保存,等有了大病,医生也无法了解过去情况,不能进行对比和参考分析。有的人花上千元做核磁共振,花几百元做高档 CT 检查,但因材料保管不当,或遗失或残缺,使医生无法做病情对比和参考分析,给自己、医生增添了不少麻烦,还影响诊断和治疗。

健康档案真实地记录了你不同时期的健康状况,它从遗传基因、生理生化等自然状况到生活方式、疾病规律等各个侧面反映了你最基本的身体状况。它不但可以起到警示作用,提醒自己重视身体的虚弱之处,监测已患和正在治疗的疾病,有针对性地加强预防保健,排除隐患,而且一旦患病时,还能便于医生迅速准确了解病史和判断病因,是有助诊断和必备之举。同样,家庭既往病史的记录也是健康促进行动的组成部分。

预防疾病强调自我保健和健康教育。成年人每年都应该进行至少一次健康检查,建立健康档案。检查内容至少应包括:体重、腰围、血压、血脂、胸部×线检查、心电图等,以发现可能存在的危险因素,对发现的危险因素则应进行干预。

为自己和家人购买一份健康

保健品消费 ≠ 健康投资

如今,健康投资已成为一种时尚和热门话题。一些商家们看准了这难得的赚钱机遇,推出了令人眼花缭乱的各种"保健品",并且借助各种媒介大做广告,企图从老百姓的

"健康投资热"中大捞一把。

纵观市场风云,确实有不少人被狂轰滥炸的广告搞得晕头转向,把重视保健而进行的"健康投资"与"保健品消费"这两个有所区别的概念混同起来了,从而陷入了保健的一种常见的认识误区。

保健品不等同于药品。保健品只是对身体可能有某些保健作用,但没有任何治疗作用,更不可能一种保健品对各种疾病都有保健治疗作用。因此,在购买前就要慎重考虑,不要轻信商家的虚假宣传。当邀请到宾馆、酒店免费就餐听讲座时,请不要轻易参加,更不要留下自己的家庭地址和联系电话。在购买前应仔细阅读产品说明书,并到正规医院向医生请教,在医生指导下才能服用或使用。

老年人选购保健品和医疗器械时,应与家人商量后再购买,掏钱不要太痛快。购买时,应该到信得过的商店、超市或专卖店,并索取有关票据,妥善保存。对上门推销和产品推介会一定要提高警惕。

疫苗接种是健康投资的一种选择

一般人眼中的健康投资总以为去买所谓的健康食品,或是去追寻所谓的健康秘方,就可以得到健康。实际上,健康投资要因人而异,如在小儿科医师眼中的健康投资,最有效的就是接种可以让儿童免于病痛的疫苗。

以预防医学的观点来说,疫苗接种是防止人类遭受传染或感染性疾病的最好方式。接种疫苗后当动物体接触到这种不具伤害力的病原菌后,免疫系统便会产生一定的保护物质,如免疫激素、活性生理物质、特殊抗体等。

虽然说,并非接种疫苗都不是百分之百有效,也或多或少有一些副作用,但是各种疫苗却是我们对抗严重感染症的重要手段。从各个角度来说,这些疫苗确实可以让我们的下一代活得更健康与快乐。

买大病险的注意事项

购买重大病保险时应注意:

认真阅读大病的种类,种类的多少并不是最重要的,最重要的是要仔细研究一下享受这种福利时还要满足什么条件。如果保单上面没有明确注明,一定要让代理人向公司要一份详细的清单,有必要时可以给他们公司的客服打电话详细询问。

因为保单上面很多的病种我们不是很了解,而且上面有不少术语,所以要想了解清楚,就一定要上医院找一位专业的医生询问。

客户往往会被各种保险的分红所诱惑,举棋不定。其实都是没什么区别的,买保险不能赚钱,它只能让你把风险转嫁给保险公司,所以对于分多少红大可不必考虑。

购买健康险容易步入的误区

购买商业健康保险，可以在患病时减轻经济负担，解除后顾之忧，为抵御疾病增添信心。但是，在购买健康保险时，要避开下面三大误区：

买熟人的保险放心：很多保险营销员就是从熟人"下手"的，而相当多的人也是因为人情不好推辞而买了保险。其实，保险是一种特殊商品，只能根据自己的需要购买，不能出于情面购买自己根本不需要的保险。

健康人不需要买：买保险所交的保费，与被保险人的年龄、健康状况关系密切。人们年轻、身体健康时投保，保费很优惠；而当年纪一大，身体状况比较差的时候再想起投保，很可能保险公司不会接受，就算承保也可能需要更多的花费。

有医保的不必买：即使自己已是医保对象，购买商业保险也还是有健康保障的。因为住院费用和大病医疗的自付比例及金额相对较高，医保的保障情况基本上是"保而不包"。